医学生美学素养教育

高书杰　刘衡宇　褚志亮　主编

东北大学出版社

·沈阳·

图书在版编目（CIP）数据

医学生美学素养教育 / 高书杰, 刘衡宇, 褚志亮主编 . -- 沈阳 : 东北大学出版社, 2024.8. -- ISBN 978-7-5517-3564-3

Ⅰ. G40-014

中国国家版本馆 CIP 数据核字第 2024UR1864 号

────────────────────────────────

出 版 者：东北大学出版社
　　　　　 地址：沈阳市和平区文化路三号巷 11 号
　　　　　 邮编：110819
　　　　　 电话：024-83683655（总编室）
　　　　　　　　 024-83687331（营销部）
　　　　　 网址：http://press.neu.edu.cn
印 刷 者：辽宁虎驰科技传媒有限公司
发 行 者：东北大学出版社
幅面尺寸：185 mm × 260 mm
印　　张：20
字　　数：486 千字
出版时间：2024 年 8 月第 1 版
印刷时间：2024 年 8 月第 1 次印刷
责任编辑：潘佳宁
责任校对：郎　坤
封面设计：潘正一
责任出版：初　茗

────────────────────────────────

ISBN 978-7-5517-3564-3　　　　　　　　　定　价：49.80 元

目 录 >>>

第一章 绪 论

第一节 医学美学的兴起与发展

医学美学是研究人们在维护和塑造人体美的创造性活动中体现出来的一系列医学美现象及医学审美的规律的科学。医学美学始于20世纪80年代，而医学美学思想的起源却源远流长，它是人类社会文明进步的产物，又是医学发展的成果之一。

一、中国传统医学美学思想的起源

从原始社会的人类活动遗迹，到春秋战国时期问世的古典医学著作，都包含着丰富的医学美学思想。其中在伏羲氏、神农氏的传说中，就体现出人们为能发现治病疗伤的药物和手法而产生的许多审美情趣，这是原始社会人们产生的一种自发的、朴素的医学审美理想。随着社会生产力的发展，人类进入奴隶社会和封建社会后，由于社会分工和阶级分化，人类对医学审美做出了进一步的追求和探索。

秦始皇统一中国，建立了我国历史上第一个统一的封建王朝，政治稳定，社会生产力得到提高，多种社会意识形态都有了发展，人们认识世界的能力有了很大的提升。与此同时，人们对疾病和健康知识的了解更加深入，一系列医学经典相继问世。这些书籍不仅为中国传统医学美学思想建立了理论依据，也为这一时期中医美容技法的形成奠定了基础。

湖南省长沙市马王堆三号汉墓出土的大量帛书和少量简书中，有六分之一是医药方剂的专业书。这些古医书中，医疗美容和保健美容的内容十分丰富，记载了一些理论知识和具体的方法。如医疗美容方面，已涉及黧黑斑（面䵟）、蟹足肿（瘢）、疣目（疣）、体气（䘌）、白癜风（白处）、目偏视（斜视）等损容性疾病，并且对这些病的病因、诊断方法、治疗方法等方面都进行了论述。在《五十二病方》中，列举了治疗疣的方法，即"疣，取敝蒲席若藉之弱，绳之，即燔其末，以灸疣目，热，即拔疣去之"。这是关于针灸美容的最早记载。在《阴阳脉死候》中提出："流水不腐，户枢不蠹，以其动。动则实四肢，而虚五脏。五脏虚则玉体利矣。"论述了经常运动可以养生保健之理。《养生方》等书在谈论养生长寿时，着眼点常在容貌、肌肤之美上。这些古医书说明，在西汉以前，中医已开始应用药物、针灸、食膳等手段进行医疗美容。

《黄帝内经》大约成书于春秋至秦汉之际，它是由许多医学家在朴素的唯物论和自发辩证法影响下，引进当时诸多学科的研究成果，总结人们与疾病作斗争的经验而著成的经典著作。这本书第一次把医学与美学结合起来，肯定了医学审美思想的作用。它所坚持的美学原则是人、自然和社会的统一性。《黄帝内经》强调的整体观有三方面。第一，关于人体自身的统一性、完整性。书中以脏象说、气血津液说、经络说揭示并强调了人体自身统一协调的健美观。第二，关于人与自然的统一性。书中认为，人与自然是一个不可分割的整体，人体的一切功能活动都随着自然界的一切变化而变化，故人的健美和自然息息相关。第三，关于人与社会的统一。人是社会的一员，社会环境的各种因素，通过人的情感影响人的健康和健美。所以中医强调修心养性。

《神农本草经》和《黄帝明堂经》成书于汉代，是内容较丰富的中国古典医学美学理论著作。《神农本草经》十分明确地阐述了多种药物对人体健美的作用，这是第一部专门探讨美容药物内容的著作。《黄帝明堂经》则发展了《黄帝内经》中有关针灸美容的论述，为后世的针灸美容取穴和按摩美容手法提供了理论依据。

东汉末年名医张仲景著有总结自己临床经验的《伤寒杂病论》，他在这部巨著中创建了包括理、法、方、药在内的较系统的辨证论治原则和方法，把中医基础理论与临床实践结合起来，形成了系统的、逻辑性很强的医学理论体系。而中医辨证论治原则，不仅是中医的一个医疗原则，也是中医美学理论基础的重要部分。

此外，东汉末年杰出的医学家华佗强调养生。他在理论上提出"人体欲得劳动，但不当使极尔。动摇则谷气得消，血脉流通，病不得生，譬犹户枢不朽是也"，并创造了养生导引术"五禽戏"，其不仅动作优雅，有很高的观赏价值，而且是增进健美的独特审美锻炼方法。华佗还通晓药物养生之术，他传给弟子樊阿的养生长寿方是"漆叶青黏散"，谓之可"利五脏，轻体，使人头不白"（《三国志·魏志·华佗传》）。

两晋南北朝至清末，中国古代医学美学思想得到进一步发展和延续。这一时期，中国封建社会经历了由鼎盛到衰败的变化，中医药学在鼎盛时期得到空前发展，在医学理论（特别是脉学、针灸、病因证候理论等），临床医学（包括外科、妇科、儿科等），药物学，方剂学等方面，都有新的建树，同时中医医学美学审美思想也产生了新的内容。两晋南北朝虽然局势动荡，但学术界的思想高度活跃。西晋人王叔和在对前人脉学研究的基础上，结合自己的经验，撰写了《脉经》，书中详细地阐述了脉象的辨别方法。他从节奏、匀称、起伏、有序等美学角度，把脉象归纳为24种，创立了寸、关、尺三部脉象的定位诊断方法，从而将诊脉与审美一体化。这是一种独特的医学审美理论与方法，有效地指导了临床实践；它丰富了世界医学宝库，至今沿用不衰。这一时期，中医美容术已有显著的发展和创新，在东晋名医葛洪所著的《肘后备急方》中，记载了用鲜鸡蛋清做面膜，治疗面部瘢痕。之后又有以猪蹄熬渍和以鹿角熬成胶体状物做面膜等多种方剂和方法的记载。在《晋书·魏咏之传》中记载了"咏之生而兔缺"（即先天性唇腭裂），很苦恼，他甚至为此产生"残丑如此，用活何为"的轻生念头。后经荆州一位名医"割而补之"，果然唇裂疾患修补完好，并当上了该国的宰相。可见，我国晋代就有以美容为目的的先天性唇腭裂矫治术。

隋唐以后一直到金元时期，社会经济文化发展出现过几次鼎盛阶段，人们的生活水平有所提高，对自身美的追求就更为盛行。在隋代巢元方等人集体编著的《诸病源候论》中，对"须发脱薄""白发""白秃""鬼剃头"等毛发病，对"面疱""酒糟鼻"等颜面皮肤病，对"齿薄不生""齿黄黑""兔唇""口臭"等唇齿病以及"黑痣""赤疵""狐臭"等多种影响美容的病症进行了较为系统的归纳，初步确定了影响美容疾病的范围。该书针对妨碍美容疾病的病理分析，对后世中医美容学发展产生了深远的影响。

唐代著名医药学家孙思邈所著《千金翼方》和《备急千金要方》为中医美学的发展作出了重要贡献。他在《千金翼方》中，专辟了"面药"和"妇人面药"二篇，集中刊载了他广泛收集的美容秘方，共计130首。在其他篇章中，还夹杂有各种保健及治疗美容的内服、外用方200余首。此外，孙思邈还介绍了针灸美容法、食膳美容法、气功和养生美容法以及其他一些美容方法，如冷冻、磨削术等，并指出，"面脂手膏，衣香澡豆，仕人贵胜，皆是所要。"由此可见，中医美容药品及化妆品在唐代已得到普遍的运用。唐代另一医学家王焘在其编著的《外台秘要》中，设有美容专卷，共分28类，收方200多首。从这些面广、量大的美容方剂中可以看出，中医美容发展到晋唐时期，已具备较高的水平。此时期的中医美容整形术也逐步提高。唐代已有作人工"酒窝"的记载，即通过手术造"圆靥"。而"靥"在中医书中有"痘痕"之解。另据史料记载，唐代已能安置假眼。《太平御览》载有"唐崔樱失一目，以珠代之"。又《吴越备史》载："唐立武选，以击球较其能否。……睛失……敕赐木睛以代之"，木睛"置目中无所碍，视之如真睛"，可知当时假眼植入水平已相当高。

自北宋起，国内外贸易发达，中外医药交流日益频繁，大大地丰富了药物学内容。外国药品尤其是香料的输入，如龙脑、乳香、丁香、沉香、檀香、紫草、人参、硫黄等，使宋代的美容药物及方剂在数量上较唐代更为丰富。

北宋王怀隐等所著《太平圣惠方》中载有大量美容方，其中第40卷以美容方为主，集中了"治面黯诸方""治面诸方""治粉刺诸方"等药方187首；第41卷为须发专方，有"治发白令黑诸方""治眉发须不生诸方"等美须、美发方120首。此外，在其他卷中，还有治羸瘦、针眼、目不明、牙齿黄黑、牙齿脱落、热疮、痱子等损美疾患诸方440余首，以及各种补益强颜方240余首。全书共有美容方剂980余首。《圣济总录》是宋代另一部医学著作，书中亦载有大量美容方。该书对一些损美性疾病的病因和病机的论述比《太平圣惠方》更细致深入，并处处强调美容内调内治的重要性。如论治须发黄白时，提出"复其绀黑，虽有缚染之法，曾不如益血补气，为常服剂，盖血气调适则滋泽外彰，其视缚染之功远矣"。这些论述体现了中医美容的整体观，强调内治在美容中的重要性。同时宋代的养生学也有所发展。陈直撰写的《养老奉亲书》，对老人的保养、饮食调治、用药等均有论及。此时的美容整形术已初具规模。在南宋人所著《小儿卫生总微论方》中，就有骈指截除、缺唇修补等小儿先天畸形的整形治疗方法记载。在南宋也有装假眼的详细记载，能以假乱真。

金元时期，医学界百家争鸣。刘完素的六气化火说，张元素的脏腑辨证说，李杲的脾胃论学说，张从正的祛邪三法，朱丹溪的相火论、阳有余阴不足论，均对中医美容的发展有促进作用，丰富了中医美学的理论及美容学的治疗方法。其中创制的防风通圣散、黄连解毒汤、补中益气汤等，至今仍被用于治疗某些损美性疾病。

元代的《饮膳正要》是我国第一部营养学专著，该书极大地丰富了食膳美容的内容。而由许国祯撰定的《御药院方》中，有160余首美容方，且多为保健美容方，如"御前洗面药""皇后洗面药""淖手药""益寿地仙丸""乌云膏""玉容膏"等。书中有一个三联方，即按顺序先后用三种方药涂于面部，以达"去皱皱，悦皮肤"的目的。其方法是先用"楮实散"洗擦面部，再以桃仁膏涂抹患处，然后用"玉屑膏"涂贴面部。此三联法和现代面部美容护理的程序基本一致。元代面部护理水平之高，由此可见一斑。最为令人惊叹的是，元代已有鼻梁修补术。戴良所撰的《九灵山房集》中写道："闽夫长陈君，临阵为刀砟其面，疮已愈，而瘢和鼻不能合，肌肉尽热腐，甚恶，乃拜项颜章（元代名医）求治，项命壮士按其面，施给以法，即面赤如盘，在右贺曰'复效也'。"可见中国的"鼻梁修补术"从创始距今已有700多年。

明清医学美学在宋、金、元的基础上获得了进一步发展。名医李时珍在《本草纲目》一书中集中介绍了数百味美容药物。如"面"一篇中，列载的治"疮黯"的药物就达164种。每一味药后还注明了药对于面部疾患的功效及主要使用方法，如"橘蕙实，去手面皱，悦泽人面。同杏仁，猪胰研涂，令人面白"。而对于每一味药还有更详细的介绍，分见于水、火、金、石、草、谷、菜、果、木、虫、鳞、介、禽、兽等部。在这部书中，每一味药都首标正名为纲，附释名为目，次为集解、释疑、正误，再次为气味、主治、附方，内容极为丰富，为中医美容研究提供了非常宝贵的资料。明代朱橚、滕硕、刘醇等编写的《普济方》中的"身形"篇和"诸疾"篇，辑录大量美容方，且附有病因病机"论述"。在"痣"的列方中，有一首治头面靥子的药方，名为"美容膏"，这是"美容"一词首次作为专有名词在医书中出现。到了清代，《医方集解》《张氏医通》《外科全生集》《四库全书》《疡医大全》等书的问世，更系统地论述了中医美容的医理和方药，而《医宗金鉴（外科心法要诀）》中记载了很多皮肤美容的方法及治疗皮肤病的药物，其中也记载了不少损容性病证，对这些病证均论述了诊断病因、病机、治法、方药，对中医美容的理论研究及临床都有很大的参考价值。清代的整形美容术有很大的发展，如顾世澄把前人关于修补缺唇的手术加以改进，并记于《疡医大全》中，其记录的方法较前代文献更详。此时各种美容技术和方法在清宫廷得到了广泛的运用，而且美容方法进一步得以系统化、规范化，尤其是保健美容医方和美发美肤方较为丰富。

从古典医学美学思想的整个发展历程看，明清时期的医学美学论述已开始进行理论上的深入探讨，更突出整体观和辨证观，医学美容药方更丰富，数量更多，且品种繁杂，各种美容手段技术更全面，水平更高，而且保健美容又逐渐由民间走向宫廷、王府，人们开始更自觉地注意医学与美学之间的联系。

二、近代中国医学美学思想的拓展

中国近代是指自1840年鸦片战争至1919年五四运动时期。在此期间西方医学进入中国，并逐渐成为中国两大主干医学（中医、西医）之一。这使中国医学美学思想的氛围亦随之拓展，使中国医学美学思想增添了西医医学美学思想的成分。

西医传入中国是由元代开始的。元代仿效阿拉伯医院办"广惠司"，并请来了阿拉伯医生帮助配制药剂。1272年，阿拉伯医生富兰克依赛，在北京开设了由外国人在中国开设的第一家医院。阿拉伯医学由此开始传入中国。

15世纪中叶开始，西方教会医学开始向我国传播。当时西方宗教人员多精医术，他们为方便宣传教义，发展教徒，便在我国开办医院，以扩大他们的影响。欧洲天主教神父卡内罗于1569年在澳门设立"圣拉斐尔医院"。意大利天主教教士利玛窦，于1582年来中国传教，同时开办医院，利玛窦的《西国记法》中有神经学说的论述，这是西方最早传入我国的有关医学的著作。1621年，日耳曼人邓玉函又携其所著《泰西人身说概》（人体解剖学代表作）二卷来华，这是我国最早的西医译著。之后，又有意大利人罗雅谷来华，翻译了《人体图说》一书。这些都是西方传入我国最早的生理解剖学知识。

近代帝国主义以医学传教的方式入侵中国，纷纷派医学传教士进入中国办医传教，为他们入侵中国做准备。1840年英帝国主义向中国发动鸦片战争，1856年英法联合发起第二次鸦片战争，1900年英、美、德、法等八国联军攻占北京城。清政府对于帝国主义的侵略战争，采取屈辱求和的卖国政策，这期间他们同侵略者签订了《南京条约》《天津条约》《辛丑条约》等一系列丧权辱国的不平等条约。这些条约的实行，使帝国主义医学传教士通行无阻地窜向沿海各大城镇和内地城镇，抢占地盘，建教堂、开医院、办医校，扩大他们各自的势力范围。在此期间，许多中国籍医生或外国在华医生，为方便开展工作，开始系统地翻译外文医书，使掌握西方医学的中国人日益增多。时至五四运动之后，西方医学逐渐演变成中国医学的重要组成部分，并开始在我国长足发展。从此，我国传统医学美学思想，也开始吸收一些新的积极的内容。

中医学理论体系自建立起，就充分吸收并广泛应用了中国传统美学理论及其基本法则，它是融医学、哲学、美学为一体的独特的医学体系。西方医学则是在自然科学，特别是在实验科学技术基础上建立起来的医学科学体系。前者的认识论基础是"整体恒动观"，方法论是"辨证论治"；后者的认识论基础是"生物学"和"生物进化论"，基本方法学是实验与分析。西方医学在近代就开始有医学美学思想的萌芽。首先，因为西医已由古代经验医学发展到实验医学阶段。它拥有先进的实验技术，因此对患者所患疾病的生理、病理性改变，都擅长应用实验技术，从组织结构、生物化学、血液学以及病原体等诸方面，去探求其实在的形态或质与量的动态改变，再按实验、测试中所见现象进行具体分析，判定疾病的实施，促使人们产生一种求"真"（美学的重要范畴之一）的审美思想观念。其次，西方医学深受希波克拉底医学职业伦理观和西方风行一时的宗法思想的深刻影响，因此主张执医应当善始、善待、善终，这成为执医者的行为信条，久之亦成为一种稳定的医学美学思想观念，即中国文化所称的"善"（"善"原本就是美学的一个重要范畴），"不善不美"。许多美学界人士论及："一切符合人性，有利、有益于人类，与真、善相联系的本质力量的对象化就是美的内容。"一切医学活动的目的都是救死扶伤、防病治病，这显然是符合人性的，也是有益于人类的，再与医学诊疗操作过程的真、善相联系，这正是医学美学思想内容之所在。这表明，真善美统一，是近代西医医学美学思想的起点。尽管中国传统医学美学思想中也讲究"真善美统一"，但两者的具体内涵具有显著差异。中国近代医学美学思想中的"真善美统一"是建立在实验技术基础上的，西方医学引入中国，并形成中国自己的"西医"，成为中国主干医学之一，同时拓展了中国医学美学思想的范围，增添了符合中国时代气息的医学美学思想的内容。

三、现代中国医学美学思想的发展

中国现代是指1919年五四运动之后的历史时期。现代医学美学思想是在中国古代传统医学美学思想与近代医学美学思想的基础上进一步发展丰富的。

（一）现代医学模式下的健康观念，促使医学美学思想内涵不断丰富

20世纪80年代，现代医学模式下的健康观念被广泛介绍到国内，健康"不只是没有疾病"，而是指一个人生理、心理和社会生活上的完好状态。健康也不仅仅指向人体的功能，还包括人躯体的各个部分、生理与心理、人与自然环境、人与社会环境等各个方面的和谐。随着人们健康观念的转变，以人类健康为目的的医学，其性质、服务对象、功能以及学科内容等都必然被重新审视与界定。实际上，现代医学虽然仍冠以医学的名义，但随着其服务对象的纵向拉伸（一个人从生到死的整个过程）以及横向扩展（如求美者等人群），学科内容除包含医学（指近代医学模式的语境）知识、医疗技术外，建立在人的生理、心理、社会属性基础之上的人文科学及社会科学也成为医学之必需。实际上，医学已贯穿于个人从生到死的整个生活与过程，医学的目的除了原有意义上的预防、祛除疾病和强壮身体外，已延伸到健美身体，最终服务于人们健康美好的生活。医学美学（包括其他医学人文学科、医学社会学科）的产生，并得到认可与发展，就是医学本身随着人们健康需求的变化，其内涵不断丰富，外延不断拓展。

（二）"医学美容"的兴起，促进医学美学思想新发展

伴随着健康观念的转变，人体审美逐渐成为影响健康的重要因素而走入人们的日常生活视野，成为健康的有机组成部分，"医学美容"和"生活美容"（18世纪意大利医学博士赫尼将通过药物、手术所作的美容界定为"医学美容"，将通过化妆、服装、梳妆等所作的美容界定为"生活美容"）两个行业蓬勃兴起。对人体美的关注及相关行业的兴起，给医学带来了影响，主要表现在：从宏观上说，患者对医疗环境、医疗操作、医患沟通以及医务人员的形象提出了审美需求，医务人员开始探索使用不同的艺术形式促进人类健康；从微观上说，医生运用药物、手术、医疗仪器和化学制品等损伤性或侵入性医疗手段，对人的形体或容貌的某种审美缺欠（或指与某种审美评价、标准有距离）所进行的美容，即医学（疗）美容，它由于与现代医学模式下的健

康观念密切关联而得到重视，并成为现代医学的有机组成部分，最终获得独立和发展。

医学实践提出了与美学有关的问题，"美"与"真"在医学领域从来没有走得如此之近，美与健康的关系如此之紧密。艺术可以美，科学可以美，甚至有人说，科学的真正主题就是寻求美。德国著名哲学家、美学家、诗人席勒说："通过美的城门，我们进入真的领域。""美"及美学对医学之真的追求所产生的深刻影响，被越来越多的学者所重视，促使他们重新思考医学的本质，并尝试从美学、人文科学、社会科学等更加广泛的视角，探索与研究医疗过程以及医疗结果的真实有效性，在医学与美学发展的历史中寻求医学与美学结合的基础与现代意义。

（三）中西结合医学的创立，促使以中医思辨为主要思维形式和以西医实证为主要思维形式的医学美学思想的有机结合

在诊断方面启用辨证（思辨）与辨病（实证）相结合的医学审美形式。

所谓辨证医学审美，就是通过望、闻、问、切四诊检查，掌握就医者病态发生、发展和变化的情况，在中医的认识论与方法论的指导下，采取"司外揣内"的思维形式，根据所搜集到的资料进行分析，辨别所患证候、证因与病症的轻重、深浅及所患部位，从而确定病证性质，并据此处方用药。这种辨证论治，体现了传统医学美学思想所认定的整体、平衡、协调、和谐与统一的审美判断，属思辨性的、较为模糊的审美形式，是一种定性的审美认识。中西结合医学除沿用"司外揣内"的医学审美方法外，还同时运用科学仪器、试剂与其他检查方法，对肌体内外环境进行物理的、化学的、生物的检测，再根据所取得的资料进行具体的定性、定量和定位分析，作出较为明晰的审美判断，属于定量的实证性的审美思维与实施。这两种方法结合使用，相比单一的辨证或单一的辨病审美思维方法，是一种重大发展。

在治疗实施方面形成了调动内因与控制外因相结合的审美处理方法。虽然中西医在诊治疾病过程中，都会考虑内因和外因的对策手段，但是，中医长于调动患者身体内在的抗病能力，特别是非特异性的抗病能力。例如，通过中药煎服或针灸、按摩等疗法的作用，激发肌体内的各种积极因素，提高肌体的适应性，控制疾病的内因危害，从而达到治病的效果。西医则长于调动肌体内特异性免疫能力和控制疾病的外因，达到治病的目的。中西医两种疗法的有机结合（非无原则的重叠使用），也就是两种审美处理方法取长补短的有机结合，无疑将大大地提高医学审美处理效果，这也显现出现代中国医学美学思想的特色。

此外，中医医学美学与西医医学美学两种医学美学理论的结合，将使中国现代医学美学思想更放异彩。

第二节 医学美学素养教育的基本要求

人类的美育实践活动，可以追溯到很早。当人类开始与周围世界发生审美关系时，美育活动就以简单、朴素的方式相应产生了。教育部有关文件中指出："将美育寓于德育、智育、体育之中，使学生具有美的心灵，并有一定的美学知识和健康的审美意识。对自然、社会生活和艺术的美具有初步欣赏和鉴别的能力。"这也是医学教育的一项重要任务。随着科学技术和教育事业的发展及整个社会的全面进步，医学生的医学美学素养教育的必要性、紧迫性已经十分突出。

一、医学美学素养教育的指导思想

医学美学素养教育，包括普通美育和医学美学教育两部分内容。普通美育，即运用美学理论，借助自然、社会与艺术美的形象，对学生实施情感教育，使学生得到全面发展。医学美学教育，即运用医学美学的理论于教育当中，帮助医学生认识和掌握医学美的基本规律和特点，提高医学生的审美修养，树立正确的医学审美观点，以审美的方式掌握和运用医疗技术，造福于人民。

（一）美育

美育是党的教育方针的重要组成部分。学校美育工作是立德树人、培根铸魂的事业。党的十八大以来，以习近平同志为核心的党中央高度重视学校美育工作，把学校美育工作摆在更加突出位置，作出一系列重大决策部署。

2013年，党的十八届三中全会提出"改进美育教学，提高学生审美和人文素养"。

2014年，习近平总书记在文艺工作座谈会上发表重要讲话，深刻阐述了文艺和文艺工作的地位作用和重大使命，创造性地回答了事关文艺繁荣发展的一系列带有根本性、方向性的重大问题。

2018年8月30日，习近平总书记给中央美术学院八位老教授回信，向他们致以诚挚的问候，并就做好美育工作，弘扬中华美育精神提出殷切期望。以下为具体回信内容：

你们好！来信收悉。长期以来，你们辛勤耕耘，致力教书育人，专心艺术创作，为党和人民作出了重要贡献。耄耋之年，你们初心不改，依然心系祖国接班人培养，特别是周令钊等同志年近百岁仍然对美育工作、美术事业发展不懈追求，殷殷之情令我十分感动。我谨向你们表示诚挚的问候。

美术教育是美育的重要组成部分，对塑造美好心灵具有重要作用。你们提出加强美育工作，很有必要。做好美育工作，要坚持立德树人，扎根时代生活，遵循美育特点，弘扬中华美育精神，让祖国青年一代身心都健康成长。

值此中央美术学院百年校庆之际，希望学院坚持正确办学方向，落实党的教育方针，发扬爱国为民、崇德尚艺的优良传统，以大爱之心育莘莘学子，以大美之艺绘传世之作，努力把学院办成培养社会主义建设者和接班人的摇篮。（摘自《人民日报》2018年8月31日01版）

2018年9月10日，全国教育大会在北京召开。习近平总书记出席会议并发表重要讲话，强调要培养德智体美劳全面发展的社会主义建设者和接班人，以下为具体要求：

全面加强和改进学校美育，坚持以美育人、以文化人，提高学生审美和人文素养。

要努力构建德智体美劳全面培养的教育体系，形成更高水平的人才培养体系。（摘自《人民日报》2018年9月11日01版）

2020年9月22日下午，习近平总书记在北京主持召开教育文化卫生体育领域专家代表座谈会并发表重要讲话，提出加强和改进学校体育美育，促进学生德智体美劳全面发展。以下为具体指示内容：

要坚持社会主义办学方向，把立德树人作为教育的根本任务，发挥教育在培育和践行社会主义核心价值观中的重要作用，深化学校思想政治理论课改革创新，加强和改进学校体育美育，广泛开展劳动教育，发展素质教育，推进教育公平，促进学生德智体美劳全面发展，培养学生爱国情怀、社会责任感、创新精神、实践能力。（摘自《人民日报》2020年9月23日01版）

2021年4月19日上午，习近平总书记来到清华大学美术学院，参观美术学院校庆特别展，详细了解重大主题和国家形象设计作品创作、展示等情况，仔细观看展品。习近平总书记指出要把美术成果更好服务于人民群众的高品质生活需求。以下为具体发言内容：

百年大计，教育为本。今年是中国共产党成立100周年，我国开启了全面建设社会主义现代化国家新征程。党和国家事业发展对高等教育的需要，对科学知识和优秀人才的需要，比以往任何时候都更为迫切。我们要建设的世界一流大学是中国特色社会主义的一流大学，我国社会主义教育就是要培养德智体美劳全面发展的社会主义建设者和接班人。

美术、艺术、科学、技术相辅相成、相互促进、相得益彰。要发挥美术在服务经济社会发展中的重要作用，把更多美术元素、艺术元素应用到城乡规划建设中，增强城乡审美韵味、文化品位，把美术成果更好服务于人民群众的高品质生活需求。要增强文化自信，以美为媒，加强国际文化交流。（摘自《人民日报》2021年4月20日01版）

2021年10月15日中共中央办公厅、国务院办公厅印发《关于全面加强和改进新时代学校美育工作的意见》以后，全国的美育工作迈上了一个新台阶。人们开始从美育的层面思考艺术及艺术教育的问题。

这一系列重要指示精神和党的教育方针，是做好新时代学校美育工作的根本指南，指明了前进方向，提供了根本遵循。要学深悟透、融会贯通，切实把思想和行动统一到习近平总书记重要指示精神上来，进一步增强做好学校美育工作的责任感使命感紧迫感。要深入贯彻党的二十大精神，坚持以马克思列宁主义、毛泽东思想、邓小平理论、"三个代表"重要思想、科学发展观、习近平新时代中国特色社会主义思想为指导，全面贯彻党的教育方针，坚持社会主义办学方向，以立德树人为根本，以社会主义核心价值观为引领，以提高学生审美和人文素养为目标，扎根时代生活，遵循美育特点，弘扬中华美育精神，以美育人、以美化人、以美培元，培养德智体美劳全面发展的社会主义建设者和接班人。

（二）医学美学教育

医学美学教育是美育的一个组成部分，在医学院校开展医学美学教育，应当在进行普通美育的基础上，结合医学美的要求，对学生进行医学审美教育，培养学生的医学审美意识，提高医学美的感受能力，引导学生按照医学美的要求，学习和掌握医学专业知识，在学习活动中注重锻炼创造医学美的能力。只有这样，才有利于推动学生更好地掌握医学专业知识，在今后的医疗实践中，全面提高医护质量，推动我国医学事业的发展。

医学美学教育除具备一般美育内容以外，更侧重于结合专业内容及特点对医学生进行审美教育活动。医学专业课教学在使学生掌握专业知识的同时，还要以马克思主义审美观为指导，特别要体现医学美学的灵魂，即对现实人体美要从生物、心理、社会的全方位以及人体"健康和谐美"的需要来全面关怀。如在美感内容教育中，强化审美理想与审美情趣的训练，使广大医学生树立"救死扶伤、实行社会主义人道主义"的审美理想与责任感，在美学知识的普及教育中侧重于对医学生进行美学原理中崇高范畴的讲解，使他们了解医学专业崇高的美，在按照美的规律进行普通教育中，着重学习和认识医学科学自身的审美特点及规律，如中医学中的天人合一，外科学中的整容、矫形等所体现出的美学原则等。通过医学美学教育活动，达到培养德、智、体、美、劳全面发展的医学人才的目的。

随着健康概念的更新，医学观念的巨大变革，传统的生物医学模式向生物—心理—社会医学模式转变，要求人们逐步地从生物、心理、社会多方面来全方位认识人类的生老病死和健康幸福问题，要求现代医学必须努力去适应和满足人们对美的生活环境、美的医疗条件、美的医疗技艺和美的医学理论日益增长的需求。这既是当代医学家的愿望，也是医学生应有的审美观点。

二、医学美学素养教育的基本原则

医学美学教育是应用美学理论，通过审美创美实践，进行情感陶冶，以培养医学生高尚、正确的审美观，提高医学生感受美、鉴赏美和创造美的能力，进而实现塑造医学生完美人格的教育。实施医学美学素养教育的过程，是一个审美过程，也是一个教育过程。其内容广泛，方法多样，在全面考虑美育所涉及的教育学的普遍原则和美学的特殊性原则的基础上，必须明确医学美学素养教育过程中应遵循的基本原则。

（一）立德树人，弘扬中华美育精神，坚持正确方向

新中国成立后，德、智、体、美、劳相结合始终是学校教育的基本要求，特别是改革开放以来，美育在学校教育中的地位有了实质性提升。学校医学美学素养教育具有很强的意识形态属性，要坚持以社会主义核心价值观为引领，弘扬中华优秀传统文

化，继承革命文化，发展社会主义先进文化，形成高校学生自觉增强文化主体意识、强化文化担当的新面貌。

立德树人作为美育的根本任务在2015年《国务院办公厅关于全面加强和改进学校美育工作的意见》中首次得到了明确。《国务院办公厅关于全面加强和改进学校美育工作的意见》提出"以立德树人为根本任务"，"把培育和践行社会主义核心价值观融入学校美育全过程，根植中华优秀传统文化深厚土壤，汲取人类文明优秀成果，引领学生树立正确的审美观念、陶冶高尚的道德情操、培育深厚的民族情感、激发想象力和创新意识、拥有开阔的眼光和宽广的胸怀，培养造就德智体美全面发展的社会主义建设者和接班人"。2019年4月，《教育部关于切实加强新时代高等学校美育工作的意见》再次强调："落实立德树人根本任务，引领学生树立正确的审美观念、陶冶高尚的道德情操、塑造美好心灵，切实改变高校美育的薄弱现状，遵循美育特点，弘扬中华美育精神，以美育人、以美化人、以美培元，培养德智体美劳全面发展的社会主义建设者和接班人。"这两份《意见》是党和国家直接针对美育工作作出指示的重要文件，对美育的功能、作用有了更充分的阐述。

这一系列重要文件的颁布与党的历代中央领导集体的高度重视密不可分。特别是党的十八大以来，以习近平同志为核心的党中央高度重视艺术的重要价值，高度重视美育的立德树人功能。习近平总书记多次对文学艺术界发表讲话，对高校美育发表重要指示精神。

（二）健全面向人人的学校美育育人机制，坚持面向全体

美育是培养学生感知美和创造美的能力的教育，也是情操教育和心灵教育，是培养德、智、体、美、劳全面发展的社会主义建设者和接班人的重要组成部分。然而，学校美育功利化的倾向依然存在：中考中依然以考核学科知识为主，审美教育被边缘化；在某些初高中应付、挤占、停上美育课的现象依然存在；或者美育只是某些学校招生的噱头，有名无实；或者美育只是少部分音乐、美术等特长生的必修课；即使一些学校强调艺术特色，往往也是重视艺术技能的训练而忽视艺术对学生审美观念、审美情趣、审美能力等审美素养的培养……因此，去功利化倾向是承担美育任务的各级各类学校亟须解决的问题，而解决该问题的关键在于观念更新和创新美育实施机制。

美育是提高新时代人们对"美好生活需要"的助推剂，是教育高质量发展的题中应有之义。充分发挥美育是审美教育、情操教育、心灵教育的功能，通过美育充分发挥丰富学生想象力和创造能力，以此提升学生的审美素养，陶冶学生情操、温润学生心灵、激发学生创新创造的活力。坚持德智体美劳五育并举和坚持面向全体、健全面向人人的学校美育育人机制，让所有在校学生都享有接受美育的机会，促进德、智、体、美、劳有机融合。加强分类指导，因地因校制宜，鼓励特色发展，形成"一校多品"的新局面。

制度是社会生活的基石。完善以政府和教育主管部门为引导监管，学校、家庭、社会协同育人的美育机制，形成以美育人、以美化人、以美培元为导向的制度体系至

关重要。各级政府和教育主管部门作为美育的重要组织者、引导者和监督者，是美育目标实现的制度保障，应该而且必须帮助学校破解美育师资匮乏等难题，真正承担起增加美育师资力量，加强美育硬件建设，优化美育资源配置，完善美育评价体系等重任，激发美育综合改革的内生动力，切实推动建立学校、家庭、社会相结合的协同育人机制的发展和创新。

学校是美育的主要实施者，是实现美育实施机制创新发展的中坚力量。学校承担着特色发展，形成"一校一品""一校多品"，建立面向人人的美育育人机制的根本任务。为此，应该而且必须完善美育课程设置，优化课程结构，强化美育的实践体验，完善美育的评价机制，把美育贯穿于人才培养的全过程，建立面向人人的课内外、校内外密切结合的常态化教育机制体制，实现以美育人、以美化人、以美培元的教育目的。

家庭是美育实施的重要途径。家庭应该真正成为美育的摇篮，通过多样化的美育形式，在润物无声中对家庭成员进行审美教育，将特定的审美情趣浸润到孩子身上，激发孩子的审美情趣，塑造孩子美善合一的健全人格，将真善美内化于心是家庭美育的责任和义务。

社会是美育实施的重要依托力量。应该高度重视社会美育资源，尽最大可能发挥美术馆、博物馆、艺术馆、民俗馆等的美育功能，创造条件使大中小学校学生（也包括所有社会成员）能够欣赏到优秀的音乐、美术、戏曲等展演，拓宽美育渠道，深挖美育资源。

（三）正确处理美育与艺术教育的关系，坚持改革创新

全面深化高校美育综合改革，整合美育资源，全面提高普及艺术教育教学质量，切实推进专业艺术教育和艺术师范教育的改革发展，形成充满活力、多方协作、开放高效的高校美育新格局。

解决学校美育去功利化问题的关键是遵循美育规律，处理好美育与艺术教育的关系。美育包括艺术教育，艺术教育是美育的重要组成部分，二者是整体与部分的关系。美育并不等于艺术教育，美育除了进行艺术教育（如音乐、美术、舞蹈、戏剧等的教育），还要通过自然美（如写生、摄影）以及生活美（社会生活中美好的人和事）培养学生感受美、鉴赏美、创造美的能力。艺术教育是以培养某种艺术知识和艺术表现技能技巧为主的专业教育，二者既有联系又有区别。

美育，尤其是学校美育是面向全体学生的普及性教育，是以培养学生具有普遍的艺术素养为主的通识教育，而艺术教育是在此基础上面向少数具有某种艺术特长的学生所进行的、以培养艺术专业人才为主的专业教育，二者之间是普及与提高的关系，是通识教育与专业教育的关系，美育不等同于专业的艺术教育。

同时，艺术教育又是美育的重要载体，是提高美育质量与水平的重要依托。作为美育的重要组成部分，艺术教育与美育应交叉融合，相互促进，共同发展。艺术教育在克服以竞赛、考级等功利为目的的重技能、轻审美、抛弃育人本位的弊端之后，应用

更广阔的视野和更强烈的责任感去探索和拓展艺术在美育领域的空间及作用。同时美育也应依托艺术教育的形式和内容，借鉴艺术教育的方法和手段，提高学生的审美素养，深植以美育人的根基，因为美育的终极目的不是知识和技能，而是态度和境界。

在明晰美育与艺术教育关系的基础上，遵循美育规律，提升学校全体教师对美育重要性的深刻认知，优化美育课程结构，建立科学的美育评价体系，把学校美育的受众真正扩展到全体受教育者，使每一名受教育者都可以在学校、社会生活中时时感受到美的存在，并且有机会表达共性美、创造个性美，实现"艺术面向人人""时时美育""处处美育""事事美育""人人美育""美美与共"的教育宗旨。

高校力行"为党育人、为国育才"。通过科学制定美育发展改革规划和实施方案，积极探索以美育人路径，开展制度化建设，创新工作机制，促进教育理念转变，在教育教学过程中实现美育观念的升华，系统推进教学的内容与授课方式改革，才能切实做好高校美育工作。

强化顶层设计，构建全体系"大美育观"。美育是"五育"中的关键一环。学生对真、善、美的辨别力，能帮助其更好地感知自然的博大、知识的精深、科技的进步，进而激发自身日趋完善的内驱力。从这个意义上说，美育的概念不单纯是审美教育，它的内涵可以引申发展到情操教育和心灵教育，对于激发学生创造活力、发展健全人格起到积极作用。高校美育体系建设需要强化顶层设计，构建以美育人、以文化人的"大美育"环境。把课程教育、理论研究、艺术实践、校园美育活动融于一体，整合不同学科、不同专业领域，共同强化美育学科建设，推进社会、学校、家庭多位一体协同创新，各类美育资源交融熏陶，才能真正实现美美与共，塑造并进一步完善学生人格。

加强课程建设，改革创新教学模式。在互联网、大数据和智能化等技术高速发展的今天，开展美育工作需要充分运用新媒体、富媒体、融媒体等创新模式，提高美育教育效果，使美育最终"落地"。第一步是"增量"。学校在开足开齐8门艺术限定选修课的基础上，有针对性、实效性地开设各类美育通识选修课，为学生提供充足的课程资源。这是保证高校美育成效的基础。第二步是"提质"。充分运用现代化信息教学手段，考虑现代大学生"数字原住民"特点，改革创新教学模式，采用实践体验法、环境熏陶法等，实现美育"数字化"，全面调动学生的积极性，形成美育课程创新突破。第三步是"强效"。不断将美育元素渗透到其他课程中，将美学原则渗透于各科教学中，创新美育浸入式课程体验，实现"课程美育"建设。

传承地域传统文化，彰显本土品牌特色。扎根于时代，根植于民族，加强对民族文化、红色文化、革命文化和社会主义先进文化中美育素材的挖掘，弘扬中华美育精神，是高校美育教育的应有之义。这些美育实践有助于提高学生的人文艺术修养和审美鉴赏水平，让社会主义核心价值观、中华优秀传统文化、地域文化印象在学校美育教学中得到体现、传承和发展，实现美育教育从以中西结合向突出弘扬中华美育精神的转型。

三、医学美学素养教育的总体目标

中华民族伟大复兴需要巨人并且能产生巨人。大学者、大思想家、大科学家、大艺术家，不能局限于专业知识和技能，要有高远的精神追求，高尚的人格修养，广阔的胸襟，丰富的文学、艺术、哲学、历史的学养，以及深厚的人生感和历史感。文化经典是各个历史时期人类最高智慧和最高美感的结晶，教育界、文化界要在这方面多做工作，以文化艺术经典引导青少年寻找人生意义，追求更高、更深、更远的境界。

我们所处的新时代需要培养大批的杰出人才、拔尖人才、国际一流人才。要统筹推进大中小学美育一体化建设，全面提高学生的文化理解、审美感知、艺术表现、创意实践等核心素养，构建德、智、体、美、劳全面培养的教育体系。到2025年，学校美育取得突破性进展，育人成效明显增强，学生审美和人文素养明显提升。在育人目标、课程教材、教学教研、展演实践、课程评价等方面，形成小学与中学、中学与大学各学段美育内容循序渐进、螺旋上升、层层深入、有机衔接的较为完备的一体化学校美育体系。到2035年，学校美育取得实质性突破，育人成效显著增强，学生审美和人文素养全面提升，一体化学校美育体系更为完备，初步建成美育要素融通一体，学段育人目标衔接一体，学校、家庭和社会协同一体的家校社一体化美育工作新格局。

习近平总书记在文艺工作座谈会上的讲话中特别谈到欧洲文艺复兴运动产生了一批"巨人"，还引用恩格斯的话说文艺复兴"是一个需要巨人而且产生了巨人——在思维能力、热情和性格方面，在多才多艺和学识渊博方面的巨人的时代"。习近平总书记提及文艺复兴运动，并且引用恩格斯的话，正是着眼于时代对培养杰出人才的要求。我们现在所处的新时代，同样是一个需要巨人并且产生巨人的时代。我们这个时代呼唤思想，呼唤理论，呼唤学术高峰和文艺高峰，呼唤"立时代之潮头，通古今之变化，发思想之先声"的大学者、大思想家、大科学家、大艺术家，对我们的学校特别是大学提出了历史使命。

作为中国共产党和中国人民实践经验和集体智慧结晶的习近平新时代中国特色社会主义思想，是马克思主义中国化的最新成果，其对马克思主义美育思想亦有很大的继承与发扬。而马克思主义美育思想有别于前人的最独特之处，就在于指出人类审美活动的目的，是认识世界、改造世界而非沉溺于虚幻的精神王国以致脱离现实。所以，马克思主义美育观让人类的审美活动超越了艺术活动或精神活动领域而涵盖人类的一切活动，并且发现了遵循美的规律是人类在改造客观世界和主观世界活动时的重要原则。在全国教育大会上，习近平总书记立足民族未来，审度时代大势，结合现实国情，用六个"下功夫"，即在坚定理想信念上下功夫、在厚植爱国主义情怀上下功夫、在加强品德修养上下功夫、在增长知识见识上下功夫、在培养奋斗精神上下功夫、在增强综合素质上下功夫，明确了培养担当民族复兴大任时代新人的方法论。这一重要论断，扎根国情、挺立时代、契合民意、寄托理想，闪耀着马克思主义美育思想之光——它不仅赋予了中国美育具体的社会历史内涵和实现个人全面发展的精神基础，也为中国当代美育铺设了实践存在论的底色，因此必将培养出更多人文主义与科学主义相统一，具备更高文明程度和更健全人格的社会主义建设者和接班人。

应该说，在中华民族漫长历史进程中，美育一直如影随形。它让中国人的生命不断积淀文化内容，于感性展开的同时完成理性规范，成为中国人自我丰富、自我完善的不竭动力。如今，中国特色社会主义进入了新时代，我们将继续遵循美育特点，弘扬中华美育精神，以美立德、以美树人、以美储善、以美启真、以美养性、以美怡情、以美治言、以美导行，用美提升全民人文素养，沉淀文化自信沃土，塑造文化秩序与培养文明高度，充分彰显新时代中国特色社会主义的道路自信、理论自信、制度自信、文化自信之美。

第三节 医学美学素养教育的重要性

我国医疗卫生事业的深入改革，人们思想观念的更新，国际人才竞争的日益加剧，对医学人才提出了更高的要求，这要求培养高等医学人才的专业院校要按照培养医学创新人才的各项要求和发展形势，在加强学生专业和技能教育的同时，必须注重学生综合素质的提高。医学人才不仅需要在德、智、体诸方面得到发展，而且应当具有爱美、懂美和审美能力。

一、医学美学素养教育是现代医学发展的要求

文明使人类生活更加丰富，人类对美的向往和追求也更强烈，需要更多的美来充实、点缀生活。医学美学素养教育不仅同社会生活密切相关，还随着人类健康水平和平均寿命的提高，更凸显出其地位。人类对生命的要求不仅仅是寿命的延长，还包括生活质量的提高，对疾病不仅仅要求治疗，还要求符合美的原则，要求医务工作者在临床实际中运用美学思想、采取最优的医疗手段和护理方法，使患者早日恢复健康美丽，满足其审美需要。在手术、整形、皮肤美容等方面无不体现出这种需求。

现代医学除了同传统医学一样保护人的生命、治疗疾病以外，还包括预防疾病，恢复人的健康的形体和精神的完整之美，现代医学还适应了人们对美的新追求，帮助人们改善形体容貌的美。

现代国际著名整形外科大师米拉德教授曾说，美容外科是整形外科高度发展的尖端学科，这个学科的医师必须具备三个条件：① 坚实的整形外科基础；② 精湛的整形外科技巧；③ 一定的美学知识素养。三者缺一不可。《临床技术操作规范·美容医学分册》指出：美容医学临床技术操作，是以医学美学和美容心理学为指导，运用药物、手术、医疗器械以及其他具有创伤性或侵入性的医学手段和方法，对人的容貌及各部位的形态加以修复和再塑，以达到维护人体健美为目的的一类医学技术。规范的美容医学临床技术操作的基本原则之一就是医学审美。21世纪美容专科医（技）师的专业基础知识和基本技能的要求和目标是：① 具备一般临床医（技）师的基础知识和基本技能；② 具备当代已确立的美容医学整体学科中的某一门或两门分支学科（如美

容外科、美容皮肤科、美容牙科、美容中医科和美容医疗技术等）的临床基本知识和基本技术；③具备医学审美的基本知识和基本技能；④具备美容医学心理学基本知识和基本技能；⑤具有良好的美容医学职业道德品格和职业形象。

现代医疗美容实践不能没有医学美学的参与，而且医学美学对这种实践参与得越广泛、越深入，其所取得的成效就越显著。在医疗美容实践中，既有医学水平、医德问题，也有美学问题。例如，当一个大面积烧伤的患者出现在医师面前时，医师在检查了解病情的基础上，首先应考虑如何挽救患者生命和减少患者痛苦，同时还应该从医学审美的角度考虑，怎样才能减少患者外露皮肤的缺损，特别是颜面的变形。能否在患者身上取皮移植？如果不能，就借助现代科技成果提供人造皮瓣。医师审美认识和医学审美能力的高低，将直接关系到患者的治疗效果。修补生理缺陷，美化健康人的形体、容貌，医师高明的医术是不可缺少的，但这种修补并不是纯医学的，同样需要很高的医学美学素养。要求医师善于掌握整体美与局部美的辩证关系，了解比例、对称、均衡、节奏、主从、多样统一等形式美规律。又如，美容外科手术切口要与皮纹方向一致或相近，义齿修复时人造牙要与其他牙齿匹配。美容医师的每一种动作与操作，要轻巧、柔和，每一次造型要充分考虑患者的审美要求，运用审美想象，根据康复规律性，达到比较理想的审美效果。作为美容外科医师，手术操作娴熟仅仅是一个基本条件，手术中对修复区的立体成形、预测手术后的三维效果，必须要有高超的审美能力与审美预测能力，这种审美素养必须有对医学美学理论的理解，对自然美、艺术美、人体美的长期知识与经验积累，以及长期的美容外科手术实践效果的反馈。这种美容理论、审美实践的完美结合，才能使医学审美实施达到一个较高的层次。

二、医学美学素养教育是培养医学生审美能力的需要

医学是美的职业，医学所追求的是健康而美好的人生，医学所创造的是健康之美、生命之美、至善之美、仁爱之美。既然医学是最为卓越的艺术，医务工作者就应该重视美学修养，并让医学审美意识牢牢植根于自己的医学实践之中。因此，所有医学生都应接受医学美学素养教育这门人文医学知识教育。通过医学美学素养教育，积极培养和提高医学生对美的鉴别、欣赏和创造力，陶冶情操，提高审美情趣，逐步形成"患者是艺术品，而医务工作者则是艺术家"的观念，使知识内化为学生的人文素质和艺术修养，培养和造就高素质医学人才。

在古代，药王孙思邈提出了中医美学的重要范畴，他指出：行医者不仅必须具备全面、精湛的医疗知识和技术，而且还必须有一颗"大慈恻隐之心，誓愿普救含灵之苦"。孙思邈从心灵美、行为美、技术美、语言美等方面论述了医德美，这"四美"仍是今天医学生美育的重要组成部分。孙思邈不仅开创了较完整的传统医德思想体系、全面提出了医务人员应具备的美德，而且身体力行，在行医实践中彻底践行了自己所提出的医德规范，成为后世医家学习的楷模。医学美学素养教育，可以培养和丰富医务人员的职业情感，促进他们职业道德的形成和发展，并使这种职业道德在临床实践中得到不断丰富和充实，形成良性循环，使医务人员的职业道德逐步迈向更高的

境界。

医学实践必须以审美意识为指导，临床医学实践活动就是一种求真、求善和求美的过程。真、善、美统一是马克思主义基本审美观，也是医学诊疗工作的基本观。医师看病，一是要追求真，即诊察病情力求真实，严防漏诊误诊；二是追求善，一切诊断、治疗手段及其操作，都应尽可能地做到施术和用药安全有效，对患者的健康必须有利无害，努力避免并发症与后遗症；三是追求美，包括医术操作美、诊疗效果美、医疗环境美、医护行为美等。这种真、善、美的统一，是医、护、药、技医学各分支学科的共性要求。因此，医学生在医学院校学习医学基础及临床理论的同时，必须将医学美学素养教育融入医学教育之中，这样才能够拓宽医学生的视野，健全其人格，增强其社会责任感，也能促使医学生在毕业后的医疗实践中以医学美学的观念审视和引导医学科研和临床实践。

三、医学美学素养教育是医学人文教育的重要环节

高等医学教育首先是人的教育，高尚的道德情操、美好的心灵是医学生必须具备的基本素质。在这方面医学美学素养教育有其不可替代的作用。高尚的道德情操和美好的心灵主要表现在善良、正直、谦虚等方面，通过医学美学素养教育使医学生增强分辨善与恶、美与丑、光荣与耻辱的能力，为今后工作树立全心全意为人民服务的思想，树立正确的世界观、人生观，培养良好的医德、医风打下坚实的基础。因而，医学美学素养教育是医学生自身发展的需要。

医学美学素养教育是人文医学素质教育极为重要的内容和手段。医学美学素养教育的目的是使医学生在掌握美学和医学美学基本理论的基础上，树立正确的审美观，形成科学的审美标准。培养他们对美和医学美的感知力、鉴赏力和创造力，树立正确的审美观和形成科学的审美标准，提高医学生的审美素质，培养医学生的高尚品德，建立和谐的医患关系。医学美学素养教育始终贯穿着一种创新意识的教育，对于进一步开发当代医学生的智力与技能，促进创造性医学人才的创新思维，并朝着良性方向发展，有着不可忽视的积极作用。

医学美学素养教育的内容之一，就是要通过各种有效的形式和手段，提高医务人员的审美创造力，尤其是对医疗环境美、医学社会美、医学技术美的创造能力，构建治病、防病的最佳服务措施，有利于社会群体健康水平的提高。利用医学美学素养教育，将形象思维和抽象思维有机地结合起来。对于创新人才的智力开发，对于当代医学生的创新潜能的挖掘，以及对于形象思维和抽象思维的丰富，都会起到极大的帮助和促进作用。此外，可以培养医学生健全的医学审美世界观，起到文化养成的作用，并对德智体等方面起到渗透协调作用。事实上，医学美学素养教育已经成为弘扬新的医学人文精神、协调社会发展的重要渠道，成为知识经济中创新能力培养的重要途径。

总之，医学美学素养教育对于推动高校素质教育以及造就高素质医学人才具有不可替代的作用。

四、医学美学素养教育是提升基础医学教育的重要途径

医学美学素养教育在基础医学教育中的作用越来越重要。基础医学的美表现为科学的真实性，基础医学理论的内在结构美和逻辑美给予教育者和受教育者美的意境。注重教学方式方法，突出教学美，培养学生的创造力、想象力，用美来激发情感，使教学双方产生共鸣，共同享受学习的快乐。教学人员美好的形象与气质，更加体现出基础医学内在美对医学生的熏陶与影响，有利于激发学生的美好向往和对医学科学的兴趣与爱好。

（一）理论知识的结构美和逻辑美

基础医学理论的问世都必然经历大量反复的论证和科学准确的实践检验，存在内在的结构美和逻辑美，能激起学生心中美的感受、美的理解，使他们能够在美的意境中接受教育，完整无误地表达这些规律真理，并展现出其相互联系和内在美。医学基础课中有许多相对较难的学科，如神经解剖、生物化学等，复杂的神经通路，众多体内物质的代谢变化，初学者难以理清头绪，甚至畏难止步。但神经通路对人体的精妙控制，物质变换的奇妙反应，正是人在不断进化过程中对自身完美的不断追求。了解其意义所在，通过更加具体、形象、生动有趣的教学，才能使学生保持兴奋的情绪，在振奋、愉快的环境中获得知识。

（二）教学方式灵活美

教师采用灵活多样且恰当的教学方式方法，根据内容用不同的教学形式和辅助手段，以适应学生思维的多样性，可以取得最优的效果。直接解决问题式教学方法的运用，可以培养学生的创新、想象、比较能力，培养学生自己发现基础医学内在美的能力。随着科技的进步，大量的电化教学手段，尤其是电脑多媒体，使许多抽象的理论形象化、具体化，鲜艳、动感的画面将抽象、晦涩的医学知识形象地展现在学生面前，可以使学生学习效率显著提高。把知识更好地传授给学生离不开教育艺术。在教学设计中，美学的作用越来越重要与鲜明。同时医学美学素养教育在培养医学生抽象思维、理论思维等方面有其独特的作用，已成为一种特殊的教育手段。

（三）教师的素质美和举止美

人是相互影响的，美是相互传播的。教师的理解、兴趣和爱好通过教学影响学生，在这种条件下会引起情感的共鸣和转移。注意美在教学中的应用，包括自身能力、素质、言谈举止的美，教师对此的关注丰富了职业情感，促进其职业品格的形成和发展，教师通过不断的教学实践，将进一步使这种职业情感得到充实。二者循环往复，形成一种良性刺激，使教师的职业品格逐步向新的更高的境界迈进。教师精心设计的教学内容，课堂上热情、耐心、认真的工作态度，熟练的教学技巧，能换来学生对引路者的尊敬与信任，对医学知识的渴求与兴趣。

在基础医学教学过程中，应用美学理论，精心设计创造，培养学生的审美意识和形象思维能力，在形象思维的基础上发展抽象思维和理论思维，并以情感交流为纽带，用美的事物、美的形象来激发情感，引起共鸣，使受教育者的身心和谐全面发展，使教育效果产生广泛、深刻而持久的影响和潜移默化的作用。

❓ 思考题：

1. 中国当代医学美学兴起与发展三个阶段的起始时间及主要标志是什么？
2. 医学美学素养教育的基本要求有哪些？
3. 医学美学素养教育的重要性是什么？

本章参考文献

［1］　赵永耀，刘志华．医学美学［M］．南昌：江西高校出版社，1999．

［2］　李红阳．医学美学教程［M］．北京：中国中医药出版社，2006．

［3］　韩英红．医学美学［M］．北京：人民卫生出版社．2011．

［4］　刘海涛，王玉珍，许皓，等．医学美学在现代医学教育中的作用［J］．西北医学教育，2015，23（5）：830-833．

［5］　李异凡，谢天，张阳德．浅谈医学美学在医学教育中的重要意义［J］．中国现代医学杂志，2010，20（15）：2379-2380．

［6］　李英蜀，姜殿坤．学校美育去功利化关键在于遵循美育规律［N］．光明日报，2021-08-17（13）．

［7］　杨宗元．坚持立德树人弘扬中华美育精神［EB/OL］．（2004-06-01）［2022-04-25］．http://www.qstheory.cn/dukan/hqwg/2022-04/25/c_1128593280.htm．

［8］　吴为山．以美育提升人文素养筑牢文化自信［N］．光明日报，2019-02-01（11）．

［9］　北京师范大学艺术与传媒学院课题组．让美的种子生根发芽［N］．光明日报，2023-11-16（7）．

［10］　陈艳华．立德树人框架下大学生综合素质提升路径［J］．新西部，2023（7）：145-147．

［11］　杨平，尚进，陈宝珍．医学人文科学词汇精解［M］．上海：第二军医大学出版社，2002：157．

第二章 美与审美

第一节 美

一、美的内涵

美究竟是什么？两千多年来，哲学家和艺术家一直在摸索、探讨，至今也无定论。在对美的探索中，有一些观点是从精神世界出发，例如，柏拉图认为"美是理式"，即美的本质在于理念，只有这种理念才是真正的、永恒的美，并且具有客观意义。黑格尔继承并发展了这一理论，完善了"美是理念"说，提出"美是理念的感性显现"，肯定"美就是理念"。此外，孔子也认为"里仁为美"，即达到仁的境界也就达到了真、善、美的境界。这些观点都强调了精神世界的重要性，并从不同的角度探索了美的本质。

一些观点认为，美是人的意识、情感活动的产物或表现，对于审美意识、审美心理、审美感情等做了探讨。亚里士多德认为美的本质在于秩序、匀称和明确；车尔尼雪夫斯基认为美是生活，强调与人类社会生活的关系；庄子认为天地有大美而不言。

这些观点都从不同的角度探讨了美的本质和表现形式，对于我们理解和欣赏美有着重要的启示作用。如果我们能像大自然一样，不受利益得失的牵绊，我们的生活也会如大自然般美丽。李泽厚认为，美的源泉在于人类的实践，而美感的根源则在于内在自然的转化。马克思主义主张，美是人类本质力量的具象化，人们依据美的规律，按照对象的特质来塑造美的形象。客观派强调对自然美的研究，他们发现了和谐、比例、对称、多样统一等美的外观形式法则。而主客观相互关系派则认为，美是随着关系的产生、发展、变化、衰退和消失而不断变化的。朱光潜认为，美是主观与客观的统一，美的形成需要以客观的自然事物为基础，再融入主观意识形态的催化，才能使物化为美的形象。这种主客观关系说认为，美既不在客观，也不在主观，而是在二者的巧妙结合之中。然而，在具体论述中，有些观点更倾向客观因素，有些观点则更偏向主观因素。

以上各种理论和学说见仁见智、各不相同。那么美的奥秘是否根本不能被发现呢？不是的，辩证唯物主义始终认为，世界上的一切事物都是可以认识的，美的本质也不例外。只要我们尊重前人，研究前人，善于批判地吸收前人留下的丰富的思想资料，又十分重视研究现实的审美实践，我们就能在美学研究中不断前进，最终揭开美的面纱。

美的内涵包括美的多个层面，如外在的美观、内在的品质和价值观念。美的内涵可以是艺术作品的深度和表达力，也可以是人高尚的品德和思想。它体现了人类对于美的追求和理解，是人类文化和艺术的重要组成部分。美的内涵是主观的，因为每个人对于美的理解和评价可能会有所不同。但它也是普遍的，因为人们普遍认同某些价值和品质是美的体现，如和谐、纯洁、优雅、平衡等。美的内涵是丰富多样的，它可以在自然景观、艺术作品、人的行为等方面被发现和欣赏。

二、美的起源

"美"这个字，最早出现在殷商的甲骨文里。它的字形𦥑犹如一幅生动的画面，展现了一个端庄站立的人，头上戴着精美的头饰。在古代社会，人们常常通过插上各种羽毛装饰和戴面具来跳舞，表达对神灵的敬畏或庆祝特殊活动。在甲骨文中，"美"便被巧妙地描绘成这样的形象——一个人的头上插着羽毛，其形象就是"美"的象征。东汉时期，许慎的《说文解字》对"美"有了新的解读。他解释说，"美"由"羊"和"大"这两个部分组成，羊在六畜中居于首要地位，主要负责提供美食。因此，"美"便引申为好的、善的意思。在古代，羊是重要的副食品，肥壮的羊吃起来让人回味无穷。《说文解字注》中指出，甘就是美，而五味中的美也称为甘。因此，"美"和"善"在古人眼中是近义词。有趣的是，现代欧洲语言中的一些基础词汇源于梵文、哥特语等，这些词既与健康、道德纯正、好、合适、赞扬、光荣、有礼貌等相关，也与愉快、高兴、快活等相关。这进一步印证了"美"与"善"之间的紧密联系，同时也强调了人们对事物美丽外观的高度评价。

"美"字本义是美丽、美好，引申为好的东西。做名词时，除了表示美好的人或事物外，还用来表示抽象意义，如好的品德或表现。"美"这个词可以形容好看、漂亮的事物，让人觉得美好。比如在《诗经》中有一句"彤管有炜，说怿女美"，就是形容女子美丽动人。另外，"美"也可以形容食物美味可口，比如在《孟子》中有一句"脍炙与羊枣孰美"，就是比较两种食物的味道。有时候，"美"也可以用来形容令人满意的事物，比如在《易经》中有一句"畅于四支，发于事业，美之至也"，就是形容事业顺利、成果卓越。除此之外，"美"还可以作为动词使用，表示让事物变得美好、优美。比如在《毛诗序》中有一句"美教化，移风俗"，就是说通过教育来让社会变得更加美好。同时，"美"也可以表示称赞、赞美，比如在《庄子》中有一句"毛嫱、丽姬，人之所美也"，就是说人们都称赞毛嫱和丽姬的美貌。

三、美的形态

从哲学认识论的角度来看，美可以被划分为两大类别：现实美和艺术美。现实美又进一步包括自然美和社会美。

（一）自然美

自然美是指现实世界中自然物体或自然景观所显示出来的美。大自然的美丽景色以自然的感性形式直接唤起人的美感，能给人带来内心的宁静和欢愉，都属于自然美。这种美不需要人为加工或修饰，而是由自然物本身所具有的特质和属性所呈现出来的美感。自然美最高的表现形态是人体美。

自然与自然美之间既有区别又有联系。首先，自然与自然美是不同的概念，分属两个范畴。自然或者说自然物、自然界，它的存在并不依赖于人，也不依赖于人类社会。早在人类社会出现以前，自然就按照自身的规律，存在着，发展着，变化着。此时，自然纯粹只是一种自在之物，并不具备什么美与不美的属性或价值。美却是一种社会价值，自然界的美，也是相对于人而言的，只是因为有了人，有了人的实践活动，形成了人与自然的种种关系，自然物才取得一定的社会意义，从而显示出美的价值来。

1. 自然美具有自然性

自然之美，源自大自然的鬼斧神工，与自然有着千丝万缕的依赖关系。无论是欧阳修笔下的花坞苹汀、十顷波平，还是苏东坡笔下的水光潋滟、山色空蒙，都向我们展示了自然之美的无穷魅力。假如没有气象万千的变化，没有西湖那如诗如画的湖光山色，又何来西湖令人陶醉的美呢？

自然的要素，如炙热的阳光、皎洁的月色、晶莹的水珠等，都拥有自身独特的美。这些美的要素是大自然的杰作，不是人所能创造的。自然美的色彩是好看的，无论是朝阳初升的金色，还是傍晚时分的火烧云，都让人赏心悦目。自然美的声音是动听的，无论是清晨的鸟啼，还是夜晚的虫鸣，都让人心旷神怡。自然美的线条是怡人的，无论是山川的轮廓，还是海洋的波纹，都让人沉醉其中。自然美作为一种特定形态的美，既离不开人的社会实践，又必须体现在自然物的自然属性之中。

2. 自然美侧重形式美

自然美的内涵往往显得难以捉摸，需要特定的条件才能揭示其深意。这是因为自然物是自然生成的，并未经过人类的刻意加工。即使有些自然美经过了人类的改造，其内涵仍然显得朦胧不清。然而，自然美的形式却是清晰明了的，它以鲜明的形象展现在人们面前，激发我们强烈的审美感受。因此，色彩、声音、线条、形状、质料等构成自然美的形式因素，成为我们欣赏自然美时最为关注的部分，它们占据了主导地位。在欣赏自然美时，我们常常因为自然物的形式美给予我们审美感官的鲜明而突出的印象，而忽视了其较为隐蔽的内容，只注重其外在形式。以蟾蜍为例，虽然蟾蜍可以吃掉害虫，其分泌物还可以制成中药，具有强心、镇痛、止血等功效，但由于其皮肤灰黑、外表粗糙、身体臃肿、动作笨拙，总是让人感到讨厌。

自然美注重与自然界的和谐统一，强调事物的自然状态和自然规律。在形式美方面，自然美追求形式的自然流畅、有机组合和优美的比例关系。

自然美强调形式的真实性。自然美追求表现事物的真实本质和原貌，不做过多的修饰和夸张。在形式美方面，自然美强调形式的真实表达，不追求过于虚华或人为的装饰。

自然美强调形式的功能性。自然美认为形式美应该符合事物的功能和目的。在形式美方面，自然美注重形式的实用性和功能性，追求形式与功能的最佳结合。

总的来说，自然美侧重形式美是强调以自然界为标准，追求事物形式的和谐、真实和功能性。形式美在自然美中起到了重要的作用，通过形式的塑造和表达，使得事物能够展现出自然的美感和内在的品质。

3. 自然美具有多面性

自然物的美在不同条件下和与人类社会生活的特定联系中，会有不同的表现形式，这就是自然美的多面性的基本含义。同时，自然物作为人的对象性存在，物与人的关系是多种多样的，这也使自然物具有了美的多面性。比如蝴蝶，它的色彩斑斓、舞姿翩翩、对鲜花的依恋和人生都有不同的关系，表现为不同的审美属性。有些自然物同时兼有美与丑两种相互对立的审美素质，比如老虎既可以作为美的对象来观赏称道，也可以作为丑的对象来看待、鞭挞。

（二）社会美

除了自然美，社会美是现实生活中美的主要体现。人类在实践活动中展现的美、实践成果的美以及实践主体的美，都是社会美的丰富展现。社会美具体体现在人类社会实践的过程中，人的本质力量在其中不断得以发挥和创造。生产劳动是人类最基本的实践活动，它也是人们获得审美愉悦的基本来源。劳动本身以及劳动所创造的产品都展现着美，这些产品既可以作为劳动成果，又可以作为反映人类本质力量的审美对象。

无论是"北斗""天眼"等国之重器的打造，还是港珠澳大桥的施工和使用，无论是同事间的友谊，还是情侣间的爱恋，都属于社会美的范畴，吸引着人们。社会美与社会实践的关系直接而明显，不仅体现在静态的实践成果，还体现在动态的实践成果，如生产劳动的美来源于生产劳动，人际关系的美来源于人们的交往活动。善良、友爱、勇敢等美德和品质，以及包容、尊重和平等的价值观都属于社会美的范畴。内在美德如善良、智慧和忍耐，积极态度和乐观心态都能带来美的感受。

社会美与社会功利性紧密相连。美的效用不在于经济实用或道德工具，而是通过愉悦人的情感，从而丰富生活、活跃身心、提高情操、开阔视野。美的效用主要体现在情感和精神方面。美具有社会性，并依附于社会，随着社会历史的发展而发展。社会美与社会历史条件的依存性更加直接和明显。例如，人们的服饰打扮和家庭陈设的美都与当时的社会生活生产条件、科学水平、社会制度和时代风貌密切相关。

（三）艺术美

现实美是客观存在的美的形态，而艺术美则是艺术家对现实生活进行创造性反映的产物。不同的艺术形式，如绘画、音乐、舞蹈等都能通过表达情感和美给人带来审美享受。现实生活中的事物既有美的也有不美甚至丑的，但通过艺术家的集中概括，生活中的丑也可以转化成供人欣赏的艺术美。相比现实美，艺术美具有特殊的价值。

1. 表达情感和思想

艺术美可以通过各种艺术形式，如绘画、音乐、文学等，表达人们的情感和思想。艺术作品可以直接触动人们的心灵，传达出深层次的情感和思考。

2. 提供审美享受

艺术美带给人们审美上的享受和愉悦感。通过欣赏艺术作品，人们可以感受到美的力量和引发的情感共鸣，享受独特的审美体验。

3. 激发创造力和想象力

艺术美可以激发人们的创造力和想象力。艺术作品中的创新和独特性可以启发人们的思维，激发人们去探索、创造和想象更多可能性。

4. 反映社会和文化

艺术美反映了社会和文化的特点和变化。艺术作品可以通过艺术家的观察和表达，呈现出不同时代、不同地域的社会和文化现象，帮助人们更好地理解和思考社会问题和历史发展。

5. 形成文化遗产

艺术美是人类文化的重要组成部分，它代表了人类创造力和智慧的结晶。艺术作品可以成为文化遗产，传承和延续人类的文化传统和价值观念。

总之，艺术美具有独特的情感表达、审美享受、创造力激发、社会反映和文化传承的价值，使人们能够从不同角度和层面去理解和感受美的存在和意义。

四、美的本质

关于美的本质，中西方历史上有许多不同的看法。

（一）西方关于美的本质的主要观点

在西方美学史上，关于美的本质和本原的讨论相当复杂，归纳起来，主要有三种不同的观点，称为客观派、主观派和主客观结合派。

1. 客观派

客观派认为美的本质是美好的事物所固有的客观属性。他们认为美的本质在于事物的外在形式或结构比例，指出美与事物的客观属性之间密切相关，美是一种客观存在——带有唯物主义因素的存在。许多美的事物都离不开它的物质属性和形式美。毕达哥拉斯学派提出"美是各部分之间的和谐与比例"，并且他们基于数的原理探索了美的事物的比例关系，发现了"黄金比例"。亚里士多德认为，"美在于事物的形式和比例"，美在于事物的秩序、对称、体积和排列。

从事物的客观属性和客观形态中探索美的本质是有道理的。但是，很多属于内在美的东西很难表述，比如精神美、道德美、情感美。只有从事物的属性和形态来解释美才比较全面。即使是形式美，也很难一概而论，说美是一定的比例，也不具有普遍性。客观派引用的所谓美的属性并没有解释它们为什么是美的。因此，客观属性论并不能解决美的本质之谜。

2. 主观派

主观派从主体中寻找美的本质。其核心思想是：美不在物，而在心，美是主体性的产物。主观主义观点以英国经验主义哲学家大卫·休谟为代表。他认为，美存在于人类的心灵中，"美不是事物本身的品质"，它只存在于观者的心中，每个人的心中都有一种别样的美。克罗齐是意大利美学家，主张美不是物理事实，而是属于人类活动和心灵力量的主观感受。美学之父鲍姆加滕也持有类似观点，认为美学的对象是感性认识的完善。康德则是主观派的另一个重要代表，认为美是自由的主观判断。这一学派大多从审美的角度对美进行思辨，认为美的对象不具有独立的美的特征。

3. 主客观结合派

这一派提出了一个折中的看法，认为美既不完全存在于客观对象之中，也不完全由人的心灵产生，而是在主体与客体的关系上。法国作家、艺术家、艺术评论家狄德罗是这一流派最典型的代表，他提出了"美是一种关系"的观点。他说："任何能唤起我们心中对关系的感知的事物都是美好的。"他认为，美产生于这一事物与其他事物的关系，生长、变化，并随着关系的衰退而消失。主客观结合派的另一典型代表是俄国伟大的文学批评家车尔尼雪夫斯基，他提出了"美是生活"这个重要理论。他说："任何事物，只要我们按照自己的理解来看待生活，它就是美的，任何展示生命或提醒我们生命的东西都是美丽的。"车尔尼雪夫斯基认为，美是生活，离不开客观环境，更离不开人的主体。因为生活本身就是主观与客观的结合。"美即生命"的定义对美的本质提出了新的看法，具有唯物主义的合理性。然而，车尔尼雪夫斯基的哲学是费尔巴哈的"人本主义"，是从生物学的角度看待生命，而不是把人生理解为社会实践的发展过程，因而缺乏唯物史观的辩证法。而且，他对这一观点的具体论述往往存在自相矛盾之处，尤其是拔高现实之美、贬低艺术之美的片面性。

主客观结合派既考虑到美的客观属性，又考虑到人的主观心理，似乎弥补了客观派和主观派的片面性，应该是最正确的。但事实上，它并没有真正回答美从何而来。无论是狄德罗的"关系论"，还是车尔尼雪夫斯基的"美即生命"，都只是解释了某一种美的现象，不具有普遍的理论价值。不过，这一学派的研究方向值得肯定。因为美既离不开客观，也离不开主观，但两者真正的契合点还没有找到。

（二）中国关于美的本质的主要观点

中国对美的研究也有着悠久的历史，早在2000多年前的春秋战国时期，诸子百家就开始了对美的探索，到了魏晋南北朝，有《文心雕龙》等文学、美学名著。不仅如此，在美学领域，诸子百家也提出了许多有价值的独特观念。为丰富美学理论宝库作出了巨大贡献。但总体而言，中国古代美学在美学理论的论述上还不够系统和完整，而且缺乏像西方美学史上那样更专门的美学著作。审美观念也是零零散散的。它们往往包含在诸子百家的政治哲学观点中，尤其与伦理道德密切相关。综观中国古代美学，有影响的观点大致可分为以下几类。

1. 以孔孟为代表的儒家美学

儒家美学的最大特点是强调美的伦理性和效用性，将审美活动与社会政治生活和道德修养行为紧密结合起来。孔子在《论语》中14次提到"美"，其中10次说"美"实际上就是"善"。所谓"美"与"善""德"是同一意思，三者可以并列使用。又如，孔子有"尊五美，屏四恶"之说。孔子所说的"五美"，实际上是指善，是指统治者治理国家的五种美德。

孟子的审美观提出"充实就是美"。这个观点继承了孔子的"仁""善"思想，同时又有所发展。所谓"充实"，即孟子提倡的君子的"浩然之气"，是指内在美要与外在美相统一，可以了解人的品德、智力、操守等。孟子的美学观还有一个可贵之处，就是他明确提出了"共美"的观点，即人性有共同之处。孟子指出"独乐乐不如众乐乐"。他希望人们能够融入社会，与大众交流，实现雅俗共赏。只有这样，人们才能产生共鸣和共识，增加美的愉悦。孟子认为这就是审美活动的社会性带来的美的力量。

荀子的审美观与孟子的"充实为美"有异曲同工之妙。他也赞同孟子的共美观念，还强调人的内在美。

儒家审美观在中国古代封建社会产生了深远影响，强调内在美比外在美和形式美更重要，成为民族审美传统的重要部分。

2. 以老庄为代表的道家美学

道家的审美观与儒家的审美观有很大不同，可以概括为三个特点。

（1）强调美在自然。道家对自然的强调主要有两层含义：一层是强调美与"真"的统一，反对人为的装饰，崇尚自然，遵循自然；另一层是崇尚简约之美，审美趣味和艺术追求较弱。老子推崇"见素抱朴"的朴素美、本质美。庄子根据老子"以简为美"的思想，提出"天地有大美而不言"，肯定自然之美。例如，他把声音分为"天籁"、"地籁"和"人籁"。在庄子看来，天籁之音是最美的。基于这种以自然为美的观念，他们将其应用于人类社会，强调以诚为美。老庄的审美观是有积极意义的。

（2）美的相对性与辩证法。相对主义和辩证法是道家思想的哲学基础。相对主义哲学是道家美学思想的基本出发点，是道家审美观的精髓，成为中国古典艺术中不可或缺的审美准则。辩证法形象地表达了"此时无声胜有声"。人们知道美就是美，恶就是恶，好的就是好的，但这些都不是最高范畴，而是较低范畴。人们最看重的是自然物或艺术品是否充分表达了宇宙的生命力，而不是其美或丑。

（3）道家美学中的虚无主义。虚无主义是道家美学中的消极因素。老子认为"五色令人目盲，五音令人耳聋"，他的哲学核心是"无知""无欲""无为"，部分否定美在现实世界中的价值，同时也提醒人们应该保持适度，学会平衡和享受感官之美。

3. 墨子的实用美学

与儒家、道家的美学思想相比，墨家的美学思想影响甚微。强调美的功利性和实用性。墨子认为，食必常饱，则求美；服装要常暖，则求美；生活必须永远平静，然后寻求幸福。进行审美及艺术活动的前提是要有一定的物质生活条件，不然没东西吃、没衣服穿、没地方住，哪有心思去搞艺术活动呢？这些观点很有价值，人们只有在物质生活得到基本满足之后，才能进一步追求精神生活的美好。然而，墨子的推理走向了另一个极端，对美采取了完全否定的态度。他提出了"声乐危害政治"的极端主张。从纯实用的角度否定美的价值是不可取的。

需要指出，在我国美学中，虽然儒家和道家的美学观点在传统经典美学中起到了主导作用，但还没有建立起一套完整系统的美学体系。但是，在儒家和道家思想的影响下，在学者不断探索下，提出了许多具有中国特色的美学理念，如神似、意境、妙悟、神韵、格调等，为创造具有民族特色的美学理论作出了贡献。

4. 中国当代美学家的实践美学与后实践美学

实践美学又称应用美学，是马克思主义实践观点和美学观点在现实中的运用，也是马克思主义对于美学研究的创造性发展。实践美学以强烈的实践意识密切联系社会生活、大众文化，积极探索和追求美的本质特征。实践美学是广义上的美学概念，涉及整个人类生活领域，尤其是精神生活的各个方面。实践美学主张从生活中来，到生活中去。可以看出，实践美学的研究具有鲜明的实践精神，美和美感是在长期的历史实践过程中产生的，是社会历史的结果。但李泽厚认为，从实践到审美，必须有许多中介，不能直接用实践来解释审美。

后实践美学主张以生活理论来替代实践美学，它是20世纪90年代至21世纪初在中国出现的美学观点和流派。代表人物包括杨春时、潘知常和张宏。他们认为实践美学过于关注实践的物质性、现实性和必然性，忽视了审美实践的特殊性，并混淆了审美实践与一般实践的区别。这导致理性遮蔽感性、群体压抑个性，以及历史必然性取代了偶然性。后实践美学认为，人的自由的充分实现不仅取决于实践和理论活动，也取决于人的理想性、超越性的生命活动和人的自由性的审美活动。人类的审美活动可以说是最高的生存方式，它不仅具有物质性、现实性、必然性、合理性和集体性方面，也有精神性、理想性、超越性、自由性、偶然性等方面。感性与个性，是这几个方面的统一。后实践美学同意以实践作为美学的哲学基础，主张以"超验美学""生命美学""生存美学"取代"实践美学"，以"超验"、"生活"与"生存"作为美学的逻辑起点，以人的自由生命活动的理想实现为美学的核心理念。

五、美的特征

特征是一种事物区别于另一种事物的显著标志。美的特征是美的本质与美的现象之间的中介环节，是美的本质的延伸和体现，而美的现象又受到美的特征和本质的制约和影响。美的主要特征可以概括为以下四点。

（一）形象性

美总是以具体、生动、可被感知的形式呈现，这种形式具有观赏价值，称为形象。没有形象，美就无从谈起。美的存在是内容与形式相结合的美的具体形象，它的内容需要借助色彩、形状、声音等物质材料构成的感性形式来表现，使之成为具体直观的形象。这些形式中的每一个点、线、色、形、声、韵，都承载着内容的意义、情感和价值，具有感性的形式。相比之下，抽象的概念、范畴、理论，或是各种科学的定义、公理、公式，乃至放之四海而皆准的真理，则不需要具体可感的形象。

美的形象是丰富多样的，不能狭隘地理解和等同于眼睛的可见形象。也有看不见的，如人的心灵美，表面上看起来无形、看不见、摸不着，但实际上仍然离不开感性形态、社会实践、言谈举止、形象。雷锋、孔繁森的精神之美，是通过他们全心全意为人民服务的言行表现出来的，至今依然具体而生动。科学的抽象美也是生动的。书法之美更具抽象性，但它寓"象"于抽象之中，表现出更为深邃、博大的形象，因而感觉美。音乐美的形象诉诸人的听觉。文学美的形象诉诸人的想象，虽然看不见，但可以感觉到。如果没有音乐形象或文学形象，就没有音乐美或文学美。

美的能见度决定了美的客观性。美的形象是真实的、具体的、可感的，不是人主观想象的结果，也不是人精神的外化，而是不以人的意志为转移的客观形象。所以，美不完全是主观的，而是一种客观存在。

（二）感染力

感染力是指能够打动人心、激发情感、陶冶情操的事物或言语，能够让人产生愉悦、满足的情感体验。美好的事物能够直接激发人的情感体验，让人感到愉悦和幸福。但是，不是所有的形象都是美的形象，只有能够感染人、给人带来美的形象才是真正的美。

车尔尼雪夫斯基曾说过，美好的事物在人们心中唤起的感觉与我们在亲人面前时感受到的愉悦相似。我们热爱美，就像热爱亲人一样。这说明美在我们心中代表了某种可爱且珍贵的东西。这就是美的感染力，美的事物能激发人的感情，带给人极大的愉悦和满足，让人的心灵充满难以言表的激动和喜悦。这在艺术上表现得尤为强烈，尤其表现在富有表现力的音乐和舞蹈上，表现在悲剧性和喜剧性的美上，美的感染力十分明显，《论语》中记载孔子闻韶于齐，"三月不知肉味"，可见"韶乐"的优美已使他陶醉其中。

美的感染力是美本身固有的特性，它既不单纯表现为内容，也不单纯表现为形式，而是内容与形式的统一。例如，荷花的美不仅是色、形、香的形式美，更可以从它的自然属性中联想到一些优秀的人类品格，周敦颐在《爱莲说》中写道：予独爱莲之出淤泥而不染，濯清涟而不妖，中通外直，不蔓不枝，香远益清，亭亭净植，可远观而不可亵玩焉。作者从荷花的感性形象中，看到了人的优雅与气节，深受启发和感染，从而赞美荷花、独爱荷花。美好的事物就像一面镜子，人们可以从中看到自己的形象，看到自己的本质力量所创造的丰富多彩的生活。这是对美的作品的赞叹和欣赏，是对美所蕴含的内心珍贵之物的愉悦。

美的情感愉悦不同于人的生理愉悦，是人的感官需要得到满足而产生的生理反应，是一种物质愉悦。比如，大汗淋漓是一种生理上的愉悦，喝一杯凉开水就会神清气爽。而由美的客体引起的审美愉悦则是主体对审美客体的一种内心体验，是一种精神上的愉悦，比如，齐白石画虾、徐悲鸿画马，生动传神，能引起无比的喜悦和对生命与活力的无尽遐想，是一种精神的愉悦。所以说，美的愉悦是一种精神愉悦。

（三）社会功利性

美是一种社会产物，源自社会实践，与人类的生活紧密相连，并随着实践的发展而发展。尽管美可以脱离某些特定的欣赏者存在，但它永远离不开社会实践的主体——人，更不能脱离人类社会。美是社会的产物，是文明的标志，是人类的专利，这就从根本上规定了美的社会性。

美的社会性决定了美的功利性。美与人的生活密切相关，具有对人有用、有益的性质，能够满足人的审美需要，这就是美的功利性。人类追求美，只是因为它对自己有用。美的功利性不仅表现在实用目的上，还表现在精神需求上，能使人获得精神上的愉悦、享受和满足。现实美的功利性不仅体现在实用上，更体现在精神上。艺术美还主要体现在精神上，人们欣赏达·芬奇的《最后的晚餐》不是为了填饱肚子，欣赏列宾的《伏尔加河纤夫》不是为了学做纤夫，欣赏徐悲鸿的《奔马》也不是为了骑马。人们欣赏它们，虽然不能获得物质上的效用，但可以开阔眼界、启迪思想、陶冶性情、净化心灵、愉悦身心、满足精神需求。

（四）相对性与绝对性

美不是孤立绝对的，也不是固定不变的。它总是在一定的时间、地点和条件下存在、发展和变化。美的存在是具体的，具有时代性、民族性和阶级性。此时此地的美好，未必是彼时彼地的美好。没有抽象的、不变的美，只有具体的、流动的美，美随时空变化的本质是美的相对性。

美既是相对的，也是绝对的。美的绝对性是指事物的美主要是由其自身的本质和特征所决定的，符合美的规律。花之美，在于其本身的品质。一堆又臭又脏的垃圾，无论放在哪里都是丑陋的，关键是它不具有美的本质，不符合美的规律，美的绝对性在于它是客观存在的，具有美的属性。一些美好的事物一旦被创造出来，总是历史地、具体地存在着。人们可以欣赏、完善它们，但不能否定、抹杀它们的存在。比如中国的长城和埃及的金字塔。

美既有相对性，又有绝对性，是相对性与绝对性的统一。美的相对性包含着绝对性。贝壳做成的项链在原始人眼中非常漂亮，但对现代人来说却没有太大的审美价值。现代人欣赏的花，在原始狩猎时代的人们面前也许并不美丽，贝壳和花的美与社会生产力的发展水平密切相关，体现了美的相对性。贝壳之于原始人，花朵之于现代人，它们的美是由自身的质的规定性决定的，因为它们符合美的规律，具有美的绝对性。

美的绝对性包含着相对性。客观事物的美从其存在的客观性和规定性上体现了美的绝对性，从其存在的历史性和具体性上体现了美的相对性。红色原本是人们喜欢的美的颜色，其在适当的位置才是美的，否则就是不美的；漂亮的泳衣在海滨浴场穿是美的，而在闹市区穿则不是；动物在大自然里被人观赏是美的，但进入人类居住地伤害人就是不美的。

美的相对性和绝对性是相互统一的。有了美的相对性，美才会发展变化，不会成为固定不变的东西。有了美的绝对性，美才有了客观规定性，成为确定的东西，符合美的客观规律性。在美的整个历史发展过程中，每个时代的美都是相对的，但对于其产生的时代而言，美是绝对的。客观事物的美有其质的规定性和绝对性，但在特定条件下又有美与不美的区别，这种区别也是相对的。因此，美的相对性与绝对性是相互包含、相互渗透、相互联系的关系，是"你中有我，我中有你"的关系。

第二节 审美

生活中由美变丑的演绎告诉我们美丑的界限在哪里，那么什么是美，什么是丑呢？我们该如何理解审美呢？

一、审美的含义

"肤色深就不要穿亮色的衣服，会显黑的。""个子矮不要穿长裙，不好看。"诸如此类的穿搭技巧我们时常听到。这些观点有一个共同的特点，就是用固化的审美来定义美与丑。从古至今，人们就没有停止过对美的追求。可是我们对美的认识真的正确吗？我们真的有正确的审美吗？这就需要先了解什么是审美。

审美是人们理解世界的特殊方式，是人与世界的无功利、形象的和情感的关系状态。审美涉及主体对美的判断，不同主体会有不同的审美结果。在审美中，"审"是一个动词，表示有人在进行审美的过程，同时需要有可供人审美的客体或对象。审美现象建立在人与世界审美关系的基础上。审美的"审"并非对美本身的认知，而是对自己的认知。一个人的审美能力实际上是对生命的领悟能力。

自古以来，有诗人偏爱田园，也有诗人钟情市井；有诗人盛爱牡丹，也有诗人独宠白莲。审美的多样性可见一斑。美不单一，审美也不单一，美与审美都不应该被固化。吴冠中先生说："文盲不多，美盲很多。"我们对于美的定义不应该被束缚，我们的审美更不应该被束缚。千篇一律的"网红脸"、减肥成为大家向"以瘦为美"的妥协，这些都是审美多元化向单一化的退化表现。其实美是没有公式的。不同的人适合不同风格的美，没有必要用一种近乎苛刻的审美束缚自己。美，是自己对自己的定义，而不是想方设法去满足本不适合自己的"大众美"。

美学不可以离开美感而谈美，美感也不可能离开审美主体、审美客体以及审美场而产生和生存。美—美感—审美是一个过程，而绝非一个多元素的复合体。美感源自我们对事物美的体验，这种体验在我们的意识中产生，并成为我们生活的一部分。它涵盖了我们所有的感官和心灵的感知、感受、感动、感情以及感怀。美感的核心在于它指向我们生命的感受和心性的体验，这种体验超越了实用态度，不带任何利害关系。美感的世界是一个专注观察的形象世界，一个从物我两忘到物我同一的交感共鸣的情感世界，一个从有利害关系到无利害关系的自由的创造世界。

二、审美的构成

审美是人与世界的一种非功利的、生动的、情感的关系，是认识世界的一种特殊形式。审美的构成存在一些共同的基础元素，它们如同绘画的颜料，组合在一起，形成了审美的画卷。这些元素包括感知、理解、情感和想象。

首先，感知是审美的起点。我们通过感官之窗，接纳外部世界的信息，色彩、形状、声音、质地等纷纷涌入我们的意识。我们像是在画布上挥洒色彩，用感觉去描绘眼前的世界。感知不仅来源于感官体验，也深深受到心理状态和情绪的影响。当阳光明媚时，我们可能会对一幅画作产生愉悦的感受；而当心情阴霾时，同样的画作可能会引发我们的悲伤。

其次，理解是审美的重要环节。在感知的基础上，人们会运用自己的知识和经验去解读所感知的对象。这就像是在欣赏一幅画作时，人们会试图理解画中的含义、作者的意图，以及这幅画的历史背景和深厚的文化内涵。这种理解可以帮助人们深入挖掘对象的美学价值，从而丰富审美体验。

再次，情感是审美的灵魂。对审美对象的内心反应和感受，无论是喜悦、悲伤、兴奋、恐惧还是震惊，都是审美体验的核心。情感与个人经验和文化背景紧密相连，因此，对于同一对象，不同的人可能会有不同的情感反应。

最后，想象是审美的最终体现。人类将感知、理解和情感融为一体，借助想象的力量，创造出新的形象和意义。在审美的过程中，想象如同一位艺术家，用心灵的画笔勾勒出一幅幅精美的画卷。这些画卷既激发了审美体验，也引导人们去思考和探索。

总的来说，审美的构成如同一片广袤的森林，每一个树干都是感知、理解、情感和想象中的一个要素，它们共同构建了这片森林。在这片森林里，人们探索着、感受着、理解着美的无尽魅力。通过深入了解这些要素，可以更好地理解自己的审美偏好和评价标准，也可以更好地欣赏和理解不同的艺术作品和文化现象。在这个过程中，不仅能够提升自己的审美能力，更能够拓宽自己的视野和心灵。

（一）欣赏美的能力

审美是人们判断一切事物美丑的过程，是一种主观心理活动过程，是人们对事物的看法，是根据自己对某种事物的要求而作出的判断。审美受到客观因素的影响，特别是人们所处的时代背景，会对人们的评价标准产生很大的制约作用。那么每个人都有审美能力吗？答案是肯定的。

人们生活在时间链中。人只要活着，就会自然而然地向前、向前、再向前。现代人习惯，专注于当下和即将到来的未来，往往把注意力集中在眼前的事情上，无暇顾及其他，往往把过去的沉淀抛在脑后，但只要我们"稍微"回头，重新审视自己，就会发现人们内部积累了种种经验和丰富的实践。不用说，这是过去不间断的生命活动所产生的沉淀，随着时间的推移而形成的，这不仅是个人的经历，更是古老的东西，是父母给予的,是祖先的力量。而每一个细胞,以及嵌在其中的DNA,都清晰地烙印着数十亿年的生命历史。也就是说,在细胞和细胞核的层面上,过去的时间已经形成了所有存在或感知和理性的微妙震颤。这就是所谓"生命记忆"。欣赏美的能力也是深深烙印在其中的。

(二)美学的形成

人们能够发现和欣赏什么样的美,受其生产方式、生产力、科学知识、文学艺术修养等的制约。人们首先欣赏的是与自己生活直接相关的事物的美,然后扩展到其他事物,逐渐形成丰富多彩的审美观念和审美要求,欣赏符合这些观念的更为广阔多样的美。这些美,反过来又使审美观念和要求日益发展。

在阶级社会中,建立在生产资料私有制基础上的阶级压迫和阶级剥削制度,在取代落后制度的上升时期,客观上也起到了促进审美欣赏和创造的作用。但总的来说,其压抑人们的创造力量和创造热情的作用明显,严重制约和限制了人们审美要求和审美能力的发展。剥削阶级优越的物质生活条件给了他们进行审美活动的有利条件,但剥削阶级审美标准的腐朽也限制和制约了其对美的欣赏和创造。因此,必须进行共产主义革命,才能使人全面发展,包括审美能力和要求的发展。

(三)审美的心理

审美心理是一种心理活动结构,是审美主体内部用于反映客观事物审美特征及其相互关系的。它是人类审美活动的心理机制,构成了主体与客体审美关系之间的中介。审美心理主要是由审美心理倾向、审美认知和审美情感构成的。审美需要和审美动机构成了审美心理倾向。审美需要首先引起审美动机,审美动机促进审美活动的积极性,之后引导审美取向。审美认知包括审美感知、审美理解和审美想象,它与审美动机密切相关。从审美认知到审美意识是一个从感性认识到理性认识的过程,主体需要对审美对象进行感知、理解和想象,然后作出审美判断和评价,形成完整的审美意识。这个过程也是对审美对象的欣赏过程,人们通常会对客观事物产生一定的态度,特别是对艺术美、自然美、社会美。产生的态度体验就是情感,这种情感就是审美情感。审美认知是审美情感产生的源泉,而审美情感则是深化审美认知的催化剂,二者之间联系紧密、缺一不可。

(四)审美的判断

什么是审美判断?它不是逻辑的,它不是概念的,它被称为感知活动。美不是用逻辑来讨论的东西,它是普遍的非逻辑的。

人们总是想当然地认为艺术就是表现美的现实,让人们得到美的享受,但如果艺术通过表现丑的现实来达到美的效果,往往会引起人们的深思。"美的规律论"中有一段关于美与丑的论述,主要描述了现实中的丑之所以能够转化为艺术之美,是因为"艺术家从审美的角度观察和认识生活,按照美的规律进行造型"。这说明艺术中的美不仅仅是对生活中的丑的纯客观的展示，而是通过艺术家主观意识的加工，将艺术家的审美理念有效地融入艺术作品中。

在人类社会中，除了对物质属性的若干规定外，还存在着极其复杂的社会关系。人作为艺术审美的主体，是由各种社会关系交织而成的。事实上，能够给人美感的，一定不是孤立静止的事物，而是有着复杂社会联系的事物。在人类的审美中，总有一些对象具有分裂与统一、对抗与协同的对应关系，这些对象往往反映了新生与死亡、光明与黑暗的多层次社会关系，否则就无法判断对象的美丑。"沉舟侧畔千帆过，病树前头万木春"正是对立统一的联系。此外，有些审美的东西往往需要其他事物的折射，比如"感时花溅泪，恨别鸟惊心"，杜甫笔下花哭鸟愁的凄美真的只是一种花鸟叙事吗？显然不是。杜甫以花鸟为喻，表现了他在动荡岁月中的苦难和生死。

如果把人类审美的实现称为审美主客体的同构，那么社会联系的复杂客体就是实现主客体同构的重要途径，比如一块家乡的黄土，就会让游子趋之若鹜。他们追寻的一定不是这块黄土，而是其儿时在故土或幸福或悲伤的往事，或是如今颠沛流离的痛苦。李白赞美"床前明月光"的洁白无瑕，是"低头思故乡"的映照；杜甫在夜晚的月光下吟咏，是他对兄弟俱散、无家可归的流浪生活和频繁兵灾的现实描写。因此，艺术中的美是生活的反映。艺术对象的生活内容越丰富，其表现出来的作品就越美，饱经风霜的老妇人头像之所以能成为艺术美的象征，主要是因为人们能在这个头像中体会到人生的沧桑。

三、审美的价值

审美价值是满足主体审美需要，引起主体审美感受的某种属性。美、悲、喜是人类情感的核心表现，它们不仅在艺术创作中有着重要的地位，在日常生活中也发挥着重要的作用。

随着时代的进步和审美活动的拓展，近代拓展的审美价值的类型中，最突出的是荒诞。

审美价值就像一束多彩的光，每个人都在其上找到自己的位置。它取决于每个人的文化背景、社会经历、情感状态和个人偏好等因素。无论是什么主题或形式，只要能够引发人们的共鸣和思考，就有可能具有审美价值。下面就这四类进行分别阐述。

（一）美

"美"是审美价值的最基本类型，美是审美价值的核心，是最早从发生学或历史性角度实现的审美价值。在艺术、文学、音乐、电影等各领域中，美是不可或缺的元素。美可以激发情感的共鸣，让人感受到心灵的震撼和愉悦。同时，美也可以激发创造力，产生创作的灵感和动力。"美"具有其独特性。

首先，美的价值载体往往体现为完美和谐的视觉形象，包括形式结构的和谐和人际关系的和谐。其次，审美的视觉形象体现了对主体审美理想的适应。当这种直观的意象向主体展开时，主体的内在心理结构和情感运动很容易与其产生同频共振，因为它与人的审美理想具有内在的同一性。

美的主要特征可以用来区分"美"与其他类型的审美价值。但在其根本特征一致的前提下，它们的具体表现形式各不相同，因此，"美"的审美价值类型又分不同种类。

1. 优美

从价值载体来看，能让人产生美的感受的物品，一般都具有小巧、柔和、文雅的特点。在中国古代文论和画论中，优雅常被称为阴柔之美。优美感的心理特征表现为客体与主体的和谐。一个美丽的物体唤起了一种美感，大多是和谐、平静、放松、舒适的。

优美是对生命和力量的静态直觉，具有和谐、平静、轻松、自如的美感，让人感受到纯粹的愉悦和生命的魅力。优美的特点在于美处于矛盾的相对统一与平和状态，包含和谐的元素和相对平衡。它给人轻松、愉快和心旷神怡的感受，并表现为和谐、安静和秀雅的美。这种美就像轻柔的旋律一样，让人感到宁静和舒适。

人们通过观赏这些优美的对象或经验，可以感受到美的存在。这种感受是深刻的，它让人们了解到美的真谛，并激发出对美的热爱和追求。通过欣赏优美的艺术作品、自然景观和人类行为，人们可以更加深入地理解美的内涵，从而达到一种愉悦和满足感。这种满足感不仅来自对美的欣赏和理解，还来自对自我内心世界的探索和发现。

在人类历史的长河中，优美的美学价值一直被人们所追求和崇尚。从古至今，无论是在文学、艺术、自然景观还是社会行为等方面，人们都追求着一种和谐、优美、平衡的美。这种美，是人们对于生活的热爱和向往的体现，也是人类文明不断进步的推动力。

在文学中，优美的美学价值体现在作品的文字、结构、情节和人物形象等方面。优秀的文学作品往往以细腻、深刻的笔触描绘出人生的美好与丰富，让读者在阅读的过程中感受到一种心灵的愉悦和思想的启迪。

在艺术中，优美的美学价值则体现在绘画、雕塑、音乐等艺术形式中。艺术家通过自己的创作，将和谐、柔美、平衡等元素融入作品之中，从而展现出一种独特的艺术魅力。

在自然景观中，优美的美学价值则表现为山水、花鸟、风景等自然之美。这些美景让人们感受到大自然的力量和魅力，也让人们对生活充满了热爱和向往。

在社会行为中，优美的美学价值则体现在人们的举止、言谈、礼仪等方面。这些行为规范让人们在社会交往中展现出一种文明、优雅的风度，也让人们感受到人与人之间的尊重和关爱。

2. 壮美

壮美，在美学领域中占据着举足轻重的地位。它以雄劲、庄严、刚毅、粗犷的特质，展现出一种阳刚且崇高的美。壮美的形式常常体现为高大、辽阔、崇高、严整、浓烈、壮观等，而其内涵则往往表现为坚实、粗犷、雄浑、豪放、强力、挺拔等。

壮美也是人的生命和力量在审美活动中的静态直观表现。看似雄壮的东西，在形式上有巨大的力量，质量上有坚实厚重的特征，这是主体与客体对比的反映，主体在审美心理活动过程中感受到强大冲击，成为展现人类本质力量的感性对象。形式的巨大力量能够激发自豪感，唤起精神愉悦。

置身于壮美的氛围中，人们仿佛能感受到一种强烈的震撼与崇高感。这种美可以激发出内心的热情，鼓舞斗志，振奋精神。壮美通常与人的实践力量紧密相连，是实践力量感性的显现。在历史的长河中，那些充满着实践力量的人物形象与事物景象，以及那些具有阳刚之美的艺术作品，都可以被看作壮美的表现。

在现代美学中，壮美更多被理解为一种精神、气质和气魄。它代表着人在实践活动中所表现出的不屈不挠、勇往直前、拼搏奋斗的精神特质。这种精神特质不仅体现在个体的心理和行为中，也体现在一个民族、一个社会以及整个人类的历史进程中。

壮美以其独特的魅力吸引着人们，让人们去感受、去欣赏、去追求。它以其粗犷、雄浑、豪放、强大、挺拔的特质，激发出人们内心的热情与斗志。在审美感受中，壮美带给人一种强烈的震撼与崇高感，让人们在欣赏的同时，也激发出内心的力量与勇气。

在艺术领域中，壮美更是得到了广泛的体现和应用。例如，在绘画中，壮美的作品常常以粗犷的笔触、浓烈的色彩和有力的构图来展现出一种雄浑、豪放的气势；在雕塑中，壮美的作品则常常通过坚实、粗犷的材质和简洁有力的造型来展现出一种雄浑、刚毅的力量感；在建筑中，壮美的作品则常常以高大、庄严的外观和严整的构图来展现出一种崇高、庄重的气势。

总之，壮美是一种阳刚且崇高的美，它以粗犷、雄浑、豪放、强大、挺拔的特质激发出人们内心的热情与斗志。在人们的审美感受中，壮美带给人们的是一种强烈的震撼与崇高感。

3. 典雅

典雅是中国传统文化里极为重要的美学范式。"典"，庄重有据，天生带有一层庄重感，"雅"，高雅而不浅俗，融入这类标准的美就具有了典雅的品格。典雅美学的精神，一是要求雅观和正观，而不是庸俗化。正如颜之推在《颜氏家训》中所说："我家的文章很经典，不俗套。""经典"，即优雅、正统，不同于世俗的作品。二是要求自然纯真，提倡"真美"，发于自然。它强调艺术的审美和创作必须来自真实，自然是超级奇妙的，真实是最高的品质。元好问的《论诗》有云："一语天然万古新，豪华落尽见真淳。""天然"是指自然和奇妙，不是人工的，不是雕琢的；"真淳"是真实的感觉，不是无病的呻吟，艺术作品的真实应该包括真实的感觉、真实的理由。

典雅，通常指的是一种高雅、优美、精致的艺术品质，以及一种深刻、内敛、温文尔雅的审美风格。这种审美价值通常体现在文学、音乐、舞蹈、绘画、建筑等艺术领域中。

在文学中，典雅的风格通常注重文字的优美和精练，追求语言表达的精确和细腻，以及对人物塑造和情节安排的精湛技巧。

在音乐中，典雅的风格通常注重音乐的旋律和节奏的美感，追求音乐表达的精确和细腻，以及对音乐情感的深刻把握。

在舞蹈中，典雅的风格通常注重舞蹈动作的精确和细腻，追求舞蹈表演的优雅和韵律感，以及对舞蹈内涵的深刻表现。

在绘画中，典雅的风格通常注重绘画的表现力和美感，追求绘画色彩和线条的精湛技巧，以及对绘画内涵的深刻体验。

在建筑中，典雅的风格通常注重建筑的造型和结构的美感，追求建筑材料和装饰的精湛技巧，以及对建筑内涵的深刻理解。

（二）悲

"悲"是一种与"美"显著不同的审美价值类型。悲在审美价值中也占据了重要的地位，不同于日常生活中的悲苦、哀愁，而是能够使人产生"以悲为美"的感觉，获得审美愉悦。在很多艺术作品中，悲的元素能够引发我们的共鸣和思考。它可以帮助我们深入理解人性的本质和人生的意义，激发我们对生命的敬畏和珍惜。同时，悲也可以让我们感受到人类情感的深刻和真挚。

"悲"的审美价值类型包括悲情、悲剧和崇高，它们的基本特征相似，但具体表现不同。悲的价值载体通常是主体与客体之间的冲突和斗争的艰难过程，以艺术作品的形式存在。在呈现悲给审美主体的过程中，往往展现出现实、直观的特点，这一过程可能是困难、曲折和不幸的。悲的主体被压抑、破坏，与审美主体的理想背道而驰。然而，悲的主体需要在精神上表现出对客体的征服或超越，以及对自身力量的自信和肯定，才能在形式上展现出理想的画面。审美主体通过理性认识实现精神超越，从而获得审美快感。

1. 悲情

悲情是一种情感状态，这种情感状态包含着痛苦、失望、绝望等复杂的情感元素。悲情的主要原因在于人类与那些无形的自然力量或他们所认同的社会制度之间的冲突，包括生活的挫折，某种不幸、不如意的事情，可能是遭遇失恋、失业、亲人去世、身体不适等。悲的主体追求真善美的理想，而强大的客体作为一种客观力量，总是打击和扼杀这种理想，从而产生了这种复杂的悲的情感。

人生的挫折反映了个体的有限性与宇宙的无限性之间的矛盾，也反映了人与自然、与历史之间的矛盾。造成悲的客体力量对主体来说是不可抗拒的，包括不可见的、无限的宇宙空间和时间，或不可避免的生命规律和命运。这些客体力量与主体处于对立状态，但主体却无法与之形成强大的抵抗和斗争状态，而只能接受其后果，感受其痛苦，在认识上实现超越。

在现实生活中，悲是一种强烈的痛苦或受伤的感觉，没有审美价值。只有以艺术为价值载体，才具有审美价值。因此，"忧为美"是有条件的，只有在艺术中才能得到充分的表达，并达到超越。

悲情的感受是审美主体获得的一种审美价值或审美感受。悲情不同于美的感受，但它同样可以唤起一种面对美好事物的魅力。悲情是一种充满柔韧、坚强、豁达、超越的情怀，在独处轻叹中品味出生命的意义和宇宙的真谛，抚慰人的心灵，带给人一种通情的审美愉悦。悲情的"悲伤之美"是在对不可抗拒的客体的超越中产生的。

悲情是一种深刻的情感共鸣，常常源于对苦难、失落等消极情绪的感知和体验。它通过表现人生的阴暗面，引发观众对生命意义和价值的深思，使人们更深刻地理解人类的生存状态。这种审美价值往往通过细腻地描绘和刻画人物内心的复杂情感来体现，让观众感受到主人公的痛苦、挣扎和无奈。

2. 悲剧

悲剧这一艺术形式随着戏剧的发展逐渐显现出一种独特的审美价值。在深入探讨悲剧时，我们必须理解其核心本质。悲剧是一种严肃、完整且长时间的模仿动作，通常描绘那些和我们一样的普通人，但在戏剧中，他们往往展现出比现实中更美的形象。悲剧通过描绘这些角色的毁灭，可以激发观众的同情和敬畏之情，同时陶冶观众的情操，净化观众的感情。

德国哲学家黑格尔对悲剧理论的发展作出了重要贡献。他认为，悲剧的本质在于两种社会义务和两种现实伦理力量之间的冲突。这些冲突往往导致相互毁灭，或其他悲剧结局。在这一过程中，双方的片面性被克服，矛盾得到和解，体现了"永恒正义"的胜利。

恩格斯在1859年致斐·拉萨尔的信中进一步揭示了悲剧的客观社会根源和本质。他认为，悲剧的根源在于社会矛盾，即"历史的必然要求和这个要求的实际上不可能实现之间的悲剧性的冲突"。这种冲突代表着历史的必然要求，但往往被更强大的旧势力或恶势力所阻挠。

悲剧的价值载体只能是艺术。因为现实中的悲剧很难用欣赏的眼光来对待，所以对生活中有价值和美好的事物的破坏只能引起人们的同情和愤慨。因此，现实中的悲剧不能作为直接的审美对象来欣赏，否则人就失去了人性。现实中的悲剧需要人们以严肃的态度和实际的行动去面对。

只有以艺术形式表现出来的悲剧，才能客观上具有悲剧的审美性质，成为人们欣赏的对象。悲剧作为艺术的一种形式，源于生活又高于生活。它通过描绘人物的冲突和毁灭，展现了生命中的痛苦和挫折。然而，正是这种痛苦和挫折，揭示了生命的真谛和价值，给人带来强烈的审美快感。

3. 崇高

崇高与美有着十分密切的关系。人类实践活动中具有高尚、壮丽意味的美称为崇高，体现了浓郁的伦理道德色彩，崇高是一种表现人的力量、勇气、智慧等积极品质的艺术形式，对于人的道德人格境界产生潜移默化的熏陶、提升作用。

崇高通过描绘人在面对艰难险阻时的英勇无畏、坚韧不拔的精神风貌，来展现人的尊严和价值。当人们面对障碍时，无论是强大的自然物，还是尖锐激烈的社会冲突和历史矛盾，表现出强大的精神力量和顽强的生命力，实现维度或深度的超越，从而肯定了人的本质力量，实现了人的价值。在这个过程中，人们会感受到审美的愉悦，并从中得到培养和教导，展现出人类在面对挑战时的勇气和智慧，以及对美好生活的执着追求。这种审美价值往往通过雄伟壮观的形式和激昂热烈的情感来表现，使观众为主人公的勇气和智慧感到振奋和鼓舞。

崇高可以通过理想主义力量给予人启迪，使人在美的感召下，产生向上的意愿，从而获得积极从事实践活动的勇气和力量。

康德在《判断力批判》中对崇高进行了分析，指出崇高客体具有不规则性、无限性的特征，强大到超出把握的特征，这是对人类的巨大挑战，是人类难以抗拒的。人自身的局限性无法充分把控客体的整体性，但在理性层面发现可以超越自身的维度，在更深层次去理解、克服客体提出的挑战，肯定主体的作用，产生高贵感。因此，崇高不在于目标，而在于人自己的精神，在于人因自己的力量而获得胜利的喜悦和对自己使命的敬畏。

崇高是人类精神和力量的动态表现。崇高可以体现在艺术作品中，崇高审美价值的载体是反映冲突和斗争过程的艺术作品，它也可以出现在真实的人类活动过程中。崇高通过斗争的过程展现人的精神和力量，即使主体是相对弱小的，却代表正义和善良的一方，与强大的敌对力量进行斗争。

崇高能够提高人的精神境界和人格修养。崇高体现的是一种庄严、圣洁、严肃的美，能够唤起人们对生活的勇气，去不断克服自身的渺小，创造人生的辉煌。

（三）喜

"喜"是一种与"悲"截然不同的审美价值类型，在审美价值中也具有重要的作用。"喜"常常伴随着笑声，但它不同于日常生活中的快乐和幸福，不同于美丽的快感，更倾向于有趣。喜可以让我们感受到快乐和轻松，让我们在欣赏艺术作品的过程中得到放松和享受。同时，喜也可以激发我们的积极情绪，让我们更加乐观向上地面对生活。

"喜"的审美价值的主要特征有以下几方面。

首先，喜的价值载体可以是多种多样的，它既可以是一种艺术表现形式，也可以是一种人类情感表达，还可以是一种商业营销手段或学习教育方式。喜剧在艺术作品中可以被赋予独特的价值，例如，通过夸张变形等艺术手段来揭示假象后的真实，突出喜剧性。喜也可以是人类行为和情感的一种表现，比如在社交互动、亲密关系和日常生活中，喜可以通过表情、语言和行为来表达和传递。在商业和营销活动中，喜可以作为一种吸引顾客的手段，可以通过促销、打折、赠品等方式来激发顾客的购买欲望和消费行为。在学习和教育中，喜可以是一种积极的学习状态和心态，通过愉快的学习体验和成就感来提高学习效果和动力。在自然环境中，喜可以是一种积极的情感体验，通过欣赏自然美景、参与户外活动等方式来感受大自然的美好和魅力。

其次，愉悦对象的本质被审美主体所把握，审美主体能够清晰、轻松地把握客体偏离正常尺度的程度，从而获得审美愉悦。

滑稽和喜剧都属于"喜"的审美价值类型，它们的基本特征是相同的，但具体表现形式有所不同。研究发现，滑稽和喜剧在性质和程度上都是不同的。滑稽是日常生活中的一种常见现象，人们行为、言语的荒谬性会引起有趣、快乐、惊奇、幽默等情绪反应。喜剧是一个与悲剧相对应的概念，代表着社会矛盾的一个阶段。

1. 滑稽

在美学的世界里，滑稽以独特的方式占据着一席之地。它以幽默、讽刺等艺术手法，精准而生动地揭示出现实生活中的矛盾和不公，使人们在轻松的欢笑中直视世界的真实面貌。

滑稽的力量在于其独特的洞察力，它能够捕捉到人性的细微之处，并以一种夸张、诙谐的方式将其展现出来。这种展现方式不仅让我们在笑声中释放压力，同时也引导我们从一个全新的角度去审视和反思生活中的种种现象。

在美学中，滑稽承载着独特的美学价值和意义。它通过幽默、讽刺等手段，揭示现实生活中的矛盾和不合理现象，引发我们的反思和批判，从而成为推动社会进步和发展的重要力量。同时，滑稽也具有娱乐功能。它以诙谐、搞笑的手法，为我们带来欢乐和轻松愉悦的感受，帮助我们在繁忙的生活中找到片刻的轻松。这种欢乐与轻松不仅让我们暂时忘却生活的压力，更让我们重新充满活力，以更好的状态面对生活的挑战。

滑稽不仅是一种审美形态，更是一种人生态度。它教会我们在荒诞中寻找真理，在幽默中理解世界，以讽刺的眼光审视不公。当我们学会以滑稽的视角看待生活，我们会发现，生活中的矛盾和不合理现象往往隐藏着深层次的荒谬和愚蠢。

在滑稽的世界里，一切皆有可能。那些看似严肃、庄重的事物，在滑稽的魔力下，可能会变得荒谬绝伦。而这种荒谬绝伦，正是滑稽的魅力所在。它让我们在笑声中反思自己的生活态度，让我们看到生活的另一面。

同时，滑稽也教会我们如何面对生活的压力。在面对困难和挑战时，我们不必过于紧张和严肃，而是要学会以轻松的心态去应对。通过幽默和讽刺，我们能够化解紧张的气氛，以更有效的方式解决问题。

此外，滑稽还带给我们一种积极的生活态度。即使在生活中遇到不公和挫折，我们也可以用滑稽的方式去应对。通过幽默和讽刺，我们能够化解负面情绪，以更积极的心态面对生活。

总之，滑稽是一种深刻而独特的审美形态。它不仅带给我们欢笑和轻松愉悦的感受，更教会我们如何以一种更有效、更积极的方式面对生活。通过滑稽的视角，我们能够更好地理解世界，更积极地面对生活的挑战。让我们在欣赏滑稽的同时，也学会在生活中运用这种智慧和力量。

2. 喜剧

喜剧，这一独特且深受欢迎的戏剧形式，常被称为滑稽剧。它以"丑"为基础，以"笑"为标志，以"乐"为中心，展现出独特的气质。喜剧中通常存在搞笑元素，如行为语言异常、夸张、变态、畸形，或是明显虚伪矫情、自相矛盾的表现，这些都能引发观众的笑声。

从喜剧冲突的性质和结局来看，大多数喜剧选择将无价值的东西当作有价值的东西来展示，并在自我炫耀中暴露其微不足道和荒谬，导致喜剧冲突的荒谬解决，从而引发笑声。

从喜剧人物的角度看，他们的性格通常乖谬、自相矛盾，行为中充满了愚蠢和丑陋，但他们的自我展现却往往是美丽的。这种乖戾与美好的结合，也是喜剧的独特魅力之一。

喜剧的价值载体只能是一件艺术品。由于喜剧的一般特点是形式和内容的背离，人们往往因为对现实的一些幻想而难以看到喜剧的本质。艺术可以运用夸张、变形等手段，揭示假象之后的现实，突出喜剧性。只有揭示本质与外在现象、内容与形式之间的矛盾与反常，喜剧才能真正产生。

首先，喜剧的美学价值在于它能够揭示人性的弱点和缺陷，以及社会现象的荒谬和矛盾。喜剧通过幽默的方式让人们看到自己的缺点和不足，从而让人们更好地认识自己和他人。同时，喜剧也通过讽刺的手法，批评和嘲讽社会现象中的不合理之处，从而引发人们的思考和反思。鲁迅先生说"喜剧将不值钱的东西撕下来给人看"，就是撕下假象和伪装，暴露其本质，使对象变得更加渺小、空虚、贫乏、一文不值，让人们在笑声中理解，所以喜剧的意义必须在笑声中体现出来。

其次，喜剧的美学价值还在于它能够带给人们快乐和愉悦。喜剧通过幽默、滑稽的表现形式，让人们感到轻松愉快，从而缓解生活中的压力和紧张感。同时，喜剧也通过夸张的手法，将生活中的美好和温馨展现给观众，从而让人们感受到生活的美好和幸福。

最后，喜剧的美学价值还在于它能够促进人际交往和社会和谐。喜剧可以让人们在轻松愉快的氛围中相互交流和沟通，从而增进彼此的了解和信任。同时，喜剧也可以缓解社会中的矛盾和冲突，让人们在笑声中化解紧张关系，促进社会的和谐与稳定。

总的来说，喜剧作为一种独特的戏剧形式，具有独特的美学价值。它通过幽默、讽刺、夸张等手法，将生活中的美好和荒谬展现给观众，从而引发人们的思考。同时，喜剧也带给人们快乐和愉悦，促进人际交往和社会和谐。

（四）荒诞

荒诞作为一种审美价值类型，是现代西方社会文化的产物。荒诞的本义是不合理的、不和谐的，形式是怪诞的、畸形的，内容是荒诞的、不真实的。

荒诞，犹如一把锐利的剑，无情地撕裂了现实世界的虚假外衣，将人生的矛盾和冲突暴露于日光之下。它以不妥协的态度粉碎这个世界的荒诞性，成为美学反叛的先锋队。

在荒诞的审美视域下，我们不再追求画面的和谐与完美，而是热衷于将不合理的元素并置在一起，以此揭示现实世界的荒诞性。这种审美感悟，如同在荒芜的沙漠中迷失方向的孤独旅人，于无尽的迷茫中寻找出路。

　　虽然荒诞与喜剧都揭示了现实世界的荒诞性，但荒诞更接近于悲剧。它揭示的是人生的无意义和虚无，挑战着人们的承受力。在荒诞的审美体验中，人们感受到的不仅仅是欢笑，更是心中的疼痛和无奈。

　　然而，正是这种对人生无意义的深刻反思和对自由意志的追求，使得荒诞成为了一种独具魅力的审美形态。它让我们在虚无的世界中找到了存在的意义，也让我们在无奈的人生中找到了自由的可能。荒诞，是一种挑战，也是一种希望，它让我们在黑暗中看到光明，也让我们在绝望中找到希望。

　　在荒诞的世界里，我们不再被传统的美学观念束缚，而是勇敢地面对现实的荒谬和虚无。这种勇敢的面对，使我们于现实中找到了前所未有的真实和力量。在荒诞的审美体验中，人们开始重新审视自己的存在和价值，开始重新认识这个充满矛盾和冲突的世界。在荒诞的世界中，人们不再追求事物的完美和谐，而是更愿意去探索那些突兀和不协调的元素。人们不再把现实看作一幅平静的画，而是把它视为一个充满矛盾和冲突的舞台。

　　荒诞让人认识到，世界并非想象的那样有序和合理。它让我们看到，人类所追求的完美和理想往往只是掩盖了现实的缺陷和矛盾。这种揭示让人们感到痛苦和不安，但也让人们意识到，只有面对现实，才能找到真正的自由和解放。

　　荒诞是一种反抗，它反抗着传统美学观念的束缚，反抗着现实世界的荒谬和不公。它以自己的方式告诉人们，生活本身就是一种荒诞的存在，但正是这种荒诞，让人有机会去追求真正的自由和解放。

　　在荒诞的审美体验中，人们开始重新审视自己的存在和价值，开始意识到，生命中的每一个瞬间都充满了无限的可能性，而人的选择和行动，就是塑造这些可能性的关键。

　　通过荒诞的视角，人们看到了世界的不完美和矛盾，但也看到了自己的力量和价值。人们开始理解，只有勇敢地面对现实的荒谬和虚无，才能真正地活出自己的生命。

　　因此，我们应该拥抱荒诞，用勇敢和智慧去面对现实的世界，在荒诞中找到自由和解放，在矛盾中找到和谐与统一。让生命在荒诞中绽放出最美的光彩。

四、审美的境界

　　审美的境界是人们对审美理解的一种高层次追求。它分为三个层次：人性本能、理性审美和精神审美。

　　首先，人性本能是审美的第一层次。在这个层次中，人们对美的追求是基于本能的反应和感性的认知。人们对美好事物的追求源于本能的需求和渴望。这种本能的需求和渴望是人类天生的特质，它驱动着人对美好事物的追求和向往。这个层次的美感往往是最直接、最纯粹的，它不涉及任何理性的思考和哲学的反思。

　　其次，理性审美是审美的第二层次。在这个层次中，人们对美的追求不再仅仅基于本能和感性认知，而是开始融入了理性和思考的因素。人们开始运用自己的知识、经验和理性思考来理解和评价美的事物。这种理性审美的过程使得人们对美的理解更加深入和全面。通过理性思考和哲学反思，人们能够更好地把握和理解美的本质和内涵。

最后，精神审美是审美的最高层次。在这个层次中，人们对美的追求已经超越了本能的反应和理性的思考，而上升到精神的高度。人们开始追求与自我价值、人生意义和精神信仰相关的审美体验。这种精神审美的过程使得人们对美的理解更加深刻和高级。它不仅仅是对外在事物的评价和认知，更是对自己内心世界的探索和表达。

❓ 思考题：

1. 美的本质是什么？
2. 美具有哪些特征？
3. 如何理解审美的含义？
4. 如何理解审美的价值？
5. 如何理解审美的境界？

本章参考文献

[1] 李义庭.医学美学 [M].石家庄：河北人民出版社，2008.

[2] 赵永耀，刘志华.医学美学 [M].南昌：江西高校出版社，1999.

[3] 李大铁.医学美学 [M].贵阳：贵州科技出版社，2003.

[4] 贺艳敏，张喜田.医学美学 [M].郑州：河南人民出版社，1995.

[5] 邱琳枝，彭庆星.医学美学 [M].天津：天津科学技术出版社，1988.

[6] 李大铁，陈丽，邵文辉.医学美学 [M].北京：人民军医出版社，2004.

[7] 孟唐琳.美学基础 [M].北京：化学工业出版社，2010.

[8] 曹志明，王丽.医学美学概论 [M].武汉：华中科技大学出版社，2020.

[9] 孟祥武，任丽华.美与审美 [M].沈阳：东北大学出版社，2016.

[10] 朱立元.美学大辞典 [M].上海：上海辞书出版社，2010.

第三章　医学美与医学审美

第一节　医学美

一、医学美概述

（一）医学美的概念

医学美有广义狭义之分，广义的医学美是指医学领域中各种美的总和，狭义的医学美是指医学的科学之美，即医学科学本身存在的美。通常所说的医学美是指广义的医学美。医学美的概念包含两方面内容。

一是医学理论中表现出的理性美。它至少有以下两方面内容：其一，由人体生长、发育、衰弱、死亡等规律所体现出的内容美。医学理论就是医学家对人体内容美的审美感知过程。其二，由医学理论本身所体现出的美。能够完美解释人体身心健康规律美的医学理论，与医学美的表现形式应是一致的，所以这种理论本身也是美的。

二是在医学实践过程中表现出的感性美。它可分为以下三方面的内容：其一，在医学理论指导下进行的医学活动过程中呈现出的美，主要是医疗过程、医疗手段、医学成果等体现出的形象美；其二，与揭示人的内容美有关的医学美，使人体的内容由不美向美的转化过程中的医学主体形象美、医疗环境形象美等；其三，在医学理论和人体美学理论指导下，以标准人体美为依据，对人体进行的创造性艺术改造过程中呈现出的创造美，它体现在整形和美容外科中。

（二）医学美的特点

各种事物都有其各自的本质。事物的本质就是事物的根本特性。那么，医学美的本质是什么呢？目前，有的学者认为医学美的本质是一种有益于人的生命力的信息。这种说法有一定道理，因为凡是医学美总是对保障人的生命力的发展具有或多或少的助益，否则就不能称为医学美。而且，这种对人的生命力发生积极影响的事物，也是以某种信息符号使人们获知的。但是，作为事物的本质，应该是一事物区别于另一事物的根本标志。在这个意义上，认定医学美的本质就是有助于人的生命力的信息则又显得不够贴切。第一，自然界和社会中所有事物，均通过信息符号向人类反映它们的存在，无一例外（如土质、稀有动物、动植物分类、市场、商品、人际关系、人均住房面积、经济发展水平、出生率、人口净增殖率等），人类能掌握的这些情况，都来自信息或信息反馈。有了土壤所含各种元素的成分和比例，人们才知道某一地区的土质适宜种植何种植物，以及如何改善土壤结构；有了商品生产和需求情况的信息，人们才可能了解哪些商品供过于求，哪些商品供不应求，才能制定出正确的生产规划。正因为如此，信息是无数事物的共同现象，尽管其符号表现有所不同。假如把医学美的本质归为信息，并不能很好体现医学美区别于其他事物的根本特征。第二，有益于人的生命力的事物，当然大多可划归医学美的范畴，但也有一些例外，不能绝对化。例如，我们把合理营养比例配制的新鲜食品，或把色、香、味俱佳的能促进食欲的食品归于医学美，原因在于这种食品能维持或增进人体健美，那么，以此类推，劣质食品就不应属于这一范围。但是劣质食品却是落后地区贫苦的人们维持生命所需要的，有了它人们才不致饿死。第三，有益于人的生命力的信息这一概括，并不能充分体现美的特征。作为客观的美，医学美是每个人都感受得到的具体形象，这种形象能给人愉悦。作为信息，它的符号表现可能是某种形式，也可能是某种抽象概括推论，就是说，有的具有形象性，有的则不具有。

1. 医学美的本质特点

对医学美的本质该作怎样的概括才较为确切呢？医学美的本质是在客观上有助于人的生命力的焕发，并能引起愉悦的形象。这个表述说明了以下几点。

（1）医学美能对维护和发展人体健美产生积极影响。人的生命力有赖于健康的体格。人维持健康状态的时间越长，人的生命力就越旺盛，相应地人的社会贡献也可能越大。医学美的特殊性在于它用来为人类健康服务。清新的空气，良好的社会环境，和谐的人际关系，适宜的体育运动、健身锻炼，等等，用医学美学的观点判断，都有利于健美长寿。人类致力于解决现代工业社会造成的环境污染，就是为了创设医学美的条件。同时，随着现代科学的新发现、新进展和医学审美的新创造，医学美能弥补伤病造成的人体组织的缺陷，甚至能改善人的形体美和容貌美。如安装精密假肢能使残肢者在外观上与器官健全的人无异；整容医师高超的手术技艺能纠正五官不和谐的位置和形状，手术技艺显示了整容医师对美的创造力。医学美有助于延长寿命，使人的生命力旺盛。

（2）医学美能给人愉快感受。医学美同一般美一样，具有愉悦性。客观的医学美吸引人之处，就在于它能使人心情舒畅，减少烦恼，振作精神。这种感受有益于心理平衡，使人的肌体功能正常发挥，加快身体康复，增进健康。例如，人们发现颜色具有医学价值，实验结果表明，颜色对于人们的心理、行为乃至身心健康确实具有影响，只要运用恰当，颜色能成为医学美。目前欧美许多国家医院手术室内的工作服规定为绿色，因为绿色能帮助病人保持和谐、安宁。医生动手术时为安全起见，需要这种和谐、安宁。在希腊，因准确地使用颜色而产生显著效果的例子是对新生儿黄疸病的治疗。医务人员将病婴置于一种特殊探照灯的蓝色光线之下，结果表明，这种蓝色光线有助于迅速治愈婴儿的黄疸病，病婴恢复健康的过程比以往快三倍。

（3）医学美能体现一种形式的美，以具体形象出现在人们面前。任何地方只要存在医学美，人们都能迅速感受到，不管他们是不是能自觉地从医学角度去认识这种美。形式美有自身的规律（如对称、均衡、和谐等），这种规律的呈现足以引起美感。

虽然各种医学美均有其所包含的特定的内容，但它们都是通过美的形式来表现的。即对于人体本身而言，人体的组织结构、生理节律和活动的规律，都是有节奏的。高兴时脸部肌肉放松，嘴角、眼角均出现兴奋的表情；忧愁时，脸部肌肉收紧，眉、眼、嘴甚至周围的皮肤皱纹都起相应的变化，旁人一看就能领会。正常人的呼吸和心脏跳动也是有节奏的。跑步时，随着步伐加快，呼吸心跳急促起来。人在走路时，两腿一前一后，左右手配合摆动，也是有节奏的。在这里内容与形式得到了统一，内容通过形式得到了表现。医学美是体现一定内容的形式美。

2. 医学美的其他特点

前面所讲的医学美的本质实际上阐述了医学美的最根本的特点，医学美还有其他特点，主要有以下几方面。

（1）整体性。医学美从来都是一种整体美，局部的美如果不是与全体相统一，这种局部美便不能成为医学美。正如有的人尽管容貌或肌体的某个局部很美，但假如他身患严重疾病或某种组织器官残缺，就不符合健美的真正含义。《红楼梦》里的林黛玉，容貌娇媚动人，但她体弱多病，弱不禁风，每天都与药物打交道，用健康美的标准来衡量，她是不够条件的。再如医院环境美是医学美的一个范畴，但医院环境美包括许多条件，如医院建筑、通风采光、病房布置、环境整洁、室外活动场所、噪声控制、医疗器械布置的合理性、医院人际关系，等等。只有所有这些条件都是优良的，这所医院才具有名副其实的环境美。从大的范畴来说，我们只有把医学美作为一个整体，即由医学美理论、医学审美实践、主体和客体、自然条件和社会条件等各种因素构成的有机整体，才能更好地把握医学美。局部美是构成整体美的必要条件，整体美是许多局部美的统一。

（2）形象性。任何医学美都具有一定的形象，没有形象的医学美是不存在的。这种形象性，符合形式美的规律，以美的形式反映美的内容。有关医学美的形象性问题，在前面谈医学美本质时已有阐述，这里不再展开。

（3）多样性。医学美涉及面广，种类繁多，丰富多样，在美的多种形态，包括自然美、社会美和艺术美中，都有它的存在。医学美除人体美外，还包括医学技术美、医学环境美、医学服务美、预防保健措施美以及医务人员的外在美、内在美和审美修养等。而这些美又可划分为若干具体的医学美，如医学环境美就可分为医学自然环境美和医学社会心理环境美，医务人员的外在美包括仪表美、语言美和行为美等。医学美是人类的劳动创造以及医务人员在改造客观世界的过程中对自身的改造，这些美的创造和改造都能对医治疾病、保障和增进人体健美发生作用。随着现代科学技术的发展和科学对生命运动规律认识的深化，人类对客观的美还会不断有新的发现，使人类能运用科技新手段创造出更多医学美来，使疾病的诊治更有把握，使人体健美能更好地得到维护。

（4）实践性。医学美是人类社会实践的产物，也是医学实践的创造。离开了人的实践，便没有医学美的认识和创造，更没有医学美的发展。虽然医学美是一种客观存在，但这种存在是由人类在社会实践中发展的，也是医学界通过医学实践掌握其规律并予以创造的。实践是一个深化和发展的过程，相应地医学美也有一个形成、发展和丰富的过程。当医学还只是把人作为幸存的自然生物，孤立地研究人体时，医学和美学科学的结合也是零星的。那时医学美在医疗工作中除了职业道德美和技艺美外，尚不被置于明显地位，它的作用也不大，人们对它的认识还比较模糊。医学美在理论上作为一种特定的美的形态，是现代医学的产物。只有当实践使医学科学发展到掌握了社会因素和人的心理因素如何影响人的肌体的健康，进而能够运用科学手段改善人体健美的素质和形象后，医学美才得以上升为理论，并在预防保健工作中日益显示其重要性。严格地说，现代医学诊治和预防实施已不能脱离美学。

（三）医学美的分类

按性质分，医学美大致可分为医学人体美、医学环境美、医学感性美、医学理性美、医学创造美等基本形态。

1. 医学人体美

医学人体美可以说是医学美学的核心范畴，它涉及医学美学的理论与实践的诸多层面。人体美是指人体在正常状态下的形体结构、姿态动作、生理功能的协调统一。在外形上，表现为身材、相貌、线条的美；在形体结构上，表现为均衡、匀称的美；在行为活动上，表现为协调、和谐、统一的美。而这一切的美，都得益于心灵美的滋润，形成人体内外统一美。人体各系统、各器官、各组织和细胞生理功能的健全，是人体健美的保证，医学人体美是人体解剖、生理、生化共同协调活动的结果。

2. 医学环境美

环境作为同人类发生关系的对象性存在，其优劣与人类的体质和健康水平有着直接的关联。凡是有利于人类产生和丰富其医学审美感受，增进其身心健康的和谐客观环境，就是医学审美环境。医学环境美可分为生理性环境美、心理性环境美和社会性环境美三类。

（1）生理性环境美注重对人的"五官感觉"方面的审美需求的满足。这就要求医院的周边要具备适合治病和疗养的景色，安静的或动听的音乐，适当的光照和色彩，良好的通风，清新的空气等客观条件。

（2）心理性环境美侧重于"感性的人类"层面的审美需求，也就是在情感与伦理方面的审美要求。其主要体现在医学技术工作者对工作的热情、仪容整洁、技术精湛，以及在医疗工作中保持良好的秩序和默契。

（3）社会性环境美强调"自我实现"，是一种更高的人生审美需求。病人到医院求治是为了摆脱伤病，恢复正常的社会活动能力，他们需要健康和作为社会成员的价值被充分承认，因此要求医院职工平等礼貌待人，尊重患者人格，使病人感到自身与医院环境和谐协调。

3. 医学感性美

医疗保健工作实质就是人类创造自身美的审美实践活动，在此过程中，医学主客体展露的各类形象美就是医学感性美。就主体来说指医学职业美，就客体来说指医学技术美。仪表美、语言美、行为美、心灵美是医学感性美的重要内容，这四美在医学领域中有着非同一般的职业实践意义。医技人员容颜和蔼可亲、仪表整洁大方、医疗技术过硬，可使病人感到亲切、获得安全感，增强对医技人员的信赖感，使病人处于接受治疗护理的最佳生理心理状态。

4. 医学理性美

理性美本质上属于科学美这一美学范畴。医学理性美体现在和谐、新奇、简洁三个方面。医学理论的和谐美着重追求人的内在统一性，它不断运动、不断冲突，对称性不断破坏而又不断修复复杂而有序的人体自然图景，最终出现了和谐这一理性美状态。医学理论的新奇美，以产生新假说、建立新理论或补充完善传统观念及方法为特征，它能为维护和塑造人体美作出贡献，在医学美感和审美过程中具有重要的作用。医学理论的简洁美是指医学理论能以简单的形式概括其深广的内涵，即医学理论越概括，它所涉及的医学事实越多，其应用范围也就越广泛。总之，以医学理论为载体的医学理性美要能充分反映人与环境的自然和谐状态，能反映事物的均衡与统一，能反映人的主观能动性，具有新颖奇特的想象，经得起实践检验，能揭示人类健康、疾病等研究对象的整体性和特殊性。

5. 医学创造美

我国不少学者认为，医学同时具有科学、技术、艺术三种属性。因此医学创造美也就有了医学科学创造美、医学技术创造美和医学艺术创造美三种亚形态。这样分类是为了理解、研究的方便。事实上，三种形态总是交织在一起，常以整体的形象显现。创造，是一个使事物从无到有的过程，因而具有新奇的特点。在医学中尚有许多未知数，被发现或创造，就形成新的理论、新的技术。方法不一样，可能会引出各种形式相异的理论或技术，它们可能都与医学事实相符，但最美的只有一个，只有符合美学特征标准的，才具有医学创造美，而最美的理论或技术，常常是最接近真理或最合理的。

二、医学美的起源与发展

人类的生存与延续、社会安定、经济繁荣和人民生活幸福，都离不开医学美。但是，医学美和其他美一样，是一种客观的属性，人们虽然可以认识和创造它，但这种认识和创造并不具有主观随意性，它的产生与发展，既受到科学技术和生产力发展的限制，也受到一定社会经济制度的限制。当奴隶制社会取代原始氏族公社，医学作为一门独立学科出现以后，人类就已经有了对医学美很粗浅的理性认识。但从奴隶制社会到封建社会中期，生产力水平很低，且发展缓慢，科技很不发达，人们认识和掌握医学美的范畴极其有限。只有到了近代社会，以使用机器为标志的工业生产取代手工操作后，生产力才有了显著的提高。现代发生的被称为"第三次产业革命"的新技术革命，使产业结构和对大自然的开发状况有了新的更大的变化。新的科学技术作用于医学，使创造医学美的条件明显改善，使医学美的范畴迅速扩展。至于社会经济制度在一定程度上制约医学美的创造问题，那是指在生产资料私有制社会，尽管劳动人民终年劳碌，但所得甚少，创造热情受到了压抑，而且他们的经济条件和社会地位，使他们享受医学美的权利也受到了限制，甚至被剥夺，这就妨碍了医学美的发展。医学美是一种能在预防保健中发挥有益作用的美，是维护人们健美的需要，不可或缺。

三、医学美学素养教育中医学美的提升策略

（一）医务人员的医学美

1. 培养医务人员对美的感受能力

医务人员对美的感受能力即形成美感能力。美感能力属于人的社会意识。它不仅是一种官能感受，而且是整个身心共同活动的结果。因此，我们不能简单地把美感看作感性知识。美感与感性认识的区别在于它包含着人们的理想和追求，也包含着人们对健康、长寿和幸福的追求。

美感与医疗工作的关系是由审美特性决定的，愉悦性是美感的基本特点。快乐增加人体的活力，有益于健康。当客观事物的美的属性通过人的感觉器官被感知时，可以丰富情感，使人的心情舒畅。许多事实表明，随着美感的出现，人体的神经、呼吸、循环、消化、内分泌、肌肉、皮肤等系统、组织及器官都会发生一系列有利于健康的变化。

医务人员对美的感受能力主要是指感官对美感的敏锐程度。只有敏锐地感受美才能进一步地鉴赏美、创造美。不能发现美，就不能感受美。不能感受美，当然也就不能鉴赏美和创造美。审美感受要从整体上感知美的事物，但不等于把客观事物巨细无遗地复印在头脑中。看一个人的美感能力是不是敏锐，主要看他能否发现此物区别于彼物的独特之处，有了独特的感受和发现，才能真正地把握美。

2. 提高医务人员对美的鉴赏能力

对美的鉴赏能力包括对美、丑的分辨能力和对美的性质、程度的区分能力。如果没有这种能力，就区分不了美与丑，就不能认清美的性质，当然也就谈不上感受美、欣赏美和创造美。医务人员要提高对医学美的鉴赏能力，在医疗活动中要善于观察、分析、比较、总结，日积月累，才能使自己对医学美的鉴赏能力不断提高。

斑斓多彩的社会生活中充满着美，医务人员应该通过各种途径提高医学美的鉴赏能力。

（1）提高医务人员的文化素养和美学修养是培养医学美鉴赏能力的必然途径。

（2）通过欣赏艺术作品提高修养。艺术是美学的骄子，它集中地表现了美的形象、美的形式。医务人员应该是艺术的爱好者，自觉利用美的形象来熏陶、教育自己。

（3）通过各种景观提高修养。景观是由山水、建筑、园林、文物等构成的，是人们审美欣赏的综合体。医务人员应多参加一些有意义的旅游活动，利用景观提高审美修养。

（4）通过社会活动进行自我教育。社会生活的美是靠各行各业每个社会成员共同

努力来创造和维系的。医务人员应该积极参加社会美的创造活动，通过自己的工作让患者感受美，同时自己也分享美，使美在心灵中升华。

3. 激发医务人员对美的创造能力

人们认识世界是为了改造世界，人们感受美、鉴赏美是为了创造美。对美的创造能力，是指在感受和鉴赏的基础上，进一步通过自己的实践活动，按照美的规律，创造美的事物的能力。因此，使医务人员掌握创造美的规律，发挥创造美的才能，并自觉地把这种才能运用到改造客观世界和主观世界的各个领域中去是医学美的根本任务。

要进行医学美的创造，必须认识医学美的规律和特点。首先，要认真学习并掌握医学美的有关理论。其次，要通过临床实践，掌握熟练的临床诊疗和操作技能，才能使主观见之于客观，创造出美的杰作来。医务工作者如果缺乏医疗实践的锻炼，没有掌握必要的技能、技巧，就会在医学美的创造中产生主观愿望和客观实际之间、审美主体与审美客体之间的矛盾，出现眼高手低、心手离异的窘况。医学技能技巧的运用，作为一项实践性活动，作为完成医学美创造的一种实际能力，是至关重要的。

（二）临床医疗中的医学美

1. 正确运用诊断技术手段

医疗的目的是救死扶伤、防病治病、延年益寿和维护人体健康。诊断疾病是临床医学最基本的技术实施。诊断是否正确，决定了治疗效果及其预后。确诊是使病人得以康复、维护人体美的首要条件。由于现代科学技术的迅速发展，许多新技术被应用到医学领域中来（如心电图、放射性同位素、纤维内窥镜、免疫检测技术、核磁共振等），使一些难以辨别的疑难疾病在新条件下有可能被了解和掌握，使医生对疾病的认识得以深化，诊断的符合率也相应地提高。这样才可以采取有效的对症治疗措施，避免耽误时机。当然，医务人员在诊断过程中要专心致志，工作认真负责、一丝不苟，关心体贴患者，这也是医学审美实施中的重要方面。

2. 严格执行操作规程

在临床医疗中，必须严格执行各项操作规程规定，进行各项医疗护理工作。各项操作规程规定都是前人的经验和科研成果的积淀，经过无数次医学实践检验，是医治疾病、保障健康的有效武器。人是社会的主体，人的生命只有一次。医学着力于人体本身，包括使人体组织机能、生理条件和心理素质得到改善，在诊治过程中不能有半点马虎。这方面的基本要求有以下几点。

（1）严格执行无菌技术操作规程。无菌技术是医疗、护理操作中防止发生感染的一项重要的基本操作规定。医务人员如果违反了操作规程或消毒不严格，会造成医院内交叉感染，导致医源性疾病的发生，术后切口感染、伤口愈合不良、注射后引起局部脓肿等，均可使患者旧病未治又添新症。近年来，在严格标准化无菌要求方面有了许多新的发展，如空气水平层流（层流室）就是预防感染的有效措施。另外，加强无菌操作的技术管理，严守操作规程，以及对医务人员进行无菌技术操作的教育和考核，使医务人员努力学习，不断充实和更新知识，在技术上精益求精，也是提高医疗审美能力的基本要求。

（2）严格执行"三查七对"，避免差错发生。在临床医疗中有时会出现输错血、打错针、开错处方、发错药的情况，甚至搞错床号造成应该做心脏手术的患者被打开腹腔做了疝修补手术，而应做疝修补术的患者却被打开了胸腔；还有把患者左侧健肾当作右侧病肾切除的；也有把亚硝酸钠当作氯化钠给患者灌肠造成患者无辜死亡的。这些惨痛事例的发生，显然是与医学审美实施相违背的。

3. 优选药物

药物是防病治病的重要工具。药能治病，但某些药物如果使用不当会产生副作用，甚至还会导致新的疾病。在选择和使用药物时，既要考虑治疗的需要，也要考虑人体健美的需要。在抗肿瘤药物的应用（化学疗法）中的美学，就是一个引起人们关注的课题。例如，白血病、淋巴瘤等常以药物治疗为主，有些消化、呼吸道肿瘤虽经手术治疗，但还得用药物治疗来巩固疗效。使用抗癌药物，对恶性肿瘤细胞能起杀伤和抑制作用，但同时对正常组织器官和骨髓等也会造成不同程度的损害。如常见毒性作用之一就是导致脱发，给患者尤其是女性患者精神上带来很大痛苦。因此，在临床用药中，要最大限度地发挥药理治疗作用，减少或避免不良反应，应符合用药的要求。

（1）合理用药。严格掌握药物适应证。在明确诊断的基础上，对因、对症下药，合理地联合配置用药，以提高疗效并减少不良反应。

（2）严格用药剂量，安全用药。患者的年龄不同，体重和体质有差异，使用同样的药物均可能产生不同的用药结果，尤其是老人、小儿和慢性疾病患者，用药时应特别注意。

（3）注意用药方法和方式。根据病情的轻重缓急，确定不同的用药途径、方式，以简便有效、减少患者病痛的方式为首选。

4. 重视心理治疗和护理

美国心理学家马斯洛认为，人类的需要分为五个层次，由低级向高级依次排列。马斯洛的需要层次学说认为，各层次的需要相互依存，高层次需要发展后，低层次需要仍继续存在。在临床医疗中重视病人的基本需要的研究，对进一步开展心理治疗和心理护理是很有帮助的。

心理治疗和护理，就是医务人员用心理学的方法，去改善患者的心理状态，调整患者的异常行为。即通过医务人员的语言、表情、姿势、态度和行为，去影响并改变患者的感受、认识、情绪、态度和行为，从而减轻或消除患者心理上和躯体上的痛苦，树立其战胜疾病的信心，促使治疗过程向健康方向转化。

5. 手术治疗中应尽力减轻肌体组织损伤

医务人员作为雕塑人体美的艺术师，除了应有广博的医学专业知识和精湛的医疗技术外，还应具备较高的文化修养、高雅的审美情趣、准确的目测能力、娴熟的美术技巧。特别是外科医师，选择手术治疗时应注意以下几点。

（1）能通过其他手段达到治疗目的，就不应选择手术。随着医学先进设备的不断开发应用，一些原需手术的疾病也可避免手术，如震波碎石装置，可使大多数尿路结石患者利用体外震波排出结石。

（2）手术应尽量减少组织损伤。应特别注意面部、颈部、手等暴露部位的损伤，应尽量选取在非暴露部位手术，注意手术切口大小、缝合技术，严格无菌操作，这些均是手术审美目标得以实现的有力保证。如临床上对常见病泪囊炎的治疗，以前在颜面部切口，术后在颜面留下有损容貌的瘢痕，后改为借助鼻内窥镜在鼻腔内手术，操作更简便易行，不仅大幅缩短了手术时间，而且避免在颜面部留有瘢痕，这就非常符合手术治疗的审美要求。

（3）开展微创性手术。这是近年来外科和妇产科开展较多的术式。它是利用腹腔镜、宫腔镜等仪器，在电视荧屏的监视下，只需在患者相应部位切开一个或几个小孔而进行的手术，故临床又称之为"针眼手术"。因手术范围极小，创伤也明显减轻，故术后恢复快，减少了手术风险和并发症，而且避免了原来的手术方法带来的较大的手术瘢痕，使患者在恢复健康的同时又维护了人体美。

近年来，整形外科与美容外科已得到国内外重视，发展较快。从现状来看，我国广大医务人员的医学审美知识有待进一步提高，以加强医学审美能力，跟上时代的步伐，适应人们对美的需求。

（三）儿童医疗保健的医学美

儿童阶段是人一生成长发育的关键时期，这一阶段身体的健康发育为儿童乃至今后的形体观奠定了重要基础，良好的教育氛围也直接影响着儿童人格的形成，是今后具备良好心理品质的关键。另外，儿童智力发展的训练等都直接影响着一个人未来的美感。

1. 为儿童营造良好的成长环境

良好的家庭教养方式和氛围有助于儿童形成优秀的心理品质。因此，儿童的亲人、老师需要掌握恰当的教育方式，努力为孩子营造一种良好的成长氛围。这需要针对不同时期儿童的心理特点不断作出调整。很多研究结果表明，儿童在民主的氛围中长大，容易形成独立、爽直、协作、亲切、乐于沟通等优良品质；在专制教养氛围中长大，容易形成依赖、反抗、情绪不稳定、以自我为中心、大胆等不良品质。目前，我国的家长非常注重提高自身教育素养，许多家庭教育机构也扮演着很重要的角色。这些都为培养我国儿童的心灵美感起了推动作用。

2. 提供儿童智力训练方法，促进儿童智力发育

一般认为3~7岁是儿童智力发展的关键期，因此可以在这一阶段选用一些可操作的方法对孩子的智力进行训练。经常让儿童做一些动手动脑的游戏，通过这些轻松愉快的游戏，孩子们的智力水平将得到显著提高。儿童有着强烈的好奇心与求知欲，对此，家长应予以积极、正确的引导。家长应鼓励孩子们去发现问题并寻找出答案，以培养他们独立思考、通过自主分析与判断解决问题的能力；对儿童的点滴进步应及时进行表扬，以保护他们求知的热情与主动性。上学以后，更要让孩子们掌握一些认知方面的规律，掌握科学的记忆方法，系统培养他们的逻辑思维能力，不断提高他们的智力。

3. 做好疾病预防工作

应定期给儿童接种疫苗，平时注意增减衣物，预防感冒风寒。对于其他一些儿童常见疾病，同样要做好检查、预防工作。例如，半数以上的儿童患过牙龈炎，牙龈炎主要分为急性和慢性两类，急性牙龈炎主要是由特异的病毒和细菌引起的疱疹性牙龈炎和坏死性牙龈炎，由于临床症状明显，容易引起重视而及时就诊。慢性牙龈炎则是由龈沟内菌斑堆积刺激牙龈而呈现的非特异性炎症病损，由于临床症状不太明显，往往被人们忽视而得不到及时治疗。这种情况持续存在，可能转变为慢性牙周炎，在不同程度上影响儿童成年后牙周健康，影响美感。

（四）女性医疗保健的医学美

1. 加强妇女保健，保障女性身心健康

（1）普及妇女生理卫生教育，使妇女了解各时期的身体生理变化和保健知识。在中小学教育中要普及审美知识教育，提高女生的人体审美能力，树立正确的健美观。女性应从小养成良好的个人卫生习惯和自我心理调节能力，坚持体育锻炼，要合理搭配膳食，避免偏食，满足各期营养要求，并养成良好的饮食方式和习惯。还应加强自我素质修养，保持心情愉快、情绪稳定，使自己在不同年龄阶段都能保持心理平衡，从而适应自己的生活环境。

（2）定期开展妇科普查，对疾病早发现、早治疗。根据"预防为主"的精神，定期为女性做妇科病普查。在有些妇科肿瘤的早期阶段，病人很少有症状，等到症状严重，往往已到了晚期。特别是更年期妇女，是各种妇科肿瘤容易发病的阶段，通过检查对早期发现的肿瘤及时进行手术切除，既可预防一些良性肿瘤转为恶性，也可以避免恶性肿瘤发展到晚期，从而有效维护妇女的形体健美。

（3）加强妇女劳动保护，维护女性形体健美。普及妇女劳动保护教育，加深对劳动保护知识重要性的认识。根据我国国情及现有条件逐步改善劳动条件，加强妇女的劳动保健。要避免妇女从事过重劳动和长期承受不良的劳动体位；避免持续的噪声和震动及接触有害物质，以维护妇女的健康及正常的生育功能和体格、体表形态美。

2. 合理选用药物，避免药物损害女性健美

药物作用于人体，是治疗、预防和诊断疾病的重要手段之一。临床上如能正确而有效地使用药物，可以解除病人痛苦，维护健康；但若药物使用不当，则可能影响和破坏女性形体美。在妇科治疗中，性激素常用来治疗各种月经失调疾病（如月经异常、闭经、功能性子宫出血等），有的用雌激素治疗可获得较好的效果，但必须慎用，尤其是少女。例如，由卵巢功能发育不良导致闭经的治疗，应尽量采用中药或针刺方法诱发排卵，尽量不要先考虑使用雌激素；由功能失调引起子宫出血的患者，在用性激素止血时，应根据不同年龄和病理改变，采用不同的内分泌制剂，切不可盲目使

用。雄激素有直接对抗雌激素的作用，常被用作治疗经前紧张综合征及子宫肌瘤和功能失调引起的子宫出血等疾病，但若不采取审慎态度而长期使用，又会使患者口唇上长胡须，全身体表多毛，声音变粗，甚至闭经，从而破坏女性的形体美。孕妇用药时更应谨慎，近年来新的药物品种繁多，有的已被证明会影响胎儿发育或有致畸、致癌作用。如治疗上必须用药，应从维护与保护妇女和下一代的形体美、功能美的角度出发合理选用药物。

3. 重视保护性器官发育和功能健全

女性生殖器官和第二性征的发育与功能状况，与女性健美均有很大关系，因此必须从小予以关怀。应注意童年或青春期女孩的身材发育，包括第二性征是否与年龄相称，肢体有无异常，皮肤有无色素沉着，毛发生长和脂肪的分布有无异常。妇科手术在妇科疾病治疗中占有重要地位，医生必须谨慎对待，周密制订手术方案，根据不同情况采取不同措施。对于那些虽有明显病理变化，但可以采用其他治疗方法解决的疾病，应首先考虑采用非手术治疗的方法，以维护人体美。因妇科肿瘤而做手术切除时，应从达到理想的治疗效果和完善的美学效果两个方面考虑，尽量保存子宫和卵巢，保持女性激素的正常分泌和生育功能，维持正常女性的形态。

四、医学美的实践与应用

（一）医学美与美的基本形态的关系

美的基本形态分为三类：自然美、社会美和艺术美。

人既有自然属性，又有社会属性，所以说人体美是自然美与社会美的统一。因此，不能简单地把人体美和医学美归入上述美的某一基本形态。美的三种基本形态都蕴含在医学美之中。医学美是在追求与创造人体美的过程中形成并表现出来的。现代医学是医学科学知识体系和医疗保健事业的综合体。医务工作者在科学管理之下，既从理论上不断揭示了人体的自然基础及维护与塑造人体美的一般规律，又在理论指导下从事维护与塑造人体美的实践。医学美也就在医学理论、临床医疗、预防保健、医疗管理等多方面具体表现出来。

1. 医学美与自然美

自然美主要是以其自然的感性特征直接使人们产生美感。无论是名山大川、独特的绮丽风光，还是珍禽异兽，都在使人赏心悦目的同时，激励人们上进的雄心和陶冶人们的情操，并可以激发人们对生活的热爱。如自然界的植物迷迭香能治哮喘，天竺花香能镇定神经、消除疲劳、促进睡眠等。现在世界流行绿色旅游，也就是森林旅游，这种旅游有益于身心健康。可见自然美不仅使人赏心悦目，陶冶情操，还能治疗一些疾病。

医学美必须利用自然美，如医疗环境的美化，可以利用自然美的某些因素，使医疗环境的美与自然环境的美融为一体。人们之所以选择在一些风景优美、空气清新的自然环境中设置医疗保健机构，就是利用自然美使医疗环境美增色。病人在这样的医疗环境中，犹如置身于春意盎然的大自然中，任何对疾病的忧惧均可因自然美的陶冶而被冲淡。

2. 医学美与社会美

社会美指现实生活中社会事物的美，是人的创造性的社会实践产物。人的心灵美（内在美）和行为美是社会美的核心。作为医疗实践的主体，医务工作者的行为应当遵循美的规律和医学理论，在进行人体美的维护与塑造的过程中，自身也应当不断地发展。社会美重在内容。这说明人物形象的美首先是内在品质、精神、灵魂的美，其次才是外在形式的美，最好是二者的结合。医疗实践通过人体美的维护和塑造，从形式到内容均增强了自然美，并且具有社会美的意义。人体美既是自然美的演化产物，又是人类社会发展的结果；人体美除了受到人类先天遗传素质的制约，还与社会条件的影响有关。无论人的内在美，还是人的形体美，都体现着社会内容。人们对形体美的追求与欣赏是一种心理的、社会的要求。不同时期、不同民族、不同阶级对人的形体美的追求是不同的，而这一追求的实现又受社会条件的限制。

医学美对社会美具有积极的作用，医务工作涉及社会的各个部门、各个阶层，是在一定的人际关系中实施的。因此，医学美对整个社会的影响是十分深远和广泛的。人一旦生病，对医务工作者的期望值就会升高，这种期望能否实现，对病人的心理影响十分深远，如果患者能在美的医疗环境中康复，那么不仅身体上的痛苦会消失，精神上也会得到升华。由此可以看出医学美对于社会美的推动。

3. 医学美与艺术美

艺术美一般是指文艺作品的美。一件艺术品，是艺术家辛勤创作的成果。通常说艺术美是现实美的创造性反映形态。医学美也是一种现实美，同时在某种程度上又带有艺术美的特征。艺术美的一个重要特征是形式上的完美性。人们对美的创造最集中地体现在艺术美的创造上，而艺术美必须通过完美的形式表现出来。同样，医学美也必须通过完美的形式表现出来。医学美离不开对人体的形式美的研究与追求。对医学实践的对象而言，最直接、最具体、最容易感受的首先是医务工作者所塑造的人体的形式美。艺术美的另一个重要特征是典型性。由于艺术美能典型地反映现实美，它才有可能高于现实美。而典型性在人体美的领域中也是完全适用的。人体美的普遍特点集中在一个人身上，表现越突出、越鲜明，这个人就越典型，也就越美。医学不仅通过典型的人体来揭示人体美的一般规律，而且按照典型的人体来塑造与维护人体美。因此，医学不仅仅是一种科学实践，也是一种艺术实践。

医学美融合并充实着艺术美，艺术和科学的必然联系能提高两者的地位。科学能够给美提供主要的依据，是科学的光荣；美能够把最高的结构建筑在真理之上，是美的光荣。同样，医学中也融合着艺术，诸如音乐疗法、医学插图艺术、医院建筑艺术、医疗器械的塑造艺术等，既是医学美的表现，又是艺术美的表现。医学发展需要艺术美来武装，艺术的前进需拓展和占领医学美学这块宝地，二者的结合是必然的，所以说医学美学的产生是社会的发展、人类的进步、科学技术的前进的要求和结果。

（二）医学美的主要作用

医学美是在追求与创造人体美的过程中形成并表现出来的。医学美渗透在医学理论、临床医疗、预防保健、医院管理等方面。

1. 医学美在医学理论中的作用

20世纪杰出的理论物理学家狄拉克认为，科学思想的核心是真与美的统一。如果一种理论不美，那么这种理论的正确性是可疑的。物质世界是一个统一、和谐的整体。任何科学理论都必然反映、体现出这种统一、和谐，人体在最高层次上体现了物质世界的统一、和谐。因此，人体美成为无限多样的现实美中最绚丽的花朵。艺术家采撷了这花朵，通过对人体美的赞颂、再现，创造出无数艺术珍品。而揭示人体结构的完整、构造的匀称、功能的协调，以及结构与功能的统一的医学理论同样具有美的魅力。中国传统医学认为，人体是一个统一的整体，人与自然的关系是互相对应的统一关系。作为中医基本理论的阴阳五行、脏腑经络学说，十分注重从人体各部分间的相互关系、运动变化以及人与自然的相互关系中来把握人体健康与疾病的规律，并用以指导医疗实践，强调辨证施治。中医理论从宏观上揭示人体结构、功能的统一、和谐，并有其独到之处。

随着医学与其他学科的发展，现代医学从宏观和微观两方面来揭示人体的结构与功能。现代遗传学已能从分子水平上揭示生命与遗传的奥秘。1953年，沃森和克里克建立的DNA双螺旋结构模型以生动、鲜明的直观形象揭示了遗传分子的结构与功能，犹如一小块激光全息照片，再现了整个生命的和谐、统一，使人们在简单中觉出深远，在有限中看到无限。

2. 医学美在临床医疗中的作用

临床医疗是一种对人体美的维持和塑造的实践，医疗过程同时也是一种追求美和创造美的过程。人体是一个统一、和谐的整体。人体中任何一个组织的缺陷或功能失调，都是对人体美不同程度的破坏与损害。医疗过程就是要借助药物或器械，来修复身体组织的缺陷，使功能协调，从而达到维护人体美的目的。所谓疗效不仅是指疾病的转归，也是指人体美的恢复。医疗实践的成果，是使用价值（劳动力的恢复）与审美价值（人体美的恢复）的统一。因此，诊断、治疗、护理等医疗过程，内、外、妇、儿等临床各科无不包含审美处理问题，药物的选择、手术方案的制订无不体现美学原则，治疗手段不仅包括物理的、化学的物质手段，还包括精神的手段，其中十分重要的手段就是将自然美、社会美、艺术美引进临床医疗实践，使人们对人体美的追求在医疗实践中得到满足。所以医疗实践不仅可以解除人的疾患，还可以使人得到美的享受。

3. 医学美在预防保健中的作用

现代医学十分重视预防保健在维护人类健康、塑造健美人体中的作用。现代医学不仅要消除损害人体美的因素，更要注意提高人体健美的素质。因此，预防保健对维护与塑造人体美具有更为积极的作用。更重要的是，预防保健不仅作用于个体，更作用于群体。人不是个体存在物，而是一种类的存在物。因此，预防保健的美学意义在于提高人类的健康素质。

人体美既和人的自然物质基础有关，也和包括自然界与人类社会的整个生态图（或环境）中的各种因素有关。预防保健在维护人体美的过程中，不仅注重人本身，而且更注重维护整个生态圈的平衡，通过消除人类生存环境中各种丑的现象、各种损害人体美的因素，创造美的生态环境来维护与塑造人体美。预防、保健的美，是人类对自身的美及人与环境的美的统一，是人们对美的追求的深化，也是医学美在更高层次更深远意义上的表现。

4. 医学美在医院管理中的作用

医院管理是指对医院的人、物、事的计划、组织、控制，通过设置一定的机构，制定相应的制度，来调节医务人员的活动，创造一个良好的医疗环境，提高医疗活动的效率。

医院各级机构设置得有序、合理，各项制度简洁、明了，各部门之间协调、统一，整个医疗活动节奏明快，是现代医院科学管理的目标。符合管理科学要求的医院管理活动，必然是真（规律性）、善（目的性）、美（使人心情愉悦）的统一。

医院管理的美不仅表现在管理活动中，而且表现在医疗环境中。医疗环境包括自然环境和社会心理环境两个方面。自然环境的美表现为医院美化、绿化及其整体布局的和谐、统一，院容院貌的整洁、美观，医院建筑的错落有致、层次分明，医疗设备的轻便、雅致，以及各种色调的明快、柔和等。这样的医疗环境既符合卫生的要求，又符合审美原则，给人宁静、幽雅的感受。既有利于人的心理治疗，又有利于消除医务工作者的紧张、疲劳。

医院社会心理环境的美表现在医务人员外表美与内在美的统一，医务人员间人际关系的协调、融洽，医患关系的友好、信赖。这样的社会心理环境不仅有助于为医疗活动营造一个良好的心理气氛，而且对整个社会的心理环境也有着积极的美学价值。

五、医学美在医学美学素养教育中的实践应用案例

事物没有十全十美的存在，不要因为自身的原因就忽视它，不要因为一点缺憾就否定它。人类对待疾病往往无能为力，但是医学可以救死扶伤，所以人们将医学认成一项技术。实际上医学中有许多美，医学中的美学思想值得我们深究。认识医学美的重要性有助于医务工作者不断提高医学美的认知水平。

为研究医学美在医学美学素养教育中的应用，辽宁省锦州市口腔医院将62例牙齿烤瓷冠修复患者的治疗过程按照一定比例加入美学，进而对治疗效果进行观察、对比。

（一）教育过程分析

口腔修复注意事项。人工牙的形态和排列问题会因患者的实际年龄、性别以及特点等存在相应的差异。所以，在对人工牙进行选择的过程中需要对其进行区分，以免出现千篇一律现象，不符合美学的规律。例如，女性的牙冠应选择圆钝状，在进行排

列的过程中需要着重考虑对称以及均衡等方面，角度为弧形。男性在选择人工牙时应着重脚线，采取尖牙外转、中切牙平直的排列方法。由于成品人工牙在形态以及色泽方面略有差异，因此在选取时要注意和邻牙保持相近。对全口义齿进行排列时，应从组织保健、功能以及美观方面进行制作。在排列的过程中应重视对称、颜色等，从而给人真实的感觉。需要重视唇的丰满度的恢复状况，建立垂直距离。

特殊情况的修复。对于牙齿间呈现散在间隙的患者，牙列会出现连续性损失，当中切牙间隙大于 4 mm 时，会对外貌产生影响，需要选择正畸方法对其进行处理，随后采用全瓷牙对患者进行修复；当间隙小于 2 mm 时可以通过烤瓷冠进行治疗，但在选颜色时要注意应选择偏暗和低明度的颜色，颈部则需要选择深颜色。如果患者下颌过度发育，会将上颌覆盖，从而形成上唇凹陷现象，影响患者的面部美观。如果前牙出现缺失现象，需要采用双牙列对其进行修复，不但能够获得美观的效果，还能够增强唇侧的丰满度，并可以有效规避反牙合的排列问题。

治疗效果探究。在此研究中，被加入美学的患者不单单具有显著的治疗效果，还获得了良好的美观效果。

（二）实践的基本原则

1. 医学生要有主体意识

主体意识是指作为活动（学习活动、认识活动、实践活动等）主体的医者对自身、对从事的活动中所表现出来的自我，以及对自我发展的一种自觉的、能动的意识。人内在的自我反省意识和开拓实践的历史首创意识是主体意识所认为重要的意识。要让医学生具有自我反省能力，更好地培养自己的思维能力，有利于提高思想道德修养及人文修养，从而切实实践"医者，仁心"，引导医学生积极探索生命美的原因和规律，培养他们理解美和创造美的能力，激发医者的同情心和责任感，使他们尽心尽力帮助患者解除病痛，并在医疗实践中掌握医学美，不断完善自我的医者品格。在口腔修复中加入医学美学，给患者带来了一定的福利。在对患者进行修复的过程中，医生不但要有娴熟的修复技术，还要有一定的审美观念，最大限度满足患者对于牙齿功能与美观的要求。

2. 医学生要有生命意识

生命意识从哲学角度上讲就是指个体对生命存在的一种自觉的意识，是个体对自身存在的一种深刻感觉，是对人的生命存在终极价值的审视。生命意识原则就是要在一定价值取向的前提下，引导医学生认识到每个生命都是鲜活的，以审美的角度去看待每个生命体，感悟生命活力之美，珍视生命价值，培养生命情怀，不断深化对生命本质的理解。医学审美教育的根本出发点和目的就是引导医学生树立健康的生命意识，尊重生命，敬畏生命，感悟生命的自由、和谐与美妙；引导医学生确立生命美、健康美是医学审美基本原则的理念，懂得掌握和运用医学美的规律来创造医学美。对健康的向往和追求是人类永恒的课题，因而如何构建和谐的医患关系是构建和谐社会的重中之重。而现实生活中，部分医生职业操守的匮乏、医德医风的败坏导致医患关系高度紧张，医患之间的不信任、不理解、不配合日渐增加，仇医、杀医现象时有出现。医患紧张关系的缓解、和谐医患关系的构建是一项需要坚持不懈、认真应对的事情。医学美育在一定程度上能发挥积极的功效。首先，医学美育具有协调功能，美学使人能够不断协调自我与社会之间的复杂关系，使人能够化解压抑、痛苦等，能够形成良好的情绪，产生丰富多彩的情绪。真正把医学作为一项追求美、发现美的事业。

3. 医学生要有自由意识

哲学意义上的自由，作为人的精神向度，就是超越必然性的一种精神状态，就是对具有必然性的现实世界持有的一种态度、心境和境界。如果没有医学美育，对医学生仅仅进行人文知识的灌输和医学伦理的教导，那么对现实生活也就缺乏敏锐的审美力、鉴赏力和判断力，也就无法实现医学生的自由全面发展。

第二节　医学审美

现如今，医疗与科技水平飞速进步与提高，人们对美的追求千变万化、对美的理解千式百样。现代医学离不开美容和审美问题。究竟什么是医学审美？其特点又有哪些？

一、医学审美的概述

（一）医学审美的概念

医学审美是指人们在医学活动中形成审美直觉、审美趣味、审美情感、审美经验和审美能力等医学审美过程，往往以人的情感为中心而展现。医学审美是更高层次的医学美学实践活动，指人类在医学理论和实践活动中，逐步形成和发展起来的审美的情感、认知和能量的总和。

1. 医学审美主体

医学审美主体是指在医学审美过程中欣赏美和创造美的人。医务工作者、患病者、健康（亚健康）者、美容就医者都属于医学审美的主体。

2. 医学审美客体

医学审美客体，又称"医学审美对象"，是指被医学主体欣赏的客观对象，其本质上是脱离人的审美意识而独立存在的事物本身，包括任何能给医学审美主体带来身心愉悦，激发人的生命活动美感的人、事、物和现象等。

（二）医学审美相关概念

1. 医学审美感受

医学审美感受即医学审美主体对医学审美客体产生审美知觉过程中的情感状态。是整个医学审美活动的核心。

2. 医学审美趣味

医学审美趣味即医学审美主体对某些医学审美对象的一种特有的兴趣及其审美价值的倾向性判定。个体人的神经生理学机制的先天性差异及后天培养的差异，决定不同审美主体具有不同的审美趣味。

3. 医学审美情感

医学审美情感是医学审美主体在审美过程中，依据医学审美客体是否符合人的审美需要，符合哪些方面的多少审美需要所做的一种美感反映，是人在医学审美活动中自我触发的内在的深层的审美体验、心理反映和主观态度，与宜人性的产生密切相关。

4. 医学审美能力

医学审美能力即医学审美主体在欣赏医学审美客体过程中产生美感的敏锐性及体验。

5. 医学审美环境

医学审美环境即能够增强人的美感能力，令人舒适快慰、心旷神怡，帮助病者康复，使健者更健、美者更美的和谐环境。包括自然环境和社会心理环境两个方面。在本质上，是通过人的心理中介来滋润和营养人的生命系统，产生宜人感而调动人的生命活力的审美效果。

6. 医学审美想象

医学审美想象是医学审美主体在复杂的医学审美过程中的一种不可少的心理因素，是一种特殊的想象思维方式，具有灵敏度高、穿透力强、情感强烈、创造性突出、自由驰骋等特点。

7. 医学审美个性

医学审美个性即医学审美主体在医学审美活动中呈现出来的别具一格的独特性，是人的多样性和丰富性的反映。

8. 医学审美感知

医学审美感知即医学审美主体在审美过程中揭示审美客体的色彩、线条、声音、形状等表象特征而产生的感性认知，属于医学审美过程的感性认识阶段，是审美经验产生的感觉基础。

（三）医学审美的特点

医学审美是医学实践活动中不可缺少的一部分，其特点具体表现在以下几个方面。

1. 医学审美是一种特殊的医学实践活动

医学实践活动是以保障和促进人的身心健康以及提高人的生命质量为最终目的的实践活动。广义而言，医学理论的研究和应用（如人的健康和疾病规律的研究）、药物和医疗器材及技术的研究和应用、医疗建筑和环境的研究和应用、医学伦理和医学美学以及医学相关法律法规等诸领域的研究和应用，这些实践活动都是以保证和增进人类的身心健康、改善人类生活品质为终极目标，或直接或间接地进行的。

医学实践活动可依其所涉及的直接目的的不同，分为相互联系又互有区别的三类医学实践活动。其一，求"真"的医学实践活动。这类活动的直接目的在于研究和发现人的健康和疾病发生的机理和规律，以不断地丰富医学科学知识和理论，为实现医学实践活动的最终目的作保障，它需要科学的实事求是的态度。如药理、病理、医用生物化学、解剖生理等方面的探讨和研究，均属于此类活动。其二，求"善"的医学实践活动。这类活动包括：有关医护人员如何更人性化（或者说更人道）地为患者服务的理论探讨和研究（如医学伦理研究）、保障医患各方合法权利和义务的法律法规的探讨和研究（如医师法研究）、利于保障和促进患者身心健康的各种"善"的行为（如抢救患者的生命和医治患者疾病的行为）。其三，求"美"的医学实践活动。医学审美活动属此类活动，它涉及医学实践活动中的美的评判和创造。它的具体内容包括：对医学实践成果（如通过整形外科、普通外科、各类医学美容等途径改变患者肌体原有组织器官的形态，以及所制造的义齿、义眼、义耳、假肢等医疗产品等，都是医学实践成果，前者是非产品形式的医学实践成果，后者是产品形式的医学实践成果）进行审美评判；研究并制定医学实践过程及其成果所需要遵循的审美原则和规律（如医疗语言和行为的美的原则和规律，义齿、假肢、医用器械等医疗产品获得美感的原则和规律，各类医学美容获得美感的原则和规律）；研究如何将美学原理（如美学中的多样统一原理和系统论原理等）和技能（如对视觉规律的认识、掌握和应用）与医学的具体实践相结合，提高医学实践成果的美感程度。

在"求真""求善""求美"三者关系中，"求真"是实现"求善"和"求美"的保证；"求善"是"求真"的目的，也是"求美"的前提；"求美"则是"求善"的升华。以完成义齿修复的整个医疗过程为例，医生自始至终所体现出来的良好医德、所作义齿能满足咀嚼功能的要求，体现了医学实践"求善"的要求；医疗环境的优雅、医疗言行的优雅以及义齿"色形质"的良好形式美感，体现了医学实践"求美"的需要；对义齿性能和制作工艺的认识以及完成义齿所需技能的掌握，体现了医学实践"求真"的需要。

综上所述，医学审美作为医学实践活动的组成部分，与"求真"和"求善"的医学实践活动相对，它是"求美"的医学实践活动，是"求善"的升华。

2. 医学审美是一种特殊的审美过程

（1）医学审美具有高度的神圣感和崇高感。人的生命只有一次，一旦错过便不可挽回。医学实践是以维护和促进人的身心健康进而提高生命质量为目的的神圣和崇高的实践活动，而医学审美活动是医学实践的重要组成部分，其面对的最主要审美客体是成为医学实践对象的人的生命，它的终极目标也是维护人类的身心健康，提升人们的生活品质。

（2）医学审美必须遵循医学规律的特殊要求。医学审美不仅要遵守一般审美的规律，更要遵守医学规律的特殊要求。医学是具有风险性的，医护人员更要遵守医学规律，防止意外的发生。不同领域的审美受它所在领域自身规律的约束，如艺术审美遵循艺术自身的规律要求，因而呈现出自身领域的审美特殊性。各个领域的审美研究都有其自身的价值，医学审美的研究更是如此。医学审美的特殊性主要体现在：不同于艺术审美中的形式美感那样可以单纯地予以呈现，医学审美中的形式美感需要以保障肌体组织器官的功能和健康为前提，这也是"善"的要求，如此，所创造的形式美感才有意义，医学美的欣赏和创造的重要评判依据是有没有遵循医学领域的特定规律和要求，如违背医学伦理、医学相关法律法规和规范，或违反医学规律等，就不能展开有意义或有效果的医学美的欣赏和创造。

（3）医学审美具有一定的功利性。生命健康是医学审美的基础。医学美感是超乎物质欲望的愉悦体验。医学审美可以满足审美对象的审美需求，并产生一定的经济效益。在医学环境中的人，往往是处在"疾病状态""健康状态""康复状态"的个体或群体，他们可能都认为自己是不美的，要注重和维护这些人的人体美、健康美、生命活力美等。

（4）医学美的创造过程常常具有不可逆转性。艺术美的创造常常是可逆的，如对绘画作品不满意，可以换纸重画，即使同样以人体为载体的化妆以及生活美容等，不满意依然可以重新实施。但针对人的生命体的医学美的创造，由于创造者（医护人员）所要实施的许多行为（如手术、让患者服药等）具有不可逆转性，一旦失败便会直接影响医学美的效果，甚至直接影响患者肌体的功能和身心的健康。审美主体和审美客体的双重角色可以统一于患者一身。患者作为医学美的创造对象和载体，是医护人员、亲朋好友和社会其他人士的审美对象，即审美客体，又是可以对自身所承载的医学美进行审美判断的审美主体。而其他非医学的一般审美实践不具备这样的特点。

3. 医学审美具有特殊的复杂性

由于医学审美的对象是人、是患者，因此医学审美具有其独特的复杂性。首先，人的生命具有复杂性。生命体不同于冰冷的无机体，生命体有着比无机体复杂得多的结构和变化，人的生命不仅有自然属性，还有社会属性。这使医学审美主体不仅要具有特有的医学知识和技术来考虑审美对象的结构和功能，还要顾及患者的身心及审美需要。其次，医学审美要求的复杂性。医学审美主体和医学审美客体会由于他们不同的职业背景、教育程度及不同的民族等因素而造成审美主体与审美客体的巨大审美差异，使审美要求表现出复杂性。

（1）人的生命体的复杂性。生命体不同于冰冷的无机体，这种复杂性除了体现在医学美的创造必须顾及人的身心健康及肌体的功能等因素，以及医学美的创造需要特别的医学知识及技术设备外，还体现在生命体复杂的变化性方面。雕塑家将一块石头雕刻成艺术品，那么这样一件艺术品的形式及所反映的内涵就相对容易稳定地保存下来，因为作为这件艺术品的载体，石头的性能是相对稳定的，而人的生命体是不断地新陈代谢的，在复杂的生命体内外环境因素的干扰下，可以在较短时间内发生从"形式"身体外观到"内容"内在的身心健康状况、组织器官的功能状态的较大改变，乃至"突变"，如器官突然丧失功能，乃至突然丧失生命。在这一过程中，医学美的创造者到底起到了多大的积极或消极的作用，有时很难界定。医学审美必须要考虑到医学美的风险性及其流变性，或者说既要考察医学美当时的静态效果，更要对其动态效果有相当的预见性，并需要将这种预见性与患者作充分的沟通。

（2）医学审美需求的复杂性。医学美的创造不同于在无生命物体上美的创造，它的创造对象——患者，是活的生命体，总以某种方式介入医护人员对其医学美的创造。患者根据自己的意见，或与亲友综合后的意见，以提出相关愿望或要求的方式，直接或间接影响医护人员医学美的创造过程。他们可以对医疗部门的医疗环境、医疗设施、医生的言行、医疗的效果提出自己的审美评价。医疗部门又可根据他们的审美评价，改进自身的工作。医学实践活动所涉及的环节往往比一般的活动复杂，医患双方的审美观也往往交叠不足，有时就会造成对某一环节特别是疗效评价环节达不成共识的困难局面，甚而引发医疗纠纷。这便是医学审美复杂性的体现。

（3）医学审美主体的非对称性。这里所指的医学审美主体的非对称性，特指医护人员、患者及有关人士特别是患者最密切的亲友这三个群体，在审美科学性、预见性、稳定性以及审美标准、审美期望值和满意度等各方面均存在普遍的不对称性。

（4）患者作为医学审美客体的特殊性。这种特殊性体现在如下两个方面：一方面，医学审美客体与医学审美主体的相兼性。病患作为医学审美客体，同时又具有医学审美主体的身份。例如，病患被实施医疗行为后，必然成为医护人员及社会相关人士的审美对象，因而不可避免地成为医学审美客体，但同时病患必然也会自己审视自己，此时患者兼具了审美主体的身份，这也是医学审美具有特殊性及复杂性的重要原因。这种相兼性的特质在其他领域的审美中往往不具备，即便是有（如演员、模特等），也有很大的区别。以演员为例，他们是观众欣赏的对象，是审美客体，同时也可作为审美主体，之后对自身的演技及化妆等美学效果进行评价，甚至也可像患者以审美主体的身份介入到对其医学美的建构过程中那样，以一种审美主体的姿态介入到对其艺术美（演技的美及化妆的美等）的建构中（如提出自身对剧情的理解，并提出如何将理解贯彻到自身的演技中去）。但作为艺术中审美客体的人，随着表演结束，回到生活中，其作为审美客体的身份暂时也就停止了。但医学审美客体则不同，患者一旦成了医学美的建构对象，其作为医学审美客体的身份就具有不可复性（尤其是医学美容，肌体上所进行的形态塑造，具有侵入性和不可复性的特点，而不可能像化了妆的演员卸妆后即可脱离审美客体这一角色那样表现出化妆的非侵入性和角色的可复性）。这种不可复性决定了患者作为医学审美客体和作为医学审美主体的长期相兼性。这种长期相兼性，迫使医护人员作为医学美的直接建构者必须以一种严肃认真的态度去履行自己神圣的职责，尽自身最大努力建构作为审美客体的患者可以接受的医学美——这也就增加了医学美创造的复杂性。

另一方面，医学审美客体的社会性。从社会属性看，人是社会关系的总和。作为医学审美客体的患者与社会有着千丝万缕的联系，他们在生活工作中，不可避免地与社会人群中的其他个体发生着强度不同的关系，尤其在交通通信高度发达的当代社会，人的交往频率在不断提高，人更不可能生活在与世隔绝的状态里。成为医学美建构对象的患者，作为医学审美客体展露于社会，具有社会性是不可避免的，他们也就必然自愿或不自愿地接受着社会群体中的其他个体对其所作出的审美评价，并由此必须承受鼓励或打击，而这或多或少地会对其生活、工作以及身心健康产生正面或者负面的影响——这从另一方面说明了医学美创造和欣赏的复杂性。对此，从事医学实践的医护人员必须有所了解并引起足够关注，并通过方方面面的努力，尽可能让患者有信心接受其自身医学审美客体社会性的特点。

综上所述，医学审美不同于一般的艺术审美，有其自身的特殊性。研究这种特殊性，并指导医学美的创造和欣赏，有助于提高临床疗效满意度，降低医疗纠纷的风险。

二、医学审美的起源与发展

人类自古就有一种朴素的医学审美理想。古希腊的人们对太阳神和医神阿波罗祈祷健康、欣慰和光明。在希腊、中国和印度的古代医学中都有"音乐治疗"等的记述。而现代医学美学的根本目标是使其由自然状态演化为自觉状态，从而把一种简单的理念变为一种系统化的科学。

在我国，把医学与美学结合起来形成"医学审美"这一概念，并对医学审美学科进行系统研究，是20世纪80年代开始兴起的。1981年，《医学与哲学》杂志第2期载赵登蔚的《音乐课的联想》，第4期载胡长鑫的《医学美术与医学科学》；1982年，李振骅在《医院管理》杂志第5期发表了《美与医院管理》一文，赵登蔚在《医学与哲学》杂志第8期发表了《音乐、医学及其他》一文，翌年12月他又在全国第二次医学方法论学术讨论会上交流了题为《美学与医学及其方法的联系》的文章；1985年，《医学与哲学》杂志先后发表了胡长鑫的《论医学插图科学艺术》、孟宪武的《医学对美的追求》和王玉明的《医学为人类创造的美》等文。以上这些文章引起了我国医学界和美学界的关注，很快出现了一股系统研究医学美学原理并为之著书立说的热潮。

以上理论研究是在应用发展的基础上展开的。20世纪80年代以来，全国各地有不少临床、康复医学机构自觉或不自觉地实施医学审美技术，各大医院先后开展了医学美容方面的临床技术。而且医学美学与医学美容学方面的高等教育事业也得以同步发展。迄今已有20余所医学院校在多个专业中开设了医学美学课（必修或选修），还有大连医科大学、江西宜春医学高等专科学校、北京联合大学中医药学院和新疆石河子医学院等院校创办了第一批大专层次的医学美容专业教育。

由于医学美学的整体学科的形成和发展，经政府批准，"中华医学会医学美学与美容学会"于1990年11月15日正式成立，从而开始了中国医学发展史上的又一新篇章。

在医学美容学整体学科逐渐趋于完善和基本成熟的今天，如果我们仍然在其狭窄的范围研究，医学美学学科整体就不可能会有"定义"中所表述的那种学术面貌。笔者认为，从现在起，医学美学学科的研究必须由以"医学人体审美"研究为中心拓展到"医学审美"这个大范围的诸课题，开展"一切医学美学现象及其审美规律性"的多方位课题研究。这也是医学美学创立者的初衷。诸如临床医学诊疗及疗效评价方面的审美研究；预防医学、康复医学、疗养医学中的审美研究；整体护理和护理操作方面的审美研究；医疗机构建筑物、医疗环境等审美研究；医疗设备、仪器的造型、性能和使用操作方面的审美研究；医疗操作规程等审美研究；医务人员美育的课题研究；医学人体审美及维护、修复、改善、塑造人体美的理论与技艺课题研究；医学审美心理研究；提高审美技能的途径与方法的研究；医疗保健和健美理论与技艺研究；等等。上述课题包括了丰富的应用内涵，医学美学的生命就在于它的应用价值。

美学家郭因向我们精辟地揭示："人与自然、人与人、人自身三大和谐是人类的根本追求，也是文明的根本追求、美学的根本追求。"也有国内学者提出："医学美学的目标是促进人健与美的高度和谐与统一。"根据近几年研究和体验，其内涵尚显局限。有学者认为当代医学美学的学科目标，应是进一步推进美学与医学更广泛地结合，更有效地修饰人的身心状态。因此，身体素质的不断提升，也就意味着生命力的提升。人的身体与精神的美，包括人与自然、人与人的和谐。人的身体素质与生活品质是人类身体美的基础与载体，人的生命力是人的美的中心，而人的身体素质与生命力的美则是"三大和谐"的体现。只有全面地开展医学美学研究，才能使医学美学得以实现。

三、医学审美与医学美学素养教育之间的关系

（一）在医学院校中，通过医学审美教育来培养学生对美的认知

在医学专业中，医学审美教育是一个重要的环节。医学审美教育是指在现代医学模式的指导下，培养具备医学技术和人文素质的多面手，以适应时代发展的要求；医学审美教育是一种特别的教学方法，它通过人们对生动、具体、可感知的美的直观感受，达到激发和净化人们的情感、陶冶人们的思想情操、提升人生趣味，使人们在不知不觉中了解美、认识美、理解美。

（二）在医学院校中，通过审美教育来培养学生的审美意识

正确、健康的审美观是医学审美的根本，是培养医务工作者对医学美的欣赏能力的一项重要任务。医学审美的审美能力，要求医学生在辨明美丑、善恶的同时，还要塑造高尚的敬业精神、渊博的学问内涵、敏锐的观察力、亲切的待人处世的态度。审美教育在潜移默化中，使医学的审美情感得到了升华，审美能力得到了提高，也使医学的审美意识得到了升华，从而促进了个人、患者和社会之间的美的调节。通过对医学生进行美学教育，可以有效地培养医学生对医学美学的欣赏。

（三）医学院校的审美教育在培养大学生的创新意识方面具有重要意义

马克思认为，社会的进步就是人类对美的追求的结晶。医学美学的终极目标不应仅限于对美的认知和欣赏，而应从医学美中挖掘出其内在美。这样才能推动医学的发

展。在医学教育中，通过实施医学美学教育，培养医学生的审美意识和正确理解、评价、欣赏生活中美的事物的能力，才能在临床上有效地塑造出医学审美。

（四）医学院校的医学审美教育对医学院校学生的道德教育有很大的影响

高尚的个性是医学院校学生的基本素质。通过对医学院校开展医学审美教育活动，可以激发医学生强烈的同情心和责任感，促使他们在治疗病人过程中竭尽全力地帮助病人摆脱病魔的困扰和痛苦；同时，医学审美教育使医学生的真实情绪体验上升到理性的认识，引导医学生树立正确的人生观、价值观、是非观，使医德成为他们的内在素质。

四、医学审美的实践与应用

（一）医学审美在临床医疗中的作用

临床医疗是一种维护和塑造人体健与美的医学实践过程。医学审美的基本原理，就是将美学理念应用于临床，选择最佳的治疗方式和护理措施，使患者早日恢复健康与美丽，以达到病人的审美需求，并使自身的美学修养得到提高。在具体的临床医疗实践中，往往体现着医学审美求"真"、求"美"和求"善"的原则。在临床上，也应该注意到患者身体机能的美学需求，选择合适的药物，并且尽量不伤害患者的身体和机能。

（二）医学审美在预防医学中的应用

随着生物-心理-社会现代医学模式的确立，整体医学观念逐渐深入人心。人们认识到预防医学在医学卫生全局中有着举足轻重的位置。预防医学的任务是努力把危害人类健康的因素消除在萌芽状态，创造促进人类健康的条件。人体美符合形式美的规律（如五官和四肢对称，比例和谐，肌体各部分的比例关系应该符合"黄金分割律"），而预防医学对人体美的影响非常重要。

（三）医学审美在五官诊疗中的作用

在临床实践中，五官疾病的发生常常会破坏面容的健美，使人难以产生美感，这在客观上损害了患者的身心健康，妨碍了人际交往。因此，五官科在治疗五官时，除了防治五官的疾病外，还要从医学审美的角度出发，使五官恢复正常的形态与功能，达到病患的美学需求，从人体美的整体出发进行五官的诊疗。要坚持五官美学功能的恢复，遵循形式美、对称、和谐的原则，从五官的角度进行治疗，维护和保障五官的健美，使患者的五官符合容貌美的基本条件。

（四）医学审美在整形外科中的作用

整形外科以修复身体的缺损，矫正畸形，改善和恢复生理功能以及外形，恢复患者的体貌为主要任务，因此在塑造人体外形、切口等外科手术及术后处理方面有较高的审美要求。在整个整形外科手术中，医务工作者必须像艺术家制造精美的艺术品那样精益求精，精雕细琢，塑造一个完美的体貌外形以满足患者对自身形体美的要求。所以，整形手术应当是娴熟的医技与深厚的艺术审美修养的统一，即医务工作者必须按照审美原则，尽力使整形手术符合人体美的规律。

（五）医学审美在皮肤诊疗中的应用

皮肤的健美在人体美中居于重要的位置，是人体健美的主要标志。因此，在临床上按照审美原则，维护和保持皮肤的功能以及健美是至关重要的。此外，美学思想还在医学的其他领域得到了广泛的体现，如妇女卫生保健、儿童保健、优生医学、精神医学、护理实施以及药剂工作和医院管理，等等。

五、医学审美在医学美学素养教育中的具体方法

合理开设医学美学教育课程，并进行优化。这些课程可以体现医学美的基本特征，能够陶冶情操，有助于培育学生美的观念，开阔学生视野，使其更全面地把握社会现实，更有利于学生认识医学审美的重要性，丰富学生自身对医学审美的认识。

让医学生进行医学审美实践。实践是认识的发展动力，医学生只有不断地去实践，才能够有新的感官认识，才能更好地为将来的医学审美作出贡献。医学院要与相应的医院进行合作，学生通过想象和实际的完美有效结合，才能感受到美学的最大实施效果。多途径地进行学习实践，才能不断提高认识水平及学习能力。另外，医疗技术的美也是整个医学审美教育的一项重要内容，当医学院与医院合作时，也要让学生认识到操作技术的美，让美的种子悄悄发芽。

综上所述，美需要用心灵去感受。实施美育可以塑造美好的心灵。因此，要尽可能利用一切条件，创造浓郁的医学美的情境。通过耳濡目染的方式，潜移默化地陶冶学生的情操，提高学生的审美素质，激发学生对医学科学的热爱，为把他们培养成为有青春朝气、有修养、有风度、聪慧时尚的医学人才而奋斗。医学审美教育是一个连续性和综合性较强的学科，也是医学的最高体现。医学生只有不断加强审美实践才能够培养健康的审美理念和审美情趣。只有激发学生求知的欲望，进而增强临床中审美的实施和体现，才能进一步完善医学审美，让医学审美越来越向上。

? 思考题：

1. 医学美的定义是什么？
2. 医学美的特点包括哪些？
3. 医学美按性质分为哪几类？
4. 论述医学审美的特点。
5. 阐述医学审美在医学美素养教育中的具体应用。

本章参考文献

［1］　医学名词审定委员会.医学美学与美容医学名词［M］.北京：科学出版社，2015.

［2］　邱琳枝，安之璧.简明医学美学［M］.合肥：安徽科学技术出版社，1991.

［3］　贺艳敏，张喜田.医学美学［M］.郑州：河南人民出版社，1995.

［4］　邱琳枝，彭庆星.医学美学［M］.天津：天津科学技术出版社，1988.

［5］　韩秀萍.医学美容技术［M］.上海：东华大学出版社，2016.

［6］　张廷建.医学人文素养基础教程［M］.上海：上海交通大学出版社，2013.

［7］　彭庆星.现代医学美学的兴起与展望［J］.山东医科大学学报（社会科学版），1994（3）：11-14.

［8］　罗桑才旺.初谈医学美学与医学教育［J］.西藏大学学报（汉文版），2002（3）：53-56.

［9］　陶庆宇，李林娜，张楠，等.审美教育对医学生素质教育重要性的探析［J］.才智，2015（21）：146.

［10］　赵永耀.面向21世纪的医学美学研究［J］.实用美容整形外科杂志，2000（3）：153-154.

［11］　郑振禄，何伦.医学美学概论［M］.长沙：湖南科学技术出版社，1997.

［12］　李大铁.医学美学［M］.北京：人民军医出版社，2004.

［13］　李义庭.医学美学［M］.郑州：河北人民出版社，2008.

［14］　MOSS H，O'NEILL D. Aesthetic deprivation in clinical settings［J］. The lancet，2014，383（9922）：1032-1033.

［15］　FRANCIS G. Medicine：art or science［J］. The lancet，2020，395（10217）：24-25.

［16］　PENG Q，WANG X，ZHAO J. The rise and prospects of medical aesthetics［J］. Social science & medicine，1995，41（8）：1197-1201.

［17］　王向义，欧阳学平，丁亚宁，等.当代中国医学美学与美容医学整体学科的兴起和发展［J］.中华医学美学美容杂志，2019（6）：528-529.

［18］　WEI L T，MADELEINE M，SANDY L，et al. The contribution of multidimensional perfectionism and aesthetic sensitivity to the prediction of dysmorphic and symmetry concerns in a community sample［J］. Current research in behavioral sciences，2022，3：100079.

［19］　CARDOSO M J，SANTOS A C，CARDOSO J，et al. Choosing observers for evaluation of aesthetic results in breast cancer conservative treatment［J］. International journal of radiation oncology biology physics，2005，61（3）：879-881.

［20］　SMALL R. Aesthetic principles and consultation［C］// USATINE R P，PFENNINGER J L，STULBERG D L，et al. Dermatologic and cosmetic procedures in office practice. 2012：230-240.

［21］ BERNEBURG M，DIETZ K，NIEDERLE C，et al. Changes in esthetic stan-dards since 1940 ［J］. American journal of orthodontics and dentofacial orthopedics，2010，137（4）：450.

［22］ BOYNUYOGUN E，ÖZGÜR F F. Definition of beauty in plastic surgery ［J］. 2023：33-39.

［23］ 鲁开化，李向东，丛国辉，等. 西安市美容整形外科现状调查与分析 ［J］. 实用美容整形外科，1991（3）：50-53.

［24］ 彭庆星，孙少宣，高景恒. 论"第四医学"的概念与必然 ［J］. 实用美容整形外科，1992（3）：165-166.

［25］ 李祝华. 美容医学的确立、内涵与发展 ［J］. 实用美容整形外科，1991（4）：47-49.

［26］ 彭庆星. 生命伦理学中的美学寻思 ［J］. 中国医学伦理学，1990（4）：56-57.

［27］ 刘力平. 医院管理美学特征与医院审美环境建设 ［J］. 国际医药卫生导报，2005（3）：73-75.

第四章　医学人体美

无论是在艺术领域还是在现实世界，人体都是重要的审美对象之一。作为一种独特的审美对象，人体美是人类对自身认识的深化，也是对人体健康的更高追求。罗丹说过："没有比人体的美更能激起富有感官的柔情了，在他们塑造的形象上，飘荡着一种沉醉的神往。"达·芬奇甚至断言："人体是大自然中最完美的事物。"我国医学美学学科创始人之一彭庆星教授认为，达·芬奇只说了一半，应该补充另一半："人体不仅是大自然中最完美的事物，而且是社会存在物的最高、最美的形态。"医学美学的重要目的就在于以人体美为核心，在对人体美进行生物学、人类学、医学、社会学以及心理学等多学科、综合性研究基础上，通过医疗手段与技术实现人体美。医学人体美是医学美学研究的重要课题之一。

第一节　医学人体美学中的基本概念

一、人体美

人体美是一种独特的审美对象，是对人自身的深层次的认识，是人对美的自我欣赏和追求，是自然和社会共同作用的产物。

（一）人体美的概念

什么是人体美？人体美是指人体作为审美对象具有的美。人体美，从广义上说，包括人的身材、相貌、五官、体态、装饰的美，也包括人的风度、举止、言谈所表现出来的一种精神风貌和内在气质的美。狭义的人体美，仅指人的形体和容貌的形态美。

（二）人体美的主要特点

1. 身材相貌：比例协调、匀称

身材相貌的比例协调、匀称和充满活力，是衡量人体美的基本条件。

人体的骨骼确定了身材的高矮、体型的大小、肢体的长短，确立了个体的框架。骨骼美表现在骨性框架结构的匀称与协调。如站立时头、颈、躯体和脚的纵轴线在一条垂线上；上、下身比例协调，肩稍宽，肢体骨骼细长，无畸形。肌肉富有弹性、肤色红润、质地细腻、有光泽，都能反映人的精神面貌和气质。眼睛顾盼有神，既能表现眼睛本身结构的静态美，又能表现眼睛的动作、神采的动态美。

古希腊的医学家盖伦说："身体美确实在于各部分之间的比例对称。"中国战国时代的宋玉在《登徒子好色赋》中写道："东家之子，增之一分则太长，减之一分则太短；着粉则太白，施朱则太赤。"曹植在《洛神赋》中说："秾纤得衷，修短合度。肩若削成，腰如约素。"这都说明人体美的重要因素是人体各部分的比例协调。亚里士多德认为，美要依靠体积安排，太长太大不能一览而尽的东西不会是美的；太小的难以感动的东西也不会成为美的东西。人体，尤其是人体的曲线之美，使人类对人体形成了以S形曲线变化为核心的共同审美情结。由此，我们不难理解，古希腊人认为万物中唯有人体最匀称、最和谐、最庄重、最优美。

人体美具有自然属性，有易变、短暂的特征。随着年龄的增长，年轻美丽的少女会变成白发苍苍的老妪。人体美还受外界环境诸多因素的影响，如职业、生活环境、经济状况、家庭生活处境等，都可以影响甚至改变人的自然形体。

2. 姿态动作：自然、和谐、庄重、优美

人体美往往通过姿态动作表现出来。中国古代就有一种具有东方特色的关于人体动作姿态美的审美要求，认为要做到"站如松、坐如钟、行如风"。近代以来，西方也十分崇尚姿态美。如英国哲学家培根认为："在美的方面，相貌的美高于色泽的美，而秀雅合适的动作美又高于相貌的美。"姿态和动作，一般可分为静态和动态两部分：静态是人体在一定时间内的相对静止状态；动态是人体在各种活动中交换的不同姿态。静态是动态的转换形式。不管静态还是动态，作为美的人体，在体形的变化与动作协调中都能产生节奏、韵律、力量、幅度、速度等，使人体有灵巧性、稳定性、协调性、准确性、柔韧性等优美而和谐的动作姿态。

3. 气质风度：雅而不俗

气质是指一个人通过其职业形象、生活态度、言行举止、兴趣爱好和情绪性格等行为方式，所反映出来的特有的天赋智慧、文化素养和思想品质的集中。即人的气质蕴含在形体之中，又通过形体、动姿和神态表现出来。它是人的生理素质与社会实践相结合的产物，是人的灵与肉的统一性表达。一般而言，美的气质风度应该是热情而不趋于轻浮，豪爽而不落入粗俗，潇洒而不流于傲慢，文雅而不失于做作。

总括起来，人体美是介于自然美和社会美之间的一种美。人体美表现为人体本身的和谐统一，是内、外兼修的展现，有对称的造型、均衡的比例、柔和的线条、富有弹性的肌肉、光洁的皮肤、灵活的动作、高雅的气质、不俗的风度等。而人体美的根本在于健康的生命。

二、医学人体美

（一）医学人体美的概念

医学人体美是一个多层次的整体概念系统。它包含着一系列成对存在的特殊的子概念，如现实人体美与标准人体美、体形美与结构美、功能美与生命美、体魄美与思维美、动姿美与气质美、外在美与内在美等。

1. 现实人体美与标准人体美

"现实人体美"是指进入人类社会以来，一直存在于现实生活中的有血、有肉、有情感、有思维的人体之美，是一种具有人的生命活力，生机勃勃的人体美；"标准人体美"是艺术家和医学家从不同的渠道和方式，对现实人体美加以探索、研究、提炼和追求的"产品"，是可供人们欣赏的关于人体美的"艺术作品"。标准人体美既直接来自现实人体美，又可维护、修复和塑造现实人体美，使现实人体美得到最佳呈现和升华。由于美的复杂性，现实人体美难以用某种共同标准进行规范。

标准人体美从现实人体美中提炼，有先后两阶段：一是关于人体美的"标准参数"，这种医学美学理论产品，即所谓"标准人体美"；二是运用"标准人体美"的科学理论于维护、修复和塑造现实的人体美，以激发其生命活力之美，达到"现实人体美"的再现和升华的目的。这就是"标准人体美"在医学美学和医学美容学实施中与"标准人体美"相辅相成的"双向"关系。

2. 体形美与结构美

"体形美"是指人体的形态之美，它是形式美法则在人体美中的集中表现，所以它又被称为"人体的形式美"。"结构美"分为：① 宏观结构美：人体的整体美及其各部位之间的均衡、匀称、协调之美，通过色调和谐的皮肤、结膜、角膜、黏膜、指（趾）甲和毛发等反映出来，也通过框架比例匀称的骨骼、肌肉表现出来；② 微观结构美：体内细胞、染色体和DNA双螺旋等微细结构之美。结构美是体形美的基础，体形美是结构美的外在展现。

3. 功能美与生命美

"功能美"，即人体的生理功能美。人体生理结构美是为了承担种种天赋的生理功能重任而存在的。不同的结构，承担着不同的功能任务，而且不同的功能任务也决定着不同的生理结构。这些生理功能的常态也是一种自然美，一种自然有机状态之美。"生命美"，人的生理功能美使人的体形美和结构美呈现出一种生命活力之美，人体能够高度聚集形式美法则于一身，是由它所固有的以生命活力之美为核心的血、肉体结构和功能之美等特定内容决定的。人的生命活力美，既是人的生理结构美和功能美的体现，也是人的全面本质的集中反映。

4. 体魄美与思维美

体魄包括人的体格和精力，"体魄美"即体魄强壮之美，是体形美、结构美、功能美和生命美在同一个体中的高度统一。它以健康为基础，并以强健、丰腴和结实为特征，男性表现为魁梧、粗犷、雄健、豪放和挺拔的阳刚之美；女性则表现为苗条、丰满、圆曲、红润和富有弹性的阴柔之美。

思维即思想或思考的方式和过程，是人脑对客观事物的概括和反映。"思维美"的根基主要在于其创造性。人类通过思维，对丰富的感性材料加以分析和综合，从而得出事物的本质和规律，再将这些本质与规律作用于自身及社会实践，呈现出种种思维美。思维美的主要特征是它的逻辑性、深刻性、广阔性、敏捷性和创造性，即理性。思维美以体魄美为基础，同时是体魄美的升华和进化，从而使人的生命美成为大自然中至高无上的奇迹及造化。

5. 动姿美与气质美

"动姿美"是身体各部分的协调运动表现出来的美。人的一举一动、一颦一笑都是协调的，例如人在行走时，右腿向前迈出，左手就向前摆动，同时右手就向后摆动，动作协调自如。相反，如果右腿向前迈出时右手向前摆动，同时左手向后摆动，就会十分别扭，不但动作不美，还会影响行走的功能。

气质是指一个人生来就具有的典型的、稳定的心理特点，是个人心理活动的动力特征的总和。虽然气质较多地受到个体高级神经活动类型的制约，很大程度上由先天决定，但它的形成又受后天的成长环境、所受教育、学识及阅历的影响。具有某种气质特征的人，在内容完全不同的活动中会显示出同样的动力特点，使整个心理活动都带有个人独特的色彩。气质犹如灵魂之于人体，在人体美的表象中具有重要的作用。

个人特定的"气质美"，往往决定其特定动姿美，并以动姿美为其特定的外化形式，一个人的行为美则是其动姿美与气质美相统一的表现。

6. 外在美和内在美

人体的"外在美"包括体形美、体姿美、容貌美、行为美、风度美和语言美；人体的"内在美"包括心灵美、性格美和气质美。外在为表层之美，体形美、体魄美和动姿美都属于人体外在美；内在美为深层之美，结构美、功能美、生命美、思维美和气质美都属于人体内在美。深表两层美的和谐统一，才是人的整体之美，和谐统一的程度越高，美的素质也就越高。真正的人体美必须是"由精神渗透的感性的肉体美"，是能反映人精神的美。

（二）医学人体美的特点

人体是生命的载体，人体作为审美对象与作为解剖对象的最大不同，在于前者是联系、变化、发展的有机整体，是知、情、意的统一。医学人体美与一般人体美相比较，有如下特点。

1. 医学人体美是内在活力美与外在形式美的统一

医学人体美的核心内容是人体的生命活力美。一具没有生命的僵尸，无论它多么具有形式美的要素，也是不美的。人的生命活力美简称为"生命美"。人的生命美是人的全面本质的显现，是自然进化与社会劳动相结合的产物，人的生命美使人的血、肉等有机物质材料与情感、思维、伦理等社会性要素紧密地结合起来，组合成为一种无与伦比的医学人体美。主要表现在以下几方面。

（1）生命是人体美的灵魂。生命是形态结构与功能活动相协调的合乎目的的和谐统一状态。一般生命过程，都要经历生长、发育、生殖、衰老和死亡等不同阶段，人体的形态结构和功能是在生命过程中逐渐完善和发展的，只有在生命的形式下，这些形态结构和生理功能才能构成人体美。因此没有生命就没有人体美，生命本身就蕴含着无可比拟的美。

（2）健康是人体美的基础。人体美首先必须具有健全的组织结构，完整的器官系统，正常的生理功能。这些健康的组织、器官、系统在生命活动过程中，有条不紊地调节、代偿和适应人体内外环境的变化，具有充沛、蓬勃的生命活力，表现出诸如肌肉发达、脸色红润、毛发润泽、风华神秀、坐立挺拔、步履矫健有力，显示出人体美所具有的神奇魅力。脱离健康，就谈不上医学人体美。

（3）富于生命美感的形式美。人体作为生命的载体，在长达亿万年的历史长河中，进化成为具有对称、匀称、均衡、协调等形式美元素的复杂而又和谐的统一体，这是人体形式美的基本特征之一。集中表现在局部与整体、局部与局部、机体与环境、躯体与心理等对应关系的协调和谐上。均衡匀称的形态是人体形式美的另一基本特征，主要表现为左右对称、比例均衡、体形匀称、动姿协调。

2. 医学人体美是心理和躯体的统一

荷兰哲学家斯宾诺莎在《伦理学》中宣称："人，即能思想者。"中国古代相书有"额耸而隆，不受贫穷；额方而广，有田有庄"之说。法国学者帕斯卡尔在《思想录》中说："人不过是一根苇草，是自然界最脆弱的东西；但他是一根能思想的苇草，因而我们的全部尊严就在于思想。"发达的大脑表现为高高隆起的额头，是人的精神性的显著标志。高高隆起的额头是整个人类文明史积淀的成果，是人的生命力在更高形态上的展示，是人类面对自然界最引以为自豪的理性认识能力的象征。人是社会生活的主要角色，人的心理与躯体的和谐和统一是医学人体美的重要特征。

3. 医学人体美是自然美和社会美的统一

人体美是介于自然美和社会美之间的一类特殊美的形态。就其产生的生理形态而言，人体美基本上属于自然美范畴；就其外在形体和面相而言，人体美则是作为人的生存状态的一种感性体现，它必然反映着个体的经历、品质、性格，反映着深刻的社会内容。这时，人体美又属于社会美范畴。因此，"人体，既是大自然中最美的东西，又是社会存在物中最高最美的形态"。

4. 医学人体美是普遍性和差异性的统一

达·芬奇认为人体是自然中最美的东西。这是把"人体"当作一个"类"来与大自然中其他"类"相比较而论的。这个"类"具有普遍性，一般人体都表现为左右对称、比例均衡、线条柔和、体形匀称、动姿协调、眼神炯炯等美态。大致是头部相当于身高的1/8，肩宽为身高的1/4，平伸两臂的宽度等于身长，乳房在肩胛骨的同一水平上，大腿的正宽度等于脸的宽度等。又如脸部的长宽比、躯干的长宽比、乳房所在的位置上下长度比、脐上下长度比等，都近似0.618这个黄金分割比例。

但是，人体美的普遍性特征并不意味着就是"千人一面"，而是有差异的。人体美是普遍性与特殊性的统一，人体的多样性与特殊性主要表现在以下几个方面。

（1）各人种、各民族、各地区人群的一般美学标准有许多差异。在人类历史发展过程中，不同地区大气中的各种物理参数，诸如气温、气压、温度以及日照、降水等是形成人种特征的重要因素。人类学家根据皮肤颜色、头发颜色和形状及眼睛颜色来区分人种，形成多样性的人体审美标准。例如，黄种人：肤黄，发直，黑发，黑眼，颧骨高，面部较扁平；黑种人：肤黑，发短而呈螺旋状，唇厚凸，鼻宽扁而短，口裂宽；白种人：肤白，金发，蓝眼，发呈波状，唇薄，鼻高，个子高大。

这种形态差异是人们为了适应当地的自然环境，而在自然进化的历程中潜移默化、世代相传所形成的。生活在赤道附近热带地区的人，由于光照强烈，紫外线强，气温高，人的皮肤多为黑色。黑色的皮肤有着积极抵御酷热气候的能力，可以抵挡强烈阳光的损害；宽而扁的鼻子和厚厚的嘴唇便于散热；手掌和脚掌发达的汗腺有利于排汗降温。有趣的是非洲人几乎都是卷发，每一卷周围都留有空隙，当炽热的阳光向头顶投射时，这种卷发恰似一顶凉帽。

生活在寒带、温带高纬度地区的人，由于生活的地区气候较寒冷，阳光稀弱，紫外线弱，因此人们的皮肤颜色浅淡，这种浅肤色易于吸收弱的紫外线，有利于身体发育。白种人鼻梁较高，鼻孔道长，吸入的冷空气经过长长鼻道有一个"预温"过程，这样外界的冷空气就不至于影响人体恒定体温。

黄种人介于上述两者之间，主要生活在气温温和的亚洲。中国各民族大都属于黄色人种。然而中国地域辽阔，南方人身材较矮小，肤色较深；北方人身材高大，皮肤颜色也浅些，不外乎日照气候因素使然。

（2）不同年龄段的人具有不同的医学人体审美标准。人体美与人的年龄相适应。不同年龄段的人表现出不同的审美特征。例如：青春期时人体发育达到成熟阶段，处于这个年龄段的男女，体格发育迅速，身高体重的变化使男性青年显得强壮有力，肩宽腰粗，下肢细长，而女性青年则上身细窄下肢丰满，充分表现出人体的健与美。同时，由于性功能趋于成熟，性激素分泌量增多，男孩长出胡须，喉头突出，体格变得高大；女孩乳房隆起，声调变高，皮下脂肪增多，体态丰盈。处于青春期的男女生理能量代谢率大，能量充足，肌体运动有力，表现得精力充沛、身强力壮、朝气蓬勃。人进入中年以后，随着年龄的变化，肌体衰老，皮肤张力和弹性降低而松弛，额前部出现皱纹，鼻唇沟加深等。因此在修复塑造人体美时，人的年龄因素是不可忽略的。

（3）不同性别的医学人体美具有差异性。无论是容貌还是形体，男女之间都有着明显的差异性，这也是生物规律。人体美差异性方面的不同点除解剖学和生理学上的差异外，从美学原则上看，男性还主要以"刚"胜，体现为雄伟矫健，即所谓"阳刚之美"；女性以"柔"长，主要体现为温柔典雅，即所谓"阴柔之美"。男性体型呈倒三角，上宽下窄，不平衡，宜于动；女性体型呈正三角，上窄下宽，较为稳定，宜于静。因此，在塑造人体美时，必须遵循男女有别的原则，避免"男子女性化"或"女子男性化"的现象。

（4）同一个体在不同情绪状态中表现出的人体外表生理特征不同。情绪好坏不仅影响各脏器生理功能，而且直接影响肤色的变化。人遇到高兴的事，心情愉悦，大脑内神经调节物质乙酰胆碱分泌增多，体内会产生有利于血液通畅、皮下血管扩张的物质。血液涌向皮肤，表现为面色红润，容光焕发，给人以精神抖擞、神采奕奕、充满自信的感觉。相反，当人过度紧张，情绪低落时，体内肾上腺素分泌增加，使动脉血管收缩，供应皮肤的血液量骤减，面色苍白或蜡黄，同时会伴有血压升高、心慌头晕、手脚发凉等现象，则给人以晦气十足、畏手畏脚的感觉。如果一个人长期郁郁寡欢、焦虑愁闷，会使神经内分泌功能失调，上皮细胞合成过多的黑色素，堆积在皮肤细胞之中，使皮肤变得晦暗无华。忧愁苦闷还可导致神经衰弱、失眠，也影响到皮肤的血液供应，导致面容黯淡无光泽、眼圈发黑。

三、医学人体审美观与研究方法

（一）现代医学人体审美观

现代医学人体审美观是现代社会文化的重要组成部分。它既包含上述医学人体审美观的全部内容，又具有鲜明的时代特征。它与现代社会生产力发展水平、现代医学科学发展水平及现代人们的生活方式、社会心理、价值观念、审美观念、思维方式具有极为密切的关系。

随着现代医学模式的转变，健康观的更新，我国医学美学研究者提出的医学人体美主要是指"现实中健康的具有生命活力的人体美"的观点，为现代医学人体审美观的确立提供了一种科学的思路。根据这一观点，现代医学人体审美观应具有以下显著的特征。

1."健康活力美"是现代医学人体审美观的核心内容

当代医学美学家认为"健康活力美"是现代医学人体审美观的核心内容。人们逐渐认识到，过于胖或过于瘦都不能视为健康，过于胖能引起体内代谢指标的改变，导致高血压、高血脂、高血糖、高胰岛素症、脂肪肝等一系列疾病，从而使生活质量和生命质量下降。过于瘦容易造成营养不良，体力弱，抵抗力差，不能胜任社会工作。因此人体不胖不瘦为最美。"以健为美"的医学人体审美观已成为当今社会的主流。

现在人们不仅满足于生理健康美，而且追求力量美，追求身体的力量、速度、耐力、平衡能力、定向能力、柔韧力、协调性、灵活性、适应性。追求人体美的质感、量感、光感、立体感、动感、雕塑感。因此具有风采的、富有生命活力的现实的人体美，成为现代医学人体审美观的主要内容。

2."整体和谐美"是现代医学人体审美观的理想追求

社会教育文化水平的提高，为人体审美造就了具有较高文化水准的审美主体。"形体和谐美"成了现代人的追求。

以"形体和谐"为美。现代医学更侧重于美化人体，使人的形体整体更趋和谐。生理基本正常，但形态上还不尽完美者，便要求施行锦上添花的美容手术。正如我国学者刘晓燕所说："现代医学美学为整形外科打开了通往完美境界的大门，整形外科已不仅以娴熟的解剖功底而自傲，事实上，他们已接受了现代美学。医学美学原则、美学标准已融入美容整形外科，成为医学美容学的基本原则。'和谐美'标准成为美容整形外科医生的手术设计、手术技巧的最高追求目标。"

以"心理和谐"为美。医学的研究对象是人，因此，医学充满人文精神。随着现代医学模式的确立，现代人类越来越意识到人的心理的重要性。人体美基于生理，本质都是文化问题，是人类审美实践中人的自觉组成部分。我国学者何伦说：人体的美丑不仅仅在于客观生理的存在，还在于自己对自己身体的感受。重塑体像，建立良好体像的目的不仅仅是解决体像问题，更重要的是解决生理、心理和社会适应问题。现代人用整形美容改变自己的先天容貌和形体，很大程度上把它作为改变使人感到沮丧、疲惫、年迈的特征，重建自我的心理平衡，提高自信心和魅力的手段。

3. "自然个性美"是现代医学人体审美观的时尚境界

（1）以自然为美。虽然现代社会日新月异的变化使人体审美文化不断变化，"回归大自然"，追求富有生命活力的现实人体美，依然是现代医学人体审美观的主要内容，追求人体自然美在现代已成为一种时尚和潮流。不少人认为被大自然涂抹过的深色皮肤和充满生机活力的人体是最具有时代感和最具有魅力的人体。优秀的医疗美容师精心细致雕琢而展现的人体的最高境界也是自然，当然再高明的医疗美容师也赶不上大自然的"鬼斧神工"。因为大自然是最好的人体美容师，当然，这个自然是人工自然，是带上人生命体验营造的自然，是不带人工痕迹的自然，是使人分不清是大自然的造化还是人工巧作的不似自然胜似自然的人体。高明的整容医师是艺术大师，能通过独特的智慧和灵巧的双手，给人体设计整形，把人体最优秀的美不露痕迹地展现出来，将科学和艺术在人体上有机地融为一体，使人在人体上不断发现关于生命的新形式和变幻无穷的各个侧面。事实上一些优秀的医学美容师已经在这么做了。

（2）以"个性"为美。人类在自身审美实践中对"人体美"的发现，特别是当代中国医学美学家对"医学人体美"的认识，是人类认识活动中自觉、自由的重要组成部分，是人类审美意识苏醒的一种标志。随着现代社会的发展开放，中西文化的交融，社会由单一向多元的发展，以及社会财富的增加、生活质量的提高，力求以个性的方式再现人体美已成为社会进步与文明的重要标准。现代医学人体审美观注重个性美，因为只有把人的修养、气质、个性、语言、心理素质等内在的、独特的、个性化的东西，通过形体的加工、修饰和改造，外在地显现出来，才是真正意义上的人体美。世界上没有两片完全相同的叶子，也没有两个完全相同的人。人体虽然具有某些共性，但仍然千姿百态，个体差异明显。因此美容医师不能生硬地用一个经科学定量调查得出的人体标准值作为衡量人体美的唯一标准，而应在普遍的"标准人体美"的尺度上，塑造出富有个性的人体美，不断追求更高更美的境界。

（二）医学人体美学的研究方法

医学人体美学的研究方法涉及人体解剖学、体质人类学、文化人类学、人体形式美学等许多领域。医学人体美学研究方法主要有观察法、测量法、人体解剖学方法、体质人类学方法、计算机图像处理方法以及科学抽象思维方法。

1. 观察法

医学人体美研究的观察法，是研究者采用直观形式，有意识、有目的、有计划地对人体美的各个侧面或其整体进行一系列感性研究活动，从而大量收集其感性材料，以系统描述人体美特征的一种经验研究方法。在观察法的实施过程中，研究者要全面运用自身感官来直接感知各种具体的人体之美，包括个体的或群体的人体之美，从而获得丰富的感性材料，进而形成概念，并加以判断推理，以达到对各种人体美特征的概括性认识。

研究医学人体美的观察方法可分为个体观察、群体观察和分类观察三种。

（1）个体观察。个体观察是指对现实生活中某一特定的典型个体之美进行局部或整体的观察，从而认识其美貌特征。此方法适用于对美貌个体的个案性研究。

（2）群体观察。群体观察是指对一定范围内社会人群的美学共性特征的观察。其范围大小不等，可以是一个家庭、一个城市、一个村庄、一个学校或一个地区。

（3）分类观察。分类观察是指根据观察的需要，将社会人群划分为不同类别以比较观察其美的共性和差异性，例如，按性别、年龄、地区、种族、国度等分类观察。

2. 测量法

测量是人类借助专门设备取得对象客观数据资料的一种手段。运用立体摄影及电子计算机可以对人体各部位的点、线、面和长、宽、高的量、相互关系以及角度进行测定。根据测量手段的不同，可分为直观测量法和影像测量法。

（1）直观测量法。直观测量法就是用标尺、直角规、弯脚规、三角平行规、人体测高仪、卷尺、活动直规等各种工具对人体的点、线、面、体积、体重以及它们的相互关系进行直接测量。测量的数据可为人体美的研究提供科学的依据，为人体美学研究标准化、精确化奠定基础。测量内容通常有以下几种。

① 身高测量：用人体身高测量仪（又称马丁测量仪）可准确测量人的身高、坐高和体部各处的高度。也可以用体重身高器或卷尺测定。

② 耳高测量：用耳高测量器测量人的耳高。

③ 体重测量：用体重秤测量人体体重。

④ 人体围径测量：用软尺测量人的头围、胸围、腹围以及四肢的围径。

⑤ 人体活体和骨骼横径测量：应用弯脚规测量颅骨及骨盆横径。

⑥ 骨关节测量：用关节量角器、指间关节量角器、旋前旋后量角器对人体各个关节的活动度进行定量测定。

⑦ 视力、色盲测定：用视力表测定视力，用色盲图册测定色盲。

⑧ 牙齿测量：用测齿规对牙齿颊面进行测定。

⑨ 外鼻测量：用外鼻测量器对面鼻角、鼻额角及鼻唇角进行测定。

⑩ 乳房体积测量：可根据阿基米德定律测定乳房的体积。

（2）影像测量法。影像测量法主要是运用各种影像技术来研究人体形态美的方法。目前主要用于容貌美的测量。常用的有照片测量法、X线头影测量法、云纹影像测量法和立体摄影法等方法。

① 照片测量法。此法主要价值是依据照片对被测对象的面部在整体认识的前提下，研究面部各部分比例及形态结构的特征。其优点是资料容易获取，软组织结构显示清晰；缺点是不能显示出软硬组织关系，更不能提供三维结构信息。

② X线头影测量法。主要是按照X线测量头颅定位照相所得的影像，对牙、颌、颅面各标志点描绘出一定的线、角，进行美学方面测量分析。该项技术首先由美国正畸专家Broad Bent于1931年创立，并在应用中得到发展。一般包括X线侧位片和正位片的测量分析。前者可揭示面部两侧的对称性、中线切牙关系和面宽，从而为头面部的研究提供三个平面的信息。此法经过数十年的发展，现已作为口腔正畸医师和正颌外科医师进行临床诊断和治疗设计的常规手段之一。

③ 云纹影像测量法。1970年，英国学者Meadows和日本学者高崎宏创立了光测量法——莫尔云纹法，又称立体测量法或方仪影像法。其基本原理是光线通过基准光栅投射在凹凸不平的物体上而产生变形。这种变形光栅反映了物体表面的三维立体结构的信息。此法是一种非接触性三维测量，方便又迅速，也便于信息存储和再测量，是人体测量学上具有重要意义的进展和变革，目前在我国医学美容界已被广泛应用，多用于对人体容貌对称性的观察测定。

④ 立体摄影法。这是立体摄影技术在人体形态美研究中的应用，此法设备昂贵，未成为常用研究方法。

3. 人体解剖学方法

人体解剖学是医学的基础。人体解剖学通过对人体各局部结构和器官的位置、形态及相互之间的毗邻、比例及层次关系的研究，为探讨和揭示人体美的规律和标准提供解剖学依据。早在文艺复兴时期，达·芬奇就首先使用人体解剖学方法研究人体美，发现了人体中蕴藏着大量美的数据，并由此提出"人体是大自然中最完美的事物"的著名论断。人体解剖学方法研究成果对美容外科重塑人体美和再造人体美具有指导性作用。我国学者王志军、高景恒关于国人面部表层肌膜系统（SMAS）解剖学-美学研究成果即属此类研究方法。

4. 体质人类学方法

体质人类学是研究人类体质及其类型在各历史阶段变化与发展的过程及其规律的科学。体质人类学中的人种学与人体测量学的结合可用于医学人体美研究。19世纪以来西方即有人用于研究人体美。我国由学者何伦首先提倡使用体质人类学方法于医学人体美研究。

5. 计算机图像处理方法

计算机行业发展迅猛，采用最新现代技术图像的计算机数字处理，逐渐开始应用于临床。当前，数字图像以其快速、精确、可控性等特征已在医学诸多领域中受到重视并取得成果。颜面整形、正颌外科、美容外科等领域的专用图像处理及其应用软件也相继被设计出来，推动了在医学美学、美容的测量研究和综合分析的发展。例如，MR-9C彩色电脑美容整形显像系统。该系统是融计算机图像处理技术与现代美容技术于一体的真彩色专用医学图像处理系统，可实现美容手术方案设计、整形效果术前模拟、模型参数自动测量、图像存储美学分析等功能，可对各种先天和后天的缺损、肥大以及形态、面容、体型进行精确术前模拟，为临床研究形态学和定量修复提供了先进、可靠、精确的科学分析手段。

6. 科学抽象思维方法

人体美研究从感性和具体出发，通过分析，由感性具体上升到理性思维的抽象，然后通过综合，由思维的抽象上升到思维的具体方法。医学人体美研究从现实人体美入手，通过各种科学实验手段和社会调查方法，从众多人体美中能动地科学地抽象出其美学参数和规律，认识"人体美的标准"，构成一种关于人体美的科学观念，反作用于现实人体美。科学抽象思维方法成为维护、修复和塑造现实人体美的重要环节。

第二节 健康水平对人体美的影响

医学美学所研究的医学人体美是现实生活中具有生命活力的人体之美。这层意义上的人体美势必会受到健康水平的直接影响，这就是本节所要讨论的主题。

一、人的全面健康是人体美的基础

生命活力美是医学人体美的核心。人作为一个生命有机体，是自然生命力的最高层次的表现，既是生理、心理的结构与功能的有序集合，也是一个合乎规律的动态平衡过程。这是一种自然生命力的最高层次的美，即生命活力之美，并给予人生命活力的美感。

人体健美的形成，对于生命个体本身的生命史来说，既是一种可贵的生活机遇，也是一种形成良好审美情趣的内在条件和环境；对于其他个体生命来说，既是一种可贵的审美对象，又是一种能形成良好审美情趣的外在条件和环境。因此，无论对于个体自身还是对于其他个体和群体来说，人体健美都提供了一种特定的良好的审美境遇，并有助于各自的审美情趣由较低层次向更高层次升华。人体的健美是强大生命活力美的外在表现；健美的人体就既是人的生命活力所培育出的一朵朵生命之花，又是人的生命活力美的突出表现。

1. 健美人体的内涵

随着医学模式的转变，人们的健康观念也发生了变化。健康，不应仅仅理解为没有疾病，在精神和社会适应性上也要处于完满状态。联合国世界卫生组织为人的健康制定了十条标准，其中有六条属于身体健康方面的内容，四条是心理健康与社会适应性的内容，而且无论谈到哪一项健康标准时，都直接或间接地包含了审美标准，如"牙齿清洁，无空洞，无痛感，齿龈颜色正常"，"头发有光泽，无头屑"。所以，健康在人体美中占有举足轻重的位置，健康是人体美的根本所在，美是健康的外在表现。

健美人体是指在健康状态下的形式结构、生理功能、心理过程和社会适应等各层面上全方位合乎目的的协调、匀称、和谐和统一的人的有机整体。这是人的全面本质在人的生命活动中的显现，也是自然进化与劳动实践相结合的产物。"健康"与"健美"两个概念相互联系，相互规定，相互补充。可以说，医学美学的"健美"概念是"健康"概念的进一步引申与说明，是对"健康"的升华，提升了医学的目的。

有学者将健康与美的关系总结为四个方面：第一，健康使人体美增艳。一个健康的机体必须具有健全的身体结构，各器官、各系统具有健全的功能、健全的神经体液调节功能，能够调节、代偿和适应机体内外环境的变化。健康为人体增添艳丽的色彩，加强了人体美。第二，疾病和衰老使人体美减色。疾病是机体与外界环境间的适应性被破坏所成的特殊状态。疾病给本来健美的人体带来严重后果，如破坏机体的和谐统一、损害形体的均衡匀称、打乱正常的生活节奏、导致审美心理的异常变化等。第三，衰老也会使人失去健美的风姿。人进入衰老期之后，各种生理功能会逐渐衰退，代谢水平率逐渐下降，肌肉松弛，体型的发展或趋于肥胖，或趋于消瘦，导致原有健美的体型减色。第四，死亡使人体美消失。死亡是人体生命活动的终结，"健"与"美"都失去了存在的基础，原先在其生命活动中闪光的人体美，随着生命活动的终结而消失。

2. 健美人体的基本特征

在医学美学领域里，人既是审美的主体，又是审美的客体。人作为主体，具有审美能力，可从事审美活动；作为客体，"人"本身就是世界上最完美的一类多样性统一的整体，是审美的对象。

当健美的人体作为审美的客体时，它具有如下基本特征。

首先，从整体性审美观点看，健美的人体是一个复杂又和谐统一的有机整体，即通常所说的"人体的和谐统一整体美"。它主要表现在局部与整体、局部与局部、机体与环境、躯体与心理等对应关系的协调和谐上。这一特征，只有健康的人才存在，伤病者并不具备或者不完全具备。比如某人发生胫骨开放性骨折，这虽然是个局部问题，患病局部会出现出血、变形、肿痛等症状，同时也会出现全身出汗，甚至休克等全身性表现。这样就破坏了人体的和谐和统一。

其次，从形式美的角度看，健美的人体还具有均衡匀称的形态，即通常所谓"体态美"。其主要表现在左右对称、比例均衡、线条柔和、体形匀称、动作协调、眼神炯炯等方面。例如，大腿的正面厚度等于脸的宽度，头部是身高的八分之一，肩宽是身高的四分之一，平伸两臂的宽度等于身长，乳房在肩胛骨的同一水平上等。又如脸部的长宽比、躯干的长宽比、乳房所在位之上下长度比、脐之上下长度比等比例关系都是"黄金分割比例"0.618的近似值。

最后，从人体健美的本质来看，健美人体的美是"人的本质力量"在人的生命活动中的能动的升华和展现。这是最本质的一个特征，同时也是美的本质所在。生命是人体美的载体，健康是增进人体美的基本条件，疾病和衰老使人体美感减弱，死亡会使人体美消失。

二、疾病对人体美的影响

衰老和疾病是人体美的克星，人的容貌、行为、仪表、语言都会随时光的流逝而变化。随着年龄的增长，人们逐渐衰老，皮肤失去光泽、弹性减弱而萎缩起皱；毛发干枯脱落，眉毛下垂；体态龙钟，行动迟缓，逐渐失去青春的风采。

人体衰老的过程往往伴随疾病的发生。这不仅在不同部分和不同程度上影响着人体的健康，也在不同角度和不同程度上影响人体之美，主要表现在以下几个方面。

1. 破坏机体和谐统一

机体的统一与和谐，是人体美的基本特征之一。人在罹患某种疾病之后，机体原有的和谐统一的协调状态就会遭到破坏。疾病破坏机体和谐统一的主要方式有以下几种。

（1）破坏局部与整体之间的平衡。例如，肝胆系统、造血系统疾患引起的黄疸，可使皮肤、巩膜黄染（呈现柠檬、橘黄、金黄等各种黄色），这种颜色不但不能给人色泽艳丽的美感，反而会使人觉得是一种病态的异常表现，这是因为黄染部位与整体之间失去了正常色泽的平衡美。另外，心肾疾患出现的水肿、感染性疾病导致的发热等，均可因局部与整体之间失去平衡而给人病态外观。

（2）破坏局部与局部之间的平衡。例如，面神经瘫痪患者，其脸部两侧明显不对称；地方性甲状腺肿患者、淋巴瘤患者均会出现颈部肿块等。外观上因局部与局部之间失去平衡而破坏人体之美。

（3）破坏机体与环境之间的平衡。人体各系统器官的健全和功能的完整，可使机体能适应各种不同的环境，和外界环境之间始终处于平衡状态。某些患者会因为一些系统器官的功能不全而导致机体与外界环境失去平衡，如过敏性体质的人，由于对某些花粉、尘埃过敏，当常人享受春天的鸟语花香时，过敏患者却发生诸如哮喘、流涕、皮肤瘙痒的症状而感到难受。

2. 损害形体的均衡匀称

健康人的形体之所以美，还体现在均衡和匀称上，但有的疾病却会直接损害人体的均衡和匀称。例如，因长期使用较大剂量类固醇皮质激素而表现出的满月脸、水牛背；腹水患者的蛙腹；消耗性患者的舟状腹；肥胖导致的梨形和苹果形身材。以上都属于因形体均衡匀称受到破坏而对形体美产生的消极影响。但疾病带给形体的损害，一般属于短期的，是可以逆转的，它会随着疾病的好转而消失。

3. 影响个体与社会的和谐

衰老和疾病往往使人不得不在饮食方面施加人为的限制，在社会活动方面设置障碍，导致原来的生活节奏和秩序被打乱。如糖尿病患者，为了防止心梗、脑梗、糖尿病足等并发症的出现，不得不迫使自己改变原有的生活习惯，控制参加社会活动的数量，还必须"管住嘴迈开腿"。许多疾病既损害了形体的健美，又改变了生活的节奏，导致个人与社会的联系发生变化，原有的和谐被打破。

4. 导致审美心理的特异变化

人们的美感和审美心理结构是系统内的统一性与系统间的差异性的对立统一，人和人的审美心理可能有很大不同，而人和人的审美心理也不是固定不变的，它必然会随着社会生活的发展而变化，并随着环境的改变而改变。实践证明，生理、病理的因素会对人们的美感产生较大影响。正常人通常会乐于欣赏各种艺术的美，如戏剧、舞蹈等会让人振奋和陶醉，并会不由自主地"手舞足蹈"；若让一个深受严重病痛折磨的人观看，反而会使其心烦意乱。疾病也会使本来善于交谈、喜欢社交的人变得沉默寡言，孤寂无助。由疾病引起的烦恼、痛苦使个人的基本需求（如生存、安全、自尊、自我实现等）受到严重威胁，会让个人承受心理上的巨大压力，抑制审美的心理功能，导致一系列审美心理的特异变化，严重者可能难以产生审美需求。如一些慢性病患者，生病前性情温和，待人和气，但得病以后，脾气变得急躁，性格怪异，让人难以与之相处，更谈不上对美的追求了。

认识和掌握疾病、衰老对人体美的影响，对于实施正确的诊疗手段，关注人的全面健康，进而改善并建立新型医患关系具有现实意义。

三、审美活动与身心健美

审美是一种人类所特有的活动。它可以通过审美体验、审美评价、审美创造等多种途径来调整和促进人体功能的运转和发挥。人们通过维护和塑造美的医学实践和审美实践，来消除疾病，使个体重归于自然赋予的审美形式中。例如，通过断肢再植、瘢痕修复、创伤缺损修整等医学手段，使人体重归于完整和统一；通过运动和文化娱乐活动可以锻炼机体，使人体功能得到均衡且富有节奏；通过合理的营养补充和调理，使人体在和谐协调的状态中发出生命的光华。

一个人不仅要躯体上健康，还要人格上完整。对那些有先天缺陷，后天无法恢复人体完整的个体，再造他们的心灵美是对个体身体缺陷的心理补偿，从心灵上补偿一个生理缺陷的个体，能使他从更高层次上体验生命活力美的价值和意义。一个人的身心健康，离不开塑造一个人体完好状态的社会背景，这个背景就是国家、民族、地区健康文化。这就要求社会以大健康价值观，通过健康文化来提高全社会公民的健康素质，并以法律手段来保障人们追求生命活力美的权利。同时，还要建立起维护生命质量的保护设施和制度，例如，社区保健医院、救护中心、生命保险基金、生命健康教育法规等，来预防和消除危及生命健康的种种因素，使个体的身心健美与社会的适应形成良好的互动。我国医学美学学者秦守哲认为，一般可以通过以下几个方面的审美活动来实现身心健美。

1. 体验生命意识，促进自我意识的发展

自我意识的发展受主观和客观世界的限制和约束，而审美活动则通过审美体验使主体从心理上摆脱主体意志的压力，甚至可以摆脱外在环境的各种束缚，使主体处于一个十分完美的审美世界之中。在审美过程中，审美的体验与主体处于一个沟通、认同和融合的过程，从审美体验中激发自我体验，生命体验的肯定增强自我认识，到情感的自由和释放，最终推动自我功能的调节，使以真善美为特征的情感和认识在人们的人格结构中沉淀下来。

2. 激励个性进取，塑造完善人格品质

健全、独立的人格是心理健康的主要特征，也是身心健康的重要标志。审美是一个动态、连续的过程，审美体验的和谐性和完整性，促使主体审美感受、审美评价和审美创造能力提高，使人们对生活充满信心，有远大理想，彬彬有礼，心胸宽广，正

直善良，富有社会责任感等，这些品质借助审美体验，整合于人们的心理结构之中，使人格日趋完善。

3. 丰富情感空间，协调人际关系

通过审美，主体的视野里就可以展现出无穷无尽的美的形态，这些形态成为了情感王国丰富的原材料，极大地丰富了情感空间的广度、高度和深度。它可以自然地陶冶审美主体的情操，促使审美者精神境界升华，同时使人与人、人与社会、人与自然之间都因审美情感而增添良好运行的"润滑剂"。人们将会用更现实、更友善、更温馨的方式去处理他们之间的关系，最大程度地避免人际失和，减少身心疾病的形成和发展。

4. 调整心理定式，消除心理疾患

审美作为一种有组织的情感活动，其审美情感最显著的特点是具有快乐感，能化解已形成的心理定式，使心灵上笼罩着阴影的人们产生欢乐和喜悦的情绪，并能从紧张焦虑的心境中解脱出来，真正体验属于正常人的情感。审美借助审美情感的感染、化解和宣泄等，来调整心理结构，引发人们积极、能动、健康向上的激情和反应，从而恢复正常的心理状态，减轻或消除身心健康。

第三节　现代医学人体整体形态美研究

医学审美的对象是医学人体美，它不同于雕塑、绘画等其他审美活动。人是具有丰富的社会情感和思维能力，并具有强大的生命力的个体，人体美是自然界最深刻、最均衡的一种美。对医学人体美的研究，涉及人体的诸多方面，其中以下这几个方面，反映了形式美法则在医学人体美中的体现和应用。

一、体形美

体形美是指人体的外形与体格特征，是人体轮廓形态、姿势、姿态、左右差和弯曲度等要素的综合概括。骨骼、肌肉、脂肪是构成人体体形的三大要素，但个体发育水平的影响，尤其是脂肪的多少致使其外部轮廓存在差异。

（一）中医传统美学对体形美的认识与分类

在传统的中医理论指导下，我国古代中医学家根据人体阴阳、五行之气禀赋的不同，同时结合人的性格气质将体形进行分类。

1. 人体阴阳禀赋法体形分类及标准

我国传统中医根据人体阴阳之气禀赋的不同，将体形进行了分类，共分为五种体形，其特征如下。

（1）太阴之人，禀赋多阴而无阳。体形表现特点：身材长、身体大，面色阴沉暗黑，膝部常常弯曲，很少直立。

（2）少阴之人，禀赋多阴而少阳。体形表现特点：清高，行动轻盈而无声息。站立时常常躁动不安，行走时多俯着身体。

（3）太阳之人，禀赋多阳而无阴。体形表现特点：气宇轩昂，常常挺胸凸肚，多见躯干向后反张而两膝曲折。

（4）少阳之人，禀赋多阳而少阴。体形表现特点：站立时好头高仰，行步时好左摇右晃，两臂两肘常常挽在身后。

（5）阴阳平和之人，禀赋阴阳之气和。体形表现特点：从容稳重，温顺、随和，和颜悦色，目光灵活，举止有度。

2. 五行法体形分类及标准

我国传统中医学在五行理论指导下，认为人的形体和肤色变化与人的气质、年龄、健康状况及气血盛衰关系密切。将人体体形分为木型人、火型人、土型人、金型人、水型人五种类型。

（1）木型人。皮肤色青，小头，长脸，身直，肩背宽大，小手足。此类型人好有才，劳心，少力，多忧，劳于事。

（2）火型人。皮肤色红，背脊宽，颜面瘦小，头小，肩、背、腰、腹等处发育匀称，手足小，多步履稳重，行走时身体摇摆。

（3）土型人。皮肤呈黄色，面圆头大，肩背部丰满健美，腹部宽大，下肢股胫结实肥厚，手足不大，肌肉丰满，全身上下各部均匀对称。

（4）金型人。皮肤色白，方形脸，头小，肩背小，腹皮薄，手足小但坚实，足跟厚而坚，骨骼劲实，行动敏捷。

（5）水型人。皮肤色黑，面部凹陷多皱纹，头大，颈部呈梭形，两肩狭小，腹部宽大，臀大，手足好动。

（二）现代医学美学对体形的分类与标准

一直以来，人们从不同角度对体形美进行了多层次的研究，但至今没有统一标准，目前多数学者认为体形的分类方法主要有下面几种。

1. 人体测量学法

根据对人体的测量，从脂肪蓄积、肌肉发育、身体比例、背脊形态、胸廓和腹部的形态等方面将体型大致分为瘦长型、中间型和矮胖型三类，这是目前较为普遍的分类方法。中间型具有较高审美意义。

（1）瘦长型（胸型）体形特点：身材细而高，颈细长，肩圆、宽度小，胸廓狭长、扁平，腹部较短并呈凹形，骨盆扁薄、显露清晰，髂嵴明显，背脊一般正常或稍驼，四肢较细长，手、足狭长，肌肉发育松弛，脂肪蓄积少，体重较轻。

（2）矮胖型（腹型）体形特点：身材矮小，骨骼粗壮，颈粗、短，肩宽，胸廓短、呈桶形，腹部较长并呈凸形，骨盆圆滑，髂嵴不明显，背脊形状稍驼或不正常，四肢较粗短，肌肉松弛，脂肪蓄积多，体重较重。

（3）中间型（肌型）体形特点：身材比例协调，胖瘦适中，肌肉发达，胸廓呈圆锥形，腹部形状较平，背脊较直或呈波浪形，脂肪蓄积中等，体重适中。

2. 身高体重系数法

根据身高体重系数的数值大小将体形分为正力型、无力型和超力型三类。计算的方法是以体重（g）除以身高（cm），所得的值为判断依据。

（1）正力型。身高体重系数男性为360，女性为350。体形特点：身材适中，四肢匀称，颈圆滑，胸廓发育良好。身体健康。

（2）超力型。身高体重系数男性超过450，女性超过420。体形特点：身材较矮，四肢较短，颈粗，肩宽平，胸廓宽，肋骨近乎横行排列，体力较弱，易患心脑血管方面的疾病。

（3）无力型。身高体重系数男女均低于300。体形特点：身材瘦高，四肢较长，颈细，肩瘦削，胸廓狭长而扁平，肋骨斜着排列。体力较弱，难以胜任重体力劳动，并易患病。

一般认为健美的体形为正力型。

3. 人体胚胎学分类法

人体胚胎学分类法是由美国心理学家谢尔顿提出的，他研究发现体形与胚胎的内胚叶、外胚叶和中胚叶发育程度密切相关，并根据胚胎学的概念将体形分为内胚叶型、中胚叶型和外胚叶型三类。

（1）内胚叶型。脸宽，粗颈，躯体浑圆，肌肉松弛，胸脯厚实，大腹便便，大腿和上臂均肥大而手足短小，乳房发育过度，皮肤软而光滑。

（2）中胚叶型。头大，肩部宽，身材宽大，肌肉丰满，前臂和小腿粗大，胸部发达，皮肤粗厚而富有弹性。

（3）外胚叶型。卵形长脸，身材细长，两肩塌陷，腹部平坦，小腿长，颈和手指纤细，皮肤薄、干燥。

其中中胚叶型美学价值较高。

4. 生理学体形分类法

生理学法体形分类法，将体形分为脑型、消化型、呼吸型、肌肉型4类。各型具体特征如下。

（1）脑型。身材瘦长，四肢纤细，头大额宽，形体似倒三角。

（2）消化型。身材矮胖，四肢短，骨盆宽大而肩膀狭窄，腹部突出，口大而厚。

（3）呼吸型。胸部发达，倒三角形上身，肩部宽广，脸宽而突出，额头及下巴显得较狭窄，鼻部突出。

（4）肌肉型。上身呈方形，四肢肌肉发达。

一般而言，呼吸型较具美感。

5. 营养状态法

营养状态法一般分三型，分别为营养不良、营养正常、营养过剩。具体如下。

（1）营养不良型，即消瘦型。表现为营养不良的体态，主要通过体重、三头肌皮皱、上臂周径、上臂肌周等指标来体现，按消瘦程度一般将营养不良分为轻度、中度和重度。慢性消耗性疾病、消化道吸收不良及厌食症是其常见原因。

（2）营养正常型，营养状态及发育良好，皮下脂肪量与体重的百分比在正常范围内，脂肪量男性为15%～25%，女性为22%～30%。实际体重与标准体重相比，在±10%以内。

（3）营养过剩型，即肥胖型，指构成身体成分中的脂肪组织量比例已超出正常范围，体重同样超出正常范围。肥胖者体内脂肪细胞数量增多、体积增大，细胞内脂肪含量增加，如果体内脂肪储积过多，导致代谢紊乱和脏腑功能异常，则为肥胖。

肥胖体形依据标准体重、脂肪百分比和体重身高指数分为4型，即超重、轻度肥胖、中度肥胖和重度肥胖。

标准体重简单计算公式：标准体重（kg）=身高（cm）-100（男性）或105（女性）。

脂肪百分比 =（4570÷体密度 - 4.142）×100。

体重身高指数（BMI）=体重（kg）÷［身高（m）］^{2}，正常BMI为18.5～23.9 kg/m^2。

正常体重：实测体重为标准体重±10%以内。

超重：实测体重超过标准体重10%～20%，或BMI为24～25 kg/m^2。

轻度肥胖：实测体重超过标准体重20%～30%，脂肪百分比超过30%～35%，或BMI为25～30 kg/m^2。

中度肥胖：实测体重超过标准体重30%～50%，脂肪百分比超过35%～45%，或BMI为30～40 kg/m^2。

重度肥胖：实测体重超过标准体重50%，脂肪百分比超过45%，或BMI大于40 kg/m^2。

6. 人体脂肪的蓄积量和肌肉发达程度法

一般分为瘦弱型、匀称型、健壮型、肥胖型和特胖型五种类型。

（1）瘦弱型。皮下脂肪少，男性脂肪量低于体重的25%，女性低于22%；肌肉不发达，头部小，颈项细，肩部窄，胸部狭长扁平，胸围小，肋间隙大，女性乳房不丰满、四肢细、手足小；体质瘦、体重轻。

（2）匀称型。皮下脂肪薄，肌肉欠发达，介于瘦弱型与健壮型之间。

（3）健壮型。皮下脂肪丰满；肌肉发达，头部较大，颈部粗，四肢发达、手足粗；体质健，体重比平均体重稍高。

（4）肥胖型。皮下脂肪多，超过正常标准，男性脂肪量高于体重的25%，女性高于30%；肌肉和骨骼发育与健壮型相似，介于健壮型与特胖型之间。

（5）特胖型。肌肉与骨骼发育和皮下脂肪量不成比例。皮下脂肪超常沉积，女性脂肪量高于体重的50%；头部较大，颈部较短，腹部前突，腿间缝无。

（三）体形健美的标准

体形健美是健、力、美三者的有机结合，包括肌肉、骨骼的发育情况，肌体的完善程度，人体的外形美及人的精神气质等。人体体形健美的核心是比例恰当，首先符合人体比例美。匀称的体型、流畅的线条、清晰的轮廓，再配以优美的动作和姿态，就会给人无穷的美感和魅力。由于地理条件、历史文化、生产力发展水平、生活习惯、宗教信仰、审美情趣的差别，体形健美的标准并不完全一致。

1. 中国传统体形健美的标准

我国传统的医学美学思想中很早就对体形的审美有一定的认识。先秦时期的体形美标准是高大、壮实、健硕，且不分男女。春秋战国后期，逐步强调男女差别。汉魏以后，人体美观念发展迅速，人体美已经不再是纯天然化，必须有"绮袖""丝扉""丹裳"等服饰美的辅助，同时缀明珠、戴金翠以耀显女子体躯，"仪静体闲""肩若削成"的美人观成为时尚。唐代崇尚肌体丰满、肥腴，与"长脸瘦身"的赵飞燕式审美观形成鲜明对照。明代的美学观点变化纷繁，一方面人们不改变"丰肉微骨"，但另一方面又彰显平胸蜂腰；有人崇尚"胸乳菽发"，还有人认为应含而不露。清代，形成了"蛋形脸、细颈项、瘦削肩、扁平胸、细腰身、尖尖脚"的固定形体美模式。

男性的人体健美有下列两个特征：一个是传统中国文化多以魁梧雄壮、伟岸且有大丈夫气概为美，体现了男性为社会中心的骄傲；另一个是中国传统男性美，更注重和强调形神兼备，以形貌为基础而超越于形貌之上。

2. 现代女子体形健美的标准

女性体形健美离不开女性特征，丰满而有弹性的乳房、适度的腰围、结实的臀部以及健美的大腿等，这是体现女性特有的曲线美的重要部分。

瘦弱苗条的身材也难以给人美感。标准体重应该是健美体形的重要条件，同时也是反映和衡量形体美的标志之一。专家认为，体重不足 45 kg 的女性，其胸部、臀部发育正常者极少，就很难具有曲线美的健美形体。

（1）现代女性形体美常用比例标准。

整体比例：① 以肚脐为界，肚脐到头顶与肚脐到足跟的比例应是 5∶8，女性身体的中点应在耻骨联合处。② 平伸双臂，两中指指尖之间的距离应等于身高。③ 人跪下的高度应等于身高的 3/4。

各部分比例：① 头高应等于身长的 1/8。② 乳房与肩胛骨应在同一水平线上。③ 大腿正面的宽度应等于脸宽。④ 颈围约等于小腿围。肩宽应等于身高的 1/4 减 4 cm。⑤ 胸围约等于身高的 1/2。⑥ 腰围约等于胸围减 20 cm；⑦ 足颈围约等于小腿围减 10 cm；⑧ 上臂围约等于 1/2 大腿围；⑨ 前臂围约等于上臂围减 5 cm；⑩ 手腕围约等于前臂围减 5 cm。

（2）现代女性的体形健美标准。综合目前中外专家、学者的观点，公认的现代女性健美标准有以下 12 个方面。

① 骨骼发育正常，站立时，头、躯干和下肢的纵轴在同一垂线上。

② 身体各部分匀称，上、下身比例符合"黄金分割"，胸围、腰围、臀围符合 3∶2∶3 的比例。

③ 肤色红润晶莹，肌肤柔润、嫩滑而富有弹性。

④ 眼大有神，五官端正并与脸型协调配合。

⑤ 双肩对称，圆浑健壮，无缩脖或垂肩之感。

⑥ 脊柱正视成直线，侧视具有正常的体形曲线，肩胛骨无翼状隆起和上翻的感觉。

⑦ 胸廓宽厚，胸部圆隆、丰满而不下垂。

⑧ 腰细而有力，微呈圆柱形，腹部呈扁平。

⑨ 臀部鼓实微呈上翘，不显下坠。

⑩ 下肢修长，两腿并拢时正视和侧视均无屈曲感。

⑪ 双臂骨肉均衡，玉手柔软，十指纤长。

⑫ 皮下脂肪适度，体态丰满而不觉肥胖臃肿，体重符合或接近标准体重。

3. 现代男子体形健美的标准

关于现代男子体形健美的标准，有人认为，男子汉应该是"身材高大，体格魁梧，虎背熊腰，有阳刚之气"；有人则认为应该是"体型修长，高矮适中，面貌清秀，文质彬彬"；还有人认为，现代男性应该"身材比例匀称，外貌端正，肌肉结实丰满，举止大方自然"。

从体形健美的角度来看，现代男子的体形应体现出身高、体重和体围比例的协调，体现出肌肉的力量美。

一般认为，现代男子体形健美的标准如下。

（1）体围比例协调，胸围和臀围的比例应是 10∶9。颈围、上臂围、前臂围和腰围以"胸围"为基准做比较：颈围应是胸围的38%；前臂围约是胸围的30%；上臂围（伸直的）约比前臂围大20%；腰围约是胸围的75%。大腿围和小腿围以"臀围"为基准做比较：大腿围约是臀围的60%；小腿围约是臀围的40%。

（2）肌肉发达，健壮有力。健美的体形和发达的肌肉是密切相关的。肌肉在人体内的分布广泛，全身肌肉约有500块，其重量约占人体体重的40%，其中四肢肌肉约占肌肉总重量的80%。早期在希腊雅典举行的奥林匹克运动会是男性裸体运动会，体现出当时人们崇尚人体肌肉的发达和力量美。

发达而富有弹性的肌肉是力量的源泉，是男性形体美的象征。发达的胸锁乳突肌及颈肌使人的颈部挺直、强壮有力；发达的胸大肌使人的胸部变得坚实而健美；发达的肱二头肌和肱三头肌使人的上肢线条鲜明、粗壮有力；三角肌的前束、中束和后束可以覆盖整个肩部，使肩膀宽阔；发达的三角肌及背阔肌，会使人体呈健美的V形，展现出男性雄健的体魄；骶棘肌，是脊柱两侧最长的肌肉，可以固定脊柱，使人的上体挺直，不弓腰驼背；发达的腹肌能提高腹压，保护内脏，缩小腰围；垒块分明的腹肌结实、健美；发达的臀肌以及有力的下肢肌（股四头肌、股后肌群、小腿三头肌）能固定人的下肢，支持全身，构成健美的曲线。

当然，完美的健美体形在现实生活中并不多见，只要人体体形的轮廓清晰、线条流畅、四肢及五官整体和谐，与人体的动作和姿态协调配合，就会体现出人体的魅力和美感。

4. "健康美"是体型健美的基础

健美的体形应该符合"健康美"的标准。世界卫生组织提出，健康是指人的心理、生理和社会适应性三方面均处在完满状态。其具体内容有：体重正常，身体比例恰当，头、肩和臀在直立时位置协调；皮肤有弹性，肌肉发达；眼光清晰，反应敏捷；牙齿整齐、洁白，牙龈正常；生活有节，起居有常；精力充沛，能有条不紊地处理日常生活和工作；有一定抵抗力，不易感冒；生活态度积极、乐观，勇于承担责任，不吹毛求疵；勤用脑，应变能力强，能主动适应外界环境的各种变化。

（四）影响体形美的主要因素

影响体形美的因素较多。一般而言，决定体的因素可分为两类：一类是相对稳定的因素，如遗传、性别等；另一类是可变的因素，如地理、年龄、饮食、锻炼和情绪等。

1. 遗传因素

遗传是决定体形的关键因素之一，特别是对身高和体重影响最大。遗传对男性身高的影响为75%，对体重的影响为63%；对女性身高的影响为92%，对体重的影响为42%。在日常生活中可以看到，父母双亲都肥胖的家庭子女多半也为肥胖体型，父母双亲为瘦高型的子女亦多为瘦高型。

2. 性别因素

男女激素水平的差异导致体形方面会有明显的不同，一般表现为身高、颈围、肩部、胸部、腰部、臀部、上肢、下肢、脂肪比例等九个方面的差异。

① 男性较女性身材高大，身高平均高出10 cm以上。

② 颈部男粗女细。

③ 肩部男宽女窄。

④ 男性胸廓较宽，胸腔大；女性胸部较厚。

⑤ 女性腰细，臀、腰围比大于男性。

⑥ 女性臀部稍翘，臀围在各部位围长中最大；男性臀宽小于肩宽。

⑦ 女性手臂较短，手较小，手指较细；男性手臂较长，手较大，手指较粗。

⑧ 女性腿较短，足较小，且大腿之间的间隙较宽；男性腿较长，足较大。

⑨ 女性皮下脂肪含量较男性大，约占体重的30%，身体线条柔和，男性皮下脂肪约占体重20%，肌肉丰满且显得有力。

3. 地理因素

人的体形特征还受地域因素的影响，包括气候、日照以及饮食习惯等。中国以长江为界分为南、北两大地区，北方人身材较高大，南方人身材显得矮小一些。

4. 年龄因素

人的体形随年龄的变化而变化。其中变化最大的是头部与躯干、四肢与躯干的比例。胚胎2个月时，头长是身高的1/2；刚出生时，头长是身高的1/4；18岁时，头长大约是身高的1/7。发育过程中，下肢与全身的比例越来越大，胸部和肩宽变阔；步入中年后腰围变粗，体重增加，体形显得臃肿；进入老年后身高下降，驼背，脂肪减少，肌肉萎缩。

5. 饮食因素

体形与饮食的关系，主要体现为脂肪对体形的影响。一是饮食摄入量对体形的影响，应该量出而入，无论个体消化、吸收营养的能力如何，出入平衡就不会使脂肪过度沉积或减少，体形也不会发生大的变化。二是饮食结构对体形的影响，一般低热量而体积大的食物、低糖类食物、高蛋白食物可减少脂肪的沉积。三是进食方式对体形的影响，进食速度快，喜食高油、高糖食物的人，脂肪容易沉积。运动员长期大负荷的运动量，逐渐养成了适宜大运动量的进食习惯，一旦停止运动，往往容易肥胖。

6. 锻炼因素

人的体形不仅取决于身高和体重的比例协调、适中，而且很大程度上取决于附着骨骼上的脂肪和肌肉的分配比例，而脂肪和肌肉的可变性又非常高，体育锻炼正是通过改变脂肪和肌肉的质和量来影响体形的。体育锻炼还能够有效地促进脂肪分解和肌肉蛋白的合成，改善糖耐量，降低胰岛素的分泌。体育锻炼能使大脑中释放出天然镇静剂，即内啡肽类物质，使人体充分得到放松，进而减小食欲。

7. 情绪因素

体形与情绪密切相关。首先，人的心理特征往往在一定程度上受体形的影响。在相学、神经病学里，都有从人的外部体形判断人的性格特征的理论。如肌肉型四肢发达，脑型四肢纤细，二者心理特征明显不同。其次，情绪也会影响体形。有的人衣食无忧，心宽体胖；有的人情绪不佳，影响进食，导致体重下降；有的人情绪紧张时，把进食当成一种宣泄，导致压力性肥胖；而在偏瘦的人群中，神经性厌食症是较典型的例子。中医学对体形与心理情绪因素的关系早有论述，如肝阴不足、肝气郁结之人，常易怒急躁，食少而形体消瘦。因此，良好的心境对健美体形十分重要。

8. 疾病因素

体形与疾病的关系十分密切，很多疾病都会伴随体形的改变。医学研究已经证实，下丘脑或其周围组织的炎症、肿瘤、细胞变性等均可导致患者食欲亢进，从而引起肥胖；糖尿病患者，由于糖代谢异常，可导致患者消瘦；乳房发育问题如小乳症、乳房不对称、乳房肥大、乳房下垂及乳房患病后切除等，对形体影响都很大；肺气肿导致桶状胸、强直性脊柱炎导致脊柱僵硬、佝偻病导致鸡胸等胸背部疾患，不仅影响正常的生理功能，而且严重破坏体形；各种先天或后天因素导致肢体的O形腿、残疾、肢端肥大症、八字脚等对体形的影响更加明显。

二、体姿美

体姿，即身体姿势，是人体处在某一状态下，身体各部位在空间的相对位置，也称体态。健美的体魄，优美的体姿，才能显示出人体美，展现形体潇洒的风度。体姿是人体美的重要组成部分，是持续的动姿，它既能展示体形的优美，又可折射出一个人的学识、修养等内涵美。人的发型、妆容、服饰、饰品等是外在美中的静态美，体姿则是外在美中的动态美。优美的体姿不仅能充分表现形体美，还包含丰富的社会意识和精神文化因素，与个人仪表、社会礼仪紧密相关，能反映出一个人的精神面貌与气质修养，所以，可以说体姿是展现人的内在美和外在美的一个窗口。

体姿审美具有时代性，同时由于地域、文化和生活习惯以及民族的不同，难以有绝对统一的模式和标准，中国古代人们很重视自己的行为举止，提出"站如松、坐如钟、行如风"，要坐有坐相，走有走相，卧有卧相，吃有吃相，这也是一种对健康的体姿美的欣赏和要求。一般而言，美的体姿应该自然、洒脱、文雅庄重、自信大方。如站立时要抬头、直颈、挺胸、收腹、提臀、直腿、并足；美的体姿要灵活稳健、敏捷庄重，灵活不轻浮，稳健不呆板，敏捷不莽撞，庄重不迟缓。

人的体姿包括静态体姿和动态体姿。

（一）静态体姿

静态体姿，即静态姿势，主要指人体下意识、习惯成自然的体姿。静态姿势受人体各部分位置的相互关系影响，是人体形态的静力性造型。静态姿势由于人体的基本位置或姿势多样，从而姿态万千。

1. 人体各部位的基本姿势

人体各部位的基本位置以正位为标准姿势。

（1）头部：正位、低头位、仰头位、左转头位、右转头位、左倒头位、右倒头位。

（2）胸部：正位、挺胸位、含胸位、左转位、右转位。

（3）腰部：正位、伸腰位、弯腰位、左转位、右转位。

（4）肩部：正位、耸肩位、沉肩位。

（5）上臂部：正位、上举位、前平举位、侧平举位、内收位、后伸位、内旋位、外旋位。

（6）前臂部：正位、肘伸位、肘屈位、旋前位、旋后位。

（7）手部：正位、背伸和指伸位、掌屈和指屈位、尺侧偏斜位、桡侧偏斜位、指内收位和外展位、对掌位。

（8）臀部：正位、松臀位、收臀位、左摆位、右摆位、左转位、右转位。

（9）大腿部：正位、后伸位、前屈位、外展位、内收位、左旋位、右旋位。

（10）小腿部：正位、伸膝位、屈膝位、左旋位、右旋位。

（11）足部：正位、背屈和跖屈位、背伸和跖伸位、内翻位、外翻位。

2. 人体四肢形态姿势

人体四肢由多个灵活的关节组成，在功能上配合非常密切，可以构成多种复合的形态姿势。比较常见的有以下两种。

（1）上肢部：叉腰位、双手前交叉位、双手后交叉位、双臂前交叉位、双臂后交叉位、双手前合掌位、抱颈位等。

（2）下肢部：以步位为主要位置形态。常见有自然步、小八字步、大八字步、前后步、正步、踏步、点步、掫步、索步、丁字步、小腿交叉步、膝交叉步、大腿交叉步、单足步等。

3. 人体侧面静止姿势

从人身体侧面观测，静态姿势可以分为四型。

第一型：头部中轴、躯干中轴、下肢中轴处于同一垂直线上，胸部挺起，腹部内缩或平直，背部弯曲适中。体现出人体完美的线条，静态姿势审美价值高，完美展现体姿美。

第二型：头部与下肢前倾，躯干后倾，头部、躯干、下肢中轴不在同一直线上，体姿分为三段。胸部不像第一型向前挺起明显，背部弯曲显著。

第三型：胸部平直，不向前挺起，前腹壁松弛前突，脊柱腰曲明显，下肢中轴明显前倾。

第四型：头部明显向前伸，腹部松弛前突，脊柱胸曲和腰曲显著突出。

（二）动态体姿

动态体姿，即动态姿势，指受意识控制的体姿，动态姿势包括坐、站、行、卧，其姿态美的标准如下。

1. 优美的坐姿

坐姿是人体在入座时、坐时和起立时的姿势。总体要求是端庄、大方、自然、舒适。

入座时：动作轻盈和缓，落座声音柔和。要先站在椅子或沙发的边缘，两腿前后立，臀部正常位，上体从腰部起略微前倾，轻轻坐下。

坐时：上体自然挺直，抬头、挺胸、直腰、收腹；身体前倾的角度不要超过25°，重心落在臀部；腰、腿肌肉紧张，髋、膝屈曲应自然，应将臀部和坐骨结节置于支撑物上，以支持除下肢以外的身躯；两腿间距约40 cm，两脚自然落地并稍有分开，或正步或前后步或小八字步等；双肩自然放松，双臂自然弯曲，双手自然放在双腿或椅子、沙发扶手上，掌心向下。

起立时：要轻稳，宜双脚一前一后，从脚部起略微向前倾，后跟把身体向上推，前脚起平衡作用，同时脊柱要保持平衡作用，避免发出声响。

不要含胸、弓背，这不仅影响个人形象，还会造成肩颈酸痛，导致脊柱弯曲、呼吸不畅等不适感。手、腿和脚的恰当摆放极为重要，手心不可向上，避免伸腿、脚尖朝天、跷二郎腿、抖腿等动作。

2. 优美的站姿

站姿是指人体站立时的姿势，站姿应该体现出人的精神风貌，要求做到挺、直、高。

标准站姿：身体要保持舒展直立，抬头、挺颈、挺胸、收腹、挺腿，两眼平视前方，下颌稍收；双肩放松，呼吸自然；重心线穿过脊柱，落在两腿中间；头、颈、躯干和脚在一条垂线上，两臂自然下垂；双手置于身体两侧，左脚打开45°，右脚向前站立，右脚跟对准左脚中部或比左脚稍前，两脚不要相距太远，双脚掌承受体重；两膝微弯，左膝偏向内。显示出人体固有的曲线美和挺拔的体姿。

站姿因站立时双脚的位置和方向不同以及躯干和头部的造型之别而有多种立姿。比如在舞蹈、摄影等艺术表现形式中，还有正面S形站姿、斜方向站姿、斜方向S形站姿、斜方向双脚分开站姿、斜方向双脚交叉站姿、侧面站姿和背面站姿等。

应尽量避免僵直硬化，肌肉不能太紧张，避免驼背、含胸、肩部下垂等不良姿势，切忌弓腰、挺腹、后仰、过分偏移重心至一腿的站姿，防止造成脊柱变形、低垂等疾患。

3. 优美的行姿

行姿是人体行走的姿态，行姿的步伐、动作、方式可以反映出人体的动态美和韵律美。总体要求是上身基本保持站立的标准姿势，挺胸收腹，腰背笔直，微收小腹，膝和足尖始终正对前方行进，两臂以身体为中心，前后自然摆动，步伐稳健而均匀。优美的行姿能充分地反映出一个人健美的身材和矫健的步伐，能够产生潇洒飘逸的美感。

正确的行姿是行走时脚步自如、轻盈、矫健，目光平视，下颌微收，颈部自然伸直，肩膀放松下垂，手臂自然摆动，前摆幅度不宜超过30°，后摆幅度以15°内为佳。人体重心位置在脐下2～3 cm处；重心与前进方向一致，成一条直线，挺直腰部是保持正确步态的关键。迈步时脚跟先着地，再到脚掌中部和前部，膝盖要正对前方，脚尖略向外，膝盖伸直，步幅不宜过大，步伐均匀，行动柔和轻快稳健。

走路时应尽量避免头部前伸或低头，避免身体摇晃，或八字横行，或跛足行进等不良走姿。优美的姿态和从容平稳的动作，既符合人体解剖学和生理学规律，又给人美的印象。

4. 优美的卧姿

卧姿是人体静躺时的姿态，优美的卧姿既要符合人体生理特点，又要体现出美感。

良好的卧姿对于呼吸、心血管系统在安静状态下的工作起保证作用，并可以消除肌肉疲劳。为保证心脏不受压，一般右侧卧位最好，同时还能表现出宁静的曲线美。为防止局部受压发麻的情况，仰卧也是一种较好的卧姿，需注意颈部护理以及不要把手放在心前区。

❓ 思考题：

1. 医学人体美主要表现在哪些方面？
2. 简述健美人体的基本特征。
3. 疾病对人体美有哪些影响？
4. 影响体型美的主要因素有哪些？

本章参考文献

［1］ 韩英红.医学美学［M］.2版.北京：人民卫生出版社，2022.

［2］ 欧阳学平.医学美学概论［M］.北京：人民卫生出版社，2021.

［3］ 孙乐栋，刘君丽，梁文丽.医学美学［M］.北京：科学出版社，2022.

［4］ 翟黎莉，钱晓明，王瑞.女性人体美评价指标的研究进展［J］.纺织学报，2009，30（1）：131-134.

［5］ 张晓，米生健，高琳.激光美容手术中眼部意外损伤及其防护［J］.临床皮肤科杂志，2023，52（11）：688-691.

［6］ 赵娟.古希腊运动人体的艺术表现与奥林匹克视觉的制造：论"掷铁饼者"视觉形象的建构逻辑［J］.上海体育学院学报，2022，46（12）：48-57.

［7］ 穆蘭，郑一华，周艳虹，等.肢体延长技术在美容增高术的应用进展［J］.中华医学美学美容杂志，2021（6）：492-493.

［8］ 朱思羽，胡洁，戚进.基于美学、人体工学及性能的多因素融合设计［J］.机械工程学报，2020，56（21）：199-207.

［9］ 程相占.康德美学的身体维度及其生态美学意义［J］.文艺理论研究，2019（5）：22-31.

［10］ 何伦，吴慧玲.中国整形美容协会抗衰老分会《美容心理评估与干预抗衰老规范化指南》［J］.中华保健医学杂志，2017，19（5）：459-460.

第五章　医学与美术

第一节　医学与美术的鉴赏

一、医学与美术的关系

临床医学美术的作用实际上就是用线条、色彩等视觉艺术语言生动而准确地传递医学中的诸多复杂信息，因其效果直观又形象，常常起到语言、文字难以描述的效果。但许多临床医生却对教学多媒体中图像制作、界面设计和色彩应用等方面感到相当棘手。虽然他们医学专业水平很高，但他们对医学美术知识的了解不多，到实际应用的时候就显得力不从心，这就需要与医学美术专业人员沟通协作。一些实践说明，医学美术和医学科学之间是一种相互依存、相互作用的互补关系，在医学美术作品中，医学美术工作者与临床医生之间的沟通协作是密不可分的。

一名合格的美术工作者，不但要经过全面的美术专业训练，逐步提高自身的艺术能力，比如创意能力、造型能力、色彩能力等，还必须对医学专业知识和对医学科学的视觉表现有很好的理解、掌握。在临床外科学手术图谱中，医学美术作品承担着外科手术技术传播的重要作用。如何使这种作用发挥得更为充分，作品表现的内容既真实准确，又简洁明了、主次分明，需要医学美术工作者除了有艺术造型能力和外科学专业基本知识外，还要到手术室认真观看手术实践、增加感性认识。细致地观察手术的每一步骤、细节和要点，如器官、组织的形态特征，手术器械的使用方法及针线的缝合方式等，选择其中最具表现力的空间视角用笔或影像工具把手术的步骤、方法记录下来，再透过众多信息，分析、整理，确定创作方案和表现形式。有了以上实践，在作品的创作中才能变被动为主动，做到胸有成竹，在艺术表现时更显灵活自如、得心应手。最终创作的作品既有传达无误的主题内容，又有较强的可视性，给人俗而不俗、赏心悦目的感觉。只有这样才能让人从作品中获取更多的信息，更好地理解所学知识。

艺术借助事物的具体形象或意念形象来传达内容，含有美的价值，符合美的原则，并能引起观赏者的知觉活动与审美反应。医学美术作品除了保证医学信息的真实准确外，还有一个重要责任就是优化信息的传播效果，合理运用艺术原则（均衡、节奏、对比、夸张、和谐等）和艺术的多样性表现手法，去繁就简、去粗取精，使作品清爽悦目。有关资料显示，70%的多媒体课件不能完全达到预期效果，大部分教学多媒体存在着信息量过大、色彩搭配不合理或渲染过于华丽等制作水平低下的表现。究其原因就是对视觉的认识有误，在艺术原则的应用方面有偏差，以及对色彩的基本要素（冷暖、明度、纯度和对比度）没有把握好，会给人带来烦躁和压抑的心理反应，造成视觉疲劳，最终直接影响学习效果。因此，在临床教学多媒体制作中，对点、线、面、色彩及各种创作元素的构造，包括文字字体的选择要符合艺术法则，增强它们的视觉张力，使之尽量完美而具感染力。只有这样才能在心理上给人愉悦、视觉上给人美的享受，从而激发学习者的积极性。例如，在临床教学多媒体中对动静脉、神经、淋巴的表现，通常用较鲜艳明快的红、蓝、黄、绿颜色，虽然颜色与客观对象不尽相同，但适当的夸张恰恰是艺术的特点，这样表现既能让对象更加醒目突出、易于识别，又能让对象的空间位置更加明确，其传递的信息速度快、令人印象深，使学习效率大大提高。

医学与美术学的关键是借鉴、融合。利用古今中外一切造型艺术的手法，将医学科学视觉化，以获得医学与艺术相结合的最完美的直观表现。随着科学技术的发展，计算机的普及和信息技术的不断提高，临床教学过程中各种可用的多媒体手段也越来越多。为了使多媒体的作用最大化，有必要综合使用各种媒体手段和多样性的艺术表现形式。根据教学要求，医学美术工作者除了可以通过传统的表现方法，还可通过各种新媒体技术来实现对教学病例发病机制或不可拍摄的疾病发展过程进行描述。

医学教学中，许多微观事物及抽象生理过程是很难用肉眼观察到或拍摄记录的，因而需要借助大量的平面或立体、静态或动态图像模拟再现来辅助教学，达到既真实直观又形象生动的目的，这样就可以在避免冗长的文字描述所带来的理解偏差和阅读厌倦感的同时，准确而生动地模拟疾病发展过程。例如三维动画的应用，使虚拟图像更增添了立体空间感，在表现物体的运动生长、表皮的肌理质感等方面非常优秀，因此在多媒体教学中应用也越来越广泛。图像在表现形式上也可以根据教学内容的不同，灵活采用具象表现形式和抽象表现形式或两种表现形式相结合。具象表现形式就是对事物实际状态真实客观地描绘，因此多用于表现人体解剖、组织结构和体征、肌理质感等；抽象表现形式是表现事物本质特征，舍弃其非本质的特征，用点、线、面或符号化的形和色高度概括，用精练的视觉语言加以表现。如教学模式图就是将医学原理经过高度概括、加工提炼而成的说明性图形，其特点是简洁明了。抽象表现形式多用于生物分子结构模型、细胞结构和一些复杂的物质反应等，如神经传导、病毒感染。

二、美术综合知识

1. 美术类别
主要包括绘画、雕塑、工艺、建筑等类型。

绘画类：在平面材料上塑造具有一定形状、体积感、质感、空间感觉的艺术形象。按画种分有油画、版画、中国画、水彩画、壁画、素描、速写等。按题材分有年画、宣传画、连环画、漫画、组画和小说插图等。按表现题材和内容分有风景画、风俗画、历史画、宗教画、肖像画、静物画等。

雕塑类：雕是从完整而坚固的胚体上把多余的部分删削、挖凿掉，包括石雕、木雕、玉雕等；塑是用具有黏结性的材料连接、构成所需要的形体，如泥塑、陶塑等。

工艺美术类：是指日常生活用品经过艺术化处理后，成为具有强烈的审美价值的工艺品。

建筑美术类：可分为纪念性建筑、宫殿陵墓建筑、宗教建筑、住宅建筑、园林建筑、生产建筑等类型。

2. 美术综合名词

（1）透视。

透视是在平面上重现物体在空间上的立体感的绘画方式，可分为形体透视（几何透视）和空气透视。形体透视是根据光学和数学原理，用线条描绘物体空间位置、轮廓和投影。空气透视是通过空间距离对物体色彩及明暗度所起的作用来表现物体的立体感，也就是通过模仿空气效果来表现画面的深度。空气透视能够使画面产生十分迷人的效果和意境，能大大增强画面的空间深度感，也就是纵深感。虽然古罗马人早就已经运用了这种方法，但却是达·芬奇最早提出空气透视概念的。达·芬奇的画中背景远处都偏蓝色而近处偏灰色，体现了他对空气透视知识的运用，而风景画在这方面运用得最为出色。

（2）构图。

构图意为组合、构成，在美术创作中，一般指在美术创作时根据主题思想和美感效果，将要表现的形象加以组织，构成一个完整协调的画面，使个别和局部的形象通过艺术加工而成为一个整体。

在西方，自文艺复兴时期开始就有许多艺术家和学者对美术中的构图进行系统研究，专门研究构图对于形象呈现的作用。在中国传统绘画中，称为章法或布局，被认为是"画之总要"，极受重视。

（3）黄金分割。

黄金分割是造型艺术中的一种分割法则，亦称黄金分割率，简称黄金率。它的分割方法为：将整体一分为二，较大部分与整体的比值等于较小部分与较大部分的比值。黄金分割最早是由古代希腊人发现的，直到19世纪仍被欧洲人认为是最美、最协调的比例。黄金分割被广泛应用于造型艺术中。

（4）配色。

所谓配色，简单来说就是将颜色摆在适当的位置，对于整个画面的整体色彩做一个最好的安排。色彩是通过人的印象或者联想产生的，而配色的作用就是通过改变空间的舒适程度和环境气氛来满足观看者各方面的要求。配色主要有两种方式：一种是通过色彩的色相、明度、纯度的对比来控制视觉刺激，达到配色的效果；另一种是通过心理层面感官传达，间接改变颜色，从而达到配色的效果。

（5）写意。

写意又称作"粗笔"，与"工笔"相对应，中国画技法名，属于简略一类的画法，以简练的笔墨，画出物象的神态，以墨的皴点、浓淡、干湿变化为主。它一般只是寥寥几笔，就可以大致表现物象，显出物象的气韵神态，抒发作者的感情。写意画在表现对象上运用概括、夸张的手法，有高度的表现力。

（6）工笔。

工笔亦称"细笔"，中国画传统的画法之一，与"写意"相对。用细微精刻的手法描绘物象，线条细致，一丝不苟，属于工整细致的画法。在我国传统的绘画中，工笔画发展的历史非常悠久。从战国时期绘制的帛画，到唐宋艺术家的经典巨作，可以说，中国传统的工笔画，在上千年的时间里，从稚嫩逐渐走向成熟。元代以后，随着文人画的兴起，中国工笔画开始走向低谷，甚至被贬低为工匠的描摹之作，难登大雅之堂。直到20世纪80年代，工笔画在经历了几百年的沉寂后，开始逐渐复苏，并以前所未有的全新姿态迅猛发展。当代工笔画的复兴，体现了古代艺术传统的不断延续，同时也显出了中国国画艺术的新生和希望。

（7）墨分五色。

墨分五色指墨的浓淡、干湿，但"五色"说法不一，或指焦、浓、重、淡、清，或指浓、淡、干、湿、黑，也有加"白"称"六彩"。古代中国画家崇尚"墨即是色"，指墨的浓淡变化就是色的层次变化，因此"墨分五色"就是指墨色运用的变化丰富。在水墨一体的中国画中，墨是基本的色彩，通过水墨的皴擦点染、干湿浓淡等变化，塑造画面，烘染气氛。墨中有丰富的色彩，"墨分五色"说的就是这个道理。

（8）青绿山水。

青绿山水是山水画的一种。中国的山水画，先有设色，后有水墨，设色画中先有重色，后来才有淡彩。青绿山水画是用矿物质石青、石绿作为主色的山水画。有大青绿、小青绿之分。前者多幻廓，少皴笔，着色浓重，装饰性强；后者是在水墨淡彩的基础上薄罩青绿。隋代画家展子虔，其代表作《游春图》，是中国现存最早的山水画卷，开创了青绿山水画，在中国山水画史上有极为重要的意义。画面金碧辉煌，有装饰意趣，反映出浓厚的宫廷与贵族审美气息，表现出宫廷山水古雅秀丽之美和灿烂辉煌之境，形成与水墨山水画完全不一样的山水画风格。青绿山水始创于唐代的李思训，北宋的王希孟所画的《千里江山图》也是青绿山水的代表之一。

（9）文人画。

文人画亦称士夫画。泛指中国封建社会中文人、士大夫所作之画，以别于民间画工和宫廷职业画家的绘画。北宋苏轼提出"士夫画"，明代董其昌称道"文人之画"，并以唐代王维为其创始人，并称其为"南宗之祖"。旧时往往以此抬高士大夫阶层的绘画艺术，鄙视民间画工及院体画家。多取材山水、花鸟、梅兰竹菊和木石等，借以抒发"性灵"，展现个人抱负或对民族压迫、腐朽政治的愤慨之情。"士气"讲究笔墨情趣，强调神韵，重视文学、书法修养和画中意境的缔造。历代文人画对中国画的美学思想以及对水墨、写意等技法的发展都有相当大的影响。

三、美术作品的鉴赏方式

（一）感悟式鉴赏

感悟式鉴赏主要是从观看者自身的经验出发，充满想象力和激情地去欣赏美术作品。例如鉴赏世界名画《蒙娜丽莎》。

从观者本人的经验出发，在内容上，画面中的蒙娜丽莎神态端庄、眼神宁静温柔，身体微侧、身披轻纱，双手交叉放在腰前，为画面添加了一份宁静祥和的色彩，在画面深处的背景上，朦胧缥缈的山川流水，如同梦境一般添加了神秘的意味，突出了蒙娜丽莎的人物形象。蒙娜丽莎嘴角那含而不露的笑容高深莫测，被称为"神秘的微笑"。从时代的角度分析，画中人的微笑是前所未有的，因为在此之前美术作品中的人物形象是呆板的、僵硬的，画中人既不能哭也不能笑，因为哭和笑都是违反上帝旨意的行为。从这个意义说，达·芬奇画的蒙娜丽莎的微笑是新时代精神的反映。由此可以说明，蒙娜丽莎的美是有时代性、典型性的，

图5-1　《蒙娜丽莎》

而并不是永恒性、普遍性的。《蒙娜丽莎》是一个历史的符号，是欧洲油画史、艺术史甚至是人类历史的里程碑。达·芬奇没有把蒙娜丽莎画作宗教人士或王公贵族，蒙娜丽莎是一个没有惊艳样貌，普通得不能再普通的人。据记载，蒙娜丽莎的原型是当时佛罗伦萨一位银行家的妻子，正因为她（蒙娜丽莎）是那样的普通，所以在那个时代，这幅画才有如此伟大的意义，让一个女性步入了新的思想史。《蒙娜丽莎》反映了社会的变迁、人们思想的改变，象征着人文主义的崛起，代表整个欧洲开始将眼光真正从神的身上转移到人的身上，艺术从此真正成为人的艺术。

（二）形式鉴赏

形式鉴赏偏重于对艺术形式（艺术语言）的感知和体验，而且首先强调对形式的把握。例如鉴赏《马拉之死》。

图5-2　《马拉之死》

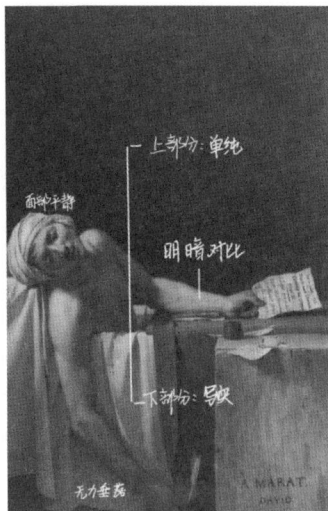

图5-3　《马拉之死》构图分析

从艺术形式的角度来观看《马拉之死》这幅作品，构图简洁平稳，人物主体位于画面下方。画家有意将画面的上半部处理得单纯、深暗，以突出下半部的客观写实表现。结构上有米开朗琪罗雕塑般考古式的精确和刚健有力的轮廓，手法上有拉斐尔的素描关系又有柯罗的典雅与风韵，色彩上则色调肃穆凝重，运用明暗对比手法，使形象具有纪念碑式的寓意，产生了悲剧的感染力。用笔结实有力，以写实的笔法刻画人物形象，具有考古式的精确度。马拉的整体姿态和谐宁静，特别是下垂的胳膊，巧妙地将观画者的感受与对耶稣基督十字架上的印象联系了起来。皮肤的色调如同冰冷的石头，马拉身上的伤口醒目、细致，如同十字架上耶稣身上的伤口，整幅画弥漫着悲凉的美感，似乎有宗教崇拜的意义，有超强的说服力。

（三）社会学式鉴赏

美术这种文化现象不是存在于真空环境之中的，而是有着特定社会阶层和社会生活的烙印。下面以《愚公移山》为例，用社会学式鉴赏的方法来分析这幅画作。

图5-4 《愚公移山》

徐悲鸿作此画时是1940年，正是中国人民抗日的危急时刻，抗日战争已经打了三年，正值相持阶段。当时中国军民为了打通运输抗日物资的通道，凭借最简陋的工具，在高山峡谷中凿出了一条滇缅公路。徐悲鸿借此画比喻这场现实中的"愚公移山"，意在表达抗日民众的毅力和决心，鼓舞广大人民去争取最后的胜利。

（四）比较式鉴赏

比较式鉴赏是为了更好地把握每件作品的特色。俗话说，有比较才有鉴别。比较式鉴赏需要先横向比较，同一主题、同一时代的艺术家采用了哪些不同的表现手法；再纵向比较，同一主题、不同时代的艺术家采用了哪些不同的处理手法和表现形式。下面以同为北宋时期的《千里江山图》和《早春图》为例，用比较式方法来鉴赏这两幅画作。

1.《千里江山图》

画家：王希孟。

创作时间：北宋。

尺寸：横1191.5 cm；纵51.5 cm。

材料：绢本，设色。

《千里江山图》为高头大卷，长近12米，画中景物丰富，布置严整有序，青山冉冉，碧水澄艳，寺观村舍，桥亭舟楫，历历呈现，刻画精微自然，毫无繁冗琐碎之感。作者以精密的笔法、强烈的色彩、开阔的景致和丰富的内容，描绘了富有生机的大自然的雄壮瑰丽，抒发了热爱祖国山河的深厚感情，同时也体现了宣和画院大、全、繁、华的绘画风格。

从构图上看，作者根据作品的主题要求，综合布置高远、深远、平远景色于画面之中，且主次分明，变化有致，给人以"咫尺千里"、江山辽阔的感觉，开辟了山水画艺术的新天地。作者把普通的日常生活和劳动场面与自然景色融合在一起，使作品内容更富有社会生活气息。

图5-5　千里江山图（局部）

技法上看，作者主要运用了传统的青绿勾勒法，也融入了水墨山水画的一些技法。在画树木时，作者用了没骨法，远山处有写意的用笔，岩石土坡部分有皴法和点笔，等等。浩瀚的江水均用细笔勾出波纹，树上的花叶也用色、墨一一点出。此卷作者用笔的精细到了令人叹止的地步。山中驮运的驴马，尽管粗略，却表现出了其负重的形态；远处天空的一群飞鸟，尽管是几个墨点，也能让人看出它们不同的飞翔姿态；在高山阔水中活动的人物虽然细小如蚁，但从他们的服装、举止中仍可判断出每个人的大致身份和正在进行的活动。用细如毫发的笔法来绘制近12 m长的巨幅山水，可见作者的绘画技巧非常高超。

图5-6　早春图（局部）

2.《早春图》

画家：郭熙。

创作时间：北宋。

尺寸：横108.1 cm；纵158.3 cm。

材料：绢本，水墨。

郭熙所画山水画，以神奇幽奥、突兀险绝取胜，无论是构图、笔法，都独步一时。他非常注意关注山水画的季节特征所给予人的情绪感染，并提出"四如"之说。郭熙山水画所追求的理想境界，具有神秘感、高洁感、亲切感相结合的美学意义。

从构图上看，《早春图》构图上采用"十字"形章法，近景的窠石古木，中景的巨岩丛柯，远景的主峰云冈，都被置于正中纵轴线上，两侧有曲洞栈道、茅亭层阁，从总体上构成上高、中平、下深"三远"兼备的壮巍气势，统一于面面空间中，创造出既深且广的视觉形象，达到了远观整体，气势宏大，近视局部，引人入胜的效果。这是作者对山川体悟的充分表达，是一种富有理想色彩的写实风格。

技法上看，这幅《早春图》是大幅全景式山水。该画细致地绘出了严冬刚刚过去，春天已悄悄降临的早春山野景象。作者并没有用桃红柳绿来表示春天的到来，而是将春意蕴藏于岩壑林泉之中，传达出春回大地的信息。画面中段岩壑相接，起伏交错，楼观殿阁在山坳深处的密林中若隐若现，旅人从山岩水湄向山中进发，人形细小几乎不可辨认，但意态欣然，不作冬景中笼手缩颈之状。整个画面既有蓬勃的气势，又有精微的描写。

通过以上两幅画作的赏析对比可得知，虽然两位作者所画的时代背景相同，所画的都是景色，但由于身处环境不同，从师不同，因此对于自然的欣赏感悟不同，所绘制的画作自然也表现出两种截然不同的风格，我们利用比较式鉴赏方式对这两幅画作进行赏析能得出完全不同的心境。

值得注意的是这四种鉴赏方式之间有相互渗透的关系，不是彼此对立的，而是感性向理性的过渡。

四、现代医学美术作品的鉴赏

（一）西方医学美术作品

1.《格罗斯诊所》

画面的中央，70岁的美国创伤外科医生塞缪尔·戴维·格罗斯博士穿着一件黑色的外套，正在给一位年轻病人的腿部进行手术，杰斐逊医学院的一群学生在周围观摩学习。格罗斯医生沾满鲜血的手上握着一把解剖刀。画中的人物中也包括了画家托马斯·伊肯斯的自画像，他坐在正对观者的画面的最左边，通道栏杆左侧的上面，穿着白色袖口的衣服，正在画素描或写着什么东西。伊肯斯的签名和日期"Eakins 1875"写在了手术台的一侧。

图5-7 《格罗斯诊所》

画家对现实主义毫不妥协的推崇，使得此画在医学上具有非常重要的地位，这不仅因为它将外科手术作为一种有治疗功用的专业，还用画面向我们展示了19世纪手术室的面貌：医生格罗斯的手沾满鲜血，拿着一把解剖刀，正在给一个年轻人腿部做手术。这个病人患了骨髓炎，而格罗斯医生正是这方面的专家，围绕

在病人身边的还有格罗斯医生的四位同事。经过历史学家证实，画中的其他人都是他现实生活中的同事。与此同时，他们正在边做手术边向围坐在后面阴影处的学生展示他们新发明的医治骨感染的方法。

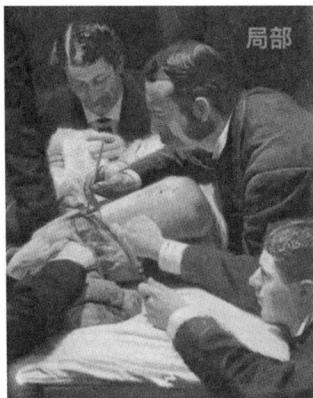
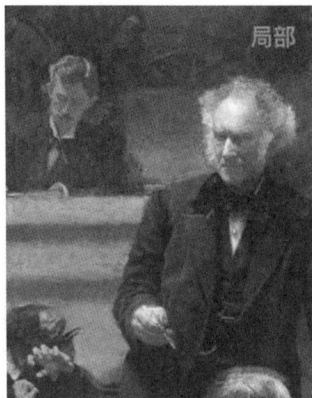

图5-8　《格罗斯诊所》（局部）　　　图5-9　《格罗斯诊所》（局部）

旁边用手捂住脸的女人是病人的母亲，她蜷缩在角落里为她手术台上的儿子哭泣，这与充满对知识以及科学自信且理智的格罗斯医生形成对比。同时，伊肯斯还将自己画入了画内，他坐在讲台后面的观众席上，手拿纸笔，好像正在为这一历史性时刻做记录，将自己描绘为科学发展的见证人。这幅画的描写细致入微，伊肯斯根据他对透视、解剖以及客观对象细节的认真观察，形成了自己精准、细致的创作风格。

但是可惜的是这幅画真实得有些让观者难以忍受。一位评论家说，"这是一幅画，但即使是意志坚强的人，也很难一直看着它"。费城艺术展的评审团拒绝了伊肯斯的这个画作，他们认为这个画面过于真实，真实到血腥、残忍，不适合大众观看。所以当时"一百周年艺术展"的评委会最终拒绝了这幅作品的入选。

之后，这幅画只得被迫在一个美国陆军战地医院展览，一位艺术评论家讽刺说，"这次的展览没有比这更精彩的作品了，然而这个作品的艺术家却不得不在美国医院里找个位置展览，实在是遗憾"。

2.《杜普教授的解剖课》

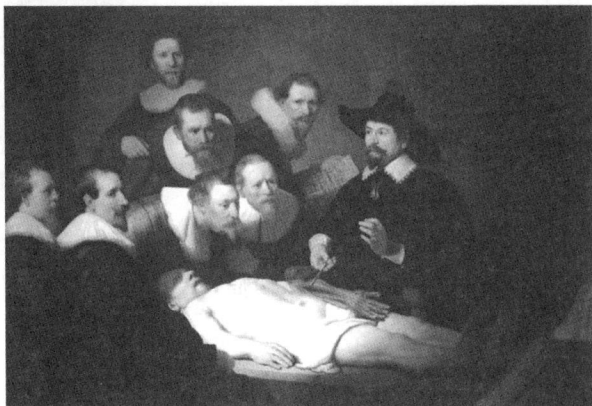

图5-10　《杜普教授的解剖课》

　　近400年前的一场公开解剖，被他画出来后，成了世界名画。荷兰画家伦勃朗·哈尔曼松·凡·莱因（后文中简称为伦勃朗）是一位非常著名的画家，相信很多人都熟悉他的名字，在世界绘画史上，伦勃朗是一位十分重要，甚至堪称伟大的人物，他创作了很多经典的人物油画。

　　这场公开解剖发生在1632年，那是在17世纪的阿姆斯特丹，人们怀着恐惧、好奇和期待的心情来到了阿姆斯特丹市的大剧院，准备观看一场一年一度的公开解剖课。画面中的主要人物杜普医生，他是一位资深的解剖学教授，被解剖的罪犯是一名抢劫犯，他因为严重的抢劫犯罪行为被判处死刑，后来又成了这场公开解剖课的标本。只见杜普教授一边熟练地进行解剖，一边向围观的众人进行讲解。这些上流社会的人一本正经地围观着这场解剖，他们的姿态各不相同，脸上也露出各种各样的表情，有的人眼里满是好奇，有的人露出惊讶的表情，坐在杜普医生身后的那个人手里还拿着一张纸，纸上写满了文字，最后面站立的那个人看起来一脸若有所思的样子，在画面右下角还有一本展开的巨大解剖书。

　　伦勃朗以金字塔的构图安排人物，也就是说他们几乎堆叠在彼此之间，所以没有脸庞的遮盖，每个人物都被赋予了一定的显著性。伦勃朗将叙述性、戏剧性、故事性都融入了群像画中，将我们的注意力集中在了具体的地方，画面中最瞩目的是人物的脸部和他们的职业象征，那些洁白的衣领被画家精巧细致地描绘出来，从中透露出这些人的富裕。很明显这是一幅巴洛克风格的画作，比较巧妙的是有两位医师在看着画外的观者，就像是一种视觉向导，吸引观者也参与这堂神圣的医学解剖课，起到画内外感情交流的作用。此外，为了满足订画者的愿望，伦勃朗做了巧妙的处理，把八个人的姓名写在一张纸上，让画里其中一个人拿在手里，不仅如此，画家还在右下角斜放着一本很大的解剖学讲义，这一道具从构图上看，也是艺术家的高妙经营，它打破了一般俗套的公式化标准像。

　　《杜普教授的解剖课》不仅体现出了伦勃朗高超的绘画技巧，同时也展现了那个时代荷兰社会的一种怪象，这场公开解剖课名义上是一场解剖课，实际上也是变相满足了荷兰上流社会阶层的猎奇心，因为画面描绘的场景极其生动，同时作品的主题和内容也有着很强的代表性，又出自伦勃朗的笔下，这幅画也因此成了世界名画，目前此画收藏于海牙毛利茨海斯美术馆。

3.《阿雷塔大夫和我在一起》

　　这幅西班牙浪漫主义画家弗朗西斯科·何塞·德·戈雅（后文中简称为戈雅）-卢西恩特斯所作的《阿雷塔大夫和我在一起》是画家本人在病痛中的真实写照。画面上，戈雅身体佝偻着坐在床上，双手拉扯着被褥，阿雷塔医生从背后支撑着戈雅的病体，右手托起一杯水，脸上流露着关切和悲悯，

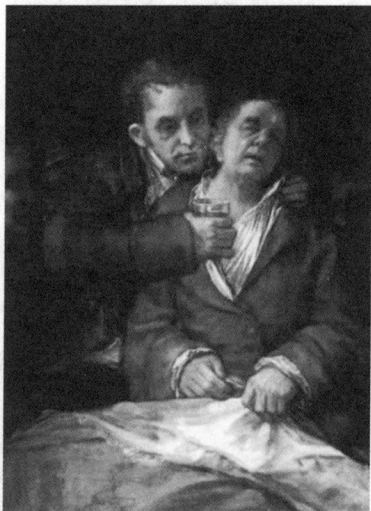

图5-11　《阿雷塔大夫和我在一起》

医患之间亲如兄弟。

这幅画创作于1820年，是画家本人在病痛中的写照，也是为了表达对阿雷塔医生的感谢，生动地呈现了医患之间的密切关系。1792年秋天，戈雅在塞维利亚突发严重疾病，头晕、乏力、谵妄、恶心呕吐、腹痛、耳聋、部分失明。1793年，当他回到马德里时，已完全失聪。对此，医生给出了各种诊断：梅毒、铅中毒、脑血管疾病、中枢神经系统急性感染，甚至是罕见的小柳原田综合征——与永久性耳聋有关的一过性葡萄膜炎。1819年，戈雅再次罹患重病，画作中，戈雅（右）坐在床上，因为疾病显得相当虚弱；他抓着被套，仿佛紧紧抓住生命，而向后倾倒的身躯被阿雷塔医生的手臂所支撑。医生正轻声鼓励他服药。背景中的人影——也许是他的仆人和神父——似乎是厄运的预兆。戈雅可能预料到死亡的来临，但在阿雷塔医生的照护下，他又活了8年，在他的心中医生并不是一个服务行业，已经上升到了人文关怀的层面上——用真挚的关怀和真诚的奉献去竭力挽救生命，获得患者和家属的信任。这幅画表现出了一种绝望中的希望，其用色也比他的同期作品更为细腻、明快。

4.《医生》

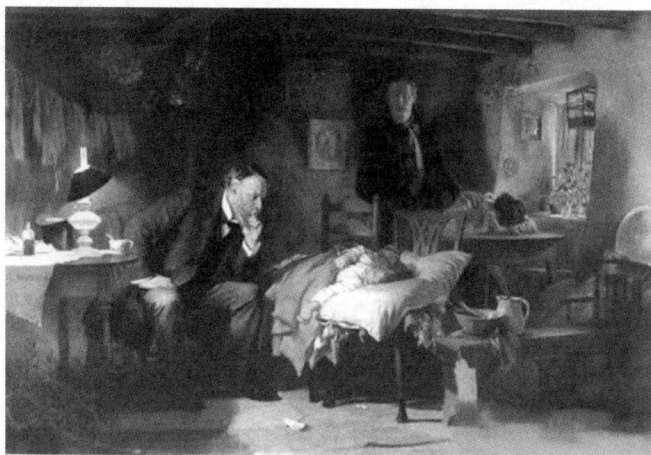

图5-12 《医生》

《医生》是英国著名肖像画画家塞缪尔·卢克·菲尔德斯于1891年创作的一幅著名作品，该作品描绘了一位医生在一间极其简陋的茅舍内救治病孩的感人场景：在油灯照亮的草房中央，手托着下巴的医生正俯身凝视着由两把椅子搭成的病榻上刚刚苏醒的小女孩，小女孩的左手无力地垂落在床边；角落里病孩的母亲因焦虑、忧伤和疲惫而埋头趴在餐桌上，把所有希望都寄托在医生身上的父亲笔直地站立在一旁，一手轻轻抚在母亲的肩上，坚毅的表情透露出对医生的信任。低矮的窗户投进的破晓晨光，表明此时已经是黎明时分，经过通宵的抢救，危机已经过去，孩子的病情似乎得以控制，而略显疲惫的医生却依然目光专注，全身心地集中于病孩身上，正思考着下一步的治疗方案。

该幅油画是1887年应亨利泰特爵士之约为其刚刚落成的美术馆所作，而作品的灵感则来自于1877年菲尔德斯自己儿子的夭折和为其儿子治疗的古斯塔夫斯·莫里博士的职业热忱。然而这幅作品所展现的是黎明破晓时分,孩子刚刚醒来时的一幕。为了使这幅画看起来更令人信服,菲尔德斯在他的画室里搭建了一个农舍的室内场景。他每天清晨早早起来,以便捕捉破晓阳光射进屋子的真实画面。这幅作品于1891年完成,泰特爵士以3000英镑购买并收藏。

油画创作的年代,正值抗生素发明前的医学黑暗时代,无数的孩子在传染病的肆虐中夭折。这一展现普通医生无论患者贫贱、沉着敬业形象的作品,在维多利亚时代晚期取得圆满成功,成为传世佳作。这幅油画如今已成为医生这一崇高职业的形象代表,它的复制品被悬挂在很多医院大厅或医生的办公室里,也成为医学生职业道德教育的最常用道具,激励着医务工作者为病人的健康而努力奋斗。

5.《萨尔佩特里埃医院的一堂临床课》

图5-13 《萨尔佩特里埃医院的一堂临床课》

皮埃尔·安德烈·布鲁耶(后文中简称为皮埃尔)的这幅画作之所以在医学史上意义重大,不仅是因为画中的医院和许多医生以及病人在医学史上赫赫有名,还因为这幅画所反映的故事在医学史上引起了很多争论,甚至到现在仍然是医学伦理学上时常会讨论的一个经典案例。

《萨尔佩特里埃医院的一堂临床课》是皮埃尔在1887年创作的,画家很成功地让大家第一眼先看到站在焦点位置的主角——夏尔科医生,他神态威严地站在焦点位置,彰显出他在医学领域不容置疑的权威地位。在他左手边,身穿白衣与夏尔科形成鲜明对比的是一名病人,她的姿态非常特别,如果是医学生或医生,大概能一眼看出这个病态姿态的名称——"角弓反张",这是癔症发作时的一种抽搐表现。就算没有第一时间看出,如果你仔细观察这幅画就会发现,在夏尔科对面的墙上有一幅教学挂图,正是标准的角弓反张教学图。而这幅教学挂图的创作者也坐在现场,就在夏尔科的右手边——跨界的解剖学家、雕塑家保罗·里歇尔。在夏尔科左手边,扶着病人的医生在现代医学界的知名度可能比夏尔科还高——约瑟夫·巴宾斯基,以他名字命名的"巴宾斯基征"是医学生在成长道路上必会遇到的。巴宾斯基当时是夏尔科的助手,他已经陪着教授听过无数次这样的课了,所以他的注意力并不像听众那样集中在教授身上，而是集中在帮助可怜的病人上。

在夏尔科右手边的桌子上放着一些器具和设备。我们可以辨认出有一个叩诊锤，还有一台电疗仪。电疗仪的发明者正是夏尔科的老师纪尧姆·杜彻尼·德布洛涅，"杜兴氏肌肉营养不良症"的命名者。杜彻尼发明的电刺激治疗仪，可以通过电刺激诱发肌肉运动。

画家并不是真正地还原某一次的讲课现场，而是将曾慕名前来听讲的名医们齐聚一堂，凭借精湛的画技和巧妙的细节将讲课现场刻画得栩栩如生，描绘了一场阵容豪华的"医学盛宴"。

（二）中国医学美术作品

1.《白求恩》

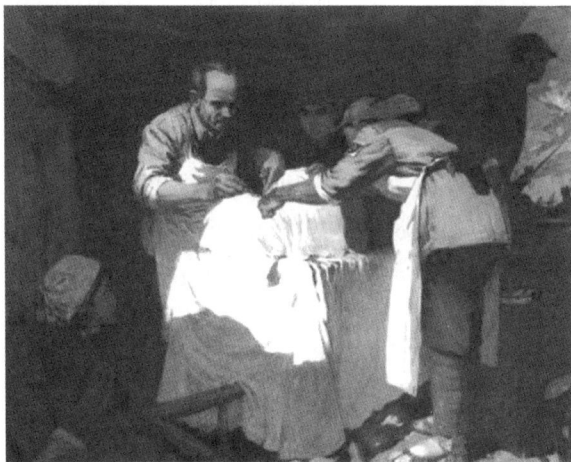

图5-14 《白求恩》

《白求恩》的作者是宋韧、肖峰（夫妇）。画中的白求恩，在简陋的战地手术室中紧握着手术刀，眉头紧锁、目光坚定。光照在他和受伤战士的身上，所有人的神情都紧张而严肃。背景里，一位战士持枪作出战斗姿态，仿佛下一秒战火就会烧到这个简易的手术台。而光照里的白求恩，专注而冷静地面对着伤者，毫不畏惧随时可能到来的炮火，画中人正经历着一段特殊的病房生活。画作充分表现了医者的仁爱精神。画中很多细节都颇为讲究，例如，所描摹的白求恩的手术姿势相当内行，白求恩当年亲自用木头制作的适用于敌后游击战的"手术鞍"也被放入了画面中。

诺尔曼·白求恩是加拿大医生，抗日战争时期来到中国，为八路军伤病员服务将近两年，后来不幸因手术中感染转为败血症，医治无效逝世。白求恩作为一位伟大的国际主义战士，早已为广大中国人所熟知，而作为

图5-15 《白求恩自画像》

图5-16 《日日夜夜——女护士》

一个艺术家、画家的白求恩却还鲜为人知。

白求恩在青少年时期就非常喜爱绘画艺术。第一次世界大战后，他在进行医务工作的同时，曾经营过收售艺术品的生意，这时他自己也进行绘画和雕塑创作，到意大利旅行期间深受意大利文艺复兴前期著名画家乔托作品的感染。白求恩早年曾因奋不顾身从事医疗工作，患下了在当时属不治之症的肺结核。20世纪20年代后期，他曾有一段较长时间在美国萨兰纳湖畔的托鲁多疗养院进行治疗，正在此时，他为了慰藉苦闷，满足他对绘画艺术的创作欲望，在五尺宽的棕色包装纸上画了十大张连续性的壁画稿，非常遗憾的是这些画在包装纸上的原画已经毁掉，尚值庆幸的是还保存有当时根据壁画稿制成的玻璃幻灯片，使我们能一睹作为画家的白求恩的艺术才华。在壁画稿中，白求恩以肺病患者和医学家的双重敏感，用比喻、象征的手法，反复地刻画了病魔对人类的危害。白求恩以丰富的想象、巧妙的构思，借助艺术形象表达了难以表达的主题。这组壁画稿正好体现了科学与艺术的结合。整个壁画稿糅合了中世纪宗教壁画与印象派和表现派的技巧，而形成了具有独特面貌的画风。它们是易于理解的，富有想象力的，含有悲剧的意味又流露出浪漫的抒情气氛。白求恩希望以自己痛苦的经历向人们发出呼吁，为了人类的幸福，用科学手段为保卫生命而斗争，这是画家创作壁画的主要动机。

2.《日日夜夜——女护士》

俞云阶的画作《日日夜夜——女护士》描绘了深扎基层的医务工作者，很能引起观者的情感共鸣。新中国医疗事业的起步和成长阶段，深扎基层的医务工作者在社会生活中可以说发挥着重要的作用。取材于这些医者的美术作品多年间持续涌现，贴近生活，朴素亲切，很能引起观者的情感共鸣。

3.《问诊图》

20世纪六七十年代，田间地头一批"半农半医"的卫生员，常常两脚泥巴，一身粗布衣裳，以朴素实用的治疗手段，满足当时农村大多数群众的初级医护需要。

以表现边疆人物著称的黄胄，曾经画过一系列边疆的女性卫生员的画作（包括《出诊图》系列、《问诊图》系列、《风雪出诊图》系列），描绘了背着

图5-17 《出诊图》

药箱的女医师或在雪地上疾行赶路，或骑着马儿迎风前行。黄胄成长于充满崇高理想与英雄主义的激情年代。多年的身部队与边防地区的生活阅历孕育了他激昂浪漫的艺术气质，强健的精神与乐观的情绪塑造了他新时代独有的画家形象。黄胄无论做人还是作画都表现得真挚豪迈，敞开心灵门户，既不故作高深，也不乔装愚昧，而是自得其乐地在生活中挖掘形象。其笔下毫无病态，璞玉天成的天真意境，生机勃勃的创作境界，是极富时代性的艺术景观。

4.《我的祖国·我的人民》

2003年，黄永玉创作了《我的祖国·我的人民》。画幅间充满着诗意，一株高洁的白荷与一身白衣的医务工作者互相映照。这位艺术家用自己最钟爱的荷花来礼赞彼时奋斗在抗击非典一线的人们。

5.《炙艾图》

李唐的《炙艾图》现藏于台北故宫博物院，作为

图5-18 《我的祖国·我的人民》

唯一传世的中国针灸医疗史图证，除去艺术史意义之外，亦具有相当重要的社会史与医疗史意义。画中的游方医生正在全神贯注地给病人施以艾灸疗法，所谓艾灸，是利用晒干的艾草烧灼人体穴位或患处，起到疏通经络穴位的作用，达到治疗疾病的目的。中国的艾灸疗法历史悠久，在两宋，艾灸更是一种十分常见的中医治疗法，上至皇室官宦，下至黎民布衣，都对它特别熟悉。

图5-19 《炙艾图》

画中的病人张大嘴哀嚎，可以看出艾灸疗法固然疗效好，但对病人是件痛苦的事情。医生神情专注，十分敬业。三个帮忙的人和医生助手的神态刻画得生动、有趣。画里的每个人都衣衫褴褛，说明宋朝百姓生活困苦。画的构图很巧妙，枯墨勾画的树根，细密点染的叶子，围墙、木桥和石块衬托出一块空地。柳树阴下，外围的四个人的动态、眼神都引向病人和医生。而病人的夸张刻画也是为突出医生的形象。漫画的感觉、写实的手法，是这幅《炙艾图》的高超之处。

第二节 艺用人体解剖

一、人体比例概述

比例，是人体结构诸要素中的一个，也是能否表现好美术造型的一个重要方面。要掌握好人体必须有比例的概念。人体比例是指人体或人体各部分之间的比较，它是人们认识人体在三维空间中存在形式的一种重要方法。

由于人种、民族、性别、年龄的差异，可以说在这个世界上没有两个完全一样比例的人，人们笼统称谓的"人体比例"的概念，通常是指生长发育匀称的男性中青年的人体平均数据的比例。根据最近我国有关部门对男性中青年人体进行测量所得的数据，若把头高作为一个单位来衡量全身，则这两个数之间的比例是1∶7.54，也就是说人体是七个半头部的高度。不同人种的身高与头高的比例不一样，不同年龄的人体也有不同的身高和头高的比例。如一两岁为1∶4，五六岁为1∶5，10岁时为1∶6，16岁时为1∶7，在25岁左右就定型了，为1∶7.5，到老年时，由于各关节间软骨萎缩、躯干弯曲，比例就要小一些。

1. 人体比例

（1）头部比例

"三庭五眼"是人们总结的一般成年人头、面部的比例，即以一只眼睛作基点，以其长度找出面部横向为五眼、上下长度为三庭的比例，以此类推到耳朵等部分的位置。

竖三庭：发际至眉，眉至鼻尖，鼻尖至下巴，以上三庭相等。

横五眼：指脸横宽为5眼宽，鼻宽为1眼宽，口宽为1/3脸颊，耳上与眉下同鼻尖等高。耳在头宽的1/2处偏后。

成人眼在头高的1/2处，儿童眉在头高的1/2处。

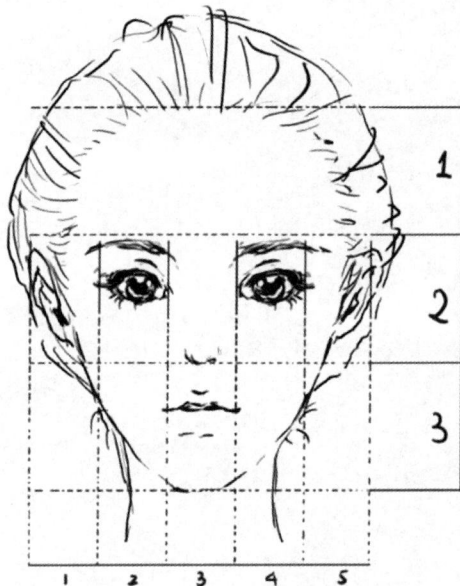

图5-20 "三庭五眼"

（2）躯干比例

人体躯干是自然万物中比例最匀称、结构最完美、变化最丰富微妙、表情最生动含蓄的造型形象，同时也是绘画表现的最主要对象。认识、理解人体结构的外观特征需要掌握人体骨骼和肌肉构成的解剖知识。

人体比例通常以头长为单位。我国人体通常为七个到七个半头长。在古代画论中，有"立七、坐五、盘三半"的说法。比例大致如下。

头顶至颏底、颏底至乳头连线、乳头连线至脐孔均等于头长。

手臂：上臂（1个头长）+前臂（1个头长）+手（1个头长）=3个头长。

两肩之间的距离=2个头长。

人体的二分之一处在耻骨联合上下。髂嵴上下至膝关节=膝关节至脚跟=2个头长。

以上比例是基本的约数，在实际运用中，各部可根据需要适量地伸缩，但必须让观看者感觉舒适。

"以头为比例"为标准的一般成年人躯干比例的简单记法口诀：

立七、坐五、盘三半；

头一、肩二、身三头；

臂三、腿四、足一头；

画手，三分之二头；

大腿、小腿各两头。

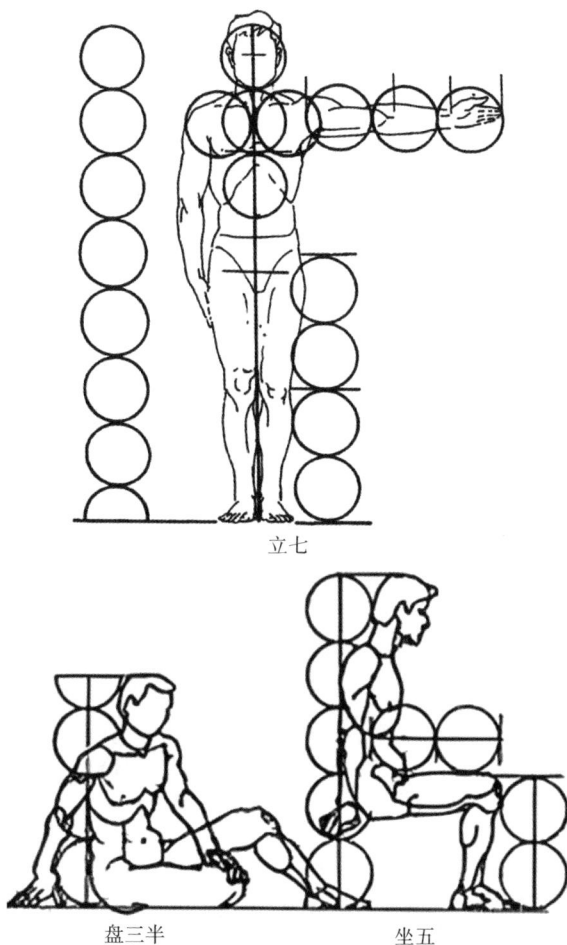

图5-21 "立七 坐五、盘三半"

（1）男女比例差异：男女全身比例因性别特征而有明显差异，主要表现在肩与髋的比例，男性肩方而宽，骨盆比肩小而扁；女性肩膀窄，而骨盆则比肩宽大。

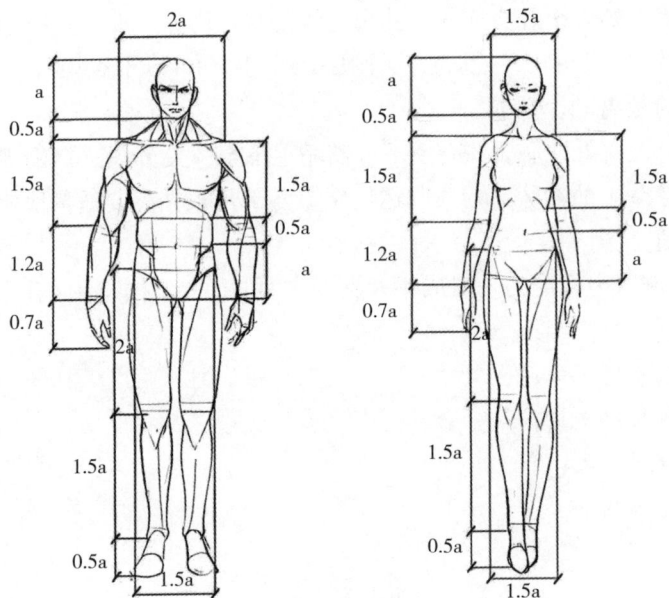

图5-22　男女比例对比图[1]

（2）老年成年幼年比例差异（以男体为例）：老年成年幼年躯干的区别，除了在比例上的差异、外观上表层皮肤松弛和丰满的不同外，还有着脊椎弯曲度的区别和肋骨倾斜度的区别。

老年的躯干胸椎特别弯曲，肋骨的倾斜度与水平面的交角较大，而成年的躯干胸椎挺直，肋骨的倾斜度与水平面的交角较小。

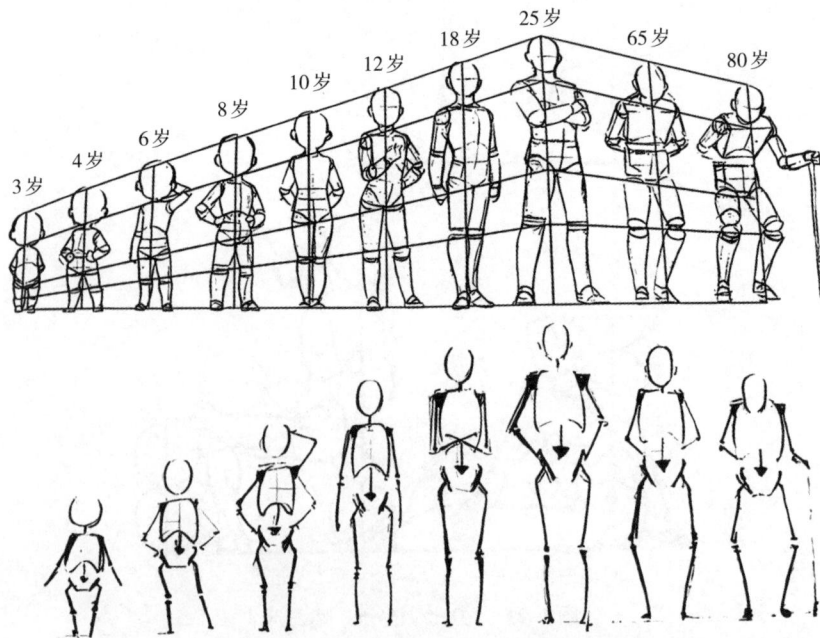

图5-23　老年成年幼年人体比例图[2]

①② 金乐熹. 艺用动态解剖 [M]. 王子衿，译. 北京：北京科学技术出版社，2021.

2. 人体比例在运动中变化

美术解剖研究的目的是更灵活、更准确地表现人体，而在美术中人体时常是处于运动之中的。要有效地表现人体在纵深空间中的动作，必须研究人体在运动中的变化，而这种运动变化是以各部位比例在透视中产生的变化为依据的，即使是一维剪影式的人体，也会在俯仰或其他运动中因透视而再现出遮挡或缩短等现象。

认知透视与比例变化的规律，更好地处理人体的不同动态与姿势，才能更好地进行创造性的艺术，再现人物的活动。但是必须明白，人体运动透视学的运用，并不是呆板地套用透视学，在这里应有艺术家的自由与创造性。

躯干由两块扁立方体构成，上下肢与其相连接。躯干上部或下部的任何运动都会使腿、颈和头变化，离开原来的位置，表现出一种新的和谐的关系。

人体各部位因运动透视而不合常规，在绘画中是难以表现的。我们通常把这些形体变化成几何形体去理解。就是为了更好地表现这些动态。

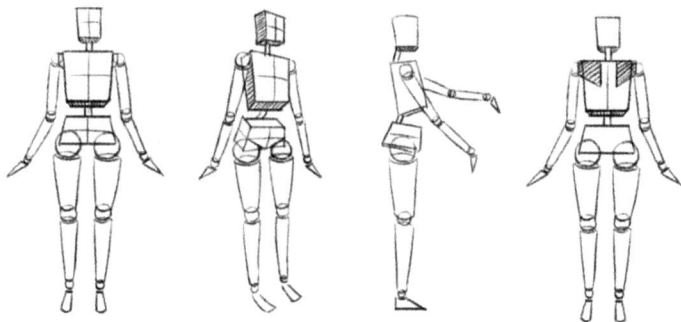

图5-24 几何形体（一）

身体扭动为螺旋式，头、胸、腹便会有三个不同的方位，因此生成激烈的运动感。运用生理解剖艺术再现的方法，可以为后人提供可借鉴的美术解剖研究与使用经验。

图5-25 几何形体（二）

不同的人体姿势展示了躯干两大体积形块组合的变化，同时上、下肢运动展示了躯干与四肢的相互作用。如人物高举一只手臂，使结构与肌肉都产生变化。肌肉发达的男性，肩胛骨和斜方肌、冈下肌、三角肌在变动体位，肩胛骨使背阔肌变形，打断了背部整体线条轮廓。

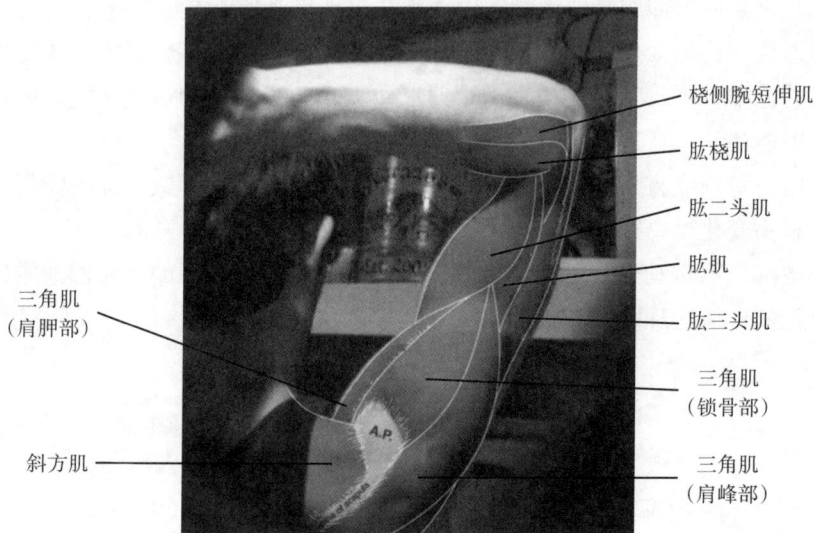

三角肌
（肩胛部）

斜方肌

桡侧腕短伸肌

肱桡肌

肱二头肌

肱肌

肱三头肌

三角肌
（锁骨部）

三角肌
（肩峰部）

图5-26　手臂

双腿仅次于躯干在运动中的作用，因为人的一切活动大都与地面有关系，双腿支撑着体重，掌握着重心。

双腿首先作用于骨盆，因而作用于人的动势，而动势产生透视变化。把握这些透视变化还应十分注意关节活动的关系。

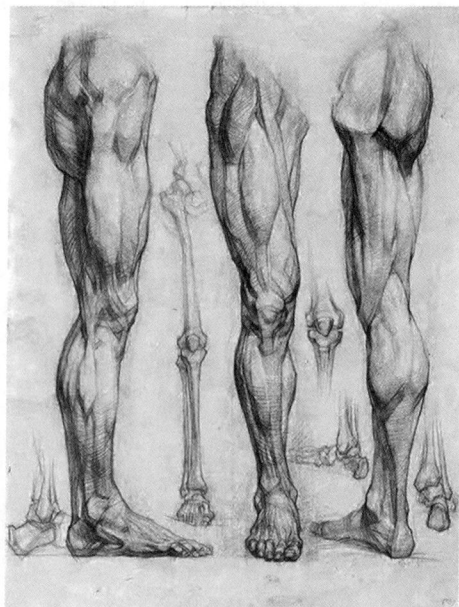

图5-27　双腿

躯干运动产生的透视，从前部看，产生了头遮挡肩与胸的现象，从背后看，肩部便挡住了头和颈，臀部挡住了腰。

四肢因纵深空间的关系而产生缩短与拉长的现象。

当重心转向一条腿时，脊柱就要弯曲，以弥补人体重量的不平衡，这时的肩部也要变换角度，头也要改变，以形成新的重心位置。

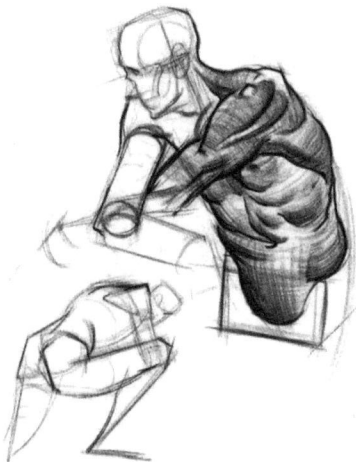

图5-28 躯干

仰视角仰视人体，肩部至髋的距离缩短，骨盆显得更为明显。由于重心转移右腿而使髋的右面上升，右肩下降，头部自然偏向右面，一条承重的腿，其肌肉必然绷得很紧。

图5-29 人体仰视图[1]

———————————
① 乔治·伯里曼. 伯里曼人体结构绘画教学［M］. 晓鸥，辛昕，小野，译. 南宁：广西美术出版社，2002.

从高处向下观察，可以看到肩胛骨的上平面，腰部为背部遮挡而变短，后面看臀部遮挡大腿，从前面看腿形越发变得窄小。

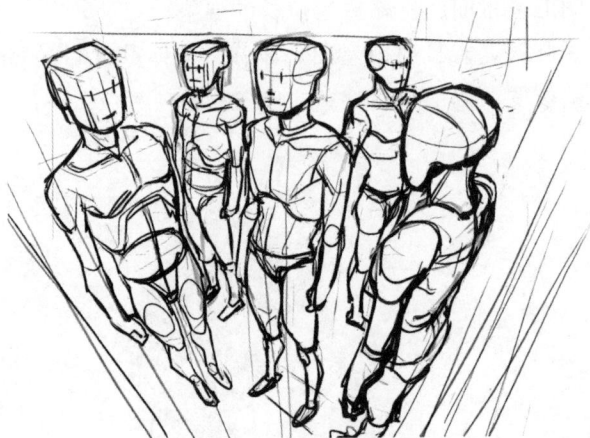

图5-30　人体俯视图①

夸张某部分肌肉或者减弱某部分，都是为了突出人体的运动感。

人体不同的动势，会因透视挡住某些部位，正如这两个背面人体，腿部大都隐藏在纵深里面。

图5-31　动势（一）

由于手部的作用，抬升了胸部，其结果是由于重心的拉力，而使结构在保持原位的情况下，软组织被拉入凹陷之处。

---

① 金乐熹. 艺用动态解剖［M］. 王子衿，译. 北京：北京科学技术出版社，2021.

图5-32 动势（二）

公元前5世纪古希腊雕塑在空间占有方面显示了前所未有的突破。最为突出的标志是人体动态打破了包括古埃及、两河流域雕塑惯用的正面像及对称呆板的姿势，艺术家开始探索骨盆在运动时对人体的作用，使一条腿承担全身重量，而另一条腿处于运动过程之中。这一突破性进展是雕刻史上一个新的里程碑。人体雕像从此更能运用解剖知识，骨盆与胸腔的转动、肌肉的伸展与收缩，无不在新的和谐运动中充满活力。

图5-33 雕塑（一）

图5-34 雕塑（二）

　　欧洲文艺复兴时期的美术与自然科学紧密联结，实施其反宗教的历史使命。达·芬奇、米开朗琪罗都在人体解剖研究方面投入了很大的精力。他们认识到，只靠观察去画人物是不够的，美术家必须研究人体解剖，研究人体结构是如何有规律地运动的。米开朗琪罗一生的美术创作都是把人当作最主要的表现对象，他崇拜具有伟大生命力的雄性人体，并尽力使每块肌肉及每个动作都表达情感和思想。米开朗琪罗是很精通解剖学的。但人体客观存在的解剖对于艺术家来说只是一个基点，他必须在人体结构与肌肉的客观存在基点上寻找新的转变，为艺术表现服务。

　　米开朗琪罗的《最后的审判》中的耶稣在解剖学上来说是不合乎实际的，但他体现了一种雄伟壮丽的、公正的、压倒一切的气势。他的神韵与整体使人信服，表现出一种艺术的真实。

图 5-35 《最后的审判》

　　米开朗琪罗的艺术创造了一系列解剖学上的奇迹。就《大卫》雕像来看，驱干长得使人难以置信，四肢也极其夸张，然而不正确的解剖形成了完美统一的正确性；视觉、主观左右了客观的创造能力，不能不让人叹为观止。

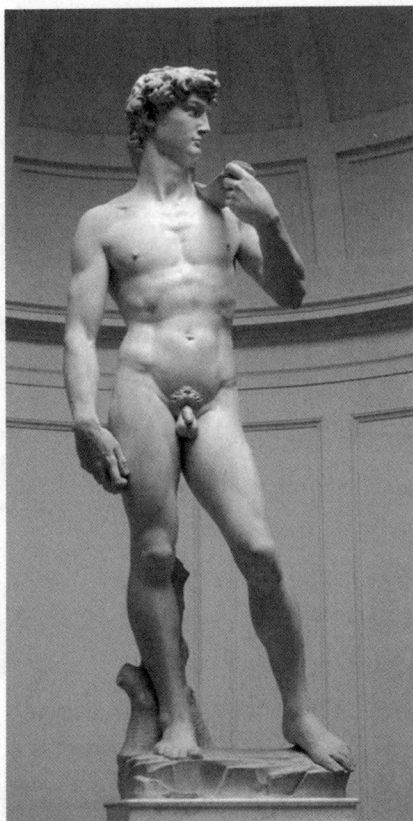

局部　　局部

图 5-36 《大卫》

二、艺用人体解剖

解剖课不但是美术专业的一门必修课程，也是医学生的专业课。

结构、形体、比例、明暗、运动、空间、质感和量感等，这些可视的因素是人们感知、认知形体和创造形体的主要依据，各个造型因素之间总是相互依存、紧密联系着的。其中结构、形体是最本质、固定的因素，比例、明暗、运动是在一定空间中存在的形式，这些在不同情况下，以其视觉效果来说都是可变的因素。所以首先要认知人的结构，并了解人的形体比例关系。

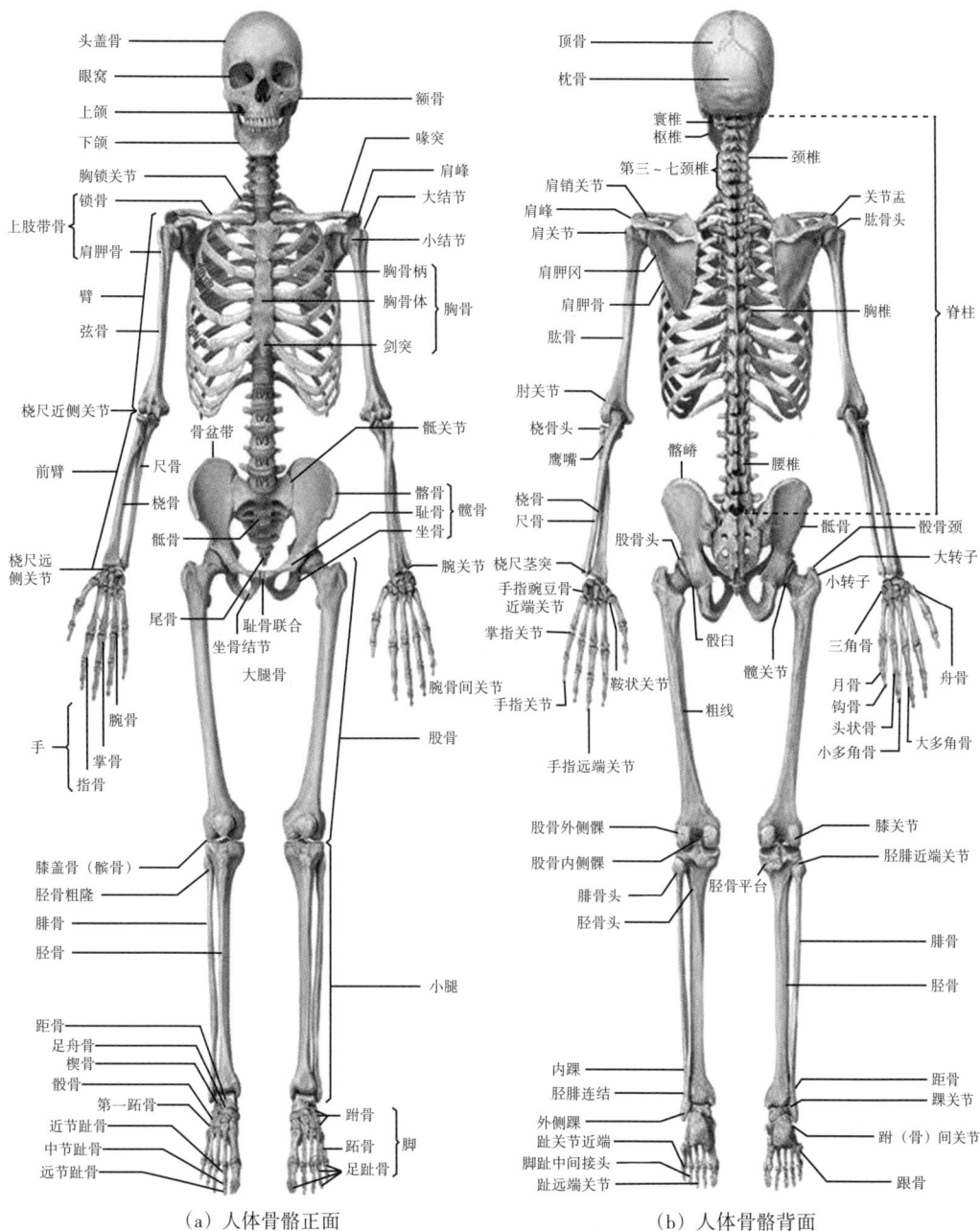

（a）人体骨骼正面　　　　　　　（b）人体骨骼背面

图5-37　人体骨骼

　　"艺用解剖的功用在于为艺术家提供以创作表现为目的的、扎实的解剖基础。"唐纳德·霍顿《动态素描·头部结构》中指出："一切物象处于三维空间之中都具备一定的空间性（即立体性），这种视觉的体积空间感完全决定于物体外在表面所具有的长度、宽度、纵深度（导度）的特点，认识这一规律是避免把物象看"平"的关键。由于视觉看到的物体是有空间性与时间性的，所以它改变了实际存在，会产生近大远小的效果。"因此，我们应从生理解剖提供的因素中，来表达可视的、外观的、三维空间的方向性，其形体特征取决于其主要构成面与面之间的转折点。必须了解这一规律，避免把对象看得过碎或生理解剖化。

艺用人体解剖学在认知人的生理解剖时，主要侧重于与外形、动作有关的方面。注意把骨骼与肌肉在外观上看作几何形的体块，如头部可看作圆形或方形，并且是在运动与透视变化中的、存在于空间之中的圆方形。推而论之，颈部为圆柱形，胸部与骨盆是梯形，腿为圆柱形，脚为拱形，均为立体的形状。

运用形体分析的方法进一步了解各个构成面的具体变化，其意义就在于理解和掌握对复杂结构体积和面分析的原理。物象的体积和面有复杂与简单之分，应注意概括基本体积和面，在此基础上理解结构特征。我们在分析形体时，应该把物象内部结构与外部轮廓联系起来，从对形体组成面的认识出发来表达有机的体积关系。

结构、形体等因素，体现在外观上必然与一定的尺度相联系，而不同的尺度之间必然表现为一定的比例关系。其基本比例的差错，必然导致造型中对结构、形体的认识与表现方面的错误。因此，在研究生理解剖与形体的关系时，必须注重比例关系的研究。要知道比例并不单指人体的长度、宽度和深度所构成的尺度差异，它还包括各局部与局部、局部与整体之间的关系。这些关系还会由视觉调节而变化，比如本来相同大小的面，因视距远会显得小。把立体的实际比例数据转变为特定角度下视感觉的透视变形的比例数据，这种由形体透视带来的视觉变化，符合正常人的视觉而不符合实际解剖结构，符合造型艺术的普遍意义而不符合其他解剖学的实际意义。研究比例意味着重视各外部形体之间的相互关系，以便准确认识各部位存在的位置。所以，各部位之间的大小、高低，在艺用解剖中成了主要的研究方面。如刻画一只脚，则要以另一只脚，甚至头、胸等各部位的关系来确定。它的大小和位置，是以其他存在的关系为依据的。在艺用解剖中，任何部位都不能看成孤立的，必须联系起来看。人们常说的"立七、坐五、盘三半"以及头部以眼为基点的"三庭五眼"，都是对比例的认识。

注意把全面的基本比例与每个具体的局部统一起来，纳入整体关系之中，这是艺用解剖的需要。因为脱离整体比例关系的统辖，是很难确定任何局部比例的。所谓造型中的"分寸感"绝不是生理细节的局部比例，而是整体和谐的统一比例。

艺用解剖学正是这样一个有自身特点的研究形体结构的方法，它是由生理解剖转变为艺术表现的特殊方法。只有掌握由生理解剖到艺用解剖再到运动变化存在于空间的表现方式，才能构成一个完整体系。学习这样的解剖才有现实意义。而了解结构相互关系的比例，则是为了更好地表现在纵深空间中人体变化的关系。

1. 头颈部

头部在人体全身中占据着突出的位置，人与外界发生关系的视听器官都集中在头部。尽管头部只占全身重量和体积的很小比例，但却是表现性格特征及精神情感的最显要部分。

在头部的解剖结构中，头颅的骨架起着决定的作用，而肌肉部分，特别是属于表情肌的肌肉部分，往往是通过皮肤的皱纹，才在外形上有所反映。表情肌所引起的皱纹的趋向正好与肌肉的长势方向相垂直。

头部的空间结构对分析、理解头部立体空间的概念很有用处。头部的多层剖面，显示出了头部标志点的部位，每一个剖面上结节点的部位，从任何角度去观察都有它相应的空间位置。各类型人的头部特征，是指各类型人的头型特征和五官特征，头部特征主要体现在头部各标志点在空间位置上的微妙差异上。

头部的形体结构是复杂的，有五官的起伏、凹凸变化和头型的变化。人的人种、民族、性别、年龄及个体的特征，在五官的形体结构和头颅的形体结构中都显现出不同。

头部的重心在脊椎的寰椎（第一颈椎）前上方。头部通过脊椎与全身相连，头部的动态与躯干、全身的动态都有相互影响，头部造型是最严谨而富有特征的。对头部结构、形状、透视、比例、空间、运动等造型因素的理解和把握能力，关系到造型艺术表现能力，是美术造型中的关键。

（1）头部骨骼。头部骨骼可从骨块和转折的骨点两方面去认识。头部骨骼由颅骨与面骨两部分组成。颅骨主要有：额骨、顶骨、枕骨、颞骨。面骨主要有：鼻骨、颧骨、上颌骨、下颌骨。

头部结节点主要有：顶结节、额结节、眉弓点、颧结节、下颌角点、额结节点。

头骨决定头部外形的轮廓。一些凸起和凹陷的转折凸起的结节点，是外形转折的部位，对外形也产生重要影响。头部骨骼只有下颌骨可以活动。

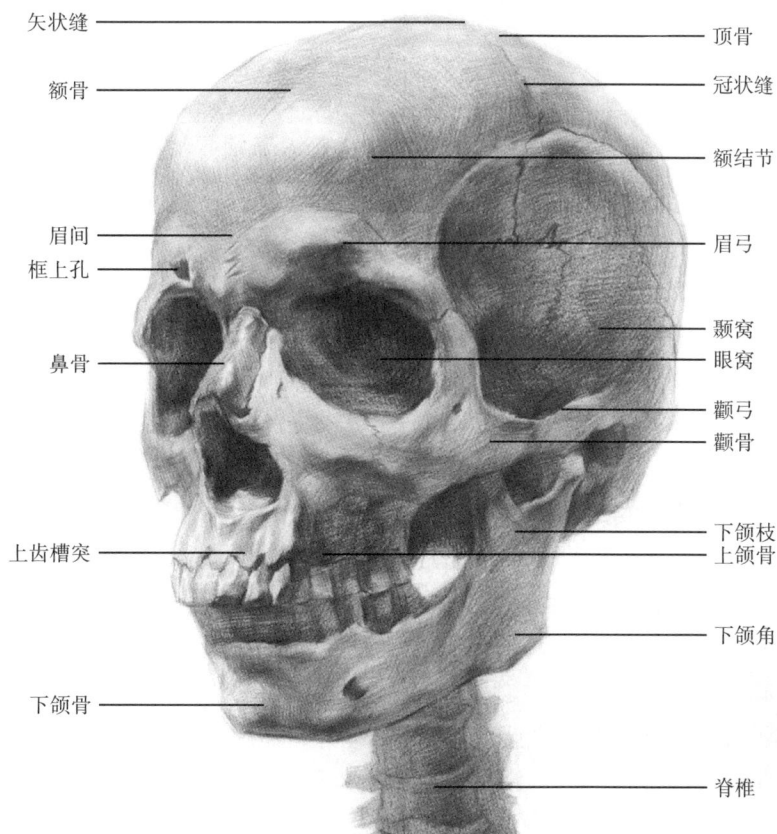

图5-38 头部骨骼

人的头骨一般称为"头颅"，它的骨块总共有23块，但在美术认识中只需了解主要有外观作用的部分，大致有10块。因为只注意细节，很难把握整体形态与头部在空间中的立体关系，还应该记住头部以颧弓、额结节为界，分前面与侧面，前面为鼻、口、眼，侧面是耳朵。

① 面部骨骼由额骨、左右颧骨、中间鼻骨、上颌骨和下颌骨构成。除下颌骨外，面部骨骼皆与脑颅骨缝相互连接。下颌骨是一块能活动的大型骨块，它通过下颌骨的下颌头同颞的下颌旁构成可活动的"下颌关节"。下颌骨的活动性能对于头部有重要意义。

② 颞骨处于颅骨两侧转折的位置，由上下颞线与顶骨、枕骨相连。颞骨的位置是头颜侧面的标志。

头部重要的骨点，有额骨结节、顶骨结节、眉弓、颧骨结节、颧骨、鼻骨、上骨隆突、颏结节、下颌角。在人物头部造型中，结构定位、体面转折和头部（尤其面部）起伏特征的把握与表现是主要的，其主要依据是对主要骨骼特征及比例、结节点的认识，这不仅是体面关键也是特征关键。

（2）头部肌肉。头部肌肉主要指面部的肌肉，颞肌、后脑肌肉很薄，对运动没有多大的影响，而且为头发所覆盖，所以较为次要。

面部肌肉主要分布在眼、鼻、口周围，这些肌肉的收缩运动与人的表情有直接关系。

面部肌肉主要有：额肌、眼轮匝肌、皱眉肌、鼻肌、上唇方肌、额肌、口轮匝肌、三角肌、下唇方肌、颏肌、颊肌、笑肌、咀嚼肌（主要是用于牵拉下颌骨，这部分肌肉包括咬肌和颞肌）。

作用于表情的肌肉，其特点是一端起于骨骼，一端止于皮肤。

① 额肌长在额骨两颞线之间，分左右两片，起自帽状腱膜，止于眉部皮肤和眼轮匝肌，能拉眉向上。

② 眼轮匝肌是围绕眼睛的圆形肌肉，分眶部和睑部，作用是闭眼睁眼。

③ 皱眉肌位于眼轮匝肌上部及额肌下部，起自额骨鼻部，止于眉部皮肤与肌肉，作用是牵动眉头向内下方，使鼻根部皮肤产生纵沟。此肌位于深层，但在动作时对外形有影响。

④ 鼻肌分为横部和翼部，翼部收缩可使鼻翼向下，缩小鼻孔。

⑤ 上唇方肌由三块肌肉组成，分内眦头、眶下头、颧头。内眦头起于眼眶内侧的上颌骨，眶下头起于眼眶的下缘，颧头起于上颌骨。三头都止于上唇及鼻唇沟附近的皮肤内。上唇方肌可提动上唇，牵引鼻翼向上，使鼻唇沟加深。

⑥ 颧肌起于颧骨，止于口角皮肤和口轮匝肌，能拉动口角向上。

⑦ 口轮匝肌是环绕口周围的肌肉，起闭口、开口作用。

⑧ 三角肌（降口角肌）起于下颌骨下缘，止于口角皮肤和口轮匝肌，作用是拉口角向下。

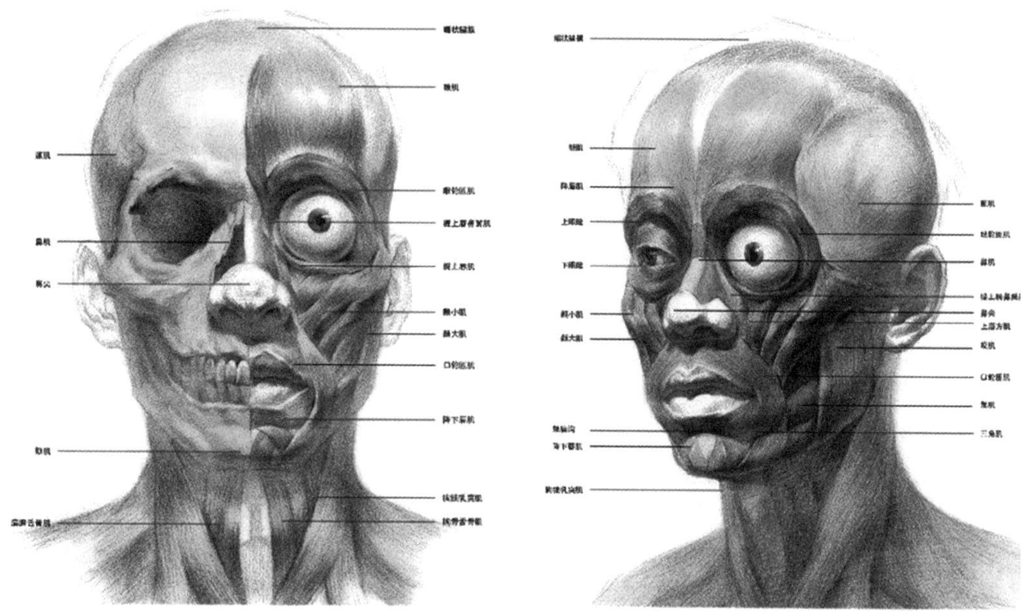

图 5-39 头部肌肉

⑨ 下唇方肌起于下颌骨斜线，向内上方与口轮匝肌互相交错，止于下唇皮肤，作用是拉下唇下降。

⑩ 颏肌位于部，作用是使下唇前送。一端止于皮肤。

⑪ 额肌是由颞线向下通过额骨，止于下颌骨的喙突，起闭嘴的作用。

⑫ 咬肌位于脸颊后侧，起于颧弓下缘处，止于下颌骨的下颌角。作用是上提下颌角，起闭口和咀嚼食物的作用。

面部肌肉有的起扩张作用，有的起收缩作用，集中于眼、鼻、口周围，反映各种表情。

以肌肉生长的特点划分，人体肌肉可分为表情肌和骨骼肌两大类。表情肌又称"皮肌"，主要位于面部，表情肌的起止点与骨骼肌不同。骨骼肌起止点都附在骨面上，起点为静止一端，止点为运动一端，由止点向起点收缩，牵引骨骼运动。表情肌就不同了，起止肌腱主要附在皮肤组织上，牵动皮肤和五官产生喜、怒、哀、乐各种表情。

（3）颈部肌肉。颈肌主要有胸锁乳突肌和斜方肌。

胸锁孔突肌起自胸骨柄上端和锁骨内端，止于耳后颞骨乳突和枕骨上项线。它的功用为：一侧收缩使头转向，两侧收缩使头后仰。

斜方肌起于枕外隆凸、上向线和全部胸椎棘突，止于锁骨外端、肩胛及肩胛内。斜方肌铺在背上部直到第五胸椎，左右两块。收缩时提降肩胛，转动头部。

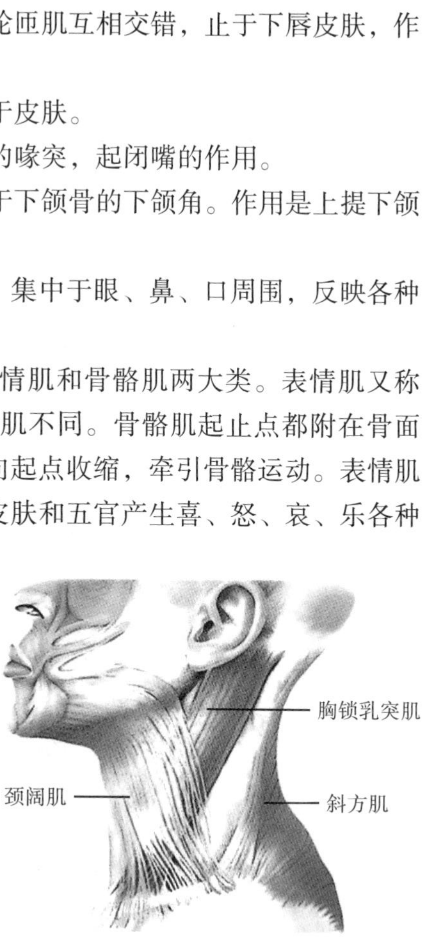

图 5-40 颈部肌肉

2. 躯干

躯干是人体最主要的部分，主要由胸、腹、背、腰四部分组成。胸部以锁骨线至肋骨下缘为界，腹上以肋弓下缘至下方腹股沟为界，以肚脐为界又分上腹与下腹，背上以第七颈椎椎棘突横平线下方至十二胸椎，腰部上接第十二胸椎。

骨骼在躯干部起支架的作用。胸廓、骨盆和脊椎等躯干部的骨骼及骨骼的几何体结构，与躯干的形体结构有密切的联系。

躯干部分还有性别、年龄和个体差异性的特点。人体的外貌特征，首先在躯干部分有明显的划分。躯干形体可概括为卵形的胸背、柱形的腰、球形的腹。

（1）躯干骨骼。躯干骨骼主要由脊柱、胸廓和骨盆三大部分组成。

脊柱由颈椎、胸椎、腰椎、骶骨、尾骨五个部分组成（侧面看为S形，正面看为I形）。

胸廓由胸骨、12对肋骨、肋软骨连接12个胸椎而成。胸骨上方与锁骨内端相连接。锁骨外端又连接肩胛骨，位于胸廓后方。

胸廓是一个横宽的立体形，其上端被肌肉覆盖，下端由左右肋骨相交而成肋弧，肋骨下沿与腹部接界，在外形上较明显。

肋骨共12对，肋骨前沿由软骨与胸骨相连结，1~7肋骨与胸骨直接相连称真肋，8~10肋骨与上位肋骨间相接称假肋（即前方叉出来的肋骨）。最后两肋骨无软骨相连，称浮肋。肋骨后端与12个胸椎相连。

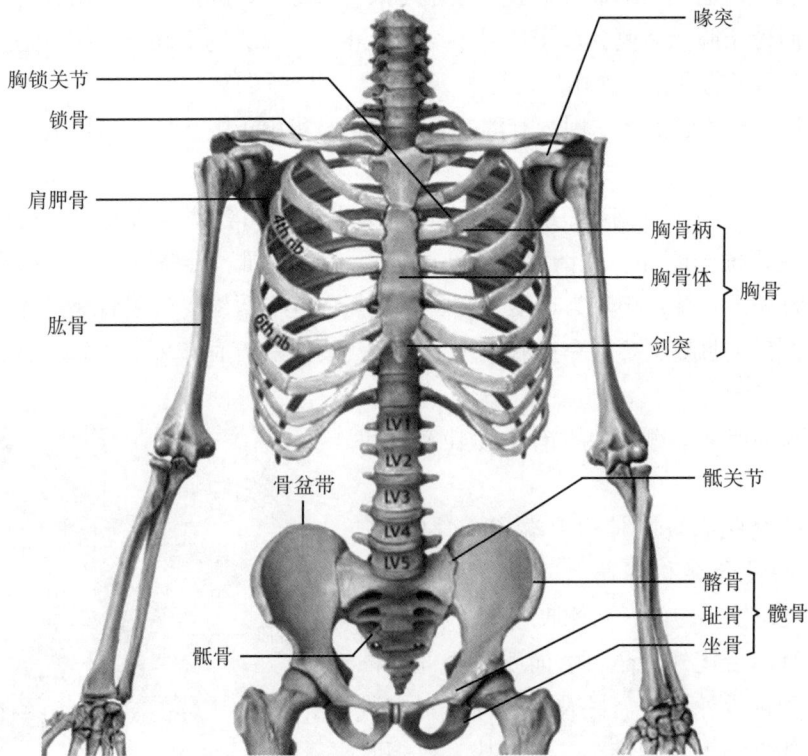

图5-41　躯干骨骼

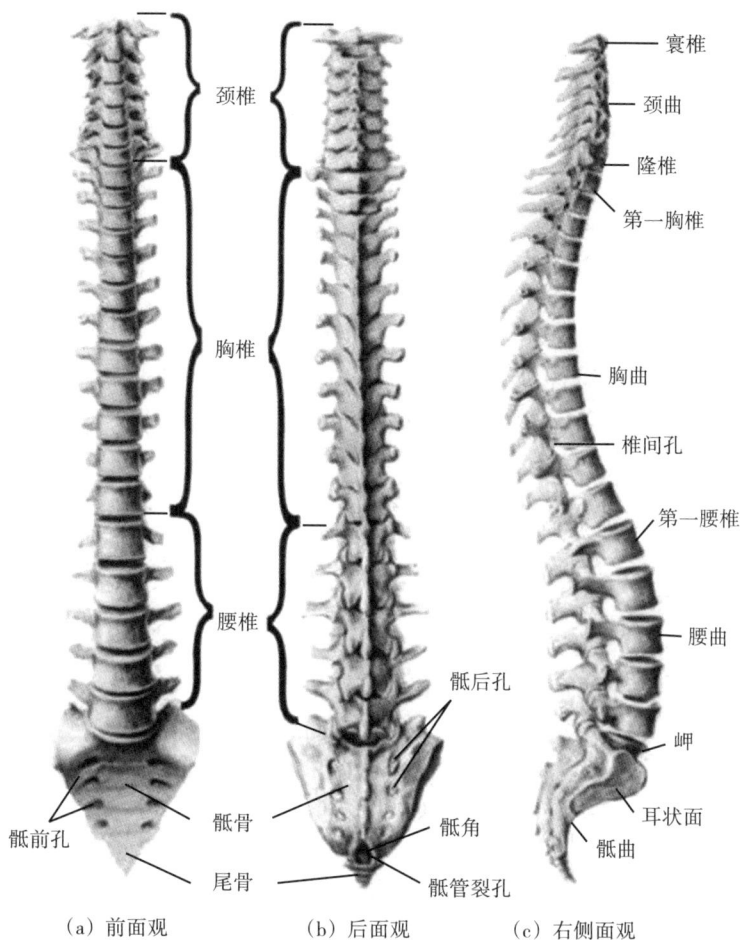

图5-42　脊椎

颈椎

胸椎

腰椎

骶前孔　骶骨

尾骨

骶后孔

骶角

骶管裂孔

寰椎

颈曲

隆椎

第一胸椎

胸曲

椎间孔

第一腰椎

腰曲

岬

耳状面

骶曲

（a）前面观　　　（b）后面观　　　（c）右侧面观

（2）躯干肌肉。

躯干的体积块面可分为两大块，即胸部与骨盆两块，这两块可看作桶状或卵形，但一般情况下人们常以立方体来理解它的体积。胸部由前后及两侧面形成，肩部可作为方形体积的上平面。骨盆是一扁平的立方体，也是由前后及两侧面形成。这两个一大一小方形体由整个脊椎从后部连在一起，而躯干活动最起作用的是腰椎。

在通常的直立的姿势里，人体躯干的这两个立方体呈现相对而又平衡的关系：胸腔桶状体后倾，肩膀后胸腔正面外突。下部的骨盆楔状体前倾，下腹内收，后臀部呈弧形拱起。

躯干肌肉与面部肌肉不同，其起止都在骨骼之上，肌肉形状是扁平阔肌。躯干肌肉主要由胸大肌、腹直肌和背阔肌、臀肌等部分组成。

胸腹部肌肉：胸大肌是一对强壮的浅层骨骼肌肉，该肌肉收上臂，构成腋窝。胸大肌上方起自胸骨侧缘和锁骨的内段，并延至第5、第6肋软骨前面，外头镶入三角肌下方，止于肱骨上端的胸大肌粗隆。女性因乳房突出而使胸大肌不明显。

前锯肌：前锯肌是胸外侧浅层骨骼肌，共8个肌束，位于胸廓侧面1~8肋骨外侧。共同止于肩胛骨前面脊柱缘。

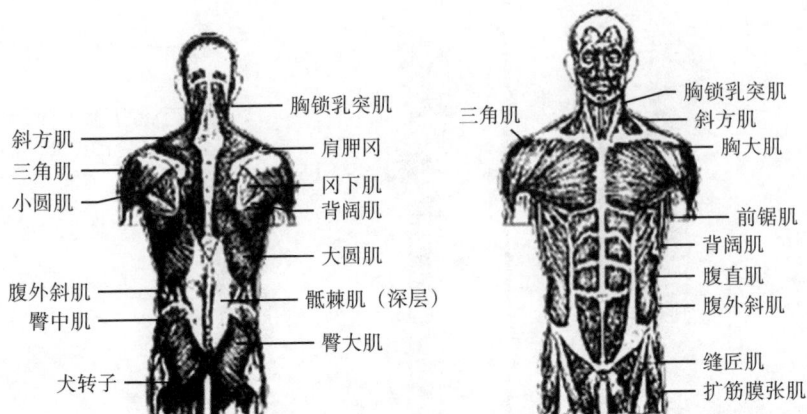

图5-43 躯干肌肉

腹直肌：左右各一块，呈上宽下窄状，通常表现为三个块状。脐上方为两截，下方为一截，并以脐中线呈左右对称状，上起肋骨下沿，下耻骨联合处，作用于腰部弯曲。

腹外斜肌：位于腰两侧，作用于腰的屈伸、回旋。

骨盆的动势表明了腿的动势，也不得不使腰部扭曲。而肩部因协和关系必然向一方倾斜，肌肉则跟着产生变化，而躯干的主要体积是胸廓和骨盆两大体块，这两部分的骨骼形体是稳定的。胸廓体块上缘由横贯左右的锁骨组成，下缘由两侧肋骨合成。骨盆体块为方形。与胸廓连接的是脊柱，转动中胸廓与骨盆两个体块皆产生腰部明显变化。

背肌：背部的肌肉有斜方肌和背阔肌，斜方肌起自枕外隆凸、上项线和全部胸椎棘突，止于锁骨外端、肩峰区肩胛冈。收缩时，使肩胛骨上提、下降或向中线靠拢。背阔肌起自下六个胸椎和全部胸椎棘突，止于肱骨小结节嵴。背阔肌还有四个肌齿起自下四个肋骨外面，此肌收缩，使上臂内收、内旋和后伸。在背部深层脊柱两侧，还有起自骶骨和骶肌后部、直达头骨下部的骶棘肌，能使躯干伸直和后仰，在外形上也较为明显。

斜方肌：斜方肌位于背阔肌上方，起点复杂，主要起于头下沿的枕外隆突、颈椎棘突、胸椎棘突，止点分上、中、下三个部位，上为锁骨外端1/3后缘，中为肩峰内侧，下为肩胛冈下缘内侧。整体为菱形，分左右两块，作用于肩胛。

背阔肌：位于斜方肌之下，起于第7胸椎及骶肌外缘后1/3处，集中止于上臂肱骨上部的小结节嵴，作用于上臂。

臀部肌肉：主要是臀大肌、臀中肌。臀大肌位于臀下方，为浅层肥厚肌肉，扁平状。臀中肌位于臀中部上方。臀中肌可使大腿外展，臀大肌使大腿外伸。在外形上，两肌呈蝶状。

上部的肌肉群（腰围以上）主要是推动臂的动作。

腰围以下部分的肌肉，主要作用是牵引腿的动作。

躯干的在运动中会牵引四肢和头部而使人体产生多种动作，是人体运动的中枢，也是关键。由于人体生长有左右对称的特点，因此人体前面可看见体中线，观察和认识体中线对于掌握运动中人体的活动规律是很有用的。

3. 四肢

（1）上肢。

① 手臂。

手臂骨骼：有锁骨、肩胛骨、上臂肱骨、前臂尺骨和桡骨。

上肢的肩部：前面是锁骨，后面是肩胛骨，锁骨内端和胸骨柄相连接称胸骨端，外端与肩胛骨相连接为肩峰。锁骨起着支撑和固定肩部活动的结构作用。

肩胛与肱骨上端相接构成肩关节，起着活动肩部和连接肱骨的作用。肩胛呈三角形，靠近脊柱的一边为脊柱缘，靠近腋部的一边为腋缘。上方有肩峰和肩胛冈，下方有三角，和肱骨相接的地方为关节。

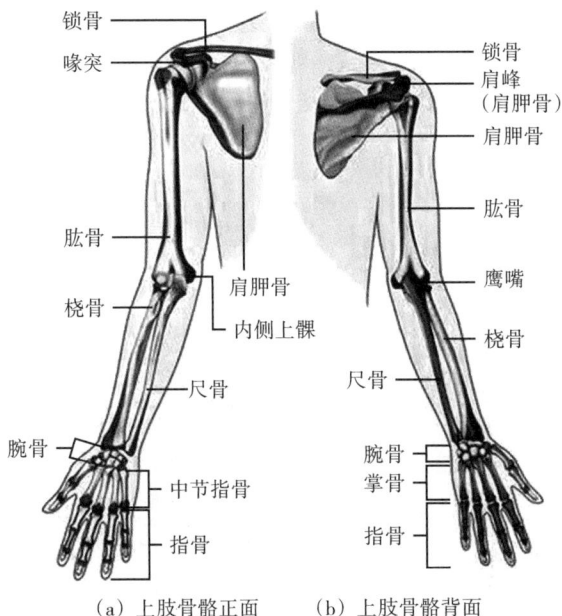

（a）上肢骨骼正面　　（b）上肢骨骼背面

图5-44　上肢骨骼

肱骨：上臂唯一的一块骨骼。肱骨上端呈半圆球体，叫作"肱骨头"，肱骨头下的外侧有一结节称为"大结节"。肱骨上端与肩胛连接构成肩关节；肱骨下端构成肘关节；肱骨下端内外有髁状隆起，分别称作"内上髁"与"外上髁"。肱骨外上髁的下面有一球面状骨点，称为"肱骨小头"。这些骨点在肘部造型中非常明显。

尺骨：上大下小，尺骨上端有一半月形关节面与肱骨构成"肱尺关节"，在半月形后上面有一突出骨点，称作"鹰嘴"。尺骨下端连接手部，小指一侧有一处膨起的球体称作"尺骨小头"。

桡骨：上小下大，上端称为"桡骨小头"，与肱骨小头构成"肱桡关节"，显露于肱关节后面。桡骨下端变扁而阔，并呈膨大髁状，称"桡骨髁"，髁外下有一突起，称"桡骨茎突"，桡骨下端与腕部构成"桡腕关节"。

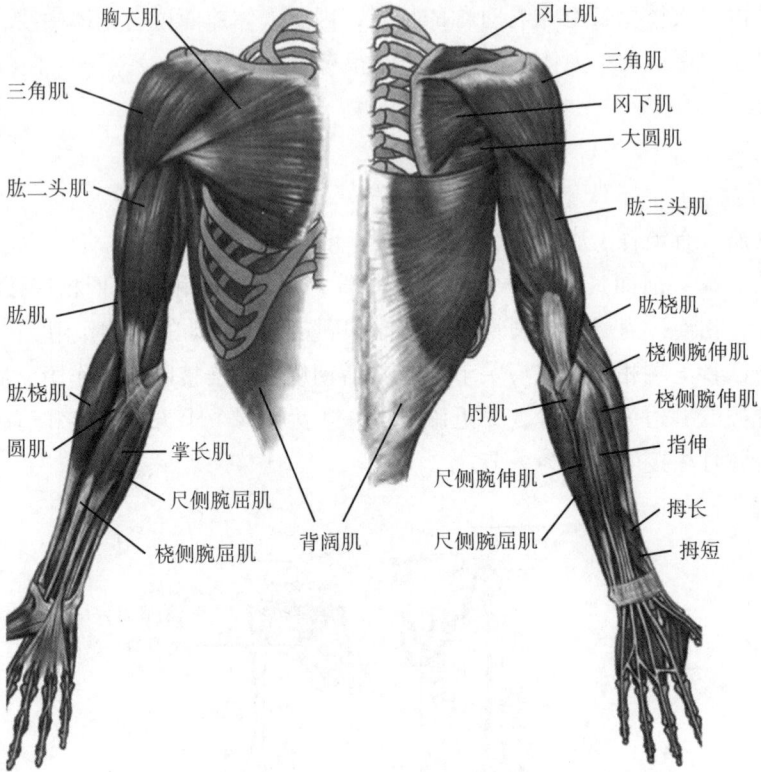

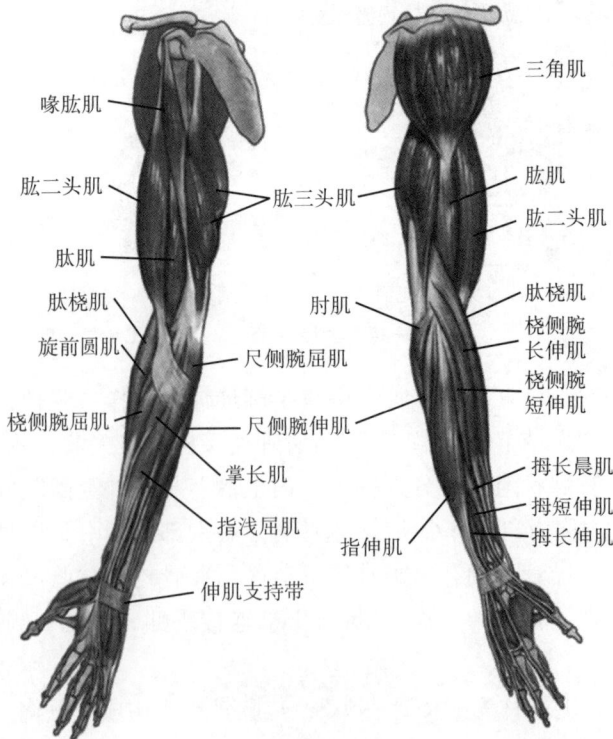

图 5-45　上肢肌肉

手臂肌群。上肢肌肉为长梭状运动肌肉，它们在活动中隆起变化很大，主要肌肉由上、下两部分组成。上臂由三角肌、肱二头肌、肱三头肌组成。前臂（下臂）由前臂屈肌群、前臂伸肌群，肱桡肌群组成。

上臂主要肌肉及作用。三角肌：位于肩部，起自锁骨外侧段、肩峰及肩胛冈，止于肱骨的三角肌粗隆；使肩关节外展达90°，前部肌束使肩关节前屈和旋内，后部肌束使肩关节后伸和外旋。肱二头肌：起自肩胛骨关节盂上方，止于桡骨粗隆；屈肘关节，当前臂处于旋前位时，使其旋后，还可协助屈肩关节。肱三头肌：长头起自肩胛骨关节盂下方，外侧头、内侧头均起自肱骨体的后面，三头会合形成肌腹，止于尺骨鹰嘴；收缩时伸肘关节，长头还可使臂后伸和内收。

前臂肌肉的作用：前臂肌肉位于尺桡骨的周围，分为屈肌群和伸肌群，其主要的作用就是使腕关节和手指产生运动。根据前后的方位以及深浅不同，可以分为以下几种。其一，前臂的屈肌群，位于前方，分为四层：第一层有肱桡肌、旋前圆肌、桡侧腕屈肌、掌长肌以及尺侧腕屈肌；第二层只有一块肌肉，就是指浅屈肌；第三层有两块肌肉，分别是拇长屈肌和指深屈肌；第四层是旋前方肌。其二，前臂肌肉的后群也就是伸肌群分为深浅两层：浅层主要是桡侧腕长伸肌、桡侧腕短伸肌、指伸肌、小指伸肌以及尺侧腕伸肌；深层有五块肌肉，分别是旋后肌以及拇长展肌、拇短展肌、拇短伸肌以及示指伸肌。

上臂肌肉虽很复杂，但它们形成不同的肌群，造型时不难表现。上臂肌群主要有内侧肱一头肌、外侧肱三头肌，外侧上部有三角肌一大块居于上方。

前臂肌群较复杂，组织规律也明显。背侧肌肉都位于尺骨上半段的外侧髂骨周围。除旋后肌外，其他所有肌肉都属于伸肌类型，或伸肘，或伸腕，或伸指。这些肌肉基本上都起自肱骨外侧与尺桡中上段的背侧，而又分别止于掌骨底、指骨底，肌腹会合在前臂中上段的桡骨背侧肌外，故此造型中常作为一个肌群处理。手臂的运动使腋窝周围的肌肉发生变化，大圆肌和背阔肌组成了腋窝的后壁，两条被称为前胸沟的小斜线将胸大肌与前臂分开，沿着胸大肌的边缘构成腋窝的前壁。

②手掌。

手掌骨骼：手掌骨骼由腕骨、掌骨、指骨组成。

腕骨：腕骨分上下两列，上列由舟骨、月骨、三角骨、豌豆骨组成。下列由大多角骨、小多角骨、头状骨，钩状骨构成。腕骨上列同桡骨关节面相互组成"桡腕关节"，腕骨之间形成的关节称为"腕骨间关节"。腕骨下列与掌骨构成的关节称为"腕掌关节"，上下两列腕骨，手背面呈弧状。

掌骨：掌骨共有五根，共同构成手掌的造型。从拇指处开始数为第一掌骨，形状粗短；第二掌骨最长，其余依次变短。掌骨前接指骨，后接腕骨，构成活动关节。

指骨：指骨除拇指为两节外，其余都是三节。接近掌骨的为第一节，第一节最长，其余两节依次变短。中指最长，骨头为管状，每节两端有粗圆关节3指节。

手掌部肌肉群主要有拇短展肌、拇短屈肌，小指展肌、小指屈肌与骨间肌群等。

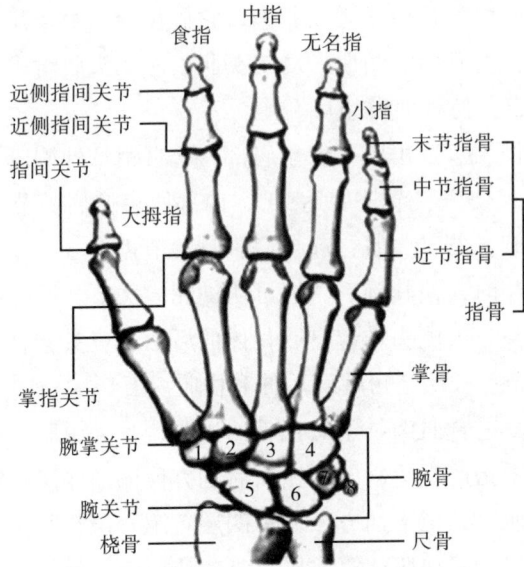

食指　中指　无名指

远侧指间关节
近侧指间关节
指间关节
大拇指
掌指关节
腕掌关节
腕关节
桡骨

小指
末节指骨
中节指骨
近节指骨
指骨
掌骨
腕骨
尺骨

1—大多角骨；2—小多角骨；3—关状骨；4—钩状骨；

5—舟骨；6—月骨；7—三角骨；8—豌豆骨

图5-46　手掌骨骼

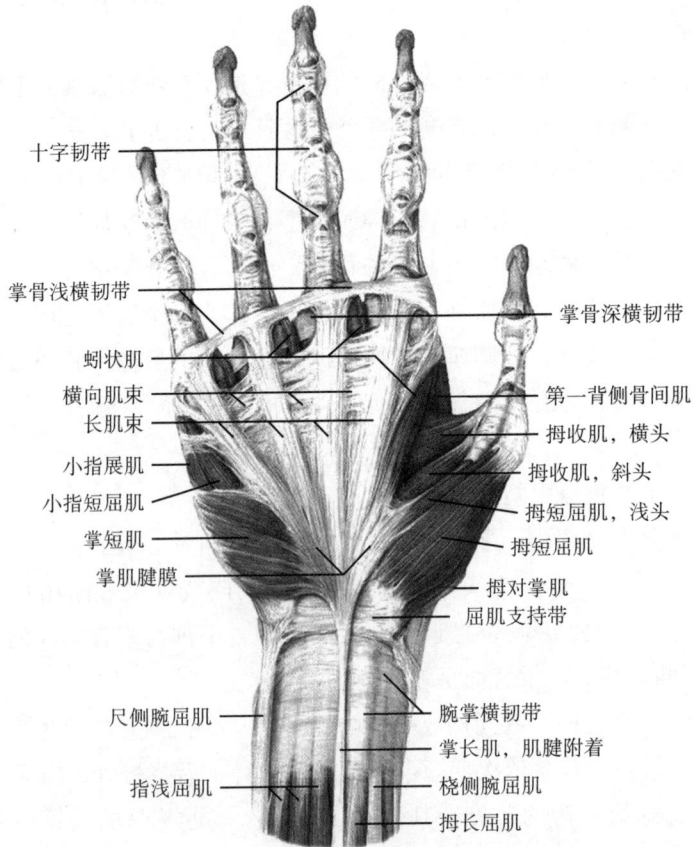

十字韧带
掌骨浅横韧带
蚓状肌
横向肌束
长肌束
小指展肌
小指短屈肌
掌短肌
掌肌腱膜
尺侧腕屈肌
指浅屈肌

掌骨深横韧带
第一背侧骨间肌
拇收肌，横头
拇收肌，斜头
拇短屈肌，浅头
拇短屈肌
拇对掌肌
屈肌支持带
腕掌横韧带
掌长肌，肌腱附着
桡侧腕屈肌
拇长屈肌

图5-47　手掌肌肉

另外还有拇指长伸肌腱和总伸肌腱等。这些肌肉左右着手的各种活动。手指关节活动情况：手关节包括桡腕关节、腕骨间关节、掌指关节、指间关节。腕骨间关节活动幅度最大；掌关节除拇指外，其余四个外形变化不大，造型上可视为一个较稳固的整体。掌指关节、指关节变化多，但一般不能向手背弯曲。

（2）下肢。

下肢在人体结构与运动中占重要地位。下肢支撑着人体的重量、人体在空间的各种动态。下肢是人体运动重心表现的部位，所以也是人体运动的重要部位。下肢的体积呈圆柱形，运用几何体的概念分析认识下肢是最有效的表现方法。此外对下肢的关节，如臀部、膝关节、踝关节的动势表现明显标志点要认真研究，是对结构在空间变化认识的重要方面。

①下肢骨骼：髋骨与尾骨相连，方圆形的盆状骨称为骨盆。

骨盆上大下小，左右宽、前后窄。其主要骨块有：

骨盆上左右两块叫髂骨，明显裸露于体表，是造型时的骨点。

耻骨位于髋骨前下部，分上下两支，两支于中间对接处叫耻骨联合。

坐骨位于髋骨后下部，也分上下两支，上支与耻骨、髂骨合成髋臼，上下骨两端为坐骨结节。骨盆在性别上有男女之分，女宽而短，男窄而长。

骨盆与股骨：女性骨盆比肩宽大，呈向后倾斜状，男性骨盆比肩窄小，呈垂直状。骨盆与下肢之间靠股骨接连。上端的股骨头位于股骨上端内上方，为一大球形，与骨盆的髋臼构成髋关节。股骨颈位于股骨头后方，略细于股骨头，呈方圆形。股骨颈与股骨之间为一横一竖，形成一定角度。在股骨颈下的外上方有一结节状突起，称为大转子，股骨颈内下方突起处为小转子。股骨中间为股骨体。股骨下端肥大，主要有内、外髁髌面。股骨下端与胫骨、髌骨构成膝关节。

大腿部骨骼：大腿部的骨骼为股骨，是人体最粗最大的长骨。上端半球状的股骨头，与髋骨相接形成髋关节。上端外侧为大转子，显露于体表，是表现人体动态的主要部位之一。股骨下端粗大，两侧突起两个髁，内侧髁屈膝时突出明显，外侧髁较小。两髁间连成滑坡形的膑面，后面深窝成髁间窝。

小腿部骨骼：小腿的骨骼由胫骨和腓骨组成。胫骨粗大，上端接关节面，和股骨下端构成膝关节，上面两侧有内髁和外髁。上端前沿突起为胫骨。胫骨下端与脚连接，形状为方形，内侧突起为内踝。腓骨上下端较胫骨低，上端为腓骨小头，也是突起点。下端尖突处为外踝。内、外踝是造型时两个重要的骨点。

足部骨骼：足部骨骼为跟骨、跗骨、趾骨三部分。跟骨位于足后半部，由7块组成。跗骨位于足中部，由5块组成。趾骨共14块，位于足前部。

膝关节：膝关节是下肢活动幅度最大的关节。膝关节只可做后屈的动作，它主要由股骨下端的内侧髁、外侧髁、髁间窝和胫骨上端的内侧髁、外侧髁、顶面的圆盘关节面构成。大腿部肌肉有前侧的缝匠肌和股四头肌，内侧肌群，后侧的股二头肌、半腱肌和半膜肌。缝匠肌起自髂前上棘，止于胫骨上端内侧，收缩时，抬大腿和内旋小

（a）下肢骨骼正面　　　　（b）下肢骨骼背面

（c）右足正面　　　　　　（d）右足侧面

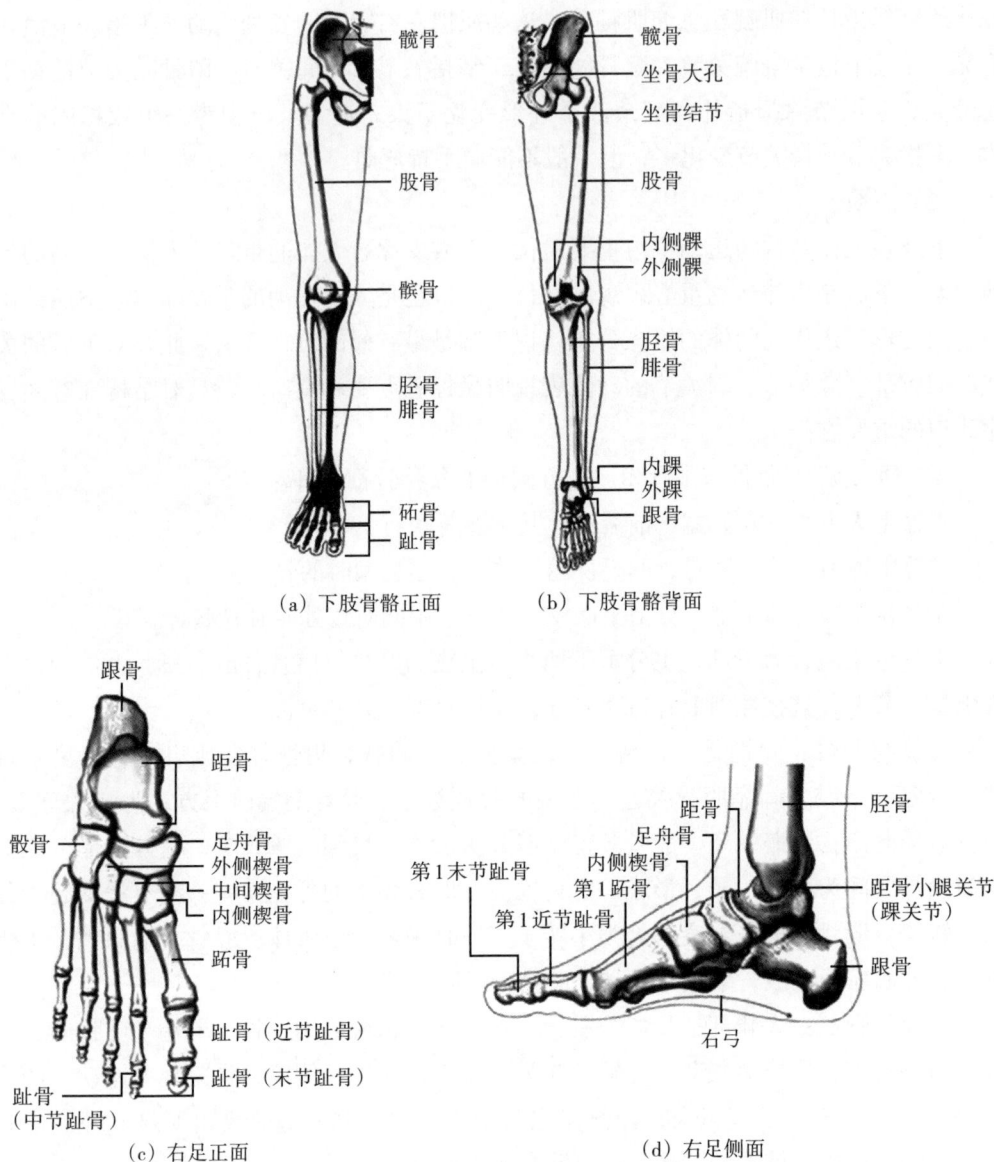

图5-48　下肢骨骼

腿。股四头肌包括股直肌、股内肌、股外肌、股间肌（深层）。股直肌起自股前下棘、股内肌、股外肌。股间肌均起自股骨前面上半，四个头通过髌骨，借髌韧带止于胫骨粗隆，收缩时，伸小腿。

②下肢肌肉。

髋部。髋部肌肉包括臀中肌、臀大肌、阔筋膜张肌。

内侧肌群包括髂腰肌、耻骨肌、长收肌、大收肌和股薄肌等，在外形上连成一块，其中长收肌较为明显。各肌大多起自耻骨及坐骨结节，止于股骨内侧上下及胫骨的胫骨粗隆内侧，收缩时，内收、外旋大腿。大腿后侧包括股二头肌和半腱肌、半膜肌。股二头肌上部为臀大肌覆盖，长头起自坐骨结节，短头起自股骨粗线中部，止于腓骨小头，收缩时，使小腿屈起和内旋。

小腿：小腿肌肉分为前群、后群和外侧群。前群肌肉为伸肌，包括胫骨前肌、拇长伸肌、趾长伸肌，三肌均起自胫、腓骨上部，分别止于第一趾骨底和第一跟骨、拇指末节趾骨2～5趾和趾背腱膜。后群肌肉为小腿屈肌群。浅层包括比目鱼肌。腓肠肌和比目鱼肌着重发力，腓肠肌，内起自股骨肉上，外头起自股骨外上，止于跟腱。比目鱼肌起自胫骨、腓骨后上部，与腓肠肌合成一条肌腱，称为跟腱，止于跟结节，收缩时，屈小腿、提起足跟。

足部：足部肌肉浅，主要有拇短伸肌、拇长伸肌、趾短伸肌、趾长伸肌，骨间背侧肌。

足背肌群：足部肌肉主要由背肌群和足底肌群组成。足背肌群集中在足背外侧面，由拇短伸肌和趾短伸肌组成，它们起自跟骨，止于拇指和其他足趾关节，有伸踝关节和屈伸足趾的作用。

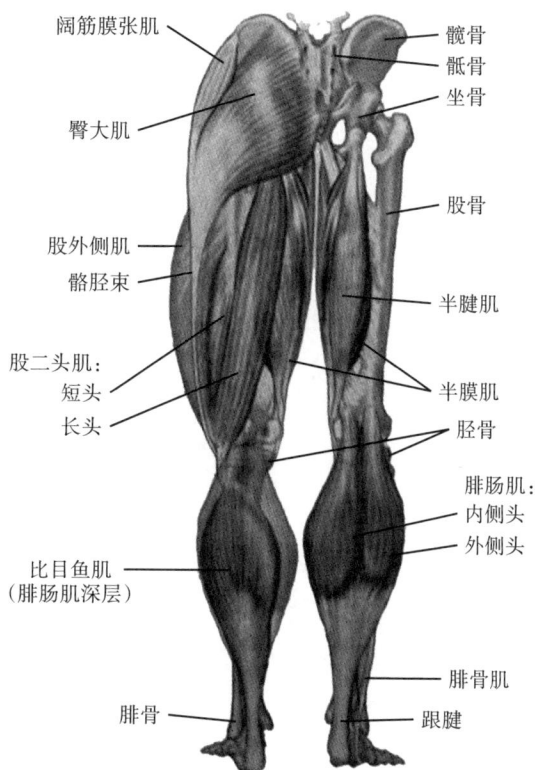

图5-49　下肢肌肉

足底肌群：足底肌群较厚而明显，位于足心两侧，中间有明显的趾短肌。两侧分别是拇展肌和小趾展肌，并且都具有维持足弓的功能。足后部足跟处有一垫子形肌肉，维持足部功能，产生重力弹性。

？ 思考题：

1.从字面意义与分类上来看，医学与美术似乎根本没有任何共同之处，请问怎样将医学视作一门艺术科目来学习？

2.中国绘画的最大最本质的五个特点是什么？

3.谈谈学习本章第二节艺用人体解剖学之后的感受。

本章参考文献

［1］　张开泉，李洪涛，宋建新.临床多媒体教学中医学美术实践原则［M］.北京：清华大学出版社，2011.

［2］　朱元吉.达·芬奇与蒙娜丽莎［M］.郑州：郑州大学出版社，2014.

［3］ 熊伟翔.艺术家的情结和个性对艺术风格的影响［M］.武汉：湖北省新闻出版局出版，2010.

［4］ 尹朝.基于美学原理的蒙娜丽莎审美距离研究［J］.北京：经济日报社，2017.

［5］ 张宝才.人体艺术与人体解剖学［M］.沈阳：辽宁美术出版社，1995.

［6］ 陈伟生.艺用人体解剖结构［M］.长春：吉林美术出版社，1994.

第六章 医学与音乐

第一节 医学与音乐概述

一、音乐与医学关系的起源

（一）史前时代的音乐与治疗

在史前时代，人们相信音乐的力量可以影响精神和躯体的健康，认为音乐与"超自然"的力量紧密关联。受科学水平的限制，人们将所有说不清楚的现象都用超自然的方法进行解释。比如：当时的人们相信在一些重要的礼仪中所使用的歌曲来源于某些超人类或超自然的力量。这些歌曲被用来乞求神灵，他们无法解释这些歌曲中的力量或能量，人们在这类宗教或礼仪等活动中求助于这种力量。

在一些史前社会文化中，患病的人被认为是受到了敌对部族魔法的侵袭，是无辜的受害者，应该得到应有的治疗。然而，在有些部落文化中，则认为得病的人是为了赎罪，如果他因为身患疾病而不能负起自己应尽的责任，就会被驱逐或流放。在这样的社会文化中，法师扮演着音乐师和治疗师的角色，成为寻找疾病原因和给予病人治疗的重要角色。多数情况下，部落的法师在社会中拥有重要的地位和职能。这些人的职责除了要确定疾病的原因，还要驱除病人身上的"幽灵"和"魔鬼"并为其提供治疗。这时音乐功能是作为治疗仪式的前奏曲。在史前文化中，这种在法师的引领下举行的各种仪式所产生的集体活动的力量，包括家庭和社会成员的力量是得到充分尊崇的。以治疗为目的的降神仪式或歌舞活动可以为病人提供精神和情绪的支持。

在史前时代，人们具有独特的风俗和礼仪，音乐在这个时期与神灵和宗教治疗仪式相交织，并在其中扮演了重要的角色。

（二）古代文明时期的音乐与治疗

随着文明的发展，宗教和医学理论开始沿着不同的方向发展。在古埃及（公元前5000年），音乐治疗师与长老或其他重要的政府官员通常有着密切的关系，所以他们享有特权。古埃及的医生喜欢把音乐作为"心灵的药物"，通常把歌曲治疗作为医学活动的一部分。

在巴比伦文明的高峰期（公元前1850年），疾病被列入了宗教的框架。患病的人被认为是冒犯了神而需要赎罪，因而被社会驱逐。假如提供治疗，也仅仅是宗教典礼的一部分。治疗仪式通常包括音乐。

在古希腊神话中，阿波罗神掌管着音乐和医疗。这说明在古代希腊人的心目中，音乐和医疗是一回事，二者具有相同的功能属性。

古希腊人认为音乐对思想、情绪和躯体健康具有特殊的力量。泰勒斯（约前624—前547）是古希腊哲学家、数学家、天文学家，"希腊七贤"之一，他被认为在公元前600年的斯巴达通过音乐的力量治愈了一场瘟疫。治疗的神圣场所、庙宇、专职唱圣歌的人以及音乐成为给情绪紊乱的病人的"处方"。使用音乐来治疗精神障碍反映出人类的一个信念，即音乐可以直接影响人的情绪和改善个性。亚里士多德是确认音乐的治疗力量的著名的古希腊哲学家之一，他认为音乐有情绪宣泄的价值；柏拉图把音乐描述为心灵的药物；马可·奥里勒留（古罗马皇帝，斯多亚派哲学家，121—180）则提出警告，不要无选择地使用音乐来治疗病人。

后来，在希腊，理性的医学几乎完全取代宗教仪式。尽管还有少部分人一直把疾病归因于超自然的力量，但是大部分人支持要科学地调查疾病的起因。

古希腊著名医师希波克拉底被称为"医学之父"，欧洲医学奠基人。希波克拉底提出了"体液学说"，认为人体是由血液、黏液、黄胆和黑胆这四种体液所组成的系统，这四种体液的不同配合使每一个人都有着独特的体质。希波克拉底认为疾病是发展着的现象，认为医师所应医治的不仅是病而且是病人，从而改变了当时以巫术和宗教为根据的治疗观念。

这一理论影响了随后2000年的西方医学发展，成为中世纪最重要的医学理论基础。

（三）中世纪和文艺复兴时期的音乐和治疗

在中世纪，基督教在西方文明中有着巨大的影响力，宗教音乐在当时的医疗中担当了重要角色。出现了专为治疗感冒而咏唱的"圣歌"，宫廷乐师们也专门创作谱写音乐为达官贵族解除病痛。

在中世纪，尽管基督教很大程度上影响了人们对疾病的态度，但是，医学实践仍是以希波克拉底的四种体液的理论为基础。这种架构也为音乐在治疗疾病时的角色提供了基础。这时许多政治家和哲学家相信音乐具有治疗的力量，如：波伊提乌相信音乐可以使人类的道德改善或堕落。像亚里士多德一样，卡西奥多鲁斯把音乐视为一种有效的情绪宣泄，而圣巴西勒则把音乐作为治疗惊恐情绪的正向媒介。许多人相信，赞美诗对治疗一些呼吸系统疾病具有疗效。

进入文艺复兴时期，解剖学、生理学、临床医学的发展标志着科学医疗的开始。音乐和治疗的结合也朝着更科学的方向发展。在这一时期，出现了一些音乐与医学结合的文献，例如，著名音乐家查里诺和医生维萨里就探讨了有关音乐和医学之间的关系。作家莎士比亚和阿姆斯特朗都在所创作的戏剧和诗歌中列举了大量用音乐作为治疗手段的例子。

文艺复兴时期，音乐不仅仅被用来治疗忧郁、绝望和精神疾病，也被医生作为预防性药物来使用，音乐被视为加强情绪健康的有力工具。对于那些能够负担昂贵费用的富人来说，现场演出音乐可以帮助他们对生活保持一种积极正向的态度。音乐在这一时期显得尤为重要，因为流行病在欧洲肆虐。

到了18世纪，欧洲和美国的医师们开始深入了解音乐对人体在生理方面的作用，观察到音乐对呼吸、心率、血压、消化系统的影响（陈建华；Alvin，1975）。这时西方出现最早介绍音乐治疗的著作，比如：英国布朗的《音乐医学》、奥地利医师利希藤塔尔的《音乐医生》（陈建华，2001）。1804年埃德温阿特利（Edwin Alee）撰写的论文《论音乐对疾病治疗的影响》（An Inaugural Essay on the Influence of Music in the Cure of Diseasee）在文中写道："音乐对心灵影响重大，对生理也是。"

18世纪后期，欧洲的医生虽然仍一直在提倡把音乐用于疾病的治疗，但是医疗理念渐渐发生了变化。随着对医学科学的更多强调，音乐在治疗中的地位慢慢降低到了仅在某些具有多学科交叉的整体观念的医生的个案中使用。

二、音乐在医学中的应用

（一）音乐有稳定血压、心率的作用

应激的本质是机体在面对压力困扰或挑战时，身体和心理产生的一种反应。人在应激状态下会引起机体的一系列反应，包括肌肉紧张、血压升高、心率呼吸变快等一些躯体反应。音乐作为自然的旋律可以通过心理、生理途径调节人的循环系统。轻柔的音乐可以让人的大脑产生一种叫内啡肽的物质，这种物质能够让人感到轻松和愉悦，从而使心率由快趋于正常，血压由高趋于平缓。

（二）音乐有稳定情绪的作用

人们常常认为音乐可以调节情绪，这是因为情绪是意识的真实反映，而音乐则是一种无形的信号，通过振动的频率影响人的意识，从而影响情绪。音乐可以激活意识的休眠区，提升人的感受力、理解力和共情能力，让人变得更加觉知，能体验到前所未有的感受传递。音乐是滋养人类纯意识海洋的一种方式，也是构建内在精神世界的基础。

（三）音乐为患者提供适宜的诊疗环境

即使在最现代化的手术室，都不可避免手术中发出器械运作的嘈杂声。这些噪声对于麻醉前及术中神志还清醒的患者而言，是一种不良的刺激，易引起恶性循环并增加患者的恐惧心理。美妙的音乐既可以让患者在心情愉快的状态下接受手术，又可减轻这些噪声对患者的不良影响，让患者在舒缓的音乐节奏中安定下来。

（四）音乐的临床运用

其实，早在"二战"时期，就已经有医生将音乐应用于外科手术了，他们发现这

样做不仅能舒缓医生的紧张心情，也能转移、分散病人的注意力，对病人有一定的镇痛作用，在术后还能帮助病人调整生理指标。随着现代社会的发展，音乐被广泛用于外科手术、分娩和慢性疼痛管理等领域。

在康复领域，音乐被用于改善身体、心理和社交功能。例如，对于运动功能受损的患者，在进行康复训练时可以通过音乐来激发患者的运动欲望和动力，增加运动效果；音乐还可以用来改善社交功能，让患者与医生及其他患者间建立联系，促进情感交流，建立和谐的人际关系，增强战胜疾病的信心。

音乐对大脑的影响是全面而复杂的，它不仅能影响人的情绪，还能改善人的认知，促进自我表达和情绪释放。基于音乐的生理、心理治疗功能，在临终关怀领域，音乐通常被用于缓解病人身体上的疼痛和不适、给予病人情绪上的支持和慰藉、帮助患者和家人对共同经历的生命美好瞬间进行回顾等。

在特殊教育领域，音乐的娱乐性功能为特殊儿童提供愉快的审美体验，音乐的生理、心理作用还可以促进特殊儿童的认知发展、情感表达、社交互动以及行为调整。

除上述领域，音乐还可以帮助未成年罪犯和戒毒者、囚犯缓解情绪问题。为他们提供表达、忏悔的平台，帮助他们重新建立生活的勇气和目标。特别是对吸毒人群，音乐创作能有效地帮助他们学会合理宣泄情绪，寻找内心的平静，摆脱对毒品的依赖，并降低复吸率。

三、音乐与健康

音乐用于健康，有什么科学依据呢？从心理学、音乐心理学、生理学等学科的实验室研究中我们得出了以下结论。

（一）音乐和一些有趣的生理反应、生化物质和激素有密切的关系

第一，音乐可以促进"快乐激素"——多巴胺的分泌，多巴胺是一种神经传导物质，它的作用是传递亢奋和愉悦的信息，从而作用于情绪。

第二，音乐能够抑制去甲肾上腺素的分泌，这是一种引起激情产生的激素。能够提高大脑皮层的兴奋性，增加愉悦感。

第三，音乐可以促进血液中内啡肽的含量增加，这是一种天然的镇痛剂和愉悦感的来源，从而起到镇痛的作用。

第四，音乐可以增加体内免疫球蛋白A的含量，免疫球蛋白A是一种抗病毒抗体，可以增强人的免疫功能。

第五，音乐能够改善大脑功能、协调大脑左右半球，促进人的智力、想象力和创造力的发展。

第六，音乐能够影响脑电波的变化。脑电波按频率可分为：δ波、θ波、α波、β波。

研究表明，巴洛克音乐每分钟60拍，节拍稳健庄重，恰好与人脑放松而清醒时的α波同频，聆听这些音乐（如亨德尔、维瓦尔第、巴赫等作曲家的部分作品）可以使脑

电波从意识处于分散状态或负面情绪时的β波转换到意识处于高度集中或平静状态时的α波，使大脑进入活跃的状态。常听α波音乐，大脑清醒且放松，注意力集中，情绪愉悦稳定，记忆力、专注力、创造力显著提高。

第七，音乐可以直接作用于下丘脑。下丘脑主管人的情绪和自主神经系统，脑生理研究已发现下丘脑有专门的"快乐中枢"和"痛苦中枢"。自主神经系统通过下丘脑的作用受制于情绪，愤怒、痛苦、悲伤等情绪常会伴有明显的自主神经反应，并影响到相应的内脏器官，从而使所在的内脏器官产生变化，如心率的加快或变缓、血压的升高或降低、消化系统功能被激活或抑制等生理反应，进而影响身心疾病的产生和发展。

（二）音乐能够投射、干预和起作用于人际和社会关系

音乐会、舞会、文艺演出以及各种小组的音乐活动都是一种社会关系的反映，它们本身就是一种社会活动。但与实际的人际和社会关系不同的是，音乐提供的是非语言性交流，这个环境更加包容，为参与者提供足够宽松的社会交往平台，通过音乐表达、交流，增进自己的人际交往能力。

除了人际社会交往之外，在小组的音乐活动和游戏中，共同的参与者能够彼此提供平等的支持和理解，分享心理、情感困惑，为解决彼此的困扰提供积极的支持。

大型的音乐活动还有促进社会整合的功能，如大型综艺晚会、大型交响音乐会，不同行业的人们集合在一起接受音乐的熏陶和洗礼。音乐把人们召集在一个温馨、安全的环境中，人们在活动中获得自信心和满足感，以及积极正向的体验。

（三）音乐能够直接作用于情绪，对情绪产生巨大影响

音乐有它独特的表达力，它能以抽象的方式传递出人们内心的思想和情感。例如，当我们听到《婚礼进行曲》时，马上会洋溢出浪漫幸福的感受，甚至脑海中会马上联想到一对新人在掌声与祝福声中缓缓走来。而当我们听到哀乐时，心情是截然不同的，会变得特别难受，感到无限惆怅和思念。当我们听到民乐合奏《步步高》时，心中立即会洋溢起喜庆和吉祥，它已经成为中国人对年味的记忆。音乐就是这样容易唤起人们对往日的记忆，也容易把人们的情绪带入到音乐所描述的情绪中，让人和音乐的思想融为一体。

这些生活体验和常识告诉我们，音乐对于人的情绪有巨大影响，音乐可以控制和改变人的不良情绪。在现代音乐疗愈中，我们仍然会遵循亚里士多德提出的"同步原则"（ISO principle），它强调要想影响和改变人的不良情绪，要使用与其目前情绪状态同步的音乐，让音乐与人的情绪产生共鸣，然后再通过逐渐改变音乐的情绪色彩，对人的潜意识进行引导，以已达到帮助解决心理、情感问题的目的。

（四）音乐的审美体验是人类身心健康的一剂良药

与音乐的美妙一样，美也是人类特有的体验。人类能在音乐活动中不断体验音乐

的震撼美，从而不断丰富对生命的积极体验，增强从容应对疾病、痛苦、恐惧、压力的能力，即增强人类的生命力。那么决定人类强大生命力的又是什么呢？一定是人类对生命存在本身的愉悦、良好的积极体验，也可称之为审美体验。如果一个人能在生活中经常体验到愉悦之美，他就会感受到生命的美好，它的生命力就强大，面对打击和创伤时会显现强大的承受力和自愈力。反之，如果一个人不能在生活中体会到愉悦和美，他就不能感知到生命的美好、意义和价值，就会出现厌世、生不如死的想法。音乐能够给人带来美的感受，可以在无意识之中把痛苦消极的创伤体验转化为积极深刻的生命体验。

四、音乐在生活中的应用

音乐是一种独特而美妙的艺术形式，音乐之美可以给人们的生活带来快乐和良好的情感体验。即使在日常生活中，也可以通过聆听、演奏、创作等方法享受音乐的魅力，让音乐之美融入生活，从而让人们的生活更加丰富、有趣，让身心更加健康。

（一）欣赏音乐

每天花一些时间欣赏自己喜欢的音乐。可以尝试听不同风格的、不同形式的音乐，如古典音乐、流行音乐等。多聆听，多浸染，在音乐的氛围中培养音乐的感知力、鉴赏力，舒展心胸，增进身心健康。

（二）学习音乐

学习乐器和音乐知识可以提高人的认知能力和创造性思维。深入了解音乐的历史、理论、文化背景等知识，可以进一步提升对音乐的理解力，更好地领略音乐的内涵和美妙之处。学习一种乐器还可以让人们更深入地了解音乐，提升自己的音乐创作能力。无论是钢琴、吉他、古筝还是其他乐器，都可以为生活带来更多的乐趣和挑战。

（三）选择音乐

经过了对音乐的学习的过程，我们就可以进行选择。有意识地选择我们在不同状态、情境下需要的音乐内容和音乐活动方式，将知识转为实际应用。

比如，在繁忙的工作或学习生活中，可以利用音乐进行冥想和放松。选择一段适合冥想的音乐，闭上双眼，做深呼吸，放空思绪，让自己专注于音乐的旋律和节奏，利用冥想时间来放松身心。也可以选择聆听一些大自然的声音，让自己得到充分的休息和调整。

也可以在休息、做家务、运动或上下班途中等日常生活中，选择与这些活动相匹配的音乐类型，创造出一种愉悦和浪漫的音乐氛围，让生活变得更加惬意而多姿。

（四）创造性参与，接近音乐

参与是体验音乐之美的重要途径，也是将音乐融入生活的方式。音乐活动通常是集体参与的活动，选择一些自己的音乐团体或音乐好友，这种共同参与的过程常常有助于建立起一个良好、亲密的合作关系，并进一步为个体创造一个和谐、安全的社会环境。另外，音乐的魅力和愉悦性也会吸引那些社会性退缩的人们参与到音乐的社会活动中去，从而改变其自我封闭状态，让更多的人感受到音乐的美好。

五、聆听音乐与健康生活

（一）音乐与焦虑症

1. 焦虑症及其临床表现

焦虑症，又称为焦虑性神经症，是神经症这一大类疾病中最常见的一种，以焦虑情绪体验为主要特征。可分为慢性焦虑（即广泛性焦虑）和急性焦虑（即惊恐发作）两种形式。

焦虑症主要表现为：无明确客观对象的紧张担心，坐立不安，还有自主神经功能失调症状，如心悸、手抖、出汗、尿频及运动性不安等。应注意区分正常的焦虑情绪，如焦虑严重程度与客观事实或处境明显不符，或持续时间过长，则可能为病理性的焦虑。

2. 音乐欣赏推荐

（1）《蓝色多瑙河圆舞曲》。《蓝色多瑙河圆舞曲》为奥地利著名作曲家小约翰·施特劳斯最负盛名的圆舞曲作品，创作于1866年，被誉为"奥地利第二国歌"。由序曲、五段小圆舞曲及一个较长的尾声连续演奏组成。乐曲以典型的三拍子圆舞曲节奏贯穿，音乐主题优美动听，节奏明快而富于弹性，体现出华丽、高雅的格调。

（2）《圣母颂》。《圣母颂》是奥地利作曲家弗朗兹·舒伯特根据英国小说家的长诗《湖上美人》中的《爱伦之歌》谱写的艺术歌曲，讲述了一位名叫爱伦的少女来到湖畔，跪在岩石上的圣母像前虔诚祈祷，希望借着圣母慈悲的力量，将一切烦恼、苦难从心中驱散，从而得到向往的自由与爱情。歌曲的前奏采用了延绵不断的六连音分解和弦，描绘出湖水拍打岸边的画面；在分解和弦的伴奏下，平稳柔和的旋律如清泉一般缓缓而出，烘托出一种宁静纯美的气氛，把人引入圣洁之境。全曲结构平缓，没有大的起伏和对比，在舒展平和中宁静地流露出心潮的起伏。将少女悲凉苦涩的心情与宗教的神圣虔诚完美融合在一起，充分表现了少女真诚祈求圣母赐予心灵抚慰的情景。

（3）《门德尔松E小调协奏曲》。德国作曲家门德尔松为出身名门贵族的典雅绅士。这首小提琴协奏曲是世界上登台演奏最多的协奏曲，一个多世纪以来久奏不衰。它有着高贵温柔的小调色彩，第二乐章是一幅怡人的音诗画。钢琴伴奏好似荡漾的水波。小提琴弓弦之间缓缓倾泻出柔丽抒情的旋律，显示出小提琴的纯洁和崇高。曲调在进入复调后，其双音技巧得以充分展现，宛如两把小提琴合奏。这是小提琴协奏曲中最迷人的柔板乐章。

（4）《梁祝》。《梁祝》小提琴协奏曲是陈钢与何占豪就读于上海音乐学院时的作品，作于1958年冬，1959年5月于上兰心大戏院首演时获得好评，由俞丽拿担任小提琴独奏。题材是家喻户晓的中国民间故事，以越剧《梁山伯与祝英台》中的曲调为素材，综合采用交响乐与我国民间戏曲音乐表现手法，依照剧情发展精心构思布局，采用奏鸣曲式结构，很好地表现了戏剧性的矛盾冲突。《梁祝》旋律优美，色彩绚丽，通俗易懂，即使没有任何说明，一幅幅动人画面也能展现在人们面前。

（二）音乐与抑郁症

1. 抑郁症及其临床表现

抑郁症又称抑郁障碍，以显著而持久的心境低落为主要临床特征，是心境障碍的主要类型。

抑郁症的主要表现有以下几方面。

心境低落：轻者闷闷不乐、无愉快感、兴趣减退，重者痛不欲生、悲观绝望、度日如年，并在此基础上出现自我评价降低，产生无用感、无望感、无助感和无价值感，常伴有自责自罪，严重者出现罪恶妄想和疑病妄想，部分患者会出现幻觉。

思维迟缓：思维联想速度缓慢，反应迟钝，思路闭塞，可表现为主动言语减少，语速明显减慢，声音低沉，对答困难，严重者交流无法顺利进行。

意志活动减退：表现为行为缓慢，生活被动、疏懒，不想做事，不愿和周围人接触交往，常独坐一旁，或整日卧床，闭门独居、疏远亲友、回避社交，严重时不顾生理需要和个人卫生。

2. 音乐欣赏推荐

（1）《追梦人》。由班得瑞乐团演奏的一首乐曲。收录于金革唱片公司2001年3月1日发行的专辑《梦花园》中。这是一首纯音乐。由钢琴先发出场，为这场梦境铺路，一阵微风般的风铃声划过，荡气回肠的弦乐演奏便精彩展开。最后终止前，还是由钢琴代表隐退，然而即使是在梦醒后，梦中的美好依然在记忆中萦绕。

（2）《雪之梦》。《雪之梦》（Snow dreams）又被译作《雪的梦幻》，是班得瑞（Bandari）在1998年创作的一首纯音乐作品，收录在专辑《春野》和《莱茵河波影》中。这首曲目以清新自然、富有变幻的音乐特色而闻名，展现了班得瑞作品的统一风格。这首作品通过优美的旋律和动听的音色，让人仿佛置身于飘零的雪花之中，感受着冰雪世界带来的清新与奇幻。《雪之梦》传达了对自然之美的内心探索，不仅带给人们听觉上的享受，更引发了人们对自然、生命和梦幻世界的深思与感悟。

（3）《G弦上的咏叹调》。《G弦上的咏叹调》（Air On The G String）又名为《G弦之歌》，改编自约翰·塞巴斯蒂安·巴赫（Johann Sebastian Bach）《D大调第三号管弦乐组曲》的第二乐章主题，改编者是19世纪德国的著名小提琴家奥古斯特·威廉密

（August Wilhelmj），威廉密将这段主题改编为小提琴独奏曲，并将原曲调性由 D 大调改为 C 大调，由于主奏小提琴仅用 G 弦（小提琴四根弦中最粗的一根弦）演奏，故此得名。《G 弦上的咏叹调》最动人之处在于它纯净、诗意、神圣般的旋律和曲调。巴赫以其巴洛克式庄重典雅的音乐魅力抚平了无数人内心的紧张和忧郁，让人们陷入沉思和静谧。而作品音乐本身，各声部旋律交织有序，形成了一个统一和谐的整体，音乐呼吸安静而自然。

（三）音乐与狂躁症

1. 躁狂症及其临床表现

躁狂症在《中国精神疾病分类与诊断标准（第三版）》（CCMD-3）中，作为心境（情感）障碍中的独立单元，与双相障碍并列。以情感高涨或易激惹为主要临床相，伴随精力旺盛、言语增多、活动增多，严重时伴有幻觉、妄想、紧张症状等精神病性症状。躁狂发作时间可持续 1 周以上，一般呈发作性病程，每次发作后进入精神状态正常的间歇缓解期，大多数患者有反复发作倾向。

核心症状：异乎寻常的心情高兴，轻松愉快，无忧无虑，笑容满面，兴高采烈，没有难事（情感高涨）。有人表现为一点小事或稍不随意就大发脾气（易激惹），在严重的易激惹情况下可能出现冲动行为。

思维联想加快，言语增多，一句接一句，出口成章，滔滔不绝，内容丰富，诙谐幽默（思维奔逸），患者自身感到脑子变得非常灵敏、聪明、反应迅速。自我感觉良好，夸大自己的能力、财力、地位，认为自己有本事，可以做大事、挣大钱（夸大妄想）。

患者活动多，好交往，好管闲事，要干大事，要做许多事，不停忙碌（意志行为增强）。精力旺盛，睡眠需要减少，不知疲倦。做事有头无尾，易被周围发生的事吸引而转移注意力（随境转移），对结局过于乐观、行为草率、不顾后果。好花钱，追求享乐，随意挥霍。易与周围发生冲突，产生冲动行为。性欲增强、性行为轻率。

躁狂状态时，患者自我感觉良好，通常对自己的病情没有认识能力，即对自身疾病无自知力。

情感高涨或易激惹是躁狂状态特征性表现，伴随思维奔逸、意志行为增强。表现为协调性精神运动性兴奋，即情绪、内心体验、意志行为之间协调一致，并与周围环境相协调。严重时可表现出不协调症状，言语凌乱、行为紊乱，幻觉、妄想等精神病性症状。

2. 音乐欣赏推荐

（1）《怒放的生命》。《怒放的生命》由汪峰作词作曲并演唱，收录在汪峰 2005 年发行的同名专辑《怒放的生命》中。这首歌通过激昂的旋律，传达了面对生活挑战时的不屈精神和追逐梦想的勇气。歌词中"我想要怒放的生命，就像飞翔在辽阔天空，就像穿行在无边的旷野，拥有挣脱一切的力量"等句子，表达了作者在经历过挫折和彷徨后，重拾生活最初的激情和梦想，以超越平凡的力量矗立于彩虹之巅，展现生命的力量和价值。这首歌曲通过明快的节奏和诗一般的歌词，加上汪峰温暖的声音和深情的演绎，能极大触动听者的情感记忆并产生共鸣。

（2）《童年》。收录在班得瑞20周年精选集里的一首乐曲，该曲意境清幽，旋律优美，紧扣心弦，耐人回味，长笛与黑管的梦幻组合，层叠在轻柔的钢琴上，仿佛记忆在穿针引线抒发作者对童年的回忆。伴着优美的旋律人们仿佛回到了过去，那是无忧无虑、充满自由的时光！人们沉浸在甜蜜的回忆中，有欢乐、有苦涩、有懵懂、有无知，不禁让人生出些许悲伤的味道。

（3）《初雪》。班得瑞乐团作品，收录在《迷雾森林》中。作品采用小调慢板，令人联想到这场雪下得并不大，因为是入冬后的第一场雪，音乐的情绪也愈发显得惆怅。进入副歌后旋律加入朦胧缥缈的弦乐齐奏，副歌处弦乐恰到好处的配器安排，使情绪中伴随雪落下的感伤消融殆尽。

（四）音乐与疼痛

1. 疼痛的分类及临床表现

1979年，国际疼痛学会（International Association for the Study of Pain，IASP）对疼痛的定义是，一种与实际或潜在组织损伤相关的不愉快的感觉与情绪体验。国内外很多专家对疼痛的这个定义存在较大的争议，有专家就提出将疼痛的定义更新为"与实际或潜在组织损伤相关的感觉、情绪、认知和社会多维度的痛苦体验"，以此强调认知和社会因素对疼痛感知的影响。经过不断发展和完善，国际疼痛学会征集了国内外众多疼痛专家对疼痛的不同见解，综合不同的意见，决定保持1979年国际疼痛学会的疼痛定义不变；但又进一步对疼痛的概念和表达方法进行了补充和注解：首先强调疼痛与伤害性感受是两种不同的概念（后者更适用于动物），其次说明语言是表达痛苦的方式之一，但不是评估疼痛的必要条件，疼痛的评估还需要借鉴具有专业价值的评估工具。

（1）疼痛的分类。

①急性疼痛：软组织及关节急性损伤疼痛，手术后疼痛，产科疼痛，急性带状疱疹疼痛等。

②慢性疼痛：软组织及关节劳损性或退变性疼痛，椎间盘源性疼痛，神经源性疼痛。

③顽固性疼痛：三叉神经痛，疱疹后遗神经痛，椎间盘突出症，顽固性头痛。

④癌性疼痛：晚期肿瘤痛，肿瘤转移痛。

⑤特殊疼痛：血栓性脉管炎、顽固性心绞痛、突发性胸腹痛。

⑥相关学科疾病：早期视网膜血管栓塞，突发性耳聋，血管痉挛性疾病等。

（2）疼痛性质的分类。

①钝痛：酸痛、胀痛、闷痛。

②锐痛：撕裂痛、切割痛、刺痛、灼痛、绞痛、撞痛。

（3）疼痛形式的分类：钻顶样痛、暴裂样痛、跳动样痛、撕裂样痛、牵拉样痛、压扎样痛、切割样痛。

（4）疼痛的程度。世界卫生组织（WHO）将疼痛划分成以下5种程度。

①0度：不痛。

②Ⅰ度：轻度痛，可不用药的间歇痛。

③Ⅱ度：中度痛，影响休息的持续痛，需用止痛药。

④Ⅲ度：重度痛，非用药不能缓解的持续痛。

⑤Ⅳ度：严重痛，持续的痛伴血压、脉搏等变化。

目前，随着人口老龄化的加速，慢性疼痛的发病率直线上升，慢性疼痛已经成为全世界特别是中国一项亟待解决的重大医学问题。

2. 音乐欣赏推荐

久石让的音乐集。久石让的音乐干净、明媚，像是一个少女在吟唱儿时的歌谣，又像是一位老人在追忆往事……

久石让与宫崎骏合作，干净明媚的画面，再配上悠扬灵动的旋律，仿佛一种神奇的力量，抚平你的伤口，洗涤你的灵魂，席卷你的痛苦，将你轻轻地托起放在棉花糖般洁白的云朵上，伴着音乐缓缓入眠。

（五）音乐与睡眠

1. 睡眠障碍及其临床表现

睡眠是一个周期性的现象，受内环境和昼夜节律的调控。这些系统同器官和组织密切联系，构成一个整体，从中枢神经系统接收并且传输指令，共同维持睡眠的昼夜节律。一个昼夜节律为24小时，由位于下丘脑上的视交叉区控制。昼夜节律起搏器促进机体每天在睡眠—觉醒，休息—活动的状态之间进行转换。正常的睡眠被划分为两个不同的时相，非快速动眼睡眠和快速动眼睡眠。

通常情况下，非快速动眼睡眠又分为4个时期，组成了一个连续的睡眠过程。第一时期，是人体由清醒状态转向睡眠状态的过渡时期。在进入非快速动眼睡眠时相第一个时期前，个体会有10～20分钟的等待时间。睡眠的起始阶段非常短暂，仅占整个睡眠周期的2%～5%，也是睡眠深度最浅的时期。第一时期所占的睡眠比例增加表明机体存在明显的睡眠紊乱，而致使睡眠呈碎片状态。非快速动眼睡眠的第二个时期占整个睡眠周期的40%～55%。在脑电图的描记中，这一时期每次持续10～25分钟后进入非快速动眼睡眠的第3、4时期。第3、4时期就是深度睡眠或者称慢波睡眠。它的特点是，睡眠深度深，对肌体具有修复作用，觉醒阈值高。慢波睡眠大多出现在夜晚的前1/3阶段。慢波睡眠占睡眠周期的13%～23%，并且随着年龄的增加不断减少。美国睡眠医学学会已经不再将非快速动眼睡眠划分为4个时期，而是将第4期删除。睡眠的第1～3时期分别用N1、N2、N3代表，而N3就是指慢波睡眠，快速动眼睡眠时相被 R 期替代。

睡眠量不正常以及睡眠中出现异常行为的表现，也是睡眠和觉醒正常节律性交替紊乱的表现。可由多种因素引起，常与躯体疾病有关，包括睡眠失调和异态睡眠。睡眠与人的健康息息相关。调查显示，很多人都患有睡眠方面的障碍或者和睡眠相关的疾病，成年人出现睡眠障碍的比例高达30%。专家指出，睡眠是维持人体生命的极其重要的生理功能，对人体必不可少。

睡眠障碍的临床表现如下。

（1）睡眠量的不正常：可包括两类：一类是睡眠量过度增多，如因各种脑病、内分泌障碍、代谢异常引起的嗜睡状态或昏睡，以及因脑病变所引起的发作性睡病，这种睡病表现为经常出现短时间（一般不到15分钟）不可抗拒性的睡眠发作，往往伴有摔倒、睡眠瘫痪和入睡前幻觉等症状。另一类是睡眠量不足的失眠，整夜睡眠时间少于5小时，表现为入睡困难、浅睡、易醒或早醒等。失眠可由外界环境因素（室内光线过强、周围过多噪声、值夜班、坐车船、刚到陌生的地方）、躯体因素（疼痛、瘙痒、剧烈咳嗽、睡前饮浓茶或咖啡、夜尿频繁或腹泻等）或心理因素（焦虑、恐惧、过度思念或兴奋）引起。一些疾病也常伴有失眠，如神经衰弱、焦虑、抑郁症等。

（2）睡眠中的发作性异常：指在睡眠中出现一些异常行为，如梦游症、梦呓（说梦话）、夜惊（在睡眠中突然骚动、惊叫、心跳加快、呼吸急促、全身出汗、定向错乱或出现幻觉）、梦魇（做噩梦）、磨牙、不自主笑、肌肉或肢体不自主跳动等。这些发作性异常行为不是出现在整夜睡眠中，而多是发生在一定的睡眠时期。例如，梦游和夜惊，多发生在正相睡眠的后期；而梦呓则多见于正相睡眠的中期，甚至是前期；磨牙、不自主笑、肌肉或肢体跳动等多见于正相睡眠的前期；梦魇多在异相睡眠期出现。

2. 音乐欣赏推荐

（1）《那安静的角落》。《那安静的角落》（Mystic Zone）是一首从容、优雅的心灵音乐作品，它以温馨柔情略带悲伤的旋律，给人以沁人心脾的感觉。这首曲目探索了人们内心深处对于平静和安宁的渴望，就像在忙碌的世界中寻找一个安静的角落，让自己安静下来，享受内心的平和。班得瑞的音乐通过结合新世纪风格和大自然的音效，创造了一种具有高临场感的大自然音乐体验，让听众能够感受到大自然的美丽和宁静。面对繁华喧嚣的城市，每个生活在尘世的人都有或多或少的无奈和憔悴，聆听这首音乐独处一隅安静的角落，让人们安放自己的疲惫和灵魂。

（2）《航行》。班得瑞的《航行》一直被称为典型的"好梦曲"。《航行》是歌手 Rod Stewart 演唱的经典曲目，钢琴版出自 Silence 的专辑 *Magic Piano*。琴键声优美清新，带着一点淡淡的忧伤，很舒心……听着这首清音乐，一天的紧张和烦恼慢慢舒展，身心随之从坚硬的外壳中得到解放，困意慢慢袭来……

第二节 中国传统音乐美学

一、先秦诸子的音乐美学思想

春秋战国时期，在思想领域，诸子百家争鸣，并且以自己的美学观念及审美来影响着社会音乐生活。这一时期的音乐观念或者说是音乐思潮，皆有着广泛的社会基础。正是在社会音乐活动广泛展开，并且社会音乐文化发生着重大转型之时，这些音乐观念才会在音乐生活中产生重大社会影响，也才有可能在音乐思想领域产生各类代表人物。从这一时期的音乐思想在整个中国古代音乐美学史上的地位和影响看，可以说奠定了整个中国古代社会音乐美学思想及相关文化心理的基础。先秦诸子的音乐思想，不仅有从审美的角度认识音乐的创作、表演、鉴赏等的本质和规律，并且更为重要的是在广阔的社会生活背景下，从哲学、社会学、伦理学乃至心理学、教育学等角度展开这方面的论述，因而其认识不仅具有独特的美学价值，还体现出很强的人文现实针对性，在思想史上具有更为深远的意义和影响。

（一）孔子的音乐美学思想

孔子作为一个思想家，其美学思想与他的乐教实践经验，乃至音乐的知识修养有密切关系。作为教育家，孔子以礼乐教育为其主张，他的音乐美学思想构成其乐教思想的重要认识基础。孔子的音乐美学思想及其教育实践，直至今日，仍然对文化教育产生持久而广泛的影响。孔子的音乐美学思想，实际上就是他在礼乐教育实践中形成的美学思想。其主要内容可以从以下五个方面加以认识。

1. 孔子的礼乐思想——仁

何为"仁"？"仁者人也"。这是《中庸》的回答。"仁"亦是做人的道理。《论语·颜渊》记载樊迟问"仁"，子曰"爱人"。这里讲的"爱人"的意义，就是"泛爱众而亲仁"（《论语·学而》）。"仁"为道德情感，同时展现了广博大爱精神。"仁"在孔子那里，具有伦理学的意义，"仁"体现在与"礼""乐"的关系中。孔子讲"人而不仁如礼何，人而不仁如乐何"，孔子是以"仁"的实现为"礼"乐"的实现前提的。同时"仁"并不是屈从于"礼"，而是礼乐的核心内容。孔子时常同时提起礼乐。子曰："礼云礼云，玉帛云乎哉？乐云乐云，钟鼓云乎哉！"

2. 孔子音乐美的评价标准——尽善尽美

在中国音乐美学史上，孔子最先明确用"善"与"美"的概念去区分形式美与内容美，辩证统一地在其中求和。于孔子之前，吴公子季札观乐时就已经运用美这一概念进行音乐评论，对于具体的艺术作品艺术美的表现形式提出赞赏和肯定，在《季札观乐》中频繁使用"美哉"，在对艺术作品内容的评价上，也使用了"德至矣哉"这一词语来评价其道德内容。所以我们可以认为，季札在对音乐内容与形式的评价上，就已经运用了"美"与"德"的相对概念，但在理论的具体描述中，并没有作为其理论上的一对概念来使用。

孔子对于音乐的评论最为人熟知的就是"子在齐闻《韶》，三月不知肉味"。据《论语·八佾》载，"子谓韶：'尽善矣，又尽美也。'谓武：'尽美矣，未尽善也'"。这里孔子对韶与武两部乐舞的评价，明确使用了"善"与"美"这一对概念进行理论表述，是思想性与艺术性的高度统一。孔子主张的政治思想是"仁"，那么这里也恰恰符合了孔子的礼乐标准。同时孔子是在肯定了"美"的价值的前提下，提出以"善"作为评价音乐艺术作品首要的审美评价准则。显然，孔子这里的表述并没有看轻"美"的意思，仅表达他以"善"为主导前提的"美"与"善"的和谐统一。

3. 孔子的音乐审美情趣——中和之美

在音乐审美中，中和之美对当代的艺术作品创作仍具有指导意义。所谓过犹不及，在音乐作品中过分地追求渲染或是一味地追求单一动机，都可能使音乐作品丧失艺术性。《论语·八佾》中记载孔子对《关雎》所作的评价："乐而不淫，哀而不伤。"这是当孔子欣赏诗乐作品《关雎》时，根据自己的审美主张而提出的评价性意见。这句话从音乐审美的角度看，乐与哀是同一情感层面的一对矛盾的情绪，乐与淫，哀与伤则是在同一程度上的过犹不及。这样的中和之美即美善相乐。

4. 孔子论音乐的社会功能

孔子很重视音乐的教化作用，并不是单单出于对音乐的偏爱或是音乐具有切实的实用功能。《孝经·广要道》记载孔子"移风易俗，莫善于乐；安上治民，莫善于礼"。这可以认为是孔子音乐思想对音乐社会功能认识的切实反映。孔子从事乐教，学习诗乐，并参与诗乐的活动，是其音乐经历中很重要的内容。因此，孔子对音乐社会功能的认识，与他所经历的诗乐活动相关。在对诗乐功能的认识上，孔子说"诗可以兴、可以观、可以群、可以怨"（《论语·阳货》）。这里《诗》的教育作用可以分为"兴观群怨"。我们可以狭义地理解，兴：给人以鼓舞之情。观：给人以艺术审美享受。群：使人懂得和睦相处。怨：表达人们的忧郁情感或讽刺不良的社会现象。由于当时所唱的皆为入乐的诗歌，所以这句话恰好评价了他对音乐社会作用的认识。"兴观群怨"既对社会功能作了全面的概括也反映出诗经中的文学艺术的美感，并成为后来审美批评的一个标准之一。

5. 孔子的乐教思想

孔子是先秦乐教的提倡者，更是实践者。司马迁在《史记》中记载："孔子不仕，退而修《诗》《书》《礼》《乐》，弟子弥众……"《论语》记载："《诗》三百，一言以蔽之，曰思无邪"。作为儒家学派的创始人，他是中国历史上第一位创办私学的教育家，历史上把孔子选编《诗经》称为删诗书，孔子定礼乐、修春秋，整理继承和发展上古三代的礼乐教育文化传统，是中国古代音乐文化的集大成者。孔子的音乐教育思想和美学思想，一直在他的实践中得以证实，使得他成为中国文化史与教育史上最伟大的教育家。

（二）孟子的音乐美学思想

孟子（约前372—前289）名轲，字子舆，邹（今山东邹城东南）人。战国时期儒家学派代表，思想家、政治家、教育家。孟子继承发展了孔子的学说，被尊为"亚圣"。孟子的思想以仁义学为出发点，其音乐思想立论主要基于其仁政与性善论。

1. 孟子的"仁政"思想

孟子谈论音乐的出发点跟孔子一样。他的仁政思想在政治治国中集中体现在如何为"仁"。在这样一个前提下，"仁"以及实施礼教的种种行为，自然成为行乐的基础。其实，即使在现代社会，在"为邦"而非自我娱乐的层面，音乐行为也与"礼"有关。这也是人类社会政体构成和行事法则必然具有的特点。孟子"仁政"思想的认识基础并非是"性善论"，而是《孟子·离娄上》中记载的"得天下也以仁，其失天下也以不仁"这类历代统治经验和教训，是其政治学理论基础。而"性善论"，则可以说是孟子"仁政"思想的伦理学、心理学理论依据。

2. 孟子音乐美的评价标准——"仁声"

孟子以"仁声"为心目中美的音乐。《孟子·尽心上》记载"仁言不如仁声之入人深也"。孟子认为在表现仁德的内容方面，音乐比语言更加有力。由孟子对个体人格的评价可知，"可欲之谓善，有诸己之谓信，充实之谓美"……在这里我们可以看到，"可欲之"指代我们能追求到的人事物，也就是人性的善，即合乎孟子的"仁"政。将仁义看作自己追求的"可欲"，并能通过自身的行为"有诸己"，就是"信"，也就是真善的统一，也就是"美"的实现。我们在理解孟子的"仁声"同时也要了解孟子还认为人在欣赏音乐时，是超民族和阶级（包括地域文化）的，这也影响着我们当代的音乐欣赏与审美。

3. 孟子的音乐社会观——"与民同乐"

孟子的"与民同乐"是作为一种音乐社会观而存在的，植根于民心民本，而民本思想的核心则是其"仁政"。民本的思想具有时代的特点，是他看到在天下纷争的政治格局中，民心的向背成为政治上成功或失败的决定因素后，所得出的结论。正如他借古喻今所说的那样，《孟子·离娄上》记载"桀纣之失天下也，失其民也。失其民者，失其心也"。《孟子·尽心下》记载"民为贵，社稷次之，君为轻"，更是说明了孟子想要劝君王得天下要先得民心的民本思想。《孟子·梁惠王下》记载"独乐乐，与人乐乐，孰乐？……今王与百姓同乐，则王矣"，更是体现出了孟子民本的音乐美学，从孟子"与民同乐"的观点看，他是想用与君王谈论音乐的方式，来传达自己的仁政主题。"与民同乐"无疑是进步的美学思想，在审美问题上孟子强调审美的共同性。在音乐活动中，应当是不同层次、不同阶级进行音乐文化的沟通与渗透，产生共鸣。独乐、众乐、与民同乐从某种程度讲不仅具有音乐美学的意义，同时对后世的社会学研究也有着重大影响。

（三）老子的音乐美学思想

老子是春秋时期思想家，道家学派创始人。老子是一位具有大智慧的哲学家，他的哲学观点具有朴素的辩证思想，如我们现在常提到的福兮祸兮，有为无为，柔弱胜刚强等这些都是两千多年前老子的哲学观点。

1. 老子音乐美学思想的哲学基础

《道德经》一书又被称为《老子》，其中的哲学思想是对"道"的认识。关于"道"的解释，在《老子》第一章记载为"道可道，非常道。名可名，非常名"；《老子》二十一章记载"道之为物，惟恍惟惚。恍兮惚兮，其中有象；恍兮惚兮，其中有物"。这"道"的玄妙，已经不仅仅依靠人的五感来感受这个世界了，更像是作为一种精神或是意念内省式体验。老子认为，"道"无形且无"象"，即说出来就不是道。但在《老子》记载中我们也发现，要经验"道"却仍然要借助于人的感觉。第十四章对"道"的记载："视之不见名曰夷，听之不闻名曰希，抟之不得名曰微。此三者不可致诘，故混而为一"。这样的表达尽管排除了五感经验，但仍从反面提供了另一种认识。其中"夷""希""微"，是人们五官无法感受到的且都属于"道"的本性或"道"的本质属性。而"道"的存在方式，就是自然而然的存在，所谓"道法自然"即是。

2. 老子的音乐美学评价标准——"大音希声"

根据老子"道"的思想，凡是合乎"道"的本质的"希声"之乐，那便是最美的音乐，即"大音"，或是具有"道"的本质属性的音乐。在先秦诸子的美学观念中，"大"是一个重要的审美范畴，西方也有类似的美学范畴，即崇高。在先秦时期，"美"这个概念大多指艺术作品形式完美，而"大"却常常指代并包括了事物中的美的部分让人迸发出强烈感受，因而在审美范畴具有很大的意义。我们可以看到不同思想家对"大"的理解与解释也有较大的差别。如《论语·泰伯》记载孔子称"大哉，尧之为君也。巍巍乎！唯天为大，唯尧则之"；《孟子·尽心下》记载称"充实之谓美，充实而有光辉之谓大"。孔孟所提到的"大"是具有道德意义的，更趋于"善"。而老庄谈到的"大"，则是就天道而言，如《庄子·天道》记载"美则美矣，而未大也"，这里的"大"，是比"美"更具有美学价值的含义。老子的"大音希声"对"希声"的理解，如果非常狭义地根据自身的听觉来判断，理解为轻声或是发不出声音的"无声"，似乎无法真正理解这不可言说的"希声"是一种"听之不闻"的存在。老子认为如若生活中依靠感官去掌握音乐，这是不美的，甚至从更深刻的价值观念阐述，这是对人有害的。《老子·第十二章》记载："五色令人目盲，五音令人耳聋，五味令人口爽，驰骋畋猎令人心发狂，难得之货令人行妨。是以圣人为腹不为目，故去彼取此。"这里我们可以看出在对待音乐的态度上，"希声"是老子认为的美之音，而"五音"则是不美的，更是有害的，但我们也不能片面地理解老子是不喜爱五音的。

根据通常的音乐经验，如果否定了"音"的存在，排除了音乐的感知经验，那么，也就等于是取消了作为听觉艺术而存在的音乐的自身价值。在今天，若有人在通常的音乐经验范围内，否定能够被听觉感知的音乐，肯定不被听觉感知的音乐，其理论能够被人承认吗？答案显然是否定的。那么，老子的"大音希声"理论，在当时，又何以能够成为一种被人承认、受到重视并在后世产生巨大影响的学说？老子的"道"是神秘的，老子的"希声"之音也是不得闻的。但是，老子音乐思想产生的原因以及自身的理论价值，却是可以探究的。从老子所处的时代来看，享乐主义之风盛行、贵族阶层沉溺于声、色、味无节制的纵情享乐之中。老子所谓"五色令人目盲，五音令人耳聋"的说法，如若针对一味追求感官刺激享乐的无节制现象来说，其批判是具有一定的合理因素的。因此，老子的音乐思想，从某种意义上讲，是对当时社会上过分追求感性的声色之乐、以单纯快感为满足的倾向，从另一个极端做彻底的否定。在社会生活中，通常会出现这样的情况，当一种倾向发展到极端的程度，并带来了许多危害和难以解决的问题时，从社会中产生的一种批判意识，在某种程度上被许多人认可。

老子的思想正因为他的批判性和否定意识，为社会提供了一种认识问题的新的思路和角度，并且切中时弊，所以才会成为一种有代表性、有历史影响的思想。

当然，老子的音乐美学思想的价值不仅在于此。从音乐审美体验的角度讲，由于老子对声色之乐给予了彻底的否定，其"大音希声"的音乐审美观便从另一个被强调的方面，将人引向对音乐审美中精神体验的重视。艺术美的存在既诉诸感觉经验但是又超越感觉经验。与此相关，"大音"虽然不是听觉感官所能把握的对象，但却是可以由心灵给予把握和认识的对象。也是因为这点，老子才在讲"道"的存在时，提到"恍兮惚兮，其中有象；恍兮惚兮，其中有物"。这里讲的"象""物"就是超越感觉而由心灵体验到的对象。

（四）墨子的音乐美学思想

墨子（约前468—前376）名翟，春秋战国思想家、政治家，墨家学派创始人，墨家与儒家在先秦被共称为"儒墨显学"，在当时的思想界有较大的影响。

《墨子》一书非儒言论多，其音乐思想主要体现为针对儒家推行礼乐而提出的"非乐"说。

1. 墨子"非乐"思想的哲学基础——"三表说"

墨子的"三表说"，是一种认识论，是在儒墨争论中提出的判断言论、行为、是非的准绳。"三表"的内容为"本""原""用"。有关对"三表"的认识，《墨子·非命上》记载："何谓三表？子墨子曰：有本之者，有原之者，有用之者。于何本之？上本之于古者圣王之事。于何原之？下原察百姓耳目之实。于何用之？废以为刑政，观其中国家百姓人民之利。此所谓言有三表也。"

墨子"三表"理论总的倾向，仍是结合现实社会生活中的人事、利益等问题来寻找衡量是非的标准，这也是其思想体系中有浓厚的功利主义倾向的原因。

2. 墨子的"非乐"音乐思想

墨子提倡"非乐"思想。其理论上的主要批判对象是儒家繁饰礼乐、不务实利的做法。在"百家争鸣"中，儒墨学派之间发生"争鸣"，甚至互相把对方作为"发难"的目标。墨子"非乐"，并不是要否定音乐的审美价值。就人的声、色、味的感受来讲，他还是承认声、色、味能引起人的快感或舒适感的。《墨子·非乐上》中说道："子墨子之所以非乐者，非以大钟、鸣鼓、琴、瑟、竽、笙之声，以为不乐也；非以刻镂、文章之色，以为不美也；非以犓豢煎炙之味，以为不甘也；非以高台、厚榭、邃野之居，以为不安也。虽身知其安也，口知其甘也，目知其美也，耳知其乐也，然上考之，不中圣王之事；下度之，不中万民之利，是故子墨子曰，为乐非也。"

因此，墨子并不否认美的客观存在，认为音声、色彩、甘味也是人所需要的，而对这些方面的追求是要有物质基础的。如墨子说"食必常饱，然后求美；衣必常暖，然后求丽；居必常安，然后求乐。为可长，行可久，先质而后文"。在墨子那里，儒家原指人内在道德品质的"质"，被用来指称物质生活条件，以此来说明，只有先解决了物质生活上的问题（"先质"），才能考虑审美需求的满足（"后文"）。这里反映了人要先满足和解决生存的需要，然后才能谈求得审美享受的观念。

从"三表说"的"用"来说，墨子是要"非"那些不顾百姓之利，只图少数人享乐的音乐之"用"。在当时，他也是根据这种普遍存在的现象来提出其主张。但是，需要指出的是，墨子似乎并没有区分宫廷权贵专供享乐之用的声色之乐与儒家所提倡的雅乐的不同。并且，儒家提倡礼乐，致力于"乐"的实施，与权贵富豪"亏夺民衣食之财"供自己享乐是完全不同的，也是不应混淆的。因此，《墨子》在这方面的批判，时常将矛头聚焦在学派争端中的儒学一方，有其片面性。荀子批评墨子"蔽于用而不知文"，正是看到了墨子思想的局限性。

由于墨家"非乐"思想具有较强的功利实用倾向，因而很少去探讨音乐活动中的美学问题，这形成其音乐思想的缺陷，也就削弱了其思想的美学价值。战国之后，墨家学说从"显学"成为"绝学"，远不如儒道学说对后世的影响。

（五）庄子的音乐美学思想

庄子（约前369—前286）名周，字子休。战国时宋国蒙（今河南商丘东北）人。哲学家，道家学派主要代表人。作为道家巨擘，极大地发展了老子的学说。

1. 庄子的音乐美——天乐

庄子讲"法天贵真"。"法天"之"天"，就是"道"。这是庄子与老子思想一脉相承的地方。所谓"道法自然"，其理论意义有两个方面，一是以"自然而然"作为其"法自然"的内在规律，二是通过天地自然的外显而喻示"道"在其中的存在，所以，在庄子的观念中，美的存在，必定依天地自然之美的外显形态而存在，其中也体现了"道"之美。

2. 庄子的音乐审美观念

庄子的音乐审美态度，在《庄子》一书中，应以《天运》记黄帝与北门成谈《咸池》之乐的观念最为典型。这段文字所谈的审美对象——"天乐"，是真正能够代表和反映庄子理想中美的无声之乐，而面对"天乐"所形成的，就是"无言而心悦"的审美态度。庄子的音乐审美观念还体现在"无声之中，独闻和焉"的音乐和谐观中。

二、《乐记》中的美学思想

《乐记》是西汉时期百年间儒生编纂抄录先秦诸子著作的一部作品，《乐记》绝不是一家之言，而是承载了先秦诸子的各家精髓。《乐记》全文十一篇，分为《乐本篇》《乐论篇》《乐礼篇》《乐施篇》《乐言篇》《乐象篇》《乐情篇》《乐化篇》《魏文侯篇》《师乙篇》《宾牟贾篇》。《乐记》的音乐美学思想，主要集中反映在对音乐审美中的"心""物"关系的认识上，所涉及的音乐审美情感问题又往往与其音乐社会学理论和人性论思想紧密相关。对于"乐"的存在方式的认识，是其音乐美学思想的理论前提。

（一）"感于物而动"

《乐记》开篇记载："凡音之起，由人心生也。人心之动，物使之然也。感于物而动，故形于声。声相应，故生变，变成方，训之音。比音而乐之，及干戚羽旄，谓之乐。"

这段话以极为简洁凝练的语言以及"物—心—音声—乐"这样一种结构关系，来说明"乐"的产生和实现过程。其中以"感于物而动"这一命题，作为对"乐"的实现过程中审美主体心理现象的说明。它不仅承认音乐产生于对人的内心情感的表达，且将注意力集中在音乐的表现对象——人的内心情感的产生这一基点上。它已触及音乐情感如何通过音声表现出来以及音乐如何产生这些音乐美学问题，而且这种认识要比通常认为的音乐来自对自然声音（如山林溪谷之音、凤凰之鸣等）的模仿层次更高。"感于物而动"一词的运用，在《乐记》中并非只有一处，而是出现多次，说明了这个概念的重要性。如《乐记》中又说："乐者，音之所由生也，其本在人心之感于物也。是故其哀心感者，其声噍以杀；其乐心感者，其声啴以缓。……六者非性也，感于物而后动。"因此，我们可以看到，在有关"乐"的产生过程和音乐情感产生的问题上，"感于物而动"的命题对"心""物"关系是作了唯物的解释的。

（二）情感与音声

《乐记》说："凡音者，生人心者也。情动于中，故形于声。声成文，谓之音。是故治世之音安以乐，其政和；乱世之音怨以怒，其政乖；亡国之音哀以思，其民困。声音之道，与政通矣。"

这段话不仅说明了情感产生于"心"对外物的接触，并且通过乐音的相互应和及有组织的变化，表现为带有一定情感特征的音乐，并重点突出了乐与"政通"相对应的思想。由于音声通过表达人的内心情感而反映人对社会治乱的情感态度，据此，《乐记》在音乐审美实践中建立了这样一种逻辑关系：音由人心所生，则由声可以知情；情感于物而生，则由声可以知政。这里实际建立的是音声（"声"）—情感（"心"）—政三者之间相对应的确定关系，"心""声"关系同"心""物"关系一起构成这一联系中不可缺少的一个环节。只是在这一认识中，《乐记》所依据的主要是一种直观的态度，而缺乏对音乐反映生活的特殊规律的探讨。

《乐记》还对音乐的审美特性做了深入探讨，例如，"乐也者，情之不可变者也"；"夫乐者，乐也人情之不可变者也"；"夫乐者，乐也，人情之所必不免也"均强调了音乐所表现的人的真情实感，对于人心具有必不可免的感染力。当然，《乐记》肯定音乐"感人深"的现实出发点，是为了达到制礼作乐的目的。

《乐记》认为，人对音乐的审美，既有使人获得感性愉悦的一面（"乐者，乐也"），又有使人从中领悟到某种理性内容的一面（"乐者，所以象德也"），而"乐"作为"德音"之乐，"心"对于"声"的审美，是把音声视为有意味的乐音形式。如"君子听钟声，则思武臣"；"听琴瑟之声，则思志义之臣"。这里有所"听"而有所"思"，就是要求审美听觉与审美意识活动的同时展开。所谓"君子之听音，非听其铿锵而已也，彼亦有所合之也"，这里讲的"有所合"，正是要求在音乐审美的情感体验中，除了获得感性上的愉悦之情外，同时还要从精神上得到某种理性启迪。因此，《乐记》所说的音乐审美中的情感体验，是感性与理性的统一，是感性的体验融于理性之中。这是对《乐记》"心""声"关系所反映的音乐审美思想深一层的认识。

（三）"乐"的内容与形式

音乐的存在方式问题，是中外音乐美学史上的理论研究中，以及音乐美学基础理论研究中不可忽视的带有根本性和前提性的理论问题。《乐记》关于"乐"的内涵与概念的界定，反映的是中国音乐美学思想史很早就形成的"乐"本体音乐观并且是较早的系统论述与界定。在《乐记》的音乐美学思想中，有关音乐存在方式的认识，有大致三个方面：其一，是以快乐、愉悦之情为"乐"存在的情感特征，即所谓"乐者乐也"。《乐记》中"乐"的情感性质规定性，带有自身理论形成的时代印痕，包含有两层意思，一是以"乐"的感情上的融洽来调和由"礼"的等级规范造成的人与人之间心理上的差异；二是强调"乐"主要表现的应为喜乐之情。所以这也是包含有一定社会性内容的命题。其二，"乐"作为综合性的音乐艺术形式，是音乐、歌诗、乐舞的结合，而以音乐形式为主，即所谓"黄钟大吕弦歌干扬也"。其三，"乐"具有"德"（即作为观念存在的艺术内容）的规定性，"德音之为乐""乐者，德之华也"就明确了这一认识。

（四）"乐"之美

美的本质表现在它与真善的相互联系和区别之中。尽管《乐记》没有提出完整的真、善、美的概念，但是在它对"乐"的论述中，却已涉及和表达了这方面的一些认识，即以"德音"为美。

以"德音"为美，是《乐记》审美认识的基础。"德音"作为"乐"之美，既具有伦理道德的社会属性，又具有血气心智的情感属性。"德音"与"音"相比，不仅因其有"德"的内容而具有比音声更深一层的内涵，而且，作为"乐"之美的"德音"，除了与音声同样具有情感表现力这一客观属性外，还应拥有自己的情感特征与形态特征——"和"。

除了从"德音""中和"来看"乐"之美的社会属性与情感属性，我们还可以从它与真、善的相互联系与区别中去获得进一步的认识。"乐"之"真"，在《乐记》中，一方面体现在"心感于物—情动于中—形于音声—成于乐"这样一种合规律性的"乐"的形成、发展过程中；另一方面，也反映在"乐也者，情之不可变者也"，"惟乐不可以为伪"这样的认识中，由此充分肯定音乐美的本质在于对人类生活中具有精神内涵的真挚情感的反映。

当然，"真"并不就是"美"。例如，《乐记》虽然认为郑卫之音作为"乱世之音"，其产生与"治世之音"一样，都是感物而生情，并表现于音声，但是从其阶级意识和审美意识、乐教意识等角度出发，却认为郑卫之音不能成为"德音"之乐，也不符合其审美标准，故只能称其为"音"而不能称为"乐"。

"善"在《乐记》中，体现在"乐"实施的目的性上，即所谓"善则行象德矣"。"善"的观念性内容，通过一定的音乐行为予以一定的表现，其表现就具有"德"的意义。《乐记》中以大量篇幅反复阐述其礼乐并行、相辅相成而天下治的音乐教化思想，其功利目的性是明显的。从统治阶级培养自己所需的治世人才的目的来说，就其成书的那个时代而言，是有其现实的合理性的。从乐教的角度来讲，有选择地对待不同的音乐，也是合乎情理的。《乐记》中反映的对先秦时期主要在城镇富贵人家的娱乐生活中流行的郑卫之音的排斥，也是以音乐的教化目的为前提的。至于《乐记》中魏文侯直言不讳地供认"吾端冕而听古乐，则惟恐卧；听郑卫之音，则不知倦"，反映的也是一个事实——在文化深刻转型中音乐审美趣味的变化，说明在历史上"礼崩乐坏"的时代，《乐记》所推崇的那类美的音乐（"德音"），除了在某些乐教实施者（如孔子等）那里被用于教育外，在许多时候则是被普遍冷落的。这也表明了美的标准与价值判断的相对性。

三、中国传统音乐作品赏析

中国传统音乐的类别，如果按使用的人群为分类依据，可以分为四大类：文人音乐、民间音乐、宫廷音乐、宗教与祭祀音乐。

（一）文人音乐

文人音乐指的是历代由具有一定文化修养的知识阶层人士创作或参与创作和使用的传统音乐。文人音乐追求意境美，展现文人品格。

出现这种审美追求的原因很多，主要是儒道思想的影响，在音乐上，儒家主张音乐必须给耳目之感官以道德规范，防止出现感官被物欲所蒙蔽，防止人为地追求感性欲望的满足，而丧失超物欲的精神追求的现象。主要包括古琴音乐和词调音乐。

1. 实践环节——欣赏古琴音乐

欣赏琴歌《阳关三叠》《精忠词》。

欣赏琴曲《嵇氏四弄》《酒狂》《潇湘水云》《秋月》《步月》。

2. 实践环节——欣赏词调音乐

欣赏《杏花天影》。

（二）宫廷音乐

宫廷音乐指的是在宫廷内部或朝廷仪式中为宫廷统治者演奏的音乐。中国宫廷音乐，按其演奏场合，大致可以分为外朝音乐和内廷音乐两大类。按其功能性质，又可分典制性音乐和娱乐性音乐。典制性音乐包括祭祀乐、朝会乐等。娱乐性音乐包括筵宴乐、行幸乐、吹打乐等。宫廷雅乐是中国历代封建统治者用于祭祀及朝会典礼等场合的音乐。为显示帝王至高无上的地位和尊严，并受厚古薄今的观念支配，宫廷雅乐往往沿用古乐或摹拟古乐，追求肃穆庄严的音乐气氛。

实践环节——欣赏《丹陛大乐》。

（三）民间音乐

民间音乐，指的是由普通百姓（在农牧业社会里，主要是农民、牧民和手工业者等体力劳动者）集体创作的、真实地反映他们的生活情景、生动地表达他们的感情愿望的音乐作品。与现代专业作曲家创作音乐或历代文人音乐相比较，民间音乐具有创作过程的集体性、传播方式的口头性、音乐曲调的变易性（含地域性变易、内容性变易、审美性变易、即兴性变易等）等特征。

中国民间音乐可分为六类：民间歌曲、歌舞音乐、说唱音乐、戏曲音乐、民族器乐、综合性乐种。

1. 实践环节——欣赏民间歌曲

欣赏劳动号子：欣赏《船夫号子》《打硪歌》《压路调》《伐木号子》。

欣赏山歌：欣赏陕北"信天游"、山西"山曲"、内蒙古"爬山调"、西北"花儿"、四川"晨歌"。

欣赏小调：欣赏《孟姜女》《绣荷包》《茉莉花》《姑苏风光》《放风筝》《对花》。

欣赏长歌：欣赏彝族《阿诗玛》《葛梅》；畲族《盘瓠歌》《麟豹王歌》；苗族《开天辟地歌》《说古歌》；藏族《格萨尔王传》；傣族《召树屯》；布依族《出兵记》《洪水朝天》；瑶族《千家洞》。

2. 实践环节——学唱家乡民歌

走 西 口

1=F 2/4

陕西民歌

♩=60

$(\widehat{6 \cdot \dot 2}\ \dot 1 76\ |\ \widehat{\dot 1 564 3}\ 2 \cdot 3\ |\ 2 \cdot 525\ 1 \cdot 276\ |\ 1\ \underset{\cdot}{5}\ \underset{\cdot}{6}\ \underset{\cdot}{5}\ -\ )|$

‖: $5\ 5\ 3\ \widehat{\dot 1 276}\ |\ \underset{\cdot}{6}\ \dot 1\ 5\ \ 35\ |\ \widehat{6 \cdot 66}\ \dot 1\ \widehat{563 2}\ |\ 35\ 1\ \ \underset{\cdot}{6}\ |$

1. 哥哥你走西　口，　　小妹妹我实在难　　留，
2.4. 哥哥你出村　口，　　小妹妹我有句话儿　留，
3. 哥哥你走西　口，　　小妹妹我苦在心　　头，

$\underset{\cdot}{2}\ 3\ 5\ \ 3\ \dot 1\ |\ 6\ 5\ 6\ \dot 1\ \ \underset{\cdot}{6}\ |\ 4 \cdot 2 45\ 2116\ |$ [1.] $1\ 2\ \underset{\cdot}{5}\ \ \underset{\cdot}{6}\ |\ \underset{\cdot}{5}\ -$:‖

手拉着那哥哥的手，　　送哥送到大　门　　口。
走路走那大路的口，　　人马多来解　忧
这一走　要去多少　时候，盼你也要白　了

[2.3.] $1\ 2\ \underset{\cdot}{5}\ \ \underset{\cdot}{6}\ |\ \underset{\cdot}{5}\ -\ |\ 1\ 71\ 1\ \underset{\cdot}{5}\ |\ 1\ 71\ 2\ |\ 54\ 562\ |\ 43\ 25\ |$

愁。　　　　紧紧地拉着哥哥的袖，汪汪的泪水肚里　流，
头。　　　　紧紧地拉住哥哥的袖，汪汪的泪水肚里　流，

$5\ 67\ \dot 1 \cdot \dot 2\ |\ \dot 1 76\ \dot 1\ 5\ |\ 565\ \overset{5}{4}\ |\ 43\ 25\ 11\ |\ 7\ 12 \cdot 3\ |\ 1\ 2\ \overset{6}{6}\ \underset{\cdot}{5}\ |\ \underset{\cdot}{5}\ -$:‖

只恨妹妹我不能跟你　一起走，　　只盼哥哥你早回家　门口。
虽有千言万语　难叫　你回头，　　只盼哥哥你早回家　门口。　　　D.C.

[4.] $1\ 2\ \underset{\cdot}{5}\ \ \underset{\cdot}{6}\ |\ \underset{\cdot}{5}\ -\ |\ 1\ 71\ 1\ \underset{\cdot}{5}\ |\ 1\ 71\ 2\ |\ 54\ 562\ |\ 43\ 25\ |$

愁。　　　　紧紧地拉住哥哥的袖，汪汪的泪水肚里　流，

$5\ 67\ \dot 1 \cdot \dot 2\ |\ \dot 1 76\ \dot 1\ 5\ |\ 565\ \overset{5}{4}\ |\ 43\ 25\ 11\ |\ 7\ 1\ 2 \cdot 3\ |\ 1\ 2\ \overset{6}{6}\ \underset{\cdot}{5}\ |$

虽有千言万语　难叫　你回头，　　只盼哥哥你早回家　门口，

渐慢

$\underset{\cdot}{5}\ \ 5\ 2\ 1\ |\ 7\ 1\ 2 \cdot 3\ |\ 1\ 2\ 6\ \overset{6}{6}\ \underset{\cdot}{5}\ |\ \underset{\cdot}{5}\ -\ ‖$

只盼哥　哥你早　回家　门　口。

正 对 花

东北民歌

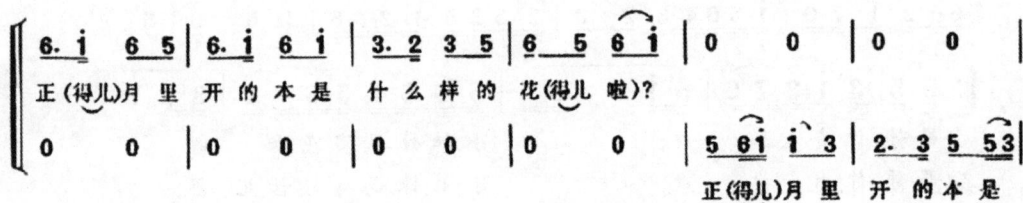

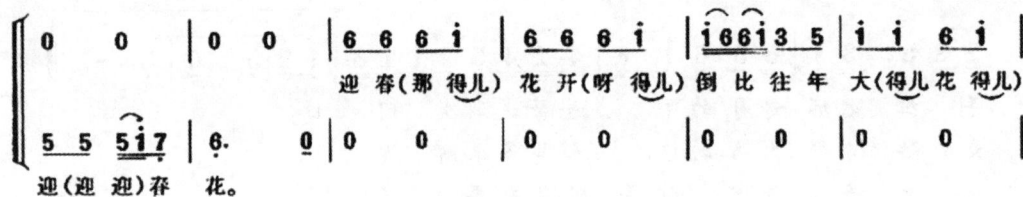

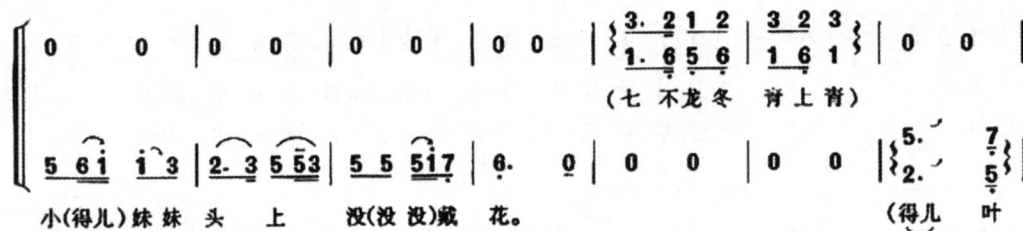

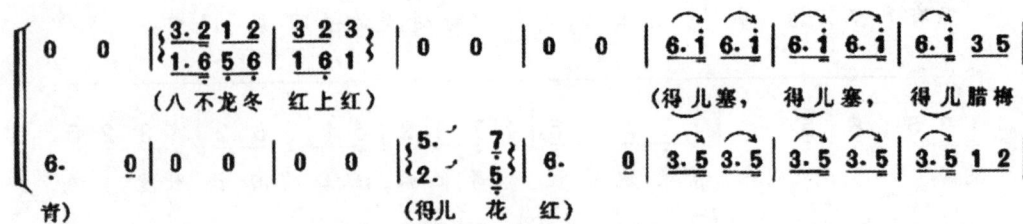

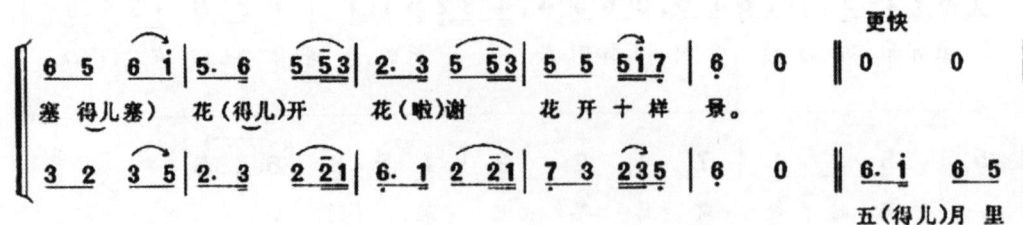

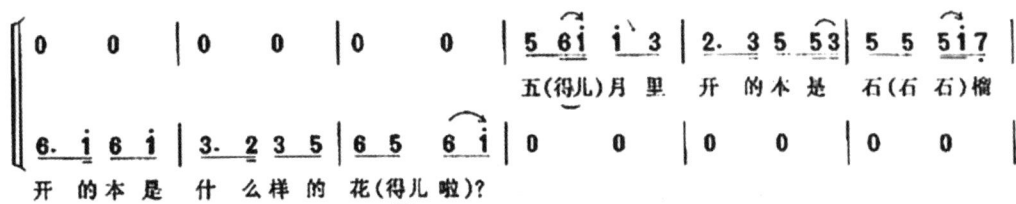

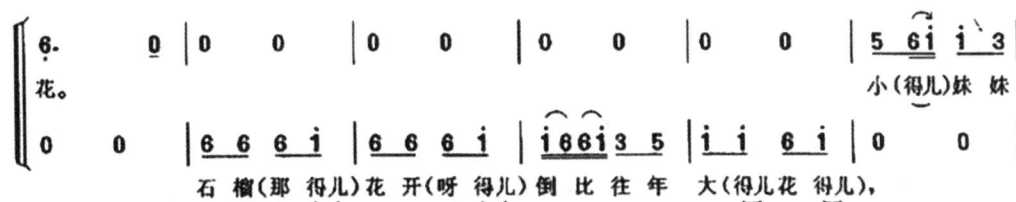

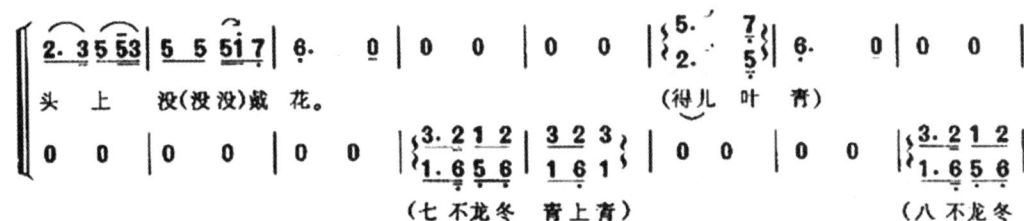

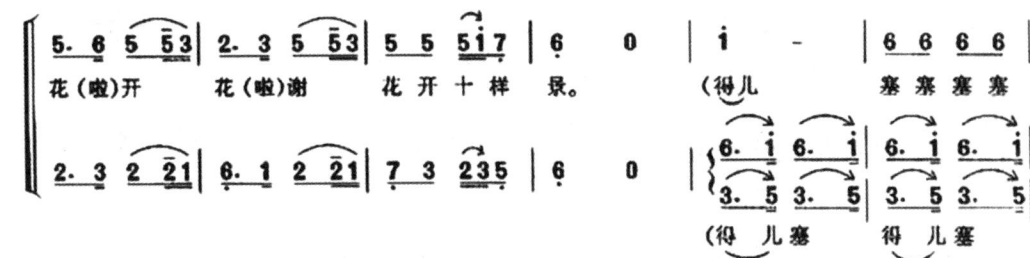

姑苏风光

（小调·大九连环）

江苏 苏州
汉 族

1 = D 2/4

稍慢

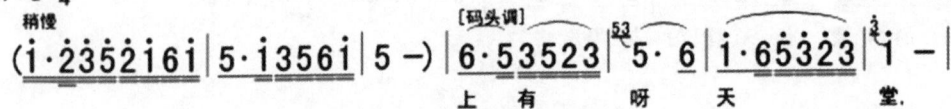

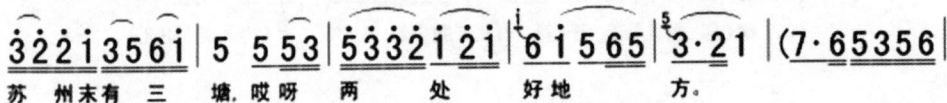

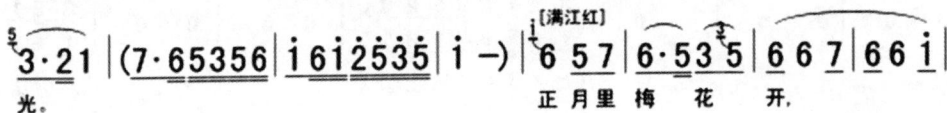

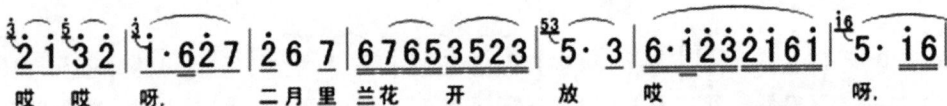

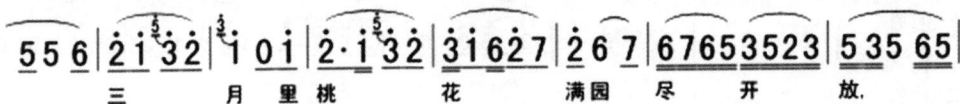

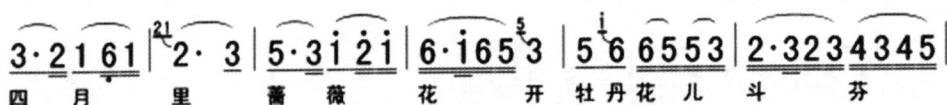

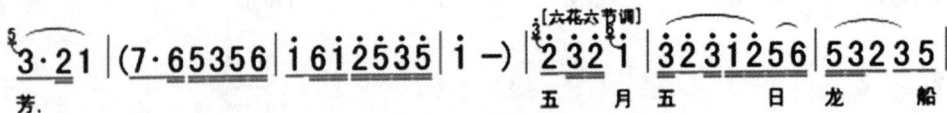

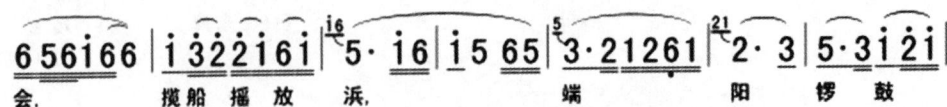

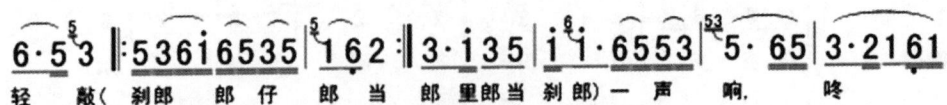

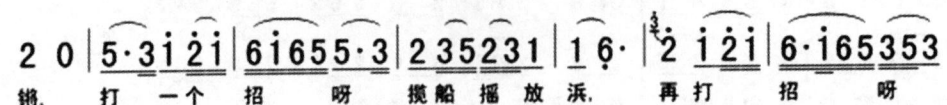

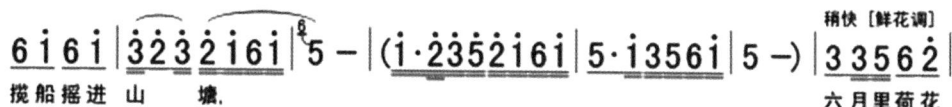

揽船摇进山塘.

稍快〔鲜花调〕

六月里荷花

开　　　七月里禾苗壮.　八月里桂花香.

家家赏月亮.　姐姐那个妹妹　尽是美姑娘.

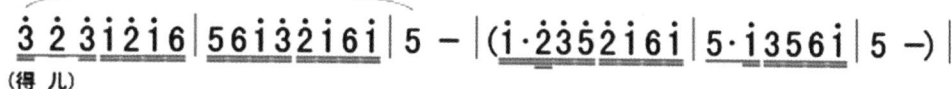

(得儿)

稍慢〔湘江浪调〕(转G调　前1=后5)

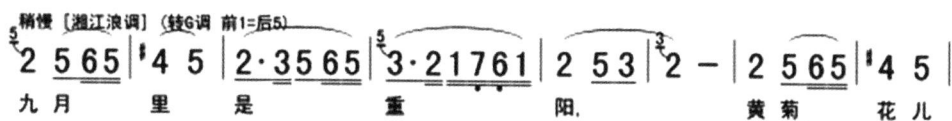

九月里是重阳,　黄菊花儿

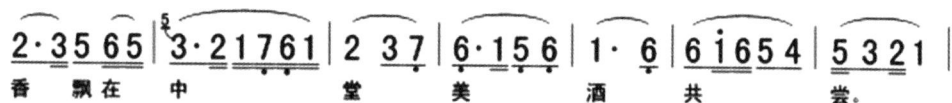

香飘在中堂美酒共尝。

十月那个芙蓉,芙蓉花呀

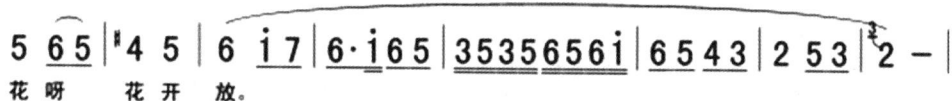

花呀花开放。

稍快(转D调,前5=后i)〔码头调〕

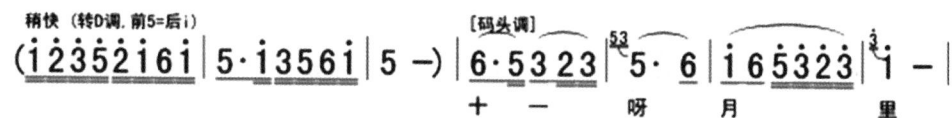

十一呀月里

雪呀雪花飞.　十二月里腊梅

花儿黄哎呀四季好风光.

稍慢,自由地

哎呀哎哎呀,哎呀说不尽的好风

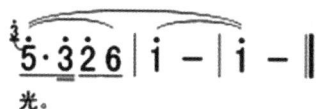

光。

沂蒙山小调

1 = A 3/4

2 5 3 2 | 3 5 3 2 1 | 2 − − | 2 5 2 | 3 5 3 2 1 6 | 1 − − |

1. 人人（那个）都说（嗨）　沂蒙山好，
2. 青山（那个）绿水（嗨）　多好看，
3. 高粱（那个）红产（嗨）　豆花香，
4. 咱们（那个）共产党　领导好，

1 3 2 3 | 5 7 6 5 | 6 − − | 1·2 7 6 | 5 3 5 − | 5 0 0 ||

沂蒙　那个　山　上　哎　　见　牛　羊　光仓。
风吹　那个　草谷　低子（嗨）　好　风　堆洋。
万担　那个　的人　民（嗨）　喜　满　洋。

槐花几时开

1 = F 2/4

四川民歌

自由地

(1 1 1 6 6 | 1 1 1 6 6 6 13 | 6 1 6 5 6 5 3 5 3 2 3 2 1 2 1 | 6 1 6 5 6 5 3 5 6 1 2 3 5 6 1 2 3 5 6 1 2 3 5 6)

2/4 1 1 1 6 | 6 6 | 5 1 6 6 5 6 5 | 3 −\ | 5 5 3 6 | 53 2 | 56 5 3 6·3 | 2 6 |

高高山上（哟啊）一树（喔）槐哟　喂，　手把栏杆（啥）望郎来　哟喂。

6 1 1 6 6 0 1 | 6 6 1 6 5 6 5 | 3 −\ | 2 − | 5 3 5 3 6 | 53 2 − | 5 3 6·3 |

娘问女儿呀："你望啥子哟　喂？""哎　我望槐花（啥）几时开

2 6 | 6 6 0 | 5 3 5 3 6 | 53 2 − | 1 6 2 2 1 | 12 6 − | 6 − | 6 X ||

哟喂，　我望槐花（啥）几时开　哟喂　哟喂。"

上去高山望平川

3. 实践环节——欣赏歌舞音乐

欣赏汉族地区歌舞：龙舞、狮舞、秧歌、花鼓、打莲湘、跑旱船、车灯、太平鼓、竹马灯、高跷。

欣赏少数民族歌舞：蒙古族安代舞、鄂尔多斯舞，朝鲜族农乐舞，维吾尔族刀郎舞，藏族有果谐、弦子、堆谐、囊玛，瑶族长鼓舞，苗族芦笙舞，侗族多耶，土家族摆手舞。

4. 实践环节——欣赏民族器乐

古筝独奏《渔舟唱晚》《将军令》；琵琶独奏《阳春白雪》《十面埋伏》；笛子独奏

《扬鞭催马运粮忙》《喜相逢》；二胡独奏《空山新雨》《听松》；江南丝竹《中花六板》《春江花月夜》；广东音乐《旱天雷》《雨打芭蕉》；河北吹歌《放驴》；鲁西南鼓吹《百鸟朝凤》《一枝花》；苏南吹打《将军令》。

（四）宗教与祭祀音乐

宗教与祭祀音乐指的是由宗教信仰者或其信徒演奏，或者是为宗教信仰与祭祀目的而演奏的音乐。

中国宗教音乐主要有佛教音乐、道教音乐、伊斯兰教音乐、基督教音乐等。

中国佛教音乐包括汉传佛教音乐和藏传佛教音乐。汉传佛教音乐分为两大类：一类是唱奏给佛、菩萨等非现实对象听的，称为法事音乐或庙堂音乐，含修行法事、纪念法事、普济法事中的声（唱诵）和器乐；另一类是唱给现实对象（"俗人"）听的，称为民间佛乐或民间佛曲。藏传佛教音乐包括诵经音乐、羌姆乐舞音乐和寺院器乐等三大部分。道教是中国土生土长的宗教，音乐被广泛运用于道教的修道法事、纪念法事、斋醮法事。一般分为韵腔（含讽经、念咒、诵诰、咏唱）和曲牌（含正曲、耍曲、法器牌子）两大类，并且有在家派和出家派两大流派。

1. 实践环节——欣赏佛教音乐

佛教音乐《赞礼西方》《赞佛偈》。

2. 实践环节——欣赏道教音乐

道教音乐《步虚韵》。

？ 思考题：

1. 如何将音乐之美融入到生活中？

2. 五音与五脏的关系？

3. 中国传统音乐如何分类？

本章参考文献

[1] 高天. 音乐治疗学基础理论［M］. 北京：世界图书出版公司，2007.

[2] 张勇. 音乐治疗学［M］. 武汉：湖北科学技术出版社，2010.

[3] 边江红. 古琴音乐与中医养生［M］. 3版. 广州：羊城晚报出版社，2013.

[4] 修海林. 中国古代音乐美学［M］. 福州：福建教育出版社，2009.

[5] 刘蓝. 诸子论音乐［M］. 昆明：云南大学出版社，2007.

[6] 廖蕊. 中和之美：论孔子的音乐审美主张［J］. 黄河之声，2008（9）：90-91.

[7] 余建民. 我国古代音乐论著举要［J］. 中国音乐，1990（1）：2.

[8] 张宇. 音乐：有声旋律，无形药方［J］. 家庭医药. 快乐养生，2009（8）：4-9.

第七章 医学与文学

第一节 医学与文学的关系

一、医学的起源与定义

医学起源于人类活动。在人类生存和发展的历史长河中，医学始终与人的身体保健及疾病防治密切相关。人类为了能够生存，在改造自然的过程中，发现了可食用动植物。随着火在人类生活中的应用，这些食物的种类不断扩大，有些不仅可以满足温饱，还具有药用价值，对身体健康和疾病防治具有一定功效。草药医术是医学最古老的形式之一，我国古代的《神农本草经》《本草纲目》等著作是经过传承整理的草药学专著，这些专著记载了祖先发现和使用这些草药的过程，为现代中医学奠定了基础。西方医学的发展也一样，如解热镇痛药阿司匹林的有效成分就是从柳树皮中提炼出来的，治疗心力衰竭的洋地黄制剂是从一种名叫洋地黄的植物中提取出来的。总之，医药学的起源是人与自然、人与自身关系的重要体现。正因为人类懂得观察自然，取用自然，懂得体察己身，医疗己痛，才有了逐步发展起来的医学。人类的生存和发展活动是医学活动产生的源头，随着人类社会不断发展，随着科学文化知识的总结丰富，医学也随之发展起来，逐步形成今天的中西医学。

从广义而言，医学首先是人学，它以人体结构机理为研究对象，目标也是推动人生命周期的延长及生命质量的提升，最终以人的全面解放为旨归，实现人类对于生命的终极追求。狭义而言，随着现代科技的不断发展，医学不断分工细化，某种意义上，医学是一种医疗技术和手段，是一门与治疗、缓解和预防疾病以及恢复和保持健康有关的学科和技艺。

二、文学的社会地位和作用

文学是指以语言、文字为工具，形象化地反映客观现实、表现作家心灵世界的艺术，包括散文、诗歌、小说、戏剧、寓言、童话等。文学的基础即文学表达的手段，是语言和文字，文学是经过加工的艺术化的语言文字，区别于日常书写文本和交流用语，但具有文字和语言刻画描写、记载记录、传播交流的基本功能，同时具有文学作品独具的审美功能。文学创作的主体是人，文学创作的客体是客观世界，却是以人为中心的客观世界，文学以文学作品的形式呈现，文本书籍等是文学的载体，人们通过阅读文学作品可以获得知识、开阔视野、陶冶情操、传达情感，文学阅读可以达到读者与作者心灵上的共鸣，正所谓"一千个人眼中有一千个哈姆雷特"，不同读者对于文学作品的理解也是不相同的，文学阅读体验取决于创作者的描绘塑造，更取决于阅读者的人生阅历与阅读体验。总而言之，文学具有文艺审美功能，由于文艺审美功能作用于人的头脑和思维，带给人不同的身心体验，因此文学也具有了陶冶性情、愉悦心灵、平衡心理、悦享精神等精神疗养作用，因此文学也具有社会卫生功能。文学在描写自然、社会及人生现实的同时，给人们留下了无限的想象和创作的自由空间。

马克思主义文学理论深刻阐明了文学的价值和功能。许多文学理论都从各自不同角度论述了文学的价值与功能，有的把文学当作娱乐的手段，有的把文学当作自我表现的渠道，有的把文学当作单纯教化的工具，有的主张文学是人的一种自然宣泄，有的强调为文学而文学，还有一些理论实际上削弱和解构了文学的价值和功能。马克思主义强调从人类改造自然和求得自身全面解放的社会实践中来认识文学的价值和功能，赋予其崭新的内涵和评判标准，使人们对文学的价值和功能形成科学认识。

三、医学与文学的本质联系

文学是指以语言、文字为工具，形象化地反映客观现实、表现作家心灵世界的艺术，包括散文、诗歌、小说、戏剧、寓言、童话等。

医学主要是指直接治病救人的临床医学以及支撑临床医学的基础医学、辅诊医学、护理学、情报学和管理学等。

那么，在现实生活中，医学和文学的关系是什么？医学和文学的交汇点在哪里？为什么要探讨医学和文学这两大学科之间的交流和融会？它们是如何交流和融会的？

首先，医学与文学研究对象一致，医学与文学二者统一于"人学"。

在人们的一般意识中，认为医学应分属于自然科学，文学应分属于人文社会科学。但由于文学与医学的工作与服务对象都是人，都是为了提升人的身心健康水平和生存质量而存在与发展，从这个意义上来说，二者在"人学"方面有了交集，二者有着共同的研究对象"人"。文学与医学均从不同侧面对"人"这个复杂个体加以研究。

医学侧重于从物质层面入手，重在研究人的自然属性，通过科学观察与实验方法对人体的生理结构与机体功能进行认知与概述，总结出具有普遍指导意义的理论，然后应用到医学临床，在病理状态中了解人体结构与功能的现状与变化，细致深入地观察治疗的过程与结果，并通过实证与还原的方式总结出科学规范的医疗模式与诊治方案，再通过观察、总结、概括、提升、再观察、再概括与提升的系列过程，完成救死扶伤、扶危济困的人道主义历程。

文学侧重于从精神层面入手，重在研究人的社会属性。文学作为文化的重要形式，以语言文字生动形象地实现对客观现实、作家心灵世界的反映和物化，是对于人类生命的审美化反映，核心内容是人类的思想情感及与之相应的社会生活。人类是社会的核心与主体，人的思想就是社会思想的直接体现，文学反映社会现实归根结底还是反映人的思想与情感；同时，人在文学作品中既是审美的客体，又是审美的主体，人本身就是社会审美活动中最具欣赏价值的审美对象。因此，文学创作与研究要从社会生活出发，以"人"为观察体悟的核心和要素，深入细致地观察研究以"人"为联结的社会关系与社会现象，以人类的思想和情感活动为描绘对象与中心，创作出典型环境下的典型人物，充分书写人类的思想、文化与精神生活，以达到张扬人性、完善情感、美化生活、造福社会的效用，最终实现促进人类生存与发展质量的终极目标。

其次，医学与文学服务目标一致，二者都服务于人的身心健康。

按照世界卫生组织关于健康的提法，健康不仅是躯体没有疾病，还要具备心理健康、社会适应良好和有道德。现代人的健康内涵与外延涵盖躯体健康、心理健康、智力健康、道德健康、社会关系健康等。为了实现健康目标，仅依靠医学从生理和病理角度很难解决人类的所有健康问题，还需要文学来发挥人文关怀、教育、疏导、移情、升华等效能和作用。

在人类思想和文化发展历史中，文学与医学从不同的维度对人类的进步和福祉发挥着不可或缺的作用，二者在保证人类身心健康方面有着太多的交集，那就是从物质和心灵两个层面发挥着身体与意识的治疗作用，以提升人类的生存质量，在价值目标上彰显人类价值，实现终极人文关怀。并且这两方面的作用又不是截然分开的，而是互相交融、互相影响，在互动中提升，在交融中完善。

从学科的科学功能和职责定位来考察，作为自然科学的医学往往在医院有形的空间里，以科学的态度审视疾病，以人道主义精神关爱患者，医者以相对直接的形式从生理和病理的角度为患者诊察疗治疾病，消除生理病患，恢复机体健康，解除身心痛苦，使其恢复到正常的生理状态之中。而作为社会科学的文学同样具备医学疗治的功能，不过作为文化大医的作家通过语言文字构建了一个与读者在思想和文化空间中自由交流的无形的诊室，为患者、为社会疗伤除疾。与医学治疗不同的是，文学治疗的对象往往是心理、精神的个体患者或者浸染思想文化顽疾的病态的社会，文学医者不再需要有形的手术刀、银针、药剂等治疗器具和物品。作家与医生一样，以人道主义的关爱悲悯情怀，借助文学形象、思想内涵、情感氛围、艺术审美来感动人、教化人，起到纯净思想、感受文化、提升认识、完善人格、改良人性、宁静心灵的作用，切实提升并塑造美好的人性和完善的人格，恢复健康的心理，构建和谐的情感状态。并以人的思想文化的改变与提升，影响到整个社会和民族的启蒙与改良，解决系统性、普遍性的社会问题，以达到人类由"立人"到"立国"的渐进性发展。

文学具有医学"治疗"效用。文学与医学融合既是医学的文学艺术化，也为文学艺术带来浓厚的医学色彩，二者不仅在外延上有相似之处，而且在内涵上也有相通之处，文学艺术在某些领域和方面与医学一样具有相应的"治疗"功能。文学作品之所以具有"治疗"的功效，在于文学艺术的审美性和情感性能够触发读者的内心反应和情绪变化，像具有不同药效的药物一样，不同体裁和内容的文学作品会引发不同的效应与影响，对人类的心理和生理具有良性的反馈和影响机制。例如，喜剧引发人们喜乐欢欣的情感反应，悲剧引发人们悲哀愤怒的情感反应，言情小说引发人们对情感的痴迷和执着，科幻小说引发人们的幻想与惊奇等。

文学的保健和治疗作用源远流长，自古就有。尽管"文学治疗"这一专业术语在20世纪初才由加拿大著名文学理论家弗莱提出，但是文学治疗作用却是与文学的产生相伴而生的。有学者甚至提出，文学的产生就是人类精神需要治疗的结果。中国古人早就得出诗文所独具的感化特性能促进社会与人和谐健康发展的结论，认为诗文具有医药的功效。《毛诗大序》认为，诗文可以"厚人伦，美教化，移风俗"。《周易》说："鼓天下之动者存乎辞。"孔子言诗之"兴""观""群""怨"，不仅表明了诗具备认识功能，也明确指出诗具有心理暗示作用。孔颖达《毛诗正义》云："《尚书》之三风十愆，疾病也。诗人之四始六义，救药也。"更直接说明了诗所具有的医学功能。《文心雕龙·知音》提及："夫缀文者情动而辞发，观文者披文以入情，沿波讨源，虽幽必显。"由此可见，文学的根本目的就在于调动人们积极向上、健康乐观的情感和情绪，鼓舞人们克服困难，心态阳光，快乐生活。

文学与医学都成为当下人们选择的促进人类在社会和家庭中获得健康和谐生活的有效途径和手段。苏联文学批评家鲁宁认为，科学和艺术都是出自认识生活并以此来改造生活，把生活安排得更完美、更和谐的愿望。由此可见，文学与医学都在探讨人如何实现灵与肉的完美融合与境界升华，医学与文学作为人类文化的产物，因其对人类福祉所作的努力而走向彼此，二者有异曲同工之妙。

最后，医学与文学的融通变化，二者统一于社会文化发展的本质要求。

医学与文学的发展，都致力于解决人类生存的根本问题，如何生存及如何生存得更好的问题。文学与医学旨在探求在"人"的问题上实现心灵与肉体的完美融合与统一。作为与人类生活紧密相连的两门学科，二者在关注内容、手段和方式上互有侧重、相互补充，但在研究主旨和目标上是完全一致的。医学主要是从生理上研究人类，侧重于从解剖生理学、生化病理学上以科学严谨的态度探求人体结构与生理状态，实现人类的身心健康状态。而文学则侧重从人类的心理、意识、精神等方面入手，以关爱、悲悯的态度寻求升华人类的精神素养和文化修养。人类是生理和心理的完美结合，无论文学还是医学都无法单独完成提升人类生存与发展的需求，医学与文学的结合则圆满解决了人类在不同领域中存在的问题和需求。如果深入探究、细致分析，人们可发现文学对医学研究与实践具有3个方面的重要促进作用：其一，引领医生通过阅读文学作品，发展想象能力、批判性思维、分析能力以及移情能力等；其二，通过阅读医学叙事使医生在艺术熏陶和审美感受中加深对患者的切身理解，因为患者感受的疾病和作为独立的客体存在的疾病是不一样的；其三，文学作品的阅读和文学技巧的使用，可以让医生学会并强化对医学中的道德问题、伦理问题、人文问题进行思考与体悟，以此解决医生职业道德与职业操守等道德问题，解决医生辅助死亡、医学稀缺资源分配、人工助孕等医学伦理问题，解决医学过于依赖科学技术发展、渐趋偏离人的价值的医学人文问题。因此，以文学为关键内核的医学人文学在医学领域兴起成为必然，医学界寄希望于以文学来反思医学过往经历以及未来发展的趋势，明晰人才是医学最终的决定性因素，以避免医学走入对科学技术等物质因素过分依赖的发展误区。寄希望于以医学人文精神考察医学与科学进步发展的良知问题，不是简单地探寻人类物质化的生存与存在，而是应该探寻人类在精神、文化层面如何生存、如何存在。

另外，医学的发展成为推动文学进步的重要方面，医学为文学提供了丰富而厚重的创作素材。但随着科学技术的进步，医学的发展也面临着世纪困惑。随着社会的发展，人们悲哀地发现，医学技术不可能解决所有的问题，人类疾病随着科学技术的发展而演进，艾滋病、癌症、埃博拉病毒等不断出现，并且都在考验着人类治疗的模式和方法。而在医学中出现的试管婴儿、器官移植、安乐死等医学伦理问题也考验着人类的道德和文化。诸多问题仅仅依靠医学是解决不了的，必须要靠人类文化、思想来触及人类的灵魂，从人的心理和精神层面来解决人类的发展、生存困境与危局。所以，科学解决不了的，有时候文学可以解决，医学与文学互通也就成为一件顺理成章的事情。我们就不难理解为何有那么多的作家具有医学背景。他们有的经历过长期的医学生涯之后，选择从事文学创作；有的则在从事医学工作之余进行文学创作。其间有个人爱好因素，但是为了解决人类身心困局而使人们获取身体安康、心灵宁静也是医学与文学互通的一个重要社会原因。

总之，文学和医学都以"人"作为研究对象，共同致力于解决人类所面临的生理和心理上的问题，实现由此岸到彼岸的跨越，以此达到对人类身心的塑造和提升，改变人类的主观和客观世界。

第二节　中国古典文学中的医学现象

文学作为人类社会生活的反映，人类的疾病、困苦和死亡是文学记录和研讨的重要环节和内容，因此，医学元素对文学影响尤其深远，无论从内容到形式都可以找到中医学和中医文化渗透的印记。而在这些众多的影响要素中，中医学和中医文化为中国文学提供了丰富的创作内容和素材，拓展了中国文学的创作领域，强化了作品的艺术特质与韵味，丰厚了作品的文化内涵。而文学活动本身也在中医文化宣传和扩大中医药学的影响力方面发挥了建设性的作用，文学的艺术审美和思想引导作用则起到了文化引领和艺术"治疗"的独特效果。

一、医家医学活动成为作品中的重要内容

今天人们了解古代医学家的相关事迹和医学成就，除了借助医学典籍和史学名著之外，文学典籍也成为一个重要的途径。在我国明清四大古典小说中，作家以艺术加工和提炼的方式，叙写了历史存在的和虚构的众多医家，而其中描写的大量医学活动，其行方用药的经验至今仍有使用和借鉴价值。这些文学典籍既具有文学的审美欣赏价值，也具有医疗学习的价值和用途。

罗贯中的《三国演义》中塑造了我国古代著名的医学大家华佗的光辉形象。作为我国的"外科始祖"，他为我国的医学发展作出了卓越的贡献。华佗医技精湛、医德高尚，其事迹和故事至今仍在民间广为流传。在《三国演义》中涉及大量关于华佗的故事，如为周泰治金疮、为关羽疗箭毒、为曹操医头风等，成为不同故事情节之间重

要的纽带。

例如，第七十五回"关云长刮骨疗毒，吕子明白衣渡江"中，描写华佗为关羽治疗箭伤，写得绘声绘色、十分传神：公饮数杯酒毕，一面仍与马良弈棋，伸臂令佗割之。佗取尖刀在手，令一小校捧一大盆于臂下接血。佗曰："某便下手，君侯勿惊。"公曰："任汝医治，吾岂比世间俗子，惧痛者耶！"佗乃下刀，割开皮肉，直至于骨，骨上已青；佗用刀刮骨，悉悉有声。帐上帐下见者，皆掩面失色。公饮酒食肉，谈笑弈棋，全无痛苦之色。须臾，血流盈盆。佗刮尽其毒，敷上药，以线缝之。公大笑而起，谓众将曰："此臂伸舒如故，并无痛矣。先生真神医也！"佗曰："某为医一生，未尝见此。君侯真天神也！"这一情节的描写，既表现了华佗高超的外科手术治疗技术和过人的胆识，又突出关羽在剧痛面前神情自若的表现，状写其意志坚韧非同常人的英雄气概，令人叹服不已，进一步把关羽推向神圣的地步。

又如，第七十八回"治风疾神医身死，传遗命奸雄数终"中，华歆说："华佗字元化，沛国谯人也。其医术之妙，世所罕有；但有患者，或用药，或用针，或用灸，随手而愈。若患五脏六腑之疾，药不能效者，以麻肺（沸）汤饮之，令病者如醉死，却用尖刀剖开其腹，以药汤洗其脏腑，患者略无疼痛。洗毕，然后以药线缝口，用药敷之；或一月，或二十日，即平复矣；其神妙如此！"此处借华歆之口，运用白描手法，为后世留下了一个擅长外科手术且独创麻醉剂的医术高明的医生形象。当时，曹操罹患风疾，头痛难忍。在华歆的推荐下，曹操请华佗前来救治，华佗提出运用外科手术根除的方法，即"先饮麻肺（沸）汤，然后用利斧砍开脑袋，取出风涎，方可根除"。在当时这种石破天惊的治疗方法自然不被人们接受，加之曹操历来多疑，以为华佗要加害于他，盛怒之下不顾属下劝谏，在狱中杀死了华佗。一代名医就这样陨落了，封建统治阶级的暴行既伤害了众多无辜的人，最终也害了曹操本人。不久曹操重病因无人救治而身亡，同时也揭开了曹丕继位为魏王、三国鼎立渐成的大幕。

文学作品中点缀医学家相应的活动，增添了作品的生活情趣，使文章富于变化，揭示了作品的主题，真实地再现了人物的生理和心理活动，使人物形象更加丰满而生动。

二、中药成为文学活动吟咏的对象

古典文学中有大量的咏药诗赋，以中药作为吟咏的对象。这些诗歌可以称为"药名诗"，即以中药名称或者是以中药名称的谐音写入诗中，构成诗歌的主要部分。在这类诗歌中，诗人采用优美动人的文笔，描绘各种药物的形态、颜色、性味、功用，赞许它们为人类的健康生活作出的贡献，或者是将药名写入诗中，诗人往往会把部分中药借喻为美好事物的象征或情感的寄托物，起到营构意象、烘托氛围、表达情感的作用。

晁公武《郡斋读书志》卷十九著录《陈亚之集》时写道："药名诗始于唐人张籍，有'江皋岁暮相逢地，黄叶霜前半夏枝'之诗（引者按：此是离合格，有药名'地黄'及'半夏'），人谓起于（陈）亚，实不然也。"药名诗的兴盛时期是在宋代。诗歌在唐代大发展之后，宋代具有了求变的学理和美学要求，诗人不再满足于传统题材和表达方式，于是药名诗就成为宋人涉足的一个重要领域。由于中药具有来自大自然的天然药物这种特殊性，决定着植物类的药物除了具有药物功用之外，还因其具有奇特的个性、美丽的姿态、艳丽的色泽和芬芳的气味而具有观赏把玩的价值，成为人们的审美对象，所以古人常有"花药"之称。唐代著名诗人孟浩然就有"曲岛寻花药"的佳句。自然界中存在的大量形态繁复、功能多样、美丽多姿的植物类药材，不仅丰富了中医治疗疾病的药物库，也拓展了文人墨客吟咏抒情的对象和素材。

沈约是南北朝时期的文坛领袖，他以中药为题材，作了一首具有浓郁药学风味的诗作《怀旧事》：

> 喝马蓝关路，王孙欲断肠。
>
> 风扬桃蕊嫩，露郁李花香。
>
> 志远情难弃，心高意已伤。
>
> 春长山月寂，莫若早回乡。

诗人在诗作中巧妙地嵌入了马兰、王孙、羊桃、郁李、志远、薏苡、常山、茴香8个中药材名，药名与诗歌内容巧妙地融合在一起，诗人以"断肠草"这类富有特定情感色彩的药名，赋予了诗作浓郁的文化气息和氛围，全诗被笼罩在一股淡淡的哀戚和忧愁氛围之中，抒发了自己在当时混乱的时局之下，壮志难酬、心灰意冷、欲归隐田园的伤感和无奈之情。

宋代的陈亚是以中药为诗创作数量最多、社会影响力最大的诗人。《宋史·艺文志》上提及陈亚所著《药名诗》一卷，由此可见其创作数量之多、影响之大。陈诗不是机械地堆砌药名，而是采用谐音双关、营造意象等艺术方式，具有较高的艺术水准，受到时人瞩目。如在《登湖州销消暑楼》一诗中，作者写道：

> 重楼肆登赏，岂美石为廊。
>
> 风月前湖近，轩窗半夏凉。
>
> 晋青识渔浦，芝紫认仙乡。
>
> 却恐当归阙，灵台为别伤。

诗人在诗中引用了重楼、前胡（前湖）、半夏、紫芝（芝紫）、当归等中药名。这是一首令人倍感轻松愉悦的诗作，炎炎夏日，登上水波荡漾的湖州消暑楼，极目远眺湖面的景物，远处湖面上清风拂过，带来水面的凉意，令人神清气爽，好似在仙境中一样乐而忘返，表现出诗人醉情山水美景的愉悦情怀。诗人的药名诗创作具有不同的艺术风格。陈亚在祥符担任知县时，有亲戚朋友经常向他借牛用于拉车，陈亚心疼牛长途跋涉非常疲累，但是又不好回绝亲朋，于是做了一首药名诗，立即解决了这个困扰他的问题。他在诗中写道：

> 地居京界足亲知，倩借寻常无歇时。
>
> 但看车前牛领上，十家皮没五家皮。

诗中嵌有车前、五加皮（五家皮）等药名，诗人借助"五家皮"这一药名形象生动地告知众人，自己的牛头上的皮已经被磨破了，不能再行对外出借了。人们看到后，都被诗人诙谐幽默的话语逗乐，再也不去借用他家的牛了。

三、表现处于疾病困厄中人物的生理和心理状态

文学与医学都以人为研究对象，医学重在揭示人类的生理状态，而文学重在描述人类的心理状态，二者在人的问题上是一致的，都在探析如何使人类的身体和灵魂达到和谐统一的地步。为此，作为以塑造人物为己任的文学作品，势必要描写人物在正常状态和病理状态下的生理和心理的变化，才能揭示人物的典型性格和形象，具有鲜明的艺术魅力和特点。

在文学作品中，作家要如实地摹写社会，在战乱、灾害、瘟疫、饥饿等不时出现的时代，大多数人都处于一种非正常状态之下。为此，文学作品中人物在疾病困厄情态下的生理和心理变化和状态就成为文学作品重要的书写内容和题材。例如，《红楼梦》中对处于疾病困厄状态中的人物描写极为典型和突出，所描写的患者数量之多、病情类型之杂都堪称典范。曹雪芹在小说中以病来叙写人、以病来写事、以病来抒情，凸显了文学与中医学紧密相连的关系。从医学视野来看，《红楼梦》中黛玉、宝玉等重要人物一出场就带有病态。而这种病态，往往喻指社会和道德意义上的病态，并且隐约地暗示人物的命运和结局。如《红楼梦》第三回"托内兄如海荐西宾，接外孙贾母惜孤女"中，黛玉辞别父亲前往贾府寄居，众人初次见到黛玉，第一印象就是黛玉身体有病弱不足之症。众人见黛玉年纪虽小，其举止言谈不俗，身体面貌虽弱不禁风，却有一段风流态度，便知她有不足之症。因问："常服何药？为何不治好了？"黛玉道："我自来如此，从会吃饭时便吃药，到如今了，经过多少名医，总未见效。"从中医学上来分析，先天不足应是指的"肺弱"。黛玉幼小失去母亲，不得不离家寄人篱下，自己身体又虚弱多病。黛玉一出场就处于一个病态的环境与状态中，既有自身的病态，又有外部环境的失衡，病弱的阴影始终笼罩在黛玉身上，为后文黛玉的悲剧结局做了铺垫。而宝玉初见黛玉，也重在描写他的狂症。王夫人提前为黛玉做介绍时说，宝玉"他嘴里一时甜言蜜语，一时有天没日，疯疯傻傻，只休信他"。当黛玉见到宝玉时，宝玉因为黛玉没有通灵宝玉而"登时发作起痴狂病来，摘下那玉，就狠命摔去"。作家形象地描写了宝玉的狂人形象，他的性格游离于疯与不疯之间，这是社会、家庭给他造成的巨大压力对其影响、使其撕裂而成。这就使得宝玉这一人物形象十分复杂而富有张力，有多元化、多维度解读的可能，使其成为文学画廊里一个极富个性的文学形象。《红楼梦》中的其他重要人物，如秦可卿、王熙凤、晴雯等一众美好的女子，最终都在疾病纠缠与心理纠结之中离开了人世，她们的疾病有着极其丰富的文化隐喻义，作家以悲悯情怀，以疾病与痛苦作为切入点状写了她们在封建家族和制度下无法把握自己命运的悲惨结局，叙写了她们的性格和命运悲剧，使读者与文中人物产生情感共鸣，强化了作品的美感和艺术感染力。

四、表现医方药剂的神奇功效

中医学是中国五千年历史与文化的重要组成部分，而中医药学从理论体系形成以

来已有两千多年的历史。在中华民族漫长而悠久的发展史上，中医药发挥了治病保健的关键性作用，为保证人民的健康作出了突出的贡献。作为社会生活的一部分，医药学在文学作品中得到展示和融通。此外，医学由于其涉及人体生理和病理的神秘色彩，更容易引起读者的关注和兴趣，在中国文学作品中成为一个重要的题材和内容。

在《史记·扁鹊仓公列传》中，司马迁以现实主义和浪漫主义相结合的手法塑造了扁鹊、淳于意这两位既有传奇色彩又有生活与现实基础的医学家形象。司马迁善于讲述故事，通过叙写一个个富有传奇色彩的医方医案，让人们感知医生采用医方药剂以及其他治疗手段的神奇效果，使读者真切感受到两位医学家高尚的医德和传奇般的医技，强化了作品的故事性和趣味性，提升了作品的可读性和文学性。

文中司马迁主要记述了扁鹊为虢国太子治病的过程。他通过叙写一系列话语，突出扁鹊精准的判断能力和医学素养，给人以先声夺人的感觉。文中层次分明地记述了扁鹊超绝精妙的治疗方案："扁鹊乃使弟子子阳厉针砥石，以取外三阳五会。有间，太子苏。乃使子豹为五分之熨，以八减之齐和煮之，以更熨两胁下。太子起坐。更适阴阳，但服汤二旬而复故。故天下尽以鹊为能生死人。"作家简明扼要的描写和记述，形象而传神地讲述了扁鹊运用精湛医术治愈疑难杂症的故事，扁鹊因此名闻天下。

司马迁在记述淳于意时，则没有沿用描写扁鹊时重点突出的写作方式，而是选写了二十四条和医案类似的医学材料，以淳于意自我叙述的方式娓娓道来，很富于生活气息和文学情趣。如为齐国名叫循的郎中令治疗时，作家写道："齐郎中令循病，众医皆以为蹷入中，而刺之。臣意诊之，曰：'涌疝也，令人不得前后溲。'循曰：'不得前后溲三日矣。'臣意饮以火齐汤，一饮得前溲，再饮大溲，三饮而疾愈。"又如，淳于意为齐国名叫信的中御府长治疗疾病时，作者写道："臣意即为之液汤火齐逐热，一饮汗尽，再饮热去，三饮病已"。

第三节　中国现当代文学中的医学现象

文学用以载道，医学用以济世，文学与医学在其学科目的上是一致的、相通的。医生通过探究肉体得到理性的结论，从医学的角度看到人类肉体等物质的东西；而作家则从精神上探究理论无法解决的问题，从文学的角度看到人最本质的东西。

综观中国现当代文学尤其是中国现代文学的起源与发展，人们不禁感叹一个有趣的现象，即中国现代文学的主将鲁迅以及重要成员郭沫若、郁达夫、冰心等作家，起初皆有从医的志向，只是后来出于社会变化与自身发展的需要，纷纷弃医从文，在医学基础上走出了一条独具特色的文学之路，形成了医文互通的独特文学现象。此后中国当代文学重要作家毕淑敏、余华、池莉等也有弃医从文的经历，医学元素和现象因此也成为中国现当代文学中的一个特色和标志。

文学是社会生活的形象反映，社会生活的多元性和丰富性驱使不同性别、年龄、性格和职业的人从事文学创作。文学与医学都以人为研究对象，都在关注人类的肉体、灵魂、苦难和死亡等诸多问题。文学作品在叙述和描写中所涉及的人类的文化和精神最终来源于人的内心世界。真正的医学也是不仅关注人的躯体健康，更要关注人的心理健康。文学重在研究人的社会属性，关注人的思想、精神、情感，关爱人的心灵和心理；而医学则重在研究人的生理、心理的正常状态和病理状态的变化和处置，其侧重点在于外在疾病的诊察和医治。将二者融会在一起，则始于20世纪初期。国家和民族的危亡促使人们把精力倾注到关注人的身心发展方面，使文学与医学的互通进入了一个新的时期，开启了一个全新的发展阶段。

医学之道用于救人，文学之道也是用于救人，进而由救人上升为救治整个病态社会中的人。这在中国现代文学的起源与发展史上具有重要意义。20世纪初，中国政治黑暗、经济萧条、国家和民族危亡，迫使部分先进知识分子开始睁开眼睛看世界，在西学东渐的劲风之下，各种西方社会思潮如雨后春笋般地在中国兴起，中国先进知识分子以主动姿态学习西方先进的科学与文化，以解决国内实际问题，"师夷长技以制夷"，一系列运动风起云涌般地在国内兴起。其中，一个重要的领域就是在文学与医学融会的方面。起初，中国进步的文人把疗救疾病、强健民族体魄作为挽救民族危亡的手段和路径，但在探索前行的过程中，进步的知识分子却悲哀地发现，仅靠医学解决生理的病态对疗治中国的社会问题作用不大，他们真切地发现"人"的问题，开始转变为从医学视野来诊察对社会发展形成阻碍的个体和社会文化的病症问题，提出了"改造国民劣根性"的话题，开始了由疗救个体的生理疾患到疗救社会病症的重大转折。在这一过程中，以鲁迅为代表的一部分文人开始了弃医从文或亦医亦文的转变。鲁迅起先基于庸医误人以及西医可以促进维新的初衷，毅然决然地前往日本学习西医。但当他目睹了国人围观中国人被枪毙的场景之后，痛感只是救治国人身体疾病，不能改变国人的灵魂和思想，也无法改变国家和民族的命运。为此，鲁迅作出人生重大抉择，断然地放弃了医学，选择了可以改变人们思想、精神和文化的文学作为自己毕生从事的事业，开始了以医学和文学双重视角探视社会、改变人生、健全人格的打造国民新的灵魂之旅。他所开创的"改造国民灵魂，做文化大医"的文学精神被此后的作家传承。

一、中国现当代文学中独特的"医学文化"意象

意象是指客观物象经过创作主体独特的情感活动而创作出来的一种艺术形象。文学作品中运用营构意象的方式可以起到营造氛围、借景抒情、交代背景和环境、突出意境、奠定情感基调、丰满人物性格、厚重文化内涵与意蕴等作用。而作品中的意象一般分为自然景物、人或者事物意象。在中国古典诗词中，梅兰竹菊、流水斜阳、孤村昏鸦、清泉明月等自然景物为常见的文学意象，对美化诗词语言、突出作品氛围、营造感人意境、深厚文化内涵起到了极大作用。

综观中国现当代文学，由于现代文学诞生于中国半殖民地半封建社会时期，国家分裂、山河破碎、民族危亡，整个社会处于病态情形，国民也从封建社会中自闭、高傲、自负的思想状态急转到封闭、愚弱、自卑的思想状态，无论身体还是思想都处于

孱弱病态，当时国运不昌、民生多艰的社会形势：国家疲软，任人欺凌；民族衰亡，萎靡不振；国民贫病，愚昧麻木。一个时代有一个时代的文学，它总是面向时代而产生并生存，思考、反映并记录一个时代的社会和人生，塑造一个时代的人物群像。在中国现代文学赖以生存、发展的土壤和环境中，"疾病"成为一个不容回避和忽视的现象和问题，"疾病"意象成了中国现代文学的主流意象，带有厚重的文化内涵与意蕴。

疾病与疗治是一对相伴而生的概念和意象，其不仅反映在社会生活领域，也反映在政治与思想领域，挽救国家和民族一时间成为20世纪初的主流话语，也成为五四新文化运动发起的内在驱动力和文化动因。当时，起引领作用的作家以文学家和医学家的双重身份进行文学探析和创作，他们在极力探求救亡图存的真正出路的过程中实现了由医学救国到文化救国、思想救国的转变，由救治肉体的疾患到解除人们心灵的蒙蔽和愚昧，再到从文化和思想上探讨如何救治整个社会和国家，以期获取启蒙的成功和革命的胜利。为了实现这一目的，大家发起了新文化运动，希冀以文艺的形式实现革命的启蒙，探析国民的病根所在，并为革除社会病根开出一剂药方。"疾病""疗治""药方"因此成为中国现当代文学中医学文化三个重要的代表性意象。

（一）"疾病"意象

自从人类诞生以来，疾病就与之相伴而生，并被赋予各种文化上的内涵与隐喻意义。而医学作为人类社会生活的重要组成部分，也因此成为一个极其重要的文学题材，它丰富了文学创作领域，影响了文学思潮和流派。德国著名文学理论家维拉·波兰特说："艺术与医学自古以来就存在着基本的、本质上不无根据的联系。古典思想将医学和艺术合而为一奉为和谐的最高目标。希腊神话中的阿波罗同时是诗歌神和医药神，因为他是作为和谐之神祭祀的。"因此，医学与文学在功能和社会意义方面有了诸多的交集，医学丰富了文学的表现内容和手法，而文学又有了以艺术手段治疗人们疾病的功能。在文学作品中，疾病意象成为一种表现常态。美国文学评论家苏珊·桑塔格在《疾病的隐喻》中深刻反思与探讨了肺结核、癌症等病症由生理病理现象渐次隐喻化，由"仅仅是身体的一种病"而被赋予了道德批判色彩，并与政治压迫相联系。可见，文学作品中的疾病描写皆与相应的社会文化内涵相联系，带有一定的文化意蕴和价值意义，并可带来审美效应。

在中国现代文学史上，文学作品中的疾病与当时悲苦凄绝的时代背景有着紧密的关联，以反映时代的苦难、思想的愚弱、社会的解救为价值取向和审美意蕴。在大量的文学作品中，作家描写了动荡社会下人们贫病交加的生活状态，渲染了悲凉意味，加深了作品的悲剧色彩。

在一系列病症中，肺结核等肺病作为一个重要的疾病意象被众多作家在作品中加以描述和演绎。在不同的时期，"肺结核"作为重要的文学意象具有不同的文化隐喻义。有的是为了凸显人生的苦难和悲凉，借外在疾病凸显内在心理的愚昧和麻木。例如，鲁迅在《狂人日记》《孤独者》《药》三篇小说中提及的"痨病"（肺结核）分别象征着贫苦、鲜血和死亡，带给人恐惧、压抑和窒息的感觉。而巴金《寒夜》中的汪文宣则以肺病强化了抗战时期普通百姓的人生悲剧。萧红《小城三月》、张爱玲《花凋》、丁玲《莎菲女士的日记》，则以写实的手法书写生活的艰难和痛苦，描述人们精神的困窘和压抑。但在现当代文学另外一些作家的创作中，肺结核则被涂抹上浪漫传奇色彩，疾病被披上了一件病态、衰颓的华美外衣。作家笔下的肺结核患者大多才华横溢、温文尔雅，有种林黛玉似的泪光充盈、弱柳扶风般的病态风韵。例如，郁达夫《茫茫夜》中的吴迟生、《迟桂花》中的翁则生、《蜃楼》中的叶秋心等，均为患肺结核且多愁善感的时代青年；巴金《灭亡》中的杜大心，是位对当时社会感到绝望的青年诗人；郭沫若《落叶》则叙写了肺结核患者洪师武与日本看护妇菊子的纯真爱情，疾病在美好温馨的爱情中被淡化处理。还有部分作品中，疾病非但没有任何痛苦和丑陋，甚至被美化处理，如王独清在《三年以后》中叙写了男主人公爱上了一个罹患肺病、纤弱白皙、颇富艺术气质的女孩。三年之后，当得知女孩肺病的症候已经过去，竟然感到非常失落，因为他由此失去了一个表白爱情的好机会，更失去了和她一起"害肺病而浪漫情死"的机会。

作家除了描写生理疾患的病症意象之外，还在文字中描写人物心理上的疾患，"狂人"就成为作品中常见的意象。作家笔下的狂人、疯子并非纯粹意义上的患者，他们都是时代病症的患者，秉持鲜明而生动的性格特征，具有进步的社会文化意义和鲜明的时代烙印。狂人意象可以分为两类加以探析：一类是指在社会的压迫和生活重压之下的被侮辱与被损害者，是被某种环境逼疯的，如鲁迅《祝福》中的祥林嫂，在封建礼教和封建迷信的双重打击下，在人们的愚弄、歧视之中被吞噬毁灭了。张爱玲的系列小说中以曹七巧为代表的女性在生活和社会的重压下呈现出畸形变态的心理，成为一个个扼杀人性的"疯子"。而《狂人日记》中的狂人、《长明灯》中的疯子则展示出与当时社会、文化的巨大反差而显现出一种变异与不同，知识分子由于不见容于当时如铁板一样厚重压抑的环境与氛围，被当时的人们视作无法理解的疯子。另一类则指的是先知先觉的知识分子，由于识见与革命思想远远超出时代前列，他们身上的创新意识和革命精神，在固守旧有封建秩序和道德的人们看来，自然有几分惊世骇俗的狂人之气。尼采认为，任何新思想、新观念的产生几乎全由疯狂的意识来替这种新思想、新观念开路，方能冲出一条击破习惯与迷信的陈规的路径。例如，鲁迅小说《药》中的夏瑜在狱中还要劝说牢头造反，自然被茶客们视作"疯子"。而《孤独者》中的魏连殳因为思想超前，游离于群体的价值体系和威严之外，因此被落后村庄中的国民视作一个与"疯子"相似的异类。即便《狂人日记》中的狂人、《长明灯》中的疯子具有变革图新的意识和行为，希冀打破眼前的社会现状，获取社会进步与革命，但他们也是被当作疯子来对待的。众多"狂人"意象深化了读者对作品中当时社会环境的认知，对革命者所处的时代背景和历史使命有了更深入的认识，强化了作品悲凉的时代色彩。

文学进入新时代之后，疾病也成为作品中常见的意象。但是当代文学疾病意象在继承的基础上又有所突破，具有了新的哲理内涵和文化隐喻意义。当代作家在涉及疾病的意象时多重视凸显人性的善恶，通过与医学有关联的鲜血、死亡等意象来真实反映人物内心的思想状态，描述了人类真实的生死哲学与善恶观念，从人性方面对人类进行怜悯与关爱。在当代文学医学写作中，余华与毕淑敏是极具代表性的两位作家。两位作家成功地把医学和文学两种不同的学科整合在一起，实现了两种美学风格的融合与提升。在两人的作品中，"死亡"和"鲜血"成为常见的文学意象，带有独特的文化与美学意蕴。死亡是医学无望之后的必然结局，但是文学可以实现人类从此岸到彼岸的升华，完成人类精神上的超脱与跃升。在毕淑敏的小说中，有着太多的死亡景象。在其处女作《昆仑殇》中，作家真实地叙述了在一次高原拉练中悲壮死去的年轻战士的经历，以死亡意象来讴歌青年战士为了信念而奉献青春的悲壮情怀，也沉痛地直击战士死亡背后的社会和文化原因，体现出清醒的社会反思和浓厚的人道主义关怀精神。在作品中，面对雪域高原凶险的自然环境，人们不禁感慨生命在残酷的大自然面前的渺小和无助。作品中的战士为了实现自己的理想与抱负，坦然地面对死亡，而直面死亡更是对生命的尊重与呵护，促使读者反思并真正领悟生命的价值和意义。

作为当代先锋作家的代表，余华小说中的医学意象更加激进和暴烈，死亡意象充盈在他的各类作品中。戴锦华在评价余华的文学创作时说："余华的世界是锁闭的，那是一个劫数难逃、死期已至的锁闭，是死亡不断播散、往返撞击的同心圆。其中唯一可以确认的被叙述事件是死亡与关于死亡的记忆；唯一的情节符码是逃遁——对死亡的逃遁，但这逃遁永远会成为对死亡的追逐，并以与死亡遭遇而告终结。"余华通过对死亡和鲜血情节的描述，反思人类对死和生关系的思考和认识，揭示人性之恶和生命之艰，从侧面展现作家对人类的人文关怀。在一些作品中，作家描写了人自然状态下的死亡。在《活着》一书中，福贵的爹倾尽毕生心血，倾家荡产为福贵还完赌债后，为了儿子他榨尽了自己最后的一点心血，可怜的老人在粪缸中选择了离世，他是笑着离开的，但愈发增加了作品的悲凉意蕴。而《在细雨中呼喊》中，母亲临终之前都不忍吐出鲜血，怕儿子打扫卫生麻烦，这种亲情令人心碎。平时朴实忍让的妇人在弥留之际，终于迸发出了对于丈夫孙广才的不满，令人感受到一个忍辱负重的生者的感伤和悲痛。在另外一些作品中，作家描写了各类稀奇古怪的死亡方式。如《在细雨中呼喊》中孙广才酒醉后淹死在肮脏的村口粪池中，这样一个猥琐的男人以最为难堪、最为滑稽的方式走向了他人生的末路，他不值得人们对他表达任何的同情和怜悯。文中还有个神秘婆婆，也是在一种寂寥的氛围和奇怪的动作中悄然离开人世，给文章笼上一层神秘的色彩。而《活着》则典型地体现着余华对于人类非正常死亡的荒诞的奇想，如福贵儿子被抽血而死，二喜被水泥板夹死，女儿大出血死亡，孙子吃豆子被撑死。余华放大了死亡的偶然因素，增添了太多的神秘色彩，让生者处于一种生存万难的人生困境之中。偶然中有必然，看似荒谬的事件背后实则有人为的因素在推动，引发人们深入思考死亡现象中深层次的政治、文化等诸多原因。在令人产生阅读障碍的《现实一种》中，余华对于死亡链条的描写给人以触目惊心之感，他用冷静到冷漠的笔调叙写皮皮摔死堂弟，山峰踢死皮皮，山岗残杀山峰，山峰的妻子报警送山岗走向刑场，山岗被枪决之后遗体被解剖得支离破碎。兄弟相残，亲人互虐，亲情荡然无存，显示出人性中文明的一面远远抵挡不住野蛮与愚蠢的一面，后者受诱惑就一触即发，而一旦引发了就像多米诺骨牌一样自动发展、扩大，直到双方都毁灭殆尽。

由此可见，令人很难直视的死亡意象贯穿作家全部的创作过程之中，其背后蕴蓄着太多的文化内涵和精神隐喻。例如，余华《一九八六年》《河边的错误》《现实一种》等小说中的"死亡"往往都带有一种神秘色彩，作者试图以不动声色的冷漠，用死亡、血腥来表达他对世界的一种认识，用虚构的记忆来对抗现实中贪婪的人性。长篇小说《在细雨中呼喊》中，作者通过对死亡意象的建构表现他对生命意义的探索。小说《活着》中更是通过生与死的混合，表达出对苦难生活的隐忍和对生命意义的追问，是作者从终极意义上对人的生存悲剧和生存宿命的探寻与超越。

（二）"疗治"与"药方"意象

"五四"新文学是在五四新文化运动思想的启蒙和文化引领下发起的，它带有浓厚的功利性色彩。文学救国与当时医学救国、科学救国、实业救国一样，都是先进的知识分子意图达到富国强民、改变社会现实、实现国家复兴的目的。当他们目睹国家民族面临生死存亡的危难，积极探求一条改革变通之道。他们尝试以文学艺术启蒙思想、改变精神的方式来实现挽救国家民族危亡的崇高历史使命。他们是以文学的方式疗治社会，开出一剂疗效确切的"药方"。鲁迅在《呐喊·自序》中表露了自己从事文学创作的心声和目的："凡是愚弱的国民，即使体格如何健全，如何茁壮，也只能做毫无意义的示众的材料和看客，病死多少是不必以为不幸的。所以我们的第一要著，是在改变他们的精神，而善于改变精神的是，我那时以为当然要推文艺，于是想提倡文艺运动了。"从鲁迅这段话可以看出，当时的文学先驱作为一名社会大医，借鉴中医辨证施治的诊疗原则，探查社会病症所在，开出一剂药方，并且以具体的实践行动加以疗治。为此，我们不难理解鲁迅为何写作一篇名为《药》的小说，这是一个贯穿于鲁迅创作生涯中所有作品的主线和意象。胡适也有过类似的思想和说法。他在题为《研究社会问题的方法》的演讲中指出，必须诊察问题所在，开出药方加以疗治，以此探析解决社会问题的方式和方法。他指出："要我们承认某种制度有了毛病，才能成为社会问题，才有研究的必要。我说研究社会问题，应当有四个目的。现在就用治病的方法来形容：第一，要知道病在什么地方；第二，病是怎样起的，它的原因在哪里；第三，已经知道病在哪里，就得开方给他，还要知某种药材的性质，能治什么病；第四，怎样用药。若是那患者身体太弱，就要想个用药的方法，是打针呢，还是下补药呢？若是下药，是饭前呢，还是饭后呢？还是每天一次，还是每天两次呢？医生医治患者，短不了这四步。研究社会问题的人，也是这样。现在所用的比喻是医生治病，所以说的都是医术的名词。"

由鲁迅所发现并发起壮大的以"改变国民性"为宗旨的文学疗治行为，体现了他深刻的反思和内省行为，这是与当时的社会现实和历史背景相适应和吻合的，具有鲜明的时代文化内涵和历史意义，在急需启蒙和革命的时代得到了积极响应。继鲁迅之后，文学研究会的乡土作家，如许钦文、王鲁彦、叶圣陶等，相继创作《鼻涕阿二》

《阿长贼骨头》《潘先生在难中》等改造国民劣根性的系列作品。在20世纪30年代，以老舍、巴金为代表的一批民主主义、自由主义作家将这一题材和模式扩展到了市民阶层，如老舍的《赵子曰》《二马》等作品，状写出城市中小市民身上所展露出的国民劣根性的某些表现与特点。巴金则在激流三部曲《家》《春》《秋》中侧重书写了当时知识分子身上的国民弱点和灰色印记。抗战时期姚雪垠的《差半车麦秸》则写出新一代觉醒农民身上存在的问题和传统文化对其形成的影响。以萧红为代表的东北作家群在流亡到国统区之后，以《呼兰河传》等作品为代表，以尖锐的文笔针砭故乡人民的民族文化传统和民族性格中的问题和不足。进入新时期之后，高晓生、韩少功等众多作家继承了鲁迅的创作原则和风格，探析国民在实现现代化的过程中需要重视和改进的国民性格中的弱点和缺陷。余华等先锋作家则以尖锐深刻的文笔直视国民性格中的劣根性和人性之恶，他们在探析国民性的道路上传承与发展，继续这项现时看来仍然需要努力拓展的工作。综观中国20世纪文学，在作品中不时隐现"药方"与"疗治"意象，体现出作家浓厚的社会责任感和历史使命感。

鲁迅小说《药》可谓是"五四"新文学中典范性的代表作品，营构了现代史上重大而发人深省的主题。小说记述的是城市贫民华老栓用被统治者杀害的革命者夏瑜的鲜血蘸成"人血馒头"为儿子治病的故事。一个革命者为民众解放而英勇牺牲，他的鲜血却被当作治病的"良药"，救赎者与被救赎者的对立与悲剧艺术化地展现了出来，有力地揭示出旧民主主义革命与民众的严重隔阂，揭露了封建统治给人民造成的麻木和愚昧；更在剖析失败原因基础上形象化地提示后来的革命者应该如何汲取革命失败的历史教训，如何唤起广大民众，把看似牢不可破的"铁皮屋子"掀翻，才能取得革命的胜利，实际是为革命开出了一剂良药。而如何唤起民众，鲁迅以自己改造国民性的创作实绩，为当时社会开出了一剂药方，即决心用文艺实现改变国民性的大业。正如作家所说："我的取材多来自病态社会的不幸的人们中，意思是在揭出病苦，引起疗救的注意。"可见鲁迅文学创作具有明确的目的性和功利性。1918—1925年，鲁迅共创作了25篇小说。他以一名医者的身份对"国民劣根性"进行了深入的研究和批判，始终直面社会、人生、心理、道德的病态，以冷峻、辛辣的风格，手术刀般犀利的文笔，塑造了阿Q、祥林嫂、孔乙己等典型社会环境中的典型人物，希望国民能在痛彻心扉中自我反省、感到羞愧而产生积极自救的勇气。他从反封建、思想革命的角度，第一次用平等、真诚的态度和现代意识，以医学科学的研究方法对国民劣根性进行了探索，使用了解剖、实验、个案调查等医学研究方法，对处于社会底层的农民辛苦、愚昧、麻木的生活状态进行了现实主义描写，深刻揭示了封建社会中农民所遭受的精神奴役和创伤，以"哀其不幸，怒其不争"的情感态度去剖析农民深层心理结构中的劣根性。表现了中国思想革命的极端重要性和必要性。通过此举，完成了为当时社会改革和革命开具"药方"的深远目的。

关于文学对救国救民大业的特殊作用，郭沫若也有清晰的认识和体悟，他说："医生至多不过是医治少数患者肉体上的疾病，要使祖国早日觉醒站起来斗争，无论如何必须创立新文学。"他直接在作品中使用中医药术语，以磅礴的气势和难以抑制的激情发出了除旧布新、医国医民的时代呼声，郭沫若发表于《时事新报·学灯》上的新诗《解剖室中》道出了诗人爱国的心声。为了拯救、医治大中华，郭沫若发出了紧急呼呀，一心期待精于医术的新时代的黄帝和岐伯出世：解剖呀！解剖呀！快快解剖呀！快把那陈腐了的皮毛分开！快把那没中用的筋骨离解！快把那污秽了的血液驱除！快把那死了的心肝打坏！快把那没感觉的神经宰离！快把那腐败了的脑筋粉碎！分开！离解！驱除！打坏！宰离！粉碎！快！快！快！快唱新生命的欢迎歌！医国医人的新黄岐快要诞生了！

在这首激情澎湃的新诗中，诗人通篇采用医学术语，以形象比喻的创作手法，寄希望于社会大医的诞生，以雷霆万钧的手段，像医治人们坏死的病体组织一样，能够革除社会的腐烂组织，迎接一个健康向上的新的国家和社会诞生。

冰心曾入读北京协和女子大学理预科，立志要成为一名救死扶伤的医生，但是残酷的社会现实促使其最终投入社会改良的工作，为此她也弃医从文，成为文学研究会的重要作家。她也是基于为社会开出一剂"药方"进行"疗治"的目的投入文学创作中。她在《我做小说，何曾悲观呢?》一文中提到："我做小说的目的，是要想感化社会，所以极力描写那旧社会旧家庭的不良现状，好叫人看了有所警觉，方能想去改良，若不说得沉痛悲惨，就难引起阅者的注意，若不能引起阅者的注意，就难激励他们去改良。"冰心是文学研究会"为人生"小说创作群体的重要成员，提倡为人生的文学，反对游戏的、消遣的文学观念，且以关注社会人生问题为己任，集中表现"被侮辱与被损害的人们"，并且尝试着开出一剂解决社会问题的"药方"。冰心创作了一系列"问题小说"，如提出家庭改革问题的《两个家庭》，揭示封建家长与爱国青年之间父子冲突的《斯人独憔悴》，控诉童养媳制度残酷性的《最后的安息》等。在自己的创作历程中，冰心不仅重视诊察社会的病症，发人深省地提出问题，还注重阐释自己对于社会问题的理解，并提出解决方案，即在作品中满腔热忱地提出了解决社会问题的由母爱、童心、自然美组成的"爱的哲学"，以此为"药方"完成自己对社会、人生救赎的构想与实践。

许地山是"人生派"作家中个性特色最为突出的一位。他的小说《缀网劳蛛》《商人妇》《命命鸟》等往往取材于异域生活，作品中的理性思考大多带有宗教意味，里面许多故事和情节暗含宗教教义。他以宗教的救世与度他精神的具体体现，来实现自己对于社会和人生的理想。对于社会问题，他采取了让人物沉浸在狂热的宗教信仰中逃避现实的方法来解决问题。王统照早期的问题小说，如短篇小说《沉思》《微笑》等，试图以爱与美的理想作为解决人生问题的答案，但是黑暗的社会现实使其为社会所开的药方无法产生效用。因而作家在稍后创作的《湖畔儿语》《沉船》《司令》等，开始从表现爱与美转向到再现现实中的恶与丑，以期望得到救治和解决。

二、医学术语在文学创作中的应用

文学语言是文学创作的手段和载体，也是作家依循艺术创作规律以诗意逻辑为艺术创作世界而创造和使用的特殊话语。文学语言既具有一般语言的功能和特点，又提升了一般语言的表现功能，它蕴蓄了作家丰富的知觉、情感、想象等心理体验，将读者情感与意识带入到感受世界中，以此传达和表现作家的内心情绪。同时，文学语言还应该力求运用新鲜的或奇异的语言，以去除文学语言的固定化模式，才有利于将审美感受细致入微地表达出来，给读者带来新奇的、陌生化的感受。因此，将反映人类生存与发展的医学术语运用到文学创作中，文学对身体的感受会更加细腻生动，会强化语言的医学化色彩，既可以真实再现人类所面临的疾病、痛苦、生命与死亡等真实情态，又可以强化文章的知识性、趣味性和鲜活感。以此强化语言的表达张力，增强语言的理性色彩，从而具有细腻准确的特点，更容易引起读者的共鸣。

（一）采用医学术语表现人物的生理和心理状态，真切反映人物的生活和感受

文学作品要塑造人物形象就必须要真实、深刻地反映人物的生理和心理变化及过程，需要对人物有着深入的了解和认识，并且用恰当的语言描述出来。在这一领域，有过医学经历的作家具备得天独厚的条件，比一般的作家更能够对人有着更为全面的了解。美国当代著名诗人同时也是儿科医生的威廉·卡洛斯·威廉斯"以普通医生和人文医师的身份，目睹并分享生命的生老病死和生活的新陈代谢。他的观察与'触摸'深入到'深不可测'但可感知的土地，以此，词、物、人三位一体，共存于感性的诗的文字中"。他在《自传》中描述通晓医学所具有的对人类深入了解的便利条件，认为医学使人们进入到人类自我的那块秘密领地，而那是人类自我的另外一个世界。作家把大量的反映人类生活的医学术语引入作品中，生动形象、真实理性地反映人们生活，既推动故事情节发展，又增强了作品的新奇性和丰厚性。

这在鲁迅的作品中也有体现。如鲁迅在《狂人日记》中写道："去年城里杀了犯人，还有一个生痨病的人，用馒头蘸血舐。"作家以痨病患者吃人血馒头突出人们迷信麻木的状态，指出由古至今封建社会吃人的本质，且使作品增添了一丝阴冷的氛围。而在《明天》中，当单四嫂子去找名医何小仙给儿子诊病时，何小仙以"中焦塞着"指称儿子宝儿的病名，以"火克金"来解释宝儿的病症表现。这样晦涩难懂的中医学术语使得单四嫂子陷入了忐忑不安和迷茫之中，暗讽庸医故弄玄虚且误人生命，也暗示了单四嫂子的悲剧结局。

文学作品中运用了大量的医学术语以符号化的形式来呈现出文化象征和喻指的作用。在中国现当代文学作品中，"痨病""肺结核"等肺病形态在各个时期的作品中都有体现。如鲁迅描写痨病凸显人物困窘的生活情态；郁达夫描写肺病则有意美化才子佳人的病态审美；郭沫若的肺病描写是为了引出与日本看护妇的恋情，突出爱情的美好；萧红描写肺病突出了女性在封建家长制下的卑微命运；巴金《寒夜》中的肺病凸显了抗战时期后方人们身心疲惫的艰难生存状态；沈从文笔下的痨病则悲悯绝望于城市病态与健康乡村的对立；余华《兄弟》中的肺病描写突出了大变迁社会中人物戏剧性的转变与代价；毕淑敏《花冠病毒》中的新发烈性传染肺病描写则探析了人类在危境中展现的坚强和柔韧。而在文学作品中出现的"梅毒""淋病"等性病则带有另外

的文化隐喻义，这是一种带有伦理道德含义的叙写，表现出作者鲜明的态度，是对现实社会丑陋与卑劣行为的一种身心俱有的惩罚。蒋光慈的《丽莎的哀怨》中，丽莎染上梅毒，令其感到的不仅是肉体上的痛苦，更多的是道德上的羞耻感；老舍《骆驼祥子》中祥子最后染上了性病，是对在绝望中自甘堕落的祥子的道义惩罚，同情其遭遇，但怒其不争；苏童《米》中五龙最后染上梅毒，在身体衰落中走向末路，喻指乡村文明在城市文明浸染下走向了绝境。由此可见，作家的医学书写，不只是为了叙写事实，更多的是为了把疾病当作一种隐喻和象征，或是为了突出人物的生存困境，或是为了对人物进行道德方面的评判，或是为了进行道德方面的劝谕，或是为了表明作者的观点和看法，都有其深厚的文化内涵和意蕴。

（二）医学术语与文学表现手法完美交融，强化文学语言的艺术与美感

肺结核、梅毒、癌症、艾滋病等恶性疾病突然而来，往往使人陷入恐慌与绝望的心境之中。当人处于身心疲惫、绝望恐惧之中时，迫切需要别人的温情与抚慰。因此，文学就要淡化疾病带来的血腥与恐怖，给人以温暖阳光的感觉，医学术语和文学手法完美结合，让文学承担了这一重要人生使命。此外，医学术语的使用，强化了作品语言的种类和内容，改变了人们对常见的普通文学语言所形成的审美疲劳，使作品语言富于变化，具有一种奇谲变化之美。

首先，作家在作品中使用医学术语来展示与疾病、治疗、生命、死亡相关的话题，并把叙述视角由正常社会转到医院、病房等特定领域，这些领域又是人们经常接触并涉及的，具有一种神秘的意味，使文学话语充满了陌生与奇特的特点。从作家创作主旨来看，作家强化病房意识，以医院小病房隐喻批判社会大病房。对医院和病房的描写，因人们处于身心疾患的非正常状态下，更能反映出社会问题和真实的人性。因此，无论是中国现代文学还是中国当代文学，医院和病房一直是作家经常涉猎的场所，是一类有着悠久传统的写作素材，如现代文学中巴金曾写作《第四病室》、丁玲写作《在医院中》、茹志鹃创作《静静的产院》等。在新时期文学中，张志升的《快乐的一号病房》、沈乔生的《精神疗养院》、叶曙明的《疯人院》等堪称代表，而毕淑敏的《红处方》《预约死亡》《血玲珑》也是集中描写医院和病房，尤其是《红处方》还描写了一个特殊的医院——戒毒医院。现代文学中的病房写作是一种描写病房真实状况的写实创作，而到了新时期则成为一种重视个体心理表达和文化隐喻的写意创作。作者在描写病房时，由于医疗过程的特殊性往往给人带来耳目一新的感觉，增强了文章的可读性。彭三源在《人到四十》中有一段描写梁国辉在急救室内指挥抢救自杀的吴建功的情节，描写专业而有特点，医学术语和谐地融入到文学话语中，如"治疗盘内有漏斗形洗胃管、镊子、石蜡油、纱布、弯盘、棉签、压舌板、开口器、听诊器等，量杯内盛着洗胃液"。而抢救的过程则井然有序："梁国辉把吴建功的身体偏移到左侧，胸前垫上防水布，嘴巴下放了一个弯盘，唐护士长把开口器递给梁国辉，梁国辉用开口器轻轻地撑开了吴建功的牙齿。"大量的人们所不熟知的器械，增添了作品的知识性，并以文字的陌生化效应，改变了读者的阅读期待，扩充了作品的想象空

间，进而强化了作品的艺术性和美感。而作家在叙写抢救过程中的系列动词的运用，增强了文章情节的连贯性，调节着作品的节奏，叙述脉络清晰明确。

其次，作家在作品中采用医学术语会根据艺术风格、美学追求的不同，呈现出不同的语言特色，丰富了文学话语模式和特点。以鲁迅、余华为代表的部分作家，由于自身的医学经历、性格气质和美学观念的影响，往往以凌厉无情的方式、运用冷酷的医学术语，围绕人物叙述其鲜血、暴力和死亡等极致物象，对人性进行粗暴深入的解析和探察。鲁迅在小说《药》中写道："一只手却撮着一个鲜红的馒头，那红的还是一点一点地往下滴。"鲜血淋漓，刺人耳目。而在历史小说《铸剑》中，作者在叙写黑色人和眉间尺联合刺杀国王时，描写了劈头、狠咬耳轮，黑色人自杀后头坠入鼎中，两人的头"咬得王头眼歪鼻塌，满脸鳞伤"。这段描写节奏急促、情境阴郁、气氛阴森。"上至王后，下至弄臣，骇得凝结着的神色也应声活动起来，似乎感到暗无天日的悲哀，皮肤上都一粒一粒地起粟。"而余华早期作品中更是把自己"残忍的才华"发挥到了极致，暴力描写令读者惊心动魄，甚至难以阅读。《一九八六年》中那些极其血腥和变态的描写给人触目惊心的感受。这种场景与莫言的《檀香刑》有相似之处，莫言从行刑者赵甲切入叙述视角，对于行刑的血腥暴力的场面进行了一番细致华丽的描写，为读者表演了一出由行刑者、受刑者、观众组成的人性展示大戏。

而毕淑敏则信奉并追求与之对立的写作模式和美学风格，她在冷静理性的叙述之中，运用各种艺术手法淡化、美化医学行为与医学术语带给人的血腥、残酷的阅读感觉，将医者和女性的悲悯情怀投注到医学行为之中，带有一种淡淡的哀伤与悲凉，使读者在犹如悠远的叹息声的文字之中获取生活和生命的感悟，令人更加珍视生命的美好，珍惜当下的生活。如同样是描写死亡，毕淑敏则回避了余华笔下的鲜血、哀号和痛苦，把中国老庄哲学中对死亡与生存的美学认识演绎得如春花逝去、秋叶飘落一般静谧、安详、肃穆和自然。毕淑敏描写了美的死亡，而非死亡的美。这与毕淑敏对于文学与医学、对于文学与社会价值的认识有关，毕淑敏以一颗大爱之心，力求全力向社会播撒正能量。她说："我喜欢医学，也喜欢文学，在小说中，我把这两种喜爱掺和起来，挺快活的。医学术语通常是艰深和晦涩的，医学话题也很令人沉重。我竭力想把肃穆的题材写得轻松一点，幽默一点，好看一点。如同那些很苦的药粉，裹一层美丽的糖衣。"确如毕淑敏所言，她在描写死亡时文字冷静优美，有时甚至富有一种或壮阔或淡雅的诗意。在《昆仑殇》中，李铁在昆仑日出的壮美、宏大背景下离开了这个世界，作者深情地叙写道："如丝如缕的号音，好像还在飘荡。李铁静静地平卧于砂砾之上，嘴角处殷红的血迹，凝成两条不流的小溪。"而"美丽绝伦"的女兵肖玉莲也是在悲凉壮阔的氛围中离开人世的："湛蓝的天，苍黄的地，像两页色彩瑰丽的贝壳；而嵌着的夕阳如同一颗血球般的珍珠。肖玉莲像片枯叶，突然扑倒在地，就再也爬不起来了。"死亡在这里没有了任何的凄惨，更多的是一种悲壮和宏阔，演绎了生命的价值和意义，弘扬了一种英雄主义精神。而在《红处方》中，作者将主人公简方宁的死叙写得冷静、理性而深沉，并且带有些许幽默，以冲淡的笔调描写人在生老病死时的严肃和悲凉，语言灵活中让人感慨死亡是为了尊重生命的价值这样一种美学意蕴。这就像描写在和朋友聊天叙述自己的生活，兼带点调侃和牢骚，但死亡却悄然地游走徘徊在毕淑敏平淡的叙述中，令人在悲凉之下心生敬意。

（三）医学术语有助于作家表达思想、揭示事物本质

在当下社会生活中，医学术语泛化已经成为一个重要的文化现象。"泛化作为动态更新中的语言现象，是指词语在保留越来越少的原有语义特征的情况下，不断产生新的使用方式，将越来越多的对象纳入自己的指谓范围。"医学术语不仅被大量地应用于人们的日常生活中，而且更多地被作家吸纳入文学作品中，以凸显概念达到隐喻和象征的效用，以此来表达自己的思想和观念，深刻揭示事物的本质。作家为何多用医学术语来进行文学创作，这是基于医学本身担负着救死扶伤、拯救人们生命的价值和意义，这是一个高雅而神秘的领域，使用这种术语容易迎合现代人的心理需求；而医学语言又与人自身息息相关，人类活动都由自身引发而拓展开来，医学术语可以延伸表达人类后续发展的现象和活动；同时，医学术语往往具有鲜明的情感色彩和明确的形象性，能够引发读者的认可和共鸣，取得极佳的艺术效果。

首先，作家往往采用医学术语来喻指事物的内涵与外延，用于揭示事件的过程和原委，具有形象鲜明而又情趣横生的特点。彭三源的《人到四十》中，当梁国辉希望父亲帮助照看下工人疏通下水道时，有一段精彩的描写：郑洁数落梁国辉时，梁老爷子梁山本来也听着，现在急忙就闪：我不行，我盯不了，我又不懂！他马上装病，说郑洁要不你给我打一针吧，我……我好像肋骨疼。郑洁跟公公也不客气：爸爸，美国鬼子的子弹是曾经从您的两胁中间穿过，可并没有弹片留在身体里，您可能是肉疼，不可能是肋骨疼。

"肋骨疼""肉疼"这几个医学术语，非常形象地书写出一个家庭鸡毛蒜皮中的纷争与无奈，为我们活画出一个老顽童要点儿小聪明和儿媳妇洞若观火间的摩擦和碰撞，极富生活情趣。孟宪明的《大国医》总共45章，每一章都以一味中药来命名，如"续断""红娘子""合欢""远志"等，此处的药名已经不仅是指中药，而且延展为具有一定的文化内涵，概况说明本章节内容与主旨。如最后一个章节以"远志"来命名，则是颂扬云鹤鸣心胸宽广、志向远大，把祖传的正骨秘方全部无私地献给了国家，为发展中医正骨事业作出了巨大贡献，得到了社会和人民的认可与尊重。

其次，医学术语泛化的现象投射到文学创作的各个领域和方面。医学术语去除了只是单纯表达医学理论和技能的功能，由医学领域向人类生活的其他各个领域广泛辐射，使语言更加富有新鲜感，也更加贴切现实，使作品思想和情感表达更富特性和张力。例如，鲁迅小说《狂人日记》中的狂人，不是指在精神方面出现疾患的患者，而是指最先觉悟的一批青年知识分子，由于思想的先知先觉和决然的革命性而不见容于当时的社会与现实，被守旧的势力诬称为"疯子"和"狂人"。鲁迅以"狂人"来命名，一方面表达了对封建统治势力压迫打击革命者的愤慨之情；另一方面表现了当时社会人们普遍处于一种愚昧、麻木的状态之中，不理解革命，甚至仇视革命，由此形成一种沉闷的社会氛围。而毕淑敏的《预约死亡》中的"死亡"在这里已经没有了令

人恐惧、难以接近的意味，而是用以指代人生漫漫历程中的最后一个阶段，人要生如夏花般绚烂，死如秋叶般静美。对于人生的最后一个阶段，要以人道精神和人性之美，进行临终关怀护理，让老人们保持着人的尊严平静地迈向死亡。新写实作家池莉的《霍乱之乱》围绕"霍乱"展开叙写，由发现霍乱到消灭霍乱，作家不是为了着意解释医疗的过程，此处霍乱已经泛化为人生中的一个触发点，即人类在突发事件面前的混乱无助以及人性人情的真实袒露，让人们对于人生、人性有了一种全新而深入的认识与理解。萧红的《生死场》则不再拘泥于评析人的出生与死亡等的表面意义，而是以"生"与"死"这两个医学术语作为统领，更多的是对人性的本质、人类的生存困境等古老话题进行深思与阐释，正如鲁迅在为其所作的序中，评价这部作品是"北方人民的对于生的坚强，对于死的挣扎"的一幅"力透纸背"的图画。

三、医学背景对作家艺术创作的影响

文学是一种特殊的人类艺术活动，文学作品要透视生命的本质，要把握时代的脉搏，要反映广阔的社会生活。作家作为深谙人类生命精髓的艺术家，当他以一种来自超渺之上的最高理性而从事艺术创作之时，必须感知生命、体验生活。只有感知了生命，才能更深刻地理解生活。只有理解了生活，才能有灵性地领悟生命。而能够做到这点，并非易事。一个人在社会中沉浮，很容易忘记自己作为"人"最本质的东西。但是无论人们在社会中如何修饰自己，一旦面对医者，都要褪去那层伪装，把最本质的东西展现出来。具有医学背景的作家，其医学素养生发的冷静沉着的气质和敏锐犀利的洞察能力，能够使其真切地感知人物细微的身心变化以及人物内心深处的情感变动，能够透过现象探察到事物的本质，真正揭示深远广阔的社会生活，由此来反映时代的动态和变迁。因此，具有医学背景的作家无论在叙事风格、写作视角上，还是在语体色彩方面，都富有独特的写作技巧。

（一）比普通作家更为冷静的思维和超然的叙述语调

医生需要具有丰富的临床思维和临床经验，同时还需要发扬救死扶伤的人道主义精神，这就需要医生具有良好的职业道德修养和爱人助人的仁爱精神，始终把患者的利益放在首位，能设身处地为患者着想。要取得患者的信任，使患者感到温暖和安慰而愿意合作。但医务工作的性质又使得医生具备遇事冷静沉稳、救治分秒必争、处理事情层次分明的性格特点。

在中国现当代文学史上，具有医学背景的作家，其文学创作大多敢于直面冷酷的社会和悲苦的人生，以深沉稳重的方式，对社会与人生进行冷静沉着的体悟。鲁迅是现代作家中医学和文学深度介入的典范，他的文学作品被深深地烙上了医生模式的职业印记。他犹如一个高明的外科手术医生，对中国人的病体进行着解剖与病理探析。他的笔触犹如一把锋利的手术刀，对人性进行了尖锐深刻的分解与探究，透彻而深入，专注而冷静。他擅长剖析人性的症结所在，见解深刻，冷静透彻。一部《阿Q正传》，鲁迅先生通过对"精神胜利法"这一人性弱点的深刻剖析，把那种渗透到骨髓中的愚昧、自私和猥琐描绘得入木三分。鲁迅倾心塑造的阿Q这一人物形象具有超越时代、跨越时空的经典意义，即使时光荏苒，在21世纪的中国当下社会中，人们也会从阿Q身上看到自己的影子。

鲁迅深刻透彻的见解基于其早年的医学学习生涯，在目睹了国民太多的疾病与痛苦之后，在经历了社会黑暗、民族衰亡的困境之后，太多的苦难磨砺使其将锋利的手术刀嵌进了犀利的笔杆之中，终于开始了他的文学创作道路，成为一名文化战士。以"哀其不幸，怒其不争"的态度，以悲悯关爱的情怀，不动声色地加以叙写，冷静而有条不紊。但作家的冷漠却是外冷而内热，具体表现为内心翻滚蒸腾的黑色复仇之火和以猛药来疗伤的讽刺之剑。小说《孤独者》中，作者以冷峻峭拔的语气叙写了魏连殳离世的景象，令人感到作家在看似冰冷的背后燃烧着一股不可抑制的激情："粗人扛起棺盖来，我走近去最后看一看永别的连殳。他在不妥帖的衣冠中，安静地躺着，合了眼。闭着嘴，口角间仿佛含着冰冷的微笑，冷笑着这可笑的死尸……我快步走着，仿佛要从一种沉重的东西中冲出，但是不能够。耳朵中有什么挣扎着，久之，久之，终于挣扎出来了，隐约像是长嗥，像一匹受伤的狼，当深夜在旷野中嗥叫，惨伤里夹杂着愤怒和悲哀。"

作者在难以抑制的悲愤之中，仍然保持了惯有的冷静和超拔，这与医生超脱了常人所难以抑制的情绪和情感而专心于救治工作的特性是一致的。但在激越挺拔的文字下面，有"愤怒和悲哀"的烈火和暗流在涌动，终将喷薄而出，表达作家对社会的不满和激愤之情。

在中国当代文学史上，冷静超然的文学美学风格如文化血脉一样在新时期作家身上流淌，传递着相同的基因和渊源。历史和时代虽然不断变迁，但是对于社会的关切、对于人性的剖析、对于国民性格和民族气质的关注一直没有停歇，作家呕心沥血努力改造提升国民的性格和气质的工作一直延续发展下去。如鲁迅一样，新时期有一批作家同样具有医学背景和经历，医学元素影响了他们的文学理念和创作，特殊的生活境遇和心理体悟，使他们对待社会、人生更多了一份冷静深沉、超凡脱俗的文学气质。同样有着行医经历的当代作家池莉有着与众不同的见解和认识，当人们看到一只手很美而交口称赞时，她会尖锐直白地告诉你："指甲缝里积满了黑色的污垢。"透过文字，人们不难想象她闪亮的目光之中蕴蓄了多少内涵：七分犀利，二分嘲弄，还有一分漠然和不屑。池莉在文学创作中把这种对社会、人生、人性的解剖和挖掘发挥到了极致，她笔下的人生犹如白云遮蔽，看上去一切温馨美好的背后隐藏着多少处心积虑、令人心惊胆战的丑陋与罪恶，她对于人性丑恶揭露得淋漓尽致，肆意挥洒着人性的敌视与恶毒。《云破处》是一部叙写在人类虚伪的面具下人性极致丑恶和原始兽性的经典小说。文中主人公在众人眼里是那么和睦美好："金祥和曾善美是阳光下的绿叶，全钢铁设计院的人都相信这一点。他们相信在他们的眼睛里，这片绿叶连毛细血管都是纤毫毕现的。"但就是这样一对在人们眼里单纯美好的夫妻，他们之间却隐藏着一个天大的秘密，在作者和风细雨、冷静温情地叙写下面埋藏着一个个罪恶的故事。金祥少年时用河豚毒素杀死了曾善美的双亲和其他无辜的人，但他毫无罪恶之感,尤其是知道了曾善美的身份之后,仍然与曾善美结婚。而曾善美也经历了金祥所不知情的被姨父强奸和与表弟同居的悲惨经历。最后,曾善美燃烧着复仇的火焰,平心静气地把真相告诉了金祥,用最恶毒的方式彻底击溃了金祥的自尊心和意志力。两个人就像两条互相绞杀的毒蛇,用最为极致的方式攻击着对方,但在众人面前他们都表现出一副若无其事的样子:"在昨夜里饱受蹂躏的曾善美出现在办公室时的形象犹如一叶含露的青草,娇小,清新,淡雅,芬芳可人。"她在和同事聊天谈论童话王国里的当代新童话,而金祥则在和周围的人大谈北约轰炸波黑的事情。作者用触及人们灵魂的文笔写出了人们天使与魔鬼两面互存的人性现状,揭示出人类在人性温情的面纱遮掩下的兽性和罪恶。

(二)以救死扶伤的精神体现出悲天悯人的人道主义情怀

医学以悬壶济世、救死扶伤、扶危济困为宗旨,文学则以人类精神进步、心灵趋向安逸、人生追求幸福为己任。因此,医学与文学共同的指向目标就是人类,在人类身心健康、幸福安康方面具有相同的目标且互相促进:文学可以作为医学的辅助手段来发挥医学的治疗功能,而医学又可以作为文学的表现对象和描写手法丰富文学的创作方式。所以,医学元素在文学创作中发挥着不可替代的功能和作用,尤其是医学领域中为患者解除病痛、救死扶伤的人道主义精神深深影响着文学家的情感体验和文学创作,引领作家以人道主义关爱情怀去审视人生中的疾病、痛苦、死亡、生命等伦理道德,以悲悯情怀去剖析人性,还原人生真谛,促使人们认真思考生命的意义和价值,更加珍视当下的生活,更加关爱人生,获取人类生存的最佳模式和途径。

在社会中,疾病往往伴随着贫苦,在贫病交加之中带给人们一种悲戚惨痛的心理感受。医学的职业不仅要做到救治人们的病苦,还要做到扶危济困,全方位地解决患者及其家属所处的困难和问题。这种医学阅历和情感体验成为作家重要的素材和情感来源。鲁迅出于一种关注被压迫、被剥削者的崇高的使命感,对阿Q、祥林嫂、华小栓、孔乙己、闰土等一批精神上或者生理上有残疾的人民进行全方位的关注和深刻反思,痛惜他们命运的悲惨与多难,并深刻挖掘悲剧背后的社会、政治、历史和文化原因。郁达夫在日本研修医学,他对一批被赋予悲剧色彩的"零余者"形象进行了用心描述与观照。通过作者凄冷幽静的文字,我们能够触摸到这些人物心灵深处的性灵与情感,他们孤独、寂寞、透明、脆弱、敏感、绝望、无助、矛盾、无奈、自叹与自怜。他们在自我和社会之间游弋,找不到自己的位置,不知道应该如何解决自己的问题,最终走向了自杀的悲剧性结局。作者认为这是时代和社会的悲剧,他在《沉沦》结尾愤激地发出呼喊:"祖国呀祖国!我的死是你害我的!你快富起来,强起来吧!你还有许多儿女在那里受苦呢!"作者伴着血泪所发出的呼吁,直接揭示了当时青年普遍性的悲剧命运,并且把原因直指当时的社会与现实。

新时期以来,当代作家继承了五四作家关注民生的文化传统,继续以悲悯情怀关注人生和社会。他们不仅关注人的外在痛苦,而且更多地关注人类心灵的归宿和宁静。李亦在《药铺林》这部奇书中用一种对中华传统文化近乎崇拜的情感与态度描写了一个中医药世家在中华百年历史风云中的变迁与经历，对于人类疾病与健康、家族的兴衰和成败、世事的繁华与衰败、人性的善良与丑恶、心灵的宁静与浮躁进行了人文观照和反思，表达了作家一贯的主张，即"文学对人生必有实在的抚慰"，折射出文学的疗治功用和社会价值。余华的《活着》以戏剧性的手段塑造了一个迭遭不幸的家庭和几个悲剧性人物。福贵经历了年少时的轻狂和顽劣，在中年之后，他目睹了自己身边的亲人走马灯似的离开人世的惨剧，最后留下他一人孤独地生活在这个悲凉的世界上，只是为了活着而活着，为了救赎而活着。余华用略带残酷的文笔夸张地写出人民所遭受的肉体与心灵方面的折磨，以一颗怜悯之心观照着这个世界。而在《许三观卖血记》中，许三观作为家中的支柱，一生中卖血11次，每次都是为了解决家庭中遇到的苦难和灾厄，没有一次是为了自己。当他想为自己卖一次血时却因年老而无法实现。作家以象征手法写出了底层人民用自己的鲜血来解决自己的生活问题的真实现状，这是中国国民在漫长历史岁月中伴随着血泪而艰难生存的真实写照。底层人民虽然总是伴随着困苦在生存困境中挣扎，但是永远不会丧失信念，而是执着、乐观、坚忍地生存，作家总结出了中华民族文化中最为宝贵的韧性、磨砺和达观的优秀文化元素。有过几十年行医经历的毕淑敏更是写出了军人、医生、心理工作者、病患哥哥等不同阶层人士的人生和人性。《女心理师》中，作者表现了一个底层人士经过苦苦挣扎、努力拼搏而实现职业理想所付出的巨大牺牲。《拯救乳房》中，作者叙写了一个乳腺癌心理治疗小组，小组的专家真诚投入、倾心疏导处于身心折磨中的人们，让那些承受着肉体和灵魂双重压力的患者终于走出了心理的阴影，让他们找到了自我，获取了心灵的宁静和温和，走向了新生。六六在《心术》中，书写了以仁心仁术关爱患者的全景式的医生的生活世界，通过医患关系的描写对医生这一职业进行了全新的诠释，对医生的生存状态进行了理性关怀和客观描述。

（三）独特的语体色彩：冷静、客观、深邃

医生在诊察治疗过程中不能掺杂任何个人的情感，既要安抚患者又要在治疗过程中跳出情感的羁绊，以科学冷静的态度来审视疾病，方能取得理想的治疗效果。在行医过程中，医生必须科学洞察疾病的外在表征和内在症结，用对症的方法加以疗治，力求最佳疗效。特殊的工作性质决定医生需要具有敏锐的感知能力、迅捷的决断能力、冷静的思考能力、良好的沟通交流能力。具有医学背景的作家，曾目睹了太多的疾病、痛苦、血腥和死亡，在经历了无数的生离死别之后，情感归于平静，不轻易起伏跌宕；其锐利的思想和敏锐的眼光、精湛的医术则使文学语言更加富有生活气息，更能深刻、全面地反映出人类的情感和思想。总之，医学工作者所具有的思维和能力特点，自然对作家创作的语言有着影响和感染，使其具有了冷静、客观、深邃的语体色彩，具有独特的审美感受和艺术熏染。如鲁迅，作为中国现当代文学史上弃医从文的作家典范，他熟悉医学，有着强烈的社会和人生责任感，他对社会人生的透视显然与同时代其他作家有诸多不同之处。别的作家创作的作品有着太多的自我情感的挥洒，内心有着太多对未来的过高期冀，而鲁迅的小说带有更多的冷峻、理性色彩，仅凭这一点，他的文学创作更倾向于"为人生"派。但是鲁迅小说又有独特性，与"为人生"派有着不同之处，这与他的医学经历有着直接关联。鲁迅的小说更多地体现了对人生更深层的发掘和反思。当面对疾病和困苦时，医生必须保持冷静沉着的心态，因为他必须给出客观精准的判断。这种思维模式也影响到了鲁迅小说的创作。不仅是鲁迅，其他具有医学背景的作家也具有冷静深沉的叙事风格，始终以一种冷静、深邃、客观的眼光平视生活、叙述生活。

1. 冷静体现了作家对社会人生反思的求实性

这种精神体现为语体表达上毫无掩饰，毫无修饰。唯有冷静的叙述，以审慎的目光去探察社会人生深处那些为日常表象所掩盖的事实，才能达到一种"深"的发现。传统中国走向转型，太多没落、腐朽的毒素将人与人之间的本真作了扭曲式的渗透。因此，人与人之间虚伪的温情背后是透彻骨髓的冷漠、矫饰。鲁迅的作品《弟兄》，初读后读者往往会为兄弟之间的深情所打动。但细读后会发现，鲁迅通过对梦境的剖析，用外热内冷的手法为我们揭露了一个令人触目惊心的事实：兄弟们在关节点上无不是为了自己的利益考虑。那所谓的兄弟情深只不过是基于面子所做的、似乎符合社会规范的一层薄薄的面纱。张沛生与弟弟张靖甫的感情在公益局同事的认知可谓是公认的好。弟弟患病后，张沛生急着回家为弟弟请医生，可以看出兄弟之情的深厚。但是，鲁迅在这些书写之后将情节转向张沛生晚上做的一个梦，通过潜意识来揭示兄弟间情谊的虚伪。余华继承了鲁迅的创作风格。余华小时候即在医院中生活，对于鲜血和死亡已经习以为常，成年后又在当地做了一名牙医，见惯了疾病与痛苦，使其在反映社会、人生的苦难以及人性的丑陋黑暗时能够用一种冷静甚至冷漠的语气进行描写叙述，令人感受到字里行间隐含的丝丝凉意。余华在《现实一种》中叙述一家人连环仇杀时写得镇定自若、若无其事，山峰和山岗兄弟两人好似在从事与自己毫无关联的工作一样，令人触目惊心地写出了人性的黑暗与蛮荒。如皮皮被叔叔杀死，作者写道："与此同时山峰飞起一脚踢进了皮皮的胯里。皮皮的身体腾空而起，随即脑袋朝下撞在了水泥地上，发出一声沉重的啊。他看到侄子挣扎了几下后就舒展四肢瘫痪似的不再动了。"而山岗虐杀山峰时，更让读者有了一种惊怵的阅读体验和感受。小说中反复出现山岗"用手亲切地拍拍他的脸""朝他笑了笑""轻轻一笑""神色令人愉快""一直亲切地看着他""说完他轻轻一笑"……山岗就在他的谈笑风生、和颜悦色下完成了对自己弟弟的杀戮。而山峰则在"微微笑了起来""笑笑说""拼命地笑了起来""笑声像是两张铝片刮出来一样""他脖子拉直了哈哈乱笑""笑声里出现了打嗝""笑声不再节奏鲜明，开始杂乱无章了""耷拉着脑袋'呜呜'地笑着"中被哥哥残忍地杀掉了。作者用一种反讽的文笔，写出了"笑"中杀人的一幕，令人感慨作者冷静中流溢残忍的语体色彩。

2. 客观是指文学语言具有医学术语一般的冷静与理性

医学的科学性决定着医生在诊察和治疗时必须做到理性、规范，按照病症的真实情况进行施治，不应掺杂任何个人偏见与主观情感。医学工作所形成的客观理性的思维，直接影响并体现在作家的语体色彩上。对人性的深刻洞察，对人生悲剧性的深刻认知，形成了作家创作语体色彩上悲凉的意味。鲁迅的文学语言具有客观深沉的特点，当然鲁迅语体上的客观并非是一种现实的展示，也不是说鲁迅的语体表述中毫无温暖色调，而是说这种语体源于一种悲凉的美学。在《药》中，鲁迅着力打造了一种凄清、阴森、令人恐怖的氛围。文中叙述了两个失去儿子的母亲在坟场相逢的情景，用近乎凝滞、惊悚的文笔写道：微风早已经停息了；枯草支支直立，有如铜丝。一丝发抖的声音，在空气中愈颤愈细，细到没有，周围便都是死一般静。两人站在枯草丛里，仰面看那乌鸦；那乌鸦也在笔直的树枝间，缩着头，铁铸一般站着。

两个失去儿子的女人，在早春凄寒的风中孤苦无依。这种悲凉的语言书写，无疑强化了文本的悲剧氛围。此外，医学的科学理性风格，在一定程度上影响并预制着新写实主义作家的创作理念以及创作实践。新写实主义虽然仍在摹写社会与生活现实，但它具有两个基本原则：一是侧重于再现现实生活的原生态；二是作家在文中不能倾注自己的情感，需要情感与思想的零度介入。这与医生的诊察和治疗是相似的。池莉是新写实主义流派的重要代表作家，其医生的职业和经历显然对其形成了较大影响。在《烦恼人生》中，她以冷静、直面生活的态度展示生活的原初色彩，展现出现代人在日常生活琐事烦扰之下"一地鸡毛"的真实情态。小说叙写了工人印家厚一天的生活经历，以"早晨是从半夜开始的"拉开了一天的序幕，最后在"时针指向十一点三十六分"印家厚上床睡觉。在这一天中，展示了一个普通工人所面临的工作、生活和情感的困境和烦扰：住房的狭小，工资的微薄，中年人的家庭和社会责任，单位中被人排挤、诬陷和挨领导批评，每天长时间奔波于公共汽车和轮渡之间，情感上的困惑与无奈等。作者运用白描手法像摄影一样客观再现了一个普通工人的人生困境和情感挣扎，让人感同身受，引起共鸣。为了真实摹写现实生活，作者运用了平易通俗的语言，强化客观情态，不掺杂个人情感，不加以任何语体修饰，使其具有语言的本真色彩，使读者在生活情趣浓郁的语言氛围中体悟真实的人生和情感。如当儿子雷雷夜间被摔之后，印家厚的妻子数落他："请你走出去访一访，看哪个工作了十七年还没有分到房子。这是人住的地方？猪狗窝！这猪狗窝还是我给你搞来的！是男子汉，要老婆儿子，就该有个地方养老婆儿子！窝囊巴叽的，八棍子打不出一个屁来，算什么男人！"这些话语，不回避粗话与俗话，还原生活的原生态。又如，当小白指出印家厚的裤子开了一条缝之后，印家厚的话语极富生活情趣，"挤的。没办法。"印家厚说："不要紧，这地方男人看了无所谓，女人又不敢看。"寥寥数语，却勾勒出一个看似木讷，但实际内心充满智慧、反应敏捷、热爱生活的普通工人形象，也使读者明了，为何这样一个平易质朴的中年男人得到了年轻漂亮徒弟雅丽的崇敬喜爱之情。

3. 深邃体现了作家作品语言的独到性

《史记·扁鹊仓公列传》中记述道："扁鹊以其言饮药三十日，视见垣一方人。以此视病，尽见五脏症结，特以诊脉为名耳。"由此可见，医生往往具有敏锐的眼光和洞察能力，他们能够对疾病作出科学诊断，见解深刻精到。具有医学背景的作家同样具有冷静、科学、理性的思维，善于剖析社会和人生的问题所在，更擅长解剖人性的症结所在，往往能够像外科医生一样，以犀利的手术刀一针见血、直指病灶，其深刻的社会与人生体悟，增加作品的文化和思想厚度，强化了艺术感染力和吸引力。如鲁迅的小说语言像一把高明的手术刀，毫不留情地挑开遮蔽在人性上的面纱，深入骨髓，直达病灶。因此，读鲁迅的小说总令人能够穿越种种掩饰，直达事物的本质，甚至尖锐得令人胆战。《狂人日记》写道：我翻开历史一查，这历史没有年代，歪歪斜斜的每页上都写着"仁义道德"几个字。我横竖睡不着，仔细看了半夜，才从字缝里看出字来，满本都写着两个字是"吃人"！

这是鲁迅对乡土中国漫长封建历史文化的独到发现，寥寥数语就将问题剖析透彻、袒露无遗。如果说将鲁迅的杂文称为"投枪""匕首"，那么他的小说语言则不啻为一把把锋利无比的手术刀。作为一名资深医生的毕淑敏同样以一名医者的睿智和聪敏对社会和人生有着深刻的感悟和独到的见解，她往往用只言片语就能够指出问题的症结所在，增强了文章的说服力和感染力，如小说《拯救乳房》中，心理学博士程远青出于医生的人性关怀，为了解除被身心疾病苦苦折磨中的乳腺癌患者，成立了一个心理治疗小组。这些患者都因为心理或是情感上的认识误区陷入心灵的黑暗深渊中无法自拔，在痛苦中度日如年。在这种情态下，程远青科学的心理治疗模式以及客观深邃的语言起到了拨开患者心态迷雾，重新获取新生的巨大作用。如在疏导应春草时，程远青特意让她把一句话中常常说到的"你"变成"我"，"就具有了神奇的力量"。因为，"当一个人频繁地使用'你'这个代词的时候，就在下意识中把自己的真实感受掩藏起来。那无法隐忍的真实，太残酷和冰冷，乔装打扮的'你'就出现了，一个替身，一个稻草人，代你受辱、受屈、受害、受压迫。你以为那个'你'和你无关，殊不知真实的'我'正躲在'你'的背后哭泣"。这是一段富含心理学与人生哲理蕴意的话语。也正是这段话语使得应春草犹如服用了一剂猛药，有醍醐灌顶的功效，使得她多年的心结骤然解开，心境突然开朗，在心灵的艰难碰撞中逐渐蜕变。

由此可见，在文学世界里，语体风格绝不是孤立的存在，这与一个作家的社会、人生以及职业、情感阅历有关联，从事的职业所形成的思维模式和认知模式自然影响到语言运用和方式的表达，具有医学经历的作家所具有的科学、客观、深邃、貌似冷漠而又不缺乏人性关怀的个性特点，决定着作家对社会人生的文学解读所形成的创作风格和作品的语体风格，既令人耳目一新，细细解读又能让读者感受到作者对人物内心世界的挖掘和对人物心中善与恶的刻画。

第四节　文学阅读与治疗

人类是世界上唯一会创作、运用和阅读符号的高级动物，阅读是人类独特的文化行为，而文学阅读则是世界上人数最多的阅读类型。阅读文学作品的读者很容易受到作品的思想情感、书中人物的言行、故事情节及书中传达的世界观、人生观、价值观的多种复调的影响，而且这种影响常常是润物细无声、潜移默化的，读者在同情同感、共鸣共泣中不知不觉地发生了态度、认知、人格、情绪情感和行为取向的变化，于是，阅读在历史上早已成为一种心理健康教育和心理治疗的方式。《韩非子·解老》中说："书之所谓治人者，适动静之节，省思虑之费也。"本节从接受美学和阅读心理学的角度来阐述文学阅读的心理治疗机制、文学阅读治疗的各种方式、文学作品的心理社会效应的两面性等问题。

一、阅读的历史与意义

（一）阅读的历史

书写文字是人类的伟大发明，书籍是人类储存知识的伟大宝库，阅读成为人类独特的精神活动和文化行为，而印刷术则是普及阅读的巨大力量。加拿大学者阿尔维托·曼古埃尔的专著《阅读史》一书中介绍了西方世界的阅读发展历史，阐述了读者对推动文化发展的作用。什么是阅读？他认为："阅读是思考与言说的一种形式。"阅读先于书写，一个社会可以没有书写而存在，但是没有社会可以缺乏阅读而存在，因为对文字的崇拜是文字社会的基本信念之一，阅读几乎就如同呼吸一般，是人类文明发展的基本需要。

阅读需要书本，但在人类文明的早期，即使有了语言，但在相当长的时间内，口语传承几乎是文化发展的主流。例如，原始的神话、寓言故事和传统宗教的创始人摩西、佛陀、耶稣都只是用口语相授。即使在哲学家苏格拉底的时代，书写的文本也非普遍的工具，私人阅读的风气一直到一个世纪之后的亚里士多德时期才渐成熟，到了5世纪，图书交易市场才开始发展起来。书籍延伸了人类知识的记忆与积累，造就了图书馆这种人类知识的宝库，有了各种各样的书籍，而且书籍的思想对人的影响又如此之深远，因此，该选择什么样的书籍来阅读就成为父母、教育者和统治者都关注的一个问题。例如，孔子整理三代文献典籍，编订了《诗》《书》《礼》《乐》《易》《春秋》六经，对他之后的中国文化发展的取向影响深远。因为文学最贴近民众的生活与情感世界，所以将《诗经》这部文学作品作为六经之首是很有道理的，孔子认为《诗经》古朴纯真，"思无邪"，既"可以兴，可以观，可以群，可以怨"，又可以施于仁义，作为教育子民的第一书是最合适的。在西方，在印度、西亚和中东等世界各地，各民族文化中都有官方推荐的书籍，当这些书籍的思想观点逐渐被该民族所认同和接受时，这些书籍就成为所谓的文化经典。从这种意义上说，经典就成为本民族精神的代表作。

既然文字是人类区别于所有动物的最伟大的独特发明，那么阅读就成为一个人从自然人进化到文明人的第一步。无论是在中国还是在西方古代，儿童学习文字与阅读都是一种集体的神圣仪式。在中国，自孔子以来，民间流行的"开笔礼"或"破蒙"就是在儿童识字习礼之初的启蒙教育仪式。在中世纪犹太社会的五旬节时，会给准备受教的男孩子披上有穗饰的长方巾，由教师带领小孩朗读写在石板上的《圣经》的一段文字，然后让小孩去舔涂在石板上的蜂蜜，同时还将《圣经》中的诗歌写在煮熟的鸡蛋壳上和蜂蜜蛋糕上，小孩跟随教师大声朗读之后将其吃下，这些以吃食物的仪式性的行为隐喻着小孩子已经将圣言同化吸收到身体中去了。阅读不仅需要文化信仰的支撑，还需要一种如饥似渴的精神坚持，如在中国历史上就有"萤入疏囊""雪映窗纱""凿壁偷光"等关于克服困难而努力阅读的感人故事。

阅读可以分为默读、耳语式阅读（即小声阅读）、大声朗读和聆听朗读几种方式。允许默读和对默读意义的认识有一个历史的发展过程。据说在9世纪之前，在欧洲修道院的缮写房，抄写文本通常是以口述方式来进行的，在中国古代似乎越是历史久远的时代，越是只允许大声朗读。对默读或好或不好一直有所争议。有人认为，默读有容易使人做白日梦，导致懒惰的危险，因默读不必受到聆听者（如教师或家长）当场的指导、非难或审查；也有人认为，默读有助于让书本与读者之间建立起一种未有他人在场的沟通，并让读者单独得到心灵的震撼，如阿尔维托·曼古埃尔这样评论道："借着默读，读者终于能够与书本及文字建立一种不受拘束的关系。文字不再需要占用发出声音的时间，它们可以存在于内心的空间，汹涌而出或欲言又止，完整解读或有所保留，而读者可以用其思想从容地检视它们，从中汲取新观念，也可以从记忆或其他摊开一旁准备同时细读的书来做比较。"千万别小看几个世纪前关于默读的论争，因为当时涉及宗教改革运动的一个核心问题，即"教会的建立所根据的书本需要维持的神秘，只有通过教宗的权威与权力才可加以诠释"，还是"人有权利来替自己解读上帝的话，无须见证人或中介者"。承认"阅读乃属于个人、孤独的行为"是一种历史的进步。只有这样，广大民众才可以通过广泛的阅读来解放自己和成就自己。

在古代相当长的一段时间内，印刷术发明之前，书本只是贵族和士族才有的财产，读写能力并不普及，因此，聆听别人朗读、说书就成为许多地方一种普遍的阅读方式。在欧洲的许多王国都有吟游诗人，在中国则有说书艺人。父母给幼年孩子朗读童话也是世界上最普遍的寓教于乐的早期教育方式。读书会、朗诵会都是逐渐发展出来的阅读和聆听相混合的方式，甚至听教宗训诫或各种演讲也都是聆听式的学习方式。18世纪，法国启蒙思想家狄德罗就曾经提到过自己用朗读文学作品来治疗他冥顽的妻子的故事，并且推荐给医生一个包括《堂吉诃德》等小说在内的具有舒解郁闷情绪的文学朗读作品的组合"处方"，而且提议要像更换药草一样经常更换作品。

如何阅读，或者说如何理解文本是贯穿阅读发展历史上的核心问题。对于读者来说，任何被阅读的文本都是过去了的历史，如何通过文本的表面文学来正确阐释蕴含在文本后面的原创作者的思想一直是西方阐释学和中国古文学孜孜不倦探索的问题。之所以有这种研究的需要，是因为同一个文本事实上常常有多种多样的理解和意义解释。例如，据说在世界上对奥地利小说家弗兰兹·卡夫卡的小说就有无数种解读：有的读者认为是宗教和伦理的寓言，有的读者认为是颓废的或青春期的忧惧之作，还有的读者认为是对古希腊哲学家芝诺悖论哲学的重新表述。这些因人而异的解读也许是因为卡夫卡所遇到的困境就是读者的困境，他的孤独和痛苦、人性异化的感受正是当今许多人心态的反映，那些没有结局的小说结构为各种有心理需求的人预留了自己希望的结局解释。同一部小说的主题，同一个文学人物的精神，同一个故事的过程与结局都会因读者的不同价值观、人格倾向而有不同的理解和喜好厌恶。例如，道家经典《列子·汤问》中的"愚公移山"这个寓言，晋代张湛认为是讲不同人的时空观，即愚公是一个"以天地为一朝，亿代为瞬息，忘怀以造事，无心而为功"的合乎道的人，在愚公看来，以无穷匮的子子孙孙来移走两座大山也不过只是一瞬息的事，而智叟则是一个"期功于旦夕"的俗士，只能看到人的一生这样一个无比微小的时间尺度。清代黄宗羲则从这个寓言中读出了人的意志行为，他说："愚公移山，精卫填海，常人藐为说铃，贤圣指为血路也。"在现代社会，甚至还有读者认为这是讲破坏环境的恶行，各种异化的理解真可谓无奇不有。由此可见，阅读如果没有正确的动机与合理的方法也可能导致异化的结果。

（二）阅读的意义与作用

阅读具有丰富人生体验、促进自我发现、移情宣泄和消遣娱乐等多种促进心理健康的功能。

首先，从书本中可以获得更多的人生经验，或者说相当于一次人生境遇的预演与模拟，相当于一种没有危险的心理训练。传说建立北魏的道武帝问群臣："天下何物最益人智？"臣子回答："惟有书也！"所以帝昭告求书于天下。因为读书可以使人"如与古人相见，如与古人相语"，如亲游天下诸国，如聆听伟人见解高论。读书的确是一件广人之智，开人眼界，使人幸福的事情。白居易有诗云："书中见往事，历历知福祸。多取终厚亡，疾驱必先堕。劝君少干名，名为锢身锁。劝君少求利，利是焚身火。"可见，所谓前车之覆，后车之鉴，读书可以使人知人论世，起到促进人们认知改变的作用。宋代朱熹有《观书有感》一诗，描绘了读书给他带来的那种精神澄澈如镜的感受："半亩方塘一鉴开，天光云影共徘徊。问渠那得清如许？为有源头活水来。"形象地表达了读书使人思想清澄明澈，心胸如镜，提高生命活力的作用。正如小溪需要泉眼提供源源不断的水的来源一样，人的心理健康也需要通过不断地刺激而获得丰富和发展，也需要通过了解和观察其他社会成员的生活而获得眼界的扩大。心理学实验证明，如果一个实验动物或儿童没有适量的外界刺激时智力就会退化，情绪就会麻木，心灵就会迟钝。然而，人不可能在有限的生命时间内拥有那么多机会去完成更多的人生体验，于是，文学阅读为民众了解和体验人世间千姿百态的生活提供了方便和丰富的资源。阿尔维托·曼古埃尔就有这样的体会，他说："每当我在生活中偶然碰到类似读过的书中的事件、状况或人物时，通常会有稍稍吃惊但又失望的似曾相识之感，因为我想象，现在正在发生之事已经在文字中发生于我身上，已经有了名称。"有了名称即意味着被标识，易识别，好警惕，不再感到陌生与无名的焦虑与恐惧。"我的阅读生活给我相同的逆流而行的体验，我先阅读了一些东西，然后才在生活中经历它们。"例如，那些古老的历史典籍不仅使我们知道了久远的过去，也为读者应对现实与未来提供了一个参考模型。阅读给我们提供了一个独处的机会，或者说尽管是独处却不曾孤独，因为读者可以在阅读中与作者及其书中的各色人物照面，了解他们的心理活动和社会行为，通过阅读时脑海中假设的与书中人物的设身处地的共情和聆听人物对白，实现一种虚拟的人际交流。阅读是学习，尤其是默读方式，是一种可以十分隐私的行为，如你可以随意阅读任何不想让别人知道你想了解的东西。事实上，也许世界上大多数识字的人都是通过阅读完成自己的性教育，而不是通过学校老师或医院医生的指点实现的。

其次，阅读还给读者带来生活经验的示范和模仿启动的作用。有心理学家通过观察发现："那些在童年时代读了许多故事书或者听说过许多故事的人比起那些没有接触过故事的人未来会有较好的外表及前景……及早接触故事，人们就会对生活产生观照。"法国哲学家萨特曾写了一本名为 *Words* 的自传，他本身性格内向，不善与人交往，只好躲在装满书籍的阁楼里广泛阅读，在文字的世界里度过了他的少年和青年时光，借助于阅读了解这个世界和他人，学习了大量的知识和间接的社会经验。

阅读可以增进读者对人间痛苦的共情理解，增强自己对待痛苦的韧性。伊丽莎白一世女王这样描述自己阅读的体会："许多次我走入《圣经》令人愉快的领域，在那里我摘采了句子中的优质绿色草药，借着阅读吃下它们，沉思咀嚼，而最后将它们放置在记忆中……由此我可以减少对不幸生命的心酸的感受。"文学阅读有助于读者对人性和心理学的了解，而且这是一种心理学教育不能替代的学习方式。与心理科学相比，文学作品所描写的心理现象是具体的、个性的、历史的和生活情境的，简而言之，几乎是情绪现象的全部，因此，阅读文学作品所学习的心理学是生动的和形象的。威廉·席勒格就曾这样评论莎士比亚的作品，如果说莎士比亚由于他所创造的人物而博得了我们的敬爱，那么，他同样由于他所表现的情欲而博得我们的敬爱，就情爱这个词的最广泛的意义来说，它包括了各种内心的活动，从冷淡或者一般的喜悦直到强烈的愤怒与绝望。他为我们创造了一部精神史，一句话，他向我们揭示了上述各种情欲的全部系统。

再次，阅读还有助于读者加深对自我的认识，让灵魂安居。一本看起来非常共情的文学作品就如同一面镜子，可以让人们看到自己的内心，可以在主人公身上发现或寻找到与自己一样的想法、情感与性格。中国古人认为，人心惟危，道心惟微。所谓危者，嗜欲之心，如堤之束水，其溃甚易；微者，理义之心，如帷之映灯，若隐若现。而阅读可使人明白事理，维系易溃散之心，使身心有所栖泊，而不致被声色货利所迷惑。按照海德格尔的哲学观，语言既是人类精神的出发点，也是精神的归宿和家园，这就是说读书可以使居无定所的灵魂安居下来，使那些迷惘和困惑的灵魂找到家园。如阿尔维托·曼古埃尔所说的那样："因为我们似乎在一本一本的书中发现了自身生命的种种痕迹。"即使你在旅行途中，或一个临时的、艰苦的环境中，阅读都可以给心灵带来一种港湾一般的安宁，而那本书仿佛就是你曾经住过的家，即使过了许多年，当你见到它的时候仍会感到一种熟悉的亲切感。犹如一位读者说的："只是一旦我念过了一本书，我就无法承受与它分离之苦。"阿尔维托·曼古埃尔自己承认："有几次，我偷了一本诱人的书，把它藏在外套口袋带回家，因为我不只是必须读它，还必须拥有它，宣称它归我所有。"当读者拿起亲手翻阅过的或批阅圈画过的书时，就像遇到曾相恋的恋人一样，永远难以忘怀，书将它的历史连同它的故事一道带进了读者的心灵。一个人虽然一生中阅读的书籍很多，但理解、记忆和影响程度并不相等，有些作品只是囫囵吞枣，翻阅而过，而有些作品则刻骨铭心，被咀嚼消化，甚至有些书籍的封面、自己当时阅读的情绪和当时阅读的场景一道被深深地印在脑海里。

最后，阅读具有促进心身健康的作用。诗文小说有诙诡之趣，闲适之趣，故文学阅读可以舒郁解愠，导闲舒适之怀。文学作品是一种引发欣赏者的情感共鸣的触发剂或媒介。词曲诗歌动荡人心，小说更可撩人心境。清代毛宗岗读《三国演义》后很有感慨地说："读书之乐，不大惊则不大喜，不大疑则不大快，不大急则不大慰。"可见精彩的小说对人情绪的调动作用。清代文人认为，小说将天地间的众说纷纭的人物与事件呈现在读者面前，小说可谓是"取之不费，用之不匮"的娱乐资源。文学阅读所带来的愉悦与作者创作过程是类似的，只是一个主动和被动的区别而已。作者主动创作，积极想象，建构故事情节，而读者被动接受这些作品呈现出的意象，情绪跟随情节而起伏跌宕。

阅读的意义因人而异，因为阅读是读者对作品意义的一种重建和独特诠释的过程。苏格拉底说过："文本充其量就是文字，里面的符号与意义交叠之精确令人眩惑，诠释、评注、注释、评论、联想、驳斥、象征性与寓意性的意义，所有这些都非起自文本自身，而是来自读者所附添。文本就像一幅绘画，只说出'雅典的月亮'，而读者则给它添加了完整的象牙色面貌、一片黑邃的天空、一处苏格拉底曾漫步其中的古代废墟景致。"因此，阿尔维托·曼古埃尔说："阅读不是一种捕获文本的自动过程，像是感光纸捕获光线那般，而是一种令人眼花缭乱、迷宫般，平常但又是具有个人色彩的重新建构过程。"从接受美学和阅读心理学的角度来看，作品的意义并非主要依赖于作者和作品中人物的发声，而是读者所感受到的和他的理解；是读者的感知和想象还原才让作品文字描写的东西或缺席的东西变得具体可见。阿尔维托·曼古埃尔下列一段话是对读者理解多样性的最生动的总结："不管是出于无知、信心、智慧、诡计与欺诈，或阐述，读者使用了原文相同的文字，但是将其放在不同的标题之下，由此而改写了正文，仿佛就在赋予它生命的行动中重新创造了它。"

广义上，阅读不只限于书籍，阅读还是一种隐喻的工具，阅读的文本还可以是大自然、社会这本大书和人的心身与人的生活这本自己写的书。本杰明·富兰克林为自己写过一篇碑文："印刷工富兰克林的身体，就像一本旧书的封面，它的内容被撕走，剥落字母与烫金，躺在这里给虫当食物。但是这些作品将不会失去；因为它，正如他所笃信的，将再次出现于一个更优美的新版本中，获得作者的更正和改善。"高尔基将社会生活比作自己上的大学，而沈从文先生也在自传中坦诚：在读一本小书同时又读一本大书，这本大书就是社会生活的观察与体验。

二、文学阅读治疗的机制

阅读文学作品为什么具有心理治疗的功效？人类学家、哲学家、心理学家、美学家和文学家从各自的视角提出了自己的观点。

（一）第二信号刺激

文字只是一种符号，阅读为何具有影响人心理的力量？为何能实现心理治疗的作用？《诗品序》中说："动天地，感鬼神，莫近于诗。"文学如何具有如此动天地、感鬼神的巨大作用？这可以用语言心理学和巴甫洛夫的高级神经活动学说进行解释。心理学认为，人周围环境的一切刺激都必须借助感知觉和观念才能到达人的大脑，而承载和传输这些刺激的器官和途径要么是各种声音、形象、味道、气味等现实的、直接的理化刺激，要么就是语词等符号。而对于文学阅读的读者来说，作品描述的各种景物和人物言行对读者的刺激就只能通过文本的语言来实现了，而作品的文字符号只是现实刺激信号的信号，当然，文字符号之所以能引发人的相应的生理心理反应必须经过一个现实与符号相联结的学习或训练过程。文学作品为什么能引发读者身临其境的感觉，引发读者的情绪反应，甚至是内脏的生理反应，就在于它是一种读者曾经感受过的刺激的替代物。从这种意义上说，没有语言这种表达世界信号的信号（即第二信号）就没有我们对世界的认识，前人的情感世界就不可能间接地影响远隔了几个世纪的后人，一个人的体验就不可能跨越大洋高山感动另一个世界的人们。老子曰："有名，万物之母。"海德格尔说："语词破碎处，万物不复存在。"这说明语言负荷了引发人认识世界的信息，是一种从古至今的认识经验。

文学是用语言文字来描述世界的，如果没有语言文字，就没有文学的文本世界，进而就没有我们阅读文学作品时的感动与伤感等心灵体验。17世纪的思想家威廉·冯·洪堡特认为，人的感知和行为受制于他自己的表象，而语言始终参与了表象的转化，没有语言就不会有任何概念，就不可能有真正意义的思维。因此，"语言是构成思想的器官"。人是按照语言的引导在生活。而好的文学作品给我们提供了一个精神所渴求的表象世界和高尚的生活方式的感性图景。19世纪，生理学家巴甫洛夫用动物实验证明了语言之所以可以引发条件反射，正是因为语言是现实刺激物的一种信号的信号。在认识论意义上，海德格尔说："唯当表示物的词语已被发现之际，物才是一物。"我们是否也可以这样说：唯有当文学家将人的某种心灵状况刻画出来时，这种个人内心世界的瞬息万变的精神状态才成为一种文本世界的存在，才成为一种可能被众多读者知道的东西。人的情感世界只有依赖文学才得以揭示、记录和保留。从人的敏锐性来说，文学家是社会情感气候变化的晴雨表。我们在社会和人的情感世界中所看到和表达的东西在某种程度上正是文学先发现的东西。因此，阅读文学作品是一种间接增加社会实践和体验的途径，是一种虚拟的社会训练。

阅读为何可以缓解人的情欲对人的约束力量，黑格尔认为这是因为艺术通过其塑造的表象将这些情欲和苦痛的东西转化为一种观念的关系或替换成一种文字游戏或表达一种形象而被意识观照，于是，埋没在内心深处的情绪的强度缓和了。所谓观念的关系可以理解为一种文本的游戏。黑格尔认为，人性原本是神性和自然兽性的结合体，而艺术就是"用慈祥的手"替人解去自然兽性束缚的一种方法。换言之，文学阅读可以涵养各种情绪和冲动，消解粗野性的自然情欲的破坏性。

（二）示范与模仿

亚里士多德认为，艺术的目的就在于模仿，由于模仿得逼真而获得一种理智和情感上的快感。格罗塞通过人类学的考察，认为原始民族沉溺于模拟舞，在儿童中也可以看到同样的模仿欲望，模仿的冲动实在是人类一种普遍的特性。他认为，能给予快感的最高价值，无疑是那些代表人类感情作用的模拟舞蹈，如战争舞和爱情舞蹈在活泼地律动和满足模拟的欲望时，还贡献一种从舞蹈里流露出的热烈的感情来洗涤和排解心神，这种陶冶、净化、宣泄就是亚里士多德所说的悲剧的最高和最大的效果。

从心理治疗的角度来看，文学故事中的人物对读者来说具有示范的效应，读者与书中人物在人生经历、生活境遇、性格、气质、兴趣、价值观、人生观等方面越是相似，作品的示范性就越强，被模仿的可能性也越大。示范模仿也可能通过作家在创作中渗透的人格力量而发挥作用。文学心理学的研究表明，作家的人格类型与其作品的风格具有密切的关系，进而对阅读者的影响力不同，即不同的读者喜欢不同的作品，对同样的作品将产生程度不一的反应。哲学家尼采认为，面对自然界，每一个艺术家都是"模仿者"，但具有"日神精神"的一些人更乐于沉浸在由美的幻觉提供的内在的快乐中，而具有"酒神精神"的人则更迷恋情绪放纵、浑然忘我的境界。此外，不少精神病学家和心理学家，如克莱施马尔、雅斯贝尔斯也对艺术家们的人格进行过分类分析。简而言之，作家们都在作品中注入了自己人格的力量，但一些人在创造作品时也使自己获得了成长，而另一些人却毁灭了自己；一些作品引起读者对生存的疑问，使其精神分裂加剧，更加颓废和沮丧，而另一些作品则使人升华，帮助其超越现实中无法克服的挫折和困难；一些作品引发激烈的外向性情感反应或社会化，而另一些作品却使人更为理性、内倾性。从某种意义上说，一个读者之所以喜爱那部文学作品，是因为该作品作者的人格与读者相似；一部文学作品之所以能打动一个读者，是因为该作品映照出了读者的人格；一部作品之所以能对一个读者产生影响，是因为他的确在实际模仿作者的人格。

然而，黑格尔完全不赞同艺术是模仿的观点，他认为，如果说艺术是模仿的话，那么这是一种多余的复制，是生活的冒充，靠单纯的模仿，艺术总不能和自然竞争，他和自然竞争，那就像一只小虫爬着去追大象。由模仿所生的快乐总是有限的，对于人这种高级动物来说，快乐与其创造的程度成正比。从认知心理学的角度来看，文学阅读对读者的影响是一种内隐的学习过程。相对于外显的、有意识的、需要意志努力的、可以内省监控的外显学习形式而言，所谓内隐学习就是指在无目的状态下，自动无意识地或不知不觉地学会或吸收某种知识和经验的过程。研究表明，内隐学习与外显学习在获得的知识和经验方面存在差异。内隐学习是稳定的，所获得的是刺激内部的潜在的深层结构，而外显学习是易变的，所获得的是特定的刺激或是刺激间某些表浅的规则。这也就是说，即使读者并没有故意选择模仿，但文学阅读还是可能会对读者的认知方式、意志行为和性格产生持久的、潜移默化的深刻影响。许多研究表明，内隐和外显学习有着各自相互独立的神经生理机制。有关神经影像学的研究发现，海马体或间脑损伤只影响外显学习，而内隐学习不受影响；基底神经节新纹状体习惯学习系统损伤则只影响内隐学习，而不影响外显学习。外显学习更多地激活右半球区域，而内隐学习更多地激活与抽象过程联系的左半球区域。

文学阅读也可能产生某种内隐正强化效应，例如，读者在阅读作品时想象自己如书中人物一样作出某种行为后获得了某种奖励，即使这只是在阅读时内心的想象活动，但也可在读者内心世界产生隐蔽的正性强化，这种强化不知不觉地在读者心中等于内化了一种认知和行为反应模式，至少等于提高了某种行为发生的可能性。观察表明，励志类及猎奇、武打、猎艳类作品常会对读者产生内隐的正强化效应。这种内隐强化效应的存在一再提醒作者的社会责任意识尤其重要。文学阅读也可能产生某种内隐负强化效应，例如，读者在阅读作品时想象自己如书中人物一样作出了某种行为后受到了惩罚，就可能会自觉减少或终止这些行为发生的可能。言情类、职场类、家庭伦理类等反映复杂社会现象的小说易产生负强化效应。

（三）移情与共情

在文学阅读过程中，在作者、作品（人物、对话和场景）和读者三者之间会发生多种多样的情感转移和相互作用的现象，其中移情与共情就是最为基本的阅读心理机制。

移情本是一种文学的修辞手法，即作者将主观的感情投射或转移到某些有生命或无生命的事物上，赋予这些事物具有与自己相一致的情绪情感和性格，而事实上，这些事物不一定存在人的情感特性。例如，杜甫的《月夜忆舍弟》中有："露从今夜白，月是故乡明。"《春望》中写道："感时花溅泪，恨别鸟惊心。"白居易《长恨歌》中有："行宫见月伤心色，夜雨闻铃肠断声。"移情和拟人的区别是：前者是"移人情及事物"，后者是"将物当作人来写"。

1. 移情

移情一词也是弗洛伊德精神分析学说的一个专业术语，是指来访者在精神分析过程中将自己童年时期和过去对生活中某些重要人物的强烈情感转移到心理医生身上所产生的一种现象。而这些情感的发展不能用治疗的情境来说明，而是早已先在患者的内心形成，然后借治疗的机会转移到医生身上。移情可以分为正转移和负转移。正转移称阳性转移，如爱恋的情感；负转移又称阴性转移，如厌恶感和敌意等。在文学阅读中，读者可能对作品中的人物产生移情，例如，特别喜欢或讨厌作品中的某些人物，并对这些人物抱有某些幻想和情感。例如，一个童年期缺乏父母之爱的读者可能会对作品中的父亲或母亲角色产生依恋的感情；一个缺乏异性爱的读者可能会喜欢书中的异性主角，甚至会按书中人物的相貌和性格去寻觅现实中的配偶，模仿书中人物给自己的孩子取名；一个多疑性格的读者容易出现对作品中的故事同时产生爱与憎、想接近又想回避、相信又不相信等相反的感情转移。因此，读者对文学作品中人物的喜好与厌恶要从移情机制中得到解释。

文学阅读时移情通常发生在作品中的人物做了或说了些什么正好触动了读者心中

未曾得到解决的心理问题或潜意识中的情结之时。弗洛伊德认为，移情是来访者过去未被满足的愿望的重新浮现，移情在心理治疗中具有许多积极的意义。他认为，移情作用可被看作一棵树的木材层和皮层之间的新生层，只有通过它才会有新组织的形成及树干半径的扩大。当出现移情后，患者所有的症状都已经抛开了其原初的意义，并且适应于新近的意义，这个意义存在于与移情作用的关系之中，心理医生就可以借移情现象追溯到神经症这种旧症的新版的起点，观察到它的起源和成长，我们就能够找到解决问题的出路。或者说通过解决移情问题，来访者会对自己的过去有更加深刻的认识和领悟。移情再现了读者在儿童时期生活中长期被压抑的某种情感，这种情感无处释放，甚至成为一个心理问题的"情结"，他借助阅读而将这些情感置换给书中的人物而实现宣泄积压的心理能量的治疗目的。

2. 共情

共情又称神入、同理心、投情等，是指一种在人际交往中能深入他人主观世界，设身处地为他人着想或理解其感受的能力。通俗地讲，共情就是我如同就是他，能用他的眼光去观察世界和用他的心境去感知世界，所谓善解人意，但"如同"并不等于"就是"，共情只是理解别人或作品的特殊的意义世界。英国艺术评论家和诗人里德认为："共情意即感人。当我们对受难者表示同情时，我们重演着他人的感受；当我们凝神观照一件艺术品时，我们把自己外射到艺术品的形式中去了，我们的感受取决于我们在对象中发现了什么东西，占据有多大的范围。"共情能力是一个人的积极品质，或者说本是人的天性，如孟子就认为，恻隐之心就是仁，本来就是固有的人性。孔子那句"己所不欲，勿施于人"的教诲甚至成为中国式的一种共情准则。共情是文学作品产生治疗作用的充分必要条件之一。因为阅读就是读者与作者或作品中人物内隐式对话的一个过程，一个共情能力较强的读者在文学阅读时较为容易进入作品中人物的内心世界，感受到对方的情感与行为反应，能将心比心地体验对方的感受，并可体验到一种共情的心身反应。共情要与情绪感染相区别，因为共情是可进可出，拿得起也放得下的，而情绪感染却可能导致读者采取与文学作品中人物同样不理智的行为或因诱发某种负性的情绪而导致抑郁或自杀行为，如唐婉读到陆游那首具有同感的《钗头凤》时诱发了她压抑的情绪的爆发，潸然泪下，在回了一首同病相怜的诗之后就抑郁病逝。代入感太强，入书太深，甚至分不清作品文本与现实生活、作者与作品人物的关系，都容易使读者走火入魔。

（四）借景物发现自我和存在之思

人能随意观察宇宙万物，却并不容易认识自己的内心世界，于是人类就发明了文字和艺术等方法尝试将内心世界的感受和图景描述出来。尽管这只是近似的，但也只有如此途径与方法才能让自己看到藏于头颅黑暗中的意识之光。在诸种艺术中，黑格尔和海德格尔都认为只有诗等文学艺术最接近思考的本质属性。黑格尔甚至认为"诗的原则一般是精神生活的原则"，也就是说，诗用观念的形象来表达思的认识和体验的做法其实就是一切精神活动的共性。黑格尔和海德格尔都认为作诗是一种与思非常相近的活动。在黑格尔看来，当人意识到自己的内心活动时，这种内心活动就变成了自己的对象，这时，心灵既是认识主体，又是认识对象，这样它才是自觉的。这也就是说，创作诗的过程就是一个自我认识和自我觉察的过程。与思相比，作诗还必须寻找合适的字眼来贴切地表达自己的观念和情绪体验。海德格尔对诗与思两者的关系进行了最具有诗意的简述，他说："思服从（存）在的声音，就须寻觅言词，以便使（存）在的真理得以表出……诗与思在照看语言这一点上极其相似，但它们同时又各有所思。说'类似'，意味着有'差别'。思者道说存在，诗人命名神圣。""在思中，存在成为语言，语言是存在的家。在其家中住着人，那些思者以及那些用词创作的人，是这个家的看家人。"海德格尔并不看好思（考）对认识存在的作用，他认为存在之思既是一种高级的漫游，也是一种非常困窘的事情，虽然是一条无法回避的幽僻的小径，但至多不过是一条不会带来什么簇新的智慧，也是迟早会放弃的田间小道。海德格尔为何对千百年的存在之思（科学与哲学）不寄予厚望呢？这是因为他认为建立在概念基础之上的思对于存在来说是非常贫乏的、有成见的、狭隘的。相比而言，诗对心灵的表达是自由开放的，因为在诗的创作过程中心灵本身已经得到自由，诗的表现不受外在感性材料的束缚，而只在思想和情感的内在空间与内在时间里逍遥游荡。

黑格尔认为，使用艺术来表达思的必要性就在于通过把心灵的生气灌注于外在的现象，让眼睛看得见的现象成为灵魂的住所，让人从有时间性的环境和有限的事物行列及浪游的迷途中解脱出来。艺术的理想本质就在于使外在的事物还原到有心灵性的事物，使外在的现象符合心灵，成为心灵的表现。艺术借用形象要比思用概念更容易让人看到自己的内心世界。因为思的抽象的普遍性和特殊性并不是真实的和现实的，理念的现实性只有在具体个别事物里才能得到。显然，哲学和科学都是抽象的，而艺术是具体的、个别的和现实的。黑格尔还认为，在人类历史上有一个泛神主义的阶段，诗人要在一切事物中见出神性，并同时体会到神性内在于自己，通过舍弃自我，意识便得以伸展得最广阔，通过摆脱尘世有限的事物，而获得完全的自由，结果就达到了自己消融在一切高尚优美事物中的福慧境界。在不少诗人那里，作诗如参禅，诗境如禅境，个人的内心世界与宇宙万物和谐地在诗境里融通，以致物我两忘，获得精神重负的解脱和自由后的无比愉悦轻松。袁枚在《续诗品·神悟》中曰："鸟啼花落，皆与神通。人不能悟，付之飘风。惟我诗人，众妙扶智。但见性情，不著文字。宣尼偶过，童歌沧浪。闻之欣然，示我周行。"苏轼有"溪声尽是广长舌，山色无非清净身。夜来八万四千偈，他日如何举似人。"诗人从溪声、山色看到法身和佛性，佛法何须再人言明示？就如李之仪所说："得句如得仙，悟笔如悟禅。"诗人正是在作诗过程中得到精神境界的提升。例如，常建有诗："山光悦鸟性，潭影空人心。"王安石有诗："芳草知谁种？缘阶已数丛。无心与时竞，何苦绿葱葱。"这些都表达了诗人从自然山水中发现自己内心世界奥秘的禅悦。

作为读者，在欣赏这些意境幽深、渗透禅理禅趣的诗歌时也能身受启迪和感染，而且诗这种言说方式尤具有"含不尽之意，见于言外""亦在妙悟"的特长。如胡应麟说："太白五言绝，自是天仙口语……读之身世两忘，万念俱寂，不谓声律之中，有些妙诠。"朱熹在《诗集传》开篇中说："学诗之本"为"玩其理以养心"。

三、阅读治疗的方式与心理历程

（一）阅读的不同方式与特点

广义上，文学阅读包括阅读各类纸质版和电子版的文学作品、现场听评书和听发声的电子作品、广播等多种形式。不同的阅读形式适合不同的对象，例如，能识字且又喜欢安静的读者当然选择自己默读；对于年轻的学生可以选择发声的朗读方式，有助于记忆和减少分心；对于文化程度较低、视力不好的老年人、盲人等可以选择听评书、发声的电子作品和广播等。

吟诗朗诵是一种心身俱调的最佳"有氧运动"，所谓气从意畅，神与境合。明代哲学家王守仁就很有体验，他说："凡歌涛，须要整容定气，清朗其声音，均审其节调，毋躁而急，毋荡而嚣，毋馁而慑。久则精神宣畅，心气和平矣。"诗文幽微，涵盖无穷，意境高妙。熟读吟咏之，可令人渐浸染，形象思维大增，自然灵气不思而至。朗朗颂之，可振荡血气，舌底回甘，益智柔情。

默读的优点在于沉思和移情。文学阅读既要学会移情，也要学会促进自我反思。清代词评家况周颐很好地介绍了自己文学阅读的体会，他说："读词之法，取前人名句意境绝佳者，将此意境缔构于吾想望中。然后澄思渺虑，以吾身入乎其中而涵泳之。吾性灵与之相浃而俱化乃真实为吾有而外物不能夺。"

现场听评书或听人讲故事的优点在于说书人绘声绘色的叙述、抑扬顿挫的语调与现场众人烘托出的气氛更有利于对人情绪的感染。

（二）阅读治疗的准备及阅读治疗的心理历程

在现实生活中，文学阅读可能有多种阅读方式和多种阅读角度，从文学阅读治疗的角度来看，文学阅读有自己特定的要求、程序和方法，以及需要注意的事项。

1. 阅读治疗的准备

首先，帮助读者了解文学阅读的目的与意义。鼓励坚持阅读，鼓励比较阅读、迁移阅读和批判式阅读；鼓励与引导读者从文化史、文学史、精神史或心理等不同的角度阅读作品；鼓励与心理医生和团体阅读小组的其他成员交流阅读体会；鼓励主动了解和熟悉作品创作的背景和作者生平；鼓励写读书心得体会和阅读眉批。

其次，要选择合适的阅读题材与阅读文章或书籍。鼓励阅读古今中外的经典名著；鼓励和引导阅读主题和内容积极正面的作品；鼓励阅读有助于解决自己心理问题的文章与书籍，而不是人云亦云，机械地模仿别人阅读的书籍，流行的或时髦的作品未必是最合适自己的。基于有些语言和心理暗示对疑病素质型读者的不良影响，尤其要避免读者接触思想倾向不良的作品。

最后，文学阅读治疗还应与认知疗法、意义疗法、精神分析、以当事人为中心疗法、存在主义治疗、完形治疗等心理咨询与心理治疗方法相结合，例如，将文学阅读作为认知疗法的家庭作业布置给来访者，借用文学阅读材料和文学故事作为帮助来访者纠正非理性认识，树立新的可以替代原来非理性信念的训练素材或虚拟的场景。

2. 阅读治疗的心理历程

研究表明，一次文学阅读，一般将历经如下心理过程而实现治疗的效应。

① 认同阶段。文学阅读者首先必须对所阅读的文学作品产生喜欢、亲切和认同的感觉才有可能继续以下的心理历程。这个阶段吸引读者的目光或听评书者的兴趣的因素可能是书的题目，或者是作者的声誉，或者是关于作品的某些评论，等等。读者或听评书者对作品中的某个角色、故事情节或人物对话或自白产生有选择性的注意和喜欢的好感，并对作品人物的人生经历、生活遭遇、遇到的问题、表现的思想、情感和行为产生某种程度的认同、移情和共鸣。根据精神分析理论，读者或听评书者的这类心理反应是一种来自潜意识的自动性反应，除受过训练的心理医生之外，一般的读者很难察觉自己的这类自动反应与童年、生活中的爱与恨、亲密关系等因素有关。认同意味着读者对作品中的人物产生移情或共情的开始。精神分析学派认为，移情和反移情是经常发生在来访者与心理咨询师之间的一种现象。当出现来访者对心理咨询师的移情时，大多意味着心理咨询起效的开始，这时的心理咨询师无意成为来访者过去生活中某一个重要人物的替代者，给深陷于情绪纠结的来访者提供了一个可供投射的试验目标，无须顾忌可以发泄情感的安全场所。在阅读过程中，文学作品中的人物与咨询过程中的被移情的心理咨询师类似，也可以充当这种被无数读者无数次移情投射的安全的替代品。移情可以更好地帮助心理咨询师认识来访者的心理问题，并运用移情来宣泄来访者压抑的情绪，引导其发生有助于进步的领悟。阅读治疗时读者要不断地向自己设问，如在认同阶段可以提问："我喜欢书中的某某吗？"

② 比较与省察阶段。文学作品的人物或情景为读者或听评书者提供了一个可以随时方便比较的样本，以及促进自我反省和察觉的机会。在存在主义心理学看来，自我察觉能力的强弱对于个体的应对能力、自由的可能性、充分体验生活的能力有很大的影响。"察觉能力越强，自由的可能性也就越大。"换言之，文学作品人物的行动及其各种行为抉择为读者极大地拓展了曾经熟悉或不熟悉的社会生活和意识领域。作品中人物之所想、所做、所烦也许就是读者曾经的所想、所欲和所烦，人物的命运和行动结果也许就是读者预料过或未曾预见的。也可能因作品中人物之间的某些对话或内心自白而触发了读者对过去习以为常或未曾意识到的态度和情感的察觉。读者或听评书者在阅读和欣赏作品时自然会将自己与故事中的人物角色相比较，将自己经历的挫折与作品中的人物所遇到的困难相比较，或产生同病相怜的移情反应，或对主人公的命运产生"为什么"的自问自答，触发对自己曾经忽视的责任和失误的省察，促使对自己迷惘的某些情感产生顿悟或澄清。在此阶段读者可以自问：主人公（或作者）当时的心境如何？如果是我，我会怎样想？怎样做？等等。为了防止读者对作品的囫囵吞枣，心理咨询师应要求阅读者将作品的主要内容复述一遍，复述一定要有具体的故事情节，避免抽象和笼统式的概述。要注意察觉和回馈阅读者复述故事时的表情体验，

促进当事人更多地了解自己。指导性的阅读治疗的效果与心理咨询师对阅读材料的分析与治疗方案的设计密切相关。一般来说，心理咨询师要依据阅读治疗的心路历程对阅读材料中具有治疗意义的语句进行寻找和标识，然后对各阶段拟提出的问题进行设计。

③投射阶段。所谓投射作用是指个体不自觉地将自己身上所存在的动机、欲望、态度、情绪等心理行为特征加诸他人，推测在他人身上也同样存在的心理现象。在阅读或听评书的过程中，读者和听众会不经意地用自己的心理和生活经验来解释书中人物的想法、情感和行为，并可能设身处地尝试为书中的人物提供解决的策略，常见的自动思维模式就是"假如是我，我会……"，这是一种同化投射。

④净化阶段。物理学上的"净化"是指清除物品中不需要的杂质，使物品达到更加纯净的过程；宗教领域的净化是指除去心灵上的烦恼、杂念的修行过程；而由亚里士多德引入文艺领域的净化则是指读者在接受文学作品的高潮阶段，继共鸣之后不由自主地达到的精神调节过程。换言之，阅读文学作品过程中的净化就是一种借助作品蕴含的道德力量清除精神上负性东西的过程。文学作品的净化力量大多来自作品对大自然景色美的惊人发现，来自对人物美好心灵世界的揭示，来自对人生哲理的顿悟等，净化是一种在阅读过程中自然而然、感同身受或身临其境的洗礼。

⑤领悟阶段。读者或听评书者从与作品角色的对照与反思中，不仅澄清了自己的认识、态度和情绪问题，去除了某些负性的东西，而且洞悉了人生之道的奥秘，体悟了人生的真谛，发展出解决问题的新方法，获得了面对自己问题的勇气以及准备实践的力量，这是更高层次的领悟阶段。因为每个读者的人生遭遇和命运不同，所以领悟到的人生之理也不尽相同。

⑥模拟与应用阶段。读者或听评书者将自己从阅读和听评书中领悟到的观念和行为方式自觉或不自觉地推广应用到自己的日常生活中，读者仿佛扮演了作品中认同的某个人物角色，从而潜移默化地改变了原来某些非理性的或不适应环境的信念、态度、情绪反应和行为习惯。如《阿Q正传》中塑造的阿Q的"精神胜利法"无形中成为许多人应对挫折时效仿的一种方法。

概而言之，在第①～②阶段，读者进入作品，暂时忘却了自我，仿佛成为书中一个角色；在第③～④阶段，读者从作品中跳出而玩味书中余趣，身归现实，理性复兴，反观自我；在第⑤～⑥阶段，读者的心理世界可能因为吸收了阅读中获得的新的精神活力而发生自我结构的调整与重建。

（三）阅读的双重效应

阿根廷文学家豪尔赫·路易斯·博尔赫斯引用爱默生的话说："图书馆是一座奇妙的珍藏室，在这座珍藏室里，人类最好的精灵都像着了魔似的在昏睡，但都期待着我们用语言来打破其沉睡，我们必须把书打开，这样，精灵们就会觉醒。这样，我们就能同人类产生的最优秀的分子结为伙伴，但我们不去寻找他们，却宁愿去阅读各种评论、批评而不去听他们自己说些什么。"他觉得，书是人类的记忆库，是记忆和想象的延伸，家里存放着一些自己喜欢阅读的书是一种幸福，阅读自己爱读的书也是一种幸福，而且拥有书和阅读书是人人都能够享受到的一种幸福。他提倡读书要读原著，因为一本书的最重要之处是作者能打动我们的声音和语调，相比于读报和听唱片的遗忘而言，读书能使人永志不忘。他认为每读一本书或重读一次书，书的意义对于阅读者来说仿佛就变化了一次，读者对书的理解和体验就不同，因此，阅读的意义是常青的。如果我们阅读一本古书，那么，就仿佛在阅读一段逝去的时光，因此，我们应该保持对书的崇敬。即使书里有错误，或者我们不同意作者的观点，但书里仍然保持着某种神圣和奇妙的东西，这不是提倡迷信，而是出于寻求幸福和智慧的愿望。

因为文学家的价值观、艺术观的不同，因此，每位文学家所创作的作品的价值取向与所产生的效果和作用也是有差异的。在宣扬文学的积极作用的同时，也应注意到文学可能带来的负面效应，这是人类理智的表现。事实上，的确有的文学作品使人振奋、受到鼓舞和教育，但有些作品却使人愤怒、悲观、痴迷、崇拜暴力和金钱，甚至诱发堕落与犯罪，因此，文学阅读也是一把"双刃剑"。柏拉图甚至将诗看成哲学的对手，认为诗的性质是非理性的，只有神的点拨和启示才是诗的源泉。因此诗也是不真实的，诗还搅乱人的心境，使理性屈从于冲动和激情。德国艺术理论学家格罗塞说："诗歌，它善的方面有感人的力量，同样也能影响于恶的方面。诗歌在一方面，固然助长高超尊贵的感情的种子，在其他方面，也同样可以发展潜伏在各人内心的低下和卑鄙的本能。"他毫不忌讳地说："有一个振作读者的诗人，还有一打引诱读者堕落到他们所喜爱的泥潭里去的诗人。"

据说，伏尔泰就在一本《关于阅读的可怕危害》的小册子中写道："书本驱除蒙昧，而蒙昧向来是完美控制之国家的监管与保护的工具。"一切绝对专制的君主和统治者"极度迷信书写文字的力量，他们明白阅读是一种力量，不消几个字就可以造成风吹草偃之效"。因此，在人类文明发展史上，能阅读什么和不能阅读什么从来就不是完全开放自由的，阅读成为一种特权或被剥夺的权利。所谓禁书就是官方禁止刊行、收藏或阅读的书籍。从文学治疗的角度来看，为何会产生禁书？为何要禁书？这是值得探讨的一个社会心理问题。

文学作品的负面效应并不完全取决于作品本身，同时也在很大程度上受读者自己的理解和阐释的影响。例如，某些幼稚的读者竟将《西游记》中孙悟空能飞翔的本领与武侠小说中幻想和塑造出来的各式各样的特异功能及盖世奇功当成真是可以练成的功夫。据报道，有一名少年因在家中阳台上练习"轻功"而摔成重伤，这就是因为轻信武侠小说而导致的悲剧。有些读者也有意或无意将文学作品解读为某种教义、信仰、观念或私人利益的证据或范例。从阐释学的观点来看，对文本或作品的任何解释都会因解释者先行的观念、兴趣和方法，以及阅读的心境而发生变化，阅读从来就不是单纯简单的朗读或默读，而是一种解释。鲁迅先生对不同的读者阅读《红楼梦》时会得出不同结论的总结看作是阅读意义因人而异的规律，他说："一部《红楼梦》单是命意，就因读者的眼光而有种种，经学家看见《易》，道学家看见淫，才子看见缠绵，革命家看见排满，流言家看见宫闱秘事。"由此可见，就文学治疗来说，评价作品、选择作品尤为重要，几乎相当于医学对药物研究的重视一样不能缺少。阅读是一种孤寂的享受，是思想和情感的跑马场，在这个孤寂的跑马场中，读者的思想和情感将跑去何方全倚仗骑手把握缰绳的意向如何。

❓ **思考题：**

1. 结合所学知识，谈谈医学与文学的关系？

2. 结合所学知识，谈谈让你印象深刻的医文融合的典型案例。

3. 结合个人阅读体验，谈一谈文学阅读的意义与作用？

本章参考文献

[1] 何循真，黄京龙.文学艺术与健康 [M].西安：陕西人民教育出版社，1991.

[2] 王伟.文学在人文医学中的应用研究 [M].北京：中国纺织出版社，2022.

[3] 聂业.大学医学美育 [M].北京：中国协和医科大学出版社，2020.

[4] 文然.文学修养 [M].沈阳：辽宁大学出版社，2009.

[5] 黑格尔.美学：第一卷 [M].朱光潜，译，北京：商务印书馆，1994.

[6] 邱鸿钟.文学心理与文学治疗 [M].广州：广东高等教育出版社，2017.

[7] 翟建波.中国古代小说俗语大辞典 [M].上海：上海辞书出版社，2013.

[8] 李壮鹰，李春青.中国古代文论教程 [M].北京：高等教育出版社，2006.

[9] 袁行霈.中国文学史 [M].北京：高等教育出版社，2003.

[10] 程光炜，刘勇，吴晓东，等.中国现代文学史 [M].北京：中国人民大学出版社，2003.

第八章　医学与影视

医学是人学、医道重温度。医学具有两种基本属性，即人文性与科学性。自医学诞生以来，人文精神就是引领医学发展的灵魂，体现以人为本的思想。医学人文精神是以仁爱之心给予患者的同情、帮助、安慰、温暖，是对生命的尊重及生命权利的关怀，承载社会对医学发展的期待。作为传播人文精神的重要媒介，影视艺术具备丰富的视听语言，其逼真性和运动性，给观众带来身临其境的感受，这是其他艺术形式无法替代的。同时，影视艺术也需要贴合大众生活实际、引发社会共鸣的拍摄题材，医学的困境、创新发展与医生的工作、生活状态等相关内容，都是影视艺术创作用之不竭的源泉。因此，各自的学科优势、不同的审美视角促使了医学与影视艺术的相互交融。

习近平总书记指出文艺深深融入人民生活，对年轻人吸引力最大，影响也最大。美育的途径和方式多种多样，文艺是其中十分重要的实践方式，能够提高人对美的感知力、鉴赏力、理解力和创造，引导人培养德行、追求真理、开启智慧。影视作品包含了大量不同人物的品行与处世智慧，是传递真善美和正确价值观的重要文化手段、文艺法宝，以生动形象、直观逼真的视觉冲击着人们的情感，以感受体验、润物无声的方式触及着人们的心灵，特别是对处于价值观养成关键期的大学生有着潜移默化的影响。

我国医疗题材影视作品创作虽然起步较晚，但发展迅速，优质作品不断涌现。对于医学生来说，通过医疗题材影视作品，能增强对医学中人文精神的理解与敬畏，感受人性的崇高与可贵；了解医学作为"艺术"的魅力，培养共情能力，化解医患矛盾；透过人文关怀的视角思考医学作为"技术"的伦理问题，聚焦作品中反映的医学道德困境；提前体验职业环境、感受医者形象、树立职业理想、培育职业道德。影视艺术以其独特的魅力让优秀的文化资源引导、内化为医学生的价值追求与人文素养，有效发挥美育在医学生培养中的重要作用。

第一节　医疗题材影视作品概述

一、医疗题材影视作品概念的界定

（一）影视作品的概念

影视作品，是电影、电视剧、纪录片作品的总称。指通过胶片、数字等介质记录、由有伴音或无伴音的一系列相联画面组成、用一定载体装置放映，让观众得到视听享受的艺术作品。

（二）医疗题材影视作品的概念

与历史、军事、武侠等题材影视作品相比，我国医疗题材影视作品出现时间相对较晚，但由于生老病死是人生基本命题，医院是救死扶伤、集中体现大众喜怒哀乐的特殊场所，反映的是人们的日常生活，贴近社会真实事件，且医生是掌握精密技术、治病救人的崇高职业群体，其本职工作与生活、精神、情感状态对于普通人来说都较为陌生、神秘，因此，医疗影视题材作品从产生之初就有广泛的受众，成为个性成熟的类型产品。

医疗题材影视作品主要包括电影、电视剧、纪录片三种类型，可以结合不同类型特点对医疗题材影视作品概念加以界定。

1. 医疗题材电影

医疗题材电影场景具有一定流动性，以医院、诊所为主，也可为医生、患者家中或其他工作地点，主题大多通过对生命的守护，弘扬医务工作者救死扶伤的精神及仁心仁术。基于此类影片的共性，可以将医疗题材电影概念界定为：以医务工作者的医疗救治行为、患者抵抗疾病的过程、医患关系与医患沟通等医疗相关问题为叙事线索，弘扬医务工作者职业精神，反映医疗现状，体现生命坚毅与人性力量的电影类型。

2. 医疗题材电视剧

医疗题材电视剧，简称为"医疗剧"，属于行业剧范畴。行业剧，也叫职业剧，指表现对象为一个行业的人群，所有故事情节均围绕该行业展开的电视剧。

医疗剧起源于美国，其概念为以医院或诊室为背景，以一个或几个医生为主线，贯穿全剧情节的系列剧，每一集相对独立，集与集之间仍具有连续性，如《急诊室的故事》（*Emergency Room*）、《实习医生格蕾》（*Grey's Anatomy*）等。近年来，随着对疾病、健康、医疗发展、医患关系、医德医风等问题的日益关注，医疗剧逐渐成为我国电视剧编创的热门题材，涌现出一批以《无限生机》《医者仁心》《心术》《白色城堡》等为代表的优秀剧集。结合我国该题材电视剧的特点，可以将其概念界定为：以医院、诊室为主要故事场景，以医务工作者和患者为表现主体，围绕医生治病救人案例、医患矛盾、职场关系等展开叙事，多角度、深层次、全方位剖析医务人员的职场生活，塑造鲜活人物形象，弘扬崇高职业精神，反映医疗现实问题，折射医院人性百态的电视剧类型。

3. 医疗题材纪录片

不同于电影、电视剧，纪录片不得虚构，是以展现真实生活为本质，采用跟拍、抓拍、抢拍等拍摄手法，记录真实时间、真实环境中发生的真人真事的一种影视艺术形式。相对于历史、政治、军事、地理等题材，医疗题材纪录片起步较晚，21世纪后才逐步兴起。

医疗题材纪录片主要有以下三种特征：其一，真实性。走进医疗一线，直击救治现场，用纪实手法，通过冷静客观的镜头语言最大程度还原真实医疗状态。其二，社会性。以医者、患者及家属为拍摄主体，内容涵盖医学技术发展、医学知识普及、疑难杂症治疗，以及直面医治分歧、医患矛盾、医疗纠纷等社会性问题，引发公众的关注和思考。其三，人文性。医疗题材纪录片挖掘充满人道主义精神的典型救治案例，记录与死神赛跑，与生命抗争的惊心动魄。直观呈现了医护群体高强度、高压力的工作状态，以及面对生老病死、重大选择时的众生相，引发公众从感性与理性的层面，审视生命意义，理解医生职业，建立医患信任，反思医学本原。

综合医疗题材纪录片的特点，可以将其概念界定为：聚焦真实医疗场景，以医患双方为主要拍摄对象，客观记录救治过程，普及医学知识，还原医疗现状，展现医者仁心，反映人民至上、生命至上的纪录片类型。

从以上界定可知，医疗题材电影、电视剧、纪录片从叙事的角度看各有侧重，从主体和主题来看，医疗题材影视作品是以展现医疗工作者职业生活及医疗现状，塑造优秀医护群体形象，构建和谐医患关系为目的的影视作品。

二、我国医疗题材影视作品的发展

（一）电影

受政治、经济、文化、社会等诸多因素影响，我国医疗题材电影大致经历了新中国成立至"文化大革命"前（1949—1965）、"文化大革命"时期（1966—1976）、新发展时期（20世纪80年代至今）三个阶段。

新中国成立初期，毛泽东同志对医务人员提出了"救死扶伤、实行革命的人道主义"的工作守则。该时期，医疗题材影视作品中无论是古代还是现代医者，多以神圣化、英雄化为特征，塑造成为民服务、无私奉献、自我牺牲的人物形象。如在电影《李时珍》（1956）中，正直善良、医术高超的李时珍免收穷人诊费，仁爱行医，挽救生命，受到百姓的敬仰，成为大家心目中的神医。他执着坚定，寻访四方，尝遍百草，凝聚三十年心血，留下伟大典籍《本草纲目》造福于民，流传千古，体现了我国古代医者朴质无私的医道。该时期以战争年代为背景的医疗题材电影中，1965年拍摄的《白求恩大夫》最具代表性。白求恩作为加拿大共产党员，为了共产主义事业，不远万里支援中国。他深入革命根据地，全然不顾敌人的猛烈进攻，抢救伤员，浴血奋战，受伤也要坚持把手术做完，最终将生命奉献给了我国革命事业。这位伟大的国际共产主义战士，不怕牺牲的英雄，将救死扶伤、革命人道主义精神体现的淋漓尽致。除了以战争为背景，该时期以社会主义建设为背景的叙事也较为典型，如《护士日记》（1957），讲述了护校刚毕业的年轻人简素华，不顾恋人反对，积极响应国家号召，甘愿被分配到工业基地医疗站的艰辛工作岗位，以平凡英雄的视角，彰显医护人员为民服务，为集体奉献的时代精神。

"文化大革命"时期，主要以歌颂赤脚医生群体的医疗题材电影为代表，如《红雨》《春苗》。这一时期，国家医疗体系还未深入到农村地区，农民缺医少药，饱受伤病困扰。为保障人民生命健康，满足农村医疗需求，只有动员新的卫生力量来充实。赤脚医生这类非专业医务人员群体，正起到了职业医生与百姓间的"桥梁"作用，弥补了城乡间的医疗差距。影片主人公都是农民家的孩子，积极响应号召，参加赤脚医生培训，最终通过刻苦学习，克服重重困难，边劳动边行医，为老乡解除病痛，留下了医疗发展的时代符号。

20世纪80年代开始，随着改革开放，经济体制改革，我国医疗事业发展迅速，医疗题材电影也随之进入新发展时期。社会进步带来文化变迁，该时期影视作品主流意识形态上从塑造高大全的英雄化、脸谱化形象，逐步关注到医者作为普通人的本体属性，更加贴近现实生活，反映人生困境。如《人到中年》（1982），关注到医生群体职称、住房、工资待遇等现实问题。《黄连·厚朴》（1998），讲述了改革开放进程中，老北京四合院里的中医世家龚家与现代人不同生活方式和追求产生碰撞的故事。影片围绕主人公于莲舫的事业和情感生活两条线展开叙事，摒弃了英雄情节，塑造了一个被现实困扰的普通医生形象，引发观众对人生的取舍与价值的思考。《乡医》（2006），以非典为背景，但没将视角放在一线医护人员上，而是选取了疫区边缘的乡村，反映了最基层的乡村医生的防疫故事。没有高大全的形象，人物性格真实鲜明，面对突如其来的疫情，有各自的想法、算计。意外当上"代理"乡村卫生院院长的主人公，由个人私心到回归最朴实想法，带领为数不多的工作人员，尽职尽责地做好基层疫情防控工作，影响大家从开始的抱怨推诿、不配合到后来的积极主动完成任务，转变的过程让人物真实可信，有血有肉。同时，歌颂医生神圣职业与崇高精神是医疗题材影片不变的主题，代表作品有《王忠诚》（2003）、《大爱如天》（2007）、《精诚大医》（2011）、《门巴将军》（2013）。

随着市场化的深入，医疗体制的改革，原有计划经济下的医患关系模式受到冲击，患者就医心理发生变化，大病治疗、医药报销等现实问题成为社会广泛关注的话题。处于新发展时期的医疗题材影片直面医疗现状、社会矛盾，如2018年，根据真实事件改编，反映抗癌、"买药难"等问题的现实主义影片《我不是药神》，虽然主角不是医护群体，但因与百姓利益息息相关，使得影片上映后迅速引发热议。时任国务院总理李克强就此作出加快落实抗癌药物降价保供的批示。影片通过小人物的多舛命运叙事，表现百姓追求生命健康的价值意义，反映医、患及家属等类型人物的自我重构。现实主义的题材、个性鲜明的人物、悲喜交叠的情节、矛盾平衡的处理、人文关怀的温情等，都戳中了观众敏感处，就如生活中的你我，引发观众强烈的情感共鸣，是医疗题材电影在新发展时期，现实主义美学特征的典型体现。

2019年末，新冠疫情爆发，反映抗疫精神的医疗题材电影成为热点，如《最美逆行》（2020）、《武汉日夜》（2021）、《中国医生》（2021）、《穿过寒冬拥抱你》（2021）、《战疫英雄》（2022）。该题材电影透过大量第一视角，真实还原各地白衣战士不顾个人安危，挺身而出，在抗疫前线与死神赛跑，守护人民生命安全，以及全国上下众志成城，团结一心的感人事迹。

总体来说，受各方面因素影响，新时期医疗题材电影作品叙事更加贴近社会现实，人物形象更加鲜活真实，更加注重基层医务工作者在平凡岗位上的医德抒写，也更加符合当代观众的审美心理。

表8-1　我国医疗题材电影主要作品

序号	片名	上映年份	序号	片名	上映年份
1	《白衣战士》	1949	17	《白求恩：一个英雄的成长》	1990
2	《李时珍》	1956	18	《红十字作证》	1991
3	《护士日记》	1957	19	《黄连·厚朴》	1998
4	《为了六十一个阶级弟兄》	1960	20	《王忠诚》	2003
5	《枯木逢春》	1961	21	《乡医》	2006
6	《白求恩大夫》	1965	22	《大爱如天》	2007
7	《无影灯下颂银针》	1974	23	《精诚大医》	2011
8	《红雨》	1975	24	《门巴将军》	2013
9	《春苗》	1975	25	《你若安好》	2017
10	《苦难的心》	1979	26	《我不是药神》	2018
11	《姑娘的心愿》	1981	27	《最美逆行》	2020
12	《人到中年》	1982	28	《武汉日夜》	2021
13	《柯棣华大夫》	1982	29	《中国医生》	2021
14	《华佗与曹操》	1983	30	《穿过寒冬拥抱你》	2021
15	《神医扁鹊》	1985	31	《战疫英雄》	2022
16	《死神与少女》	1987			

（二）电视剧

我国医疗题材电视剧，主要经历了萌芽期（2000之前）、发展期（2000—2010）、成熟期（2010至今）三个阶段。

1. 萌芽期

由于医疗行业具有极高的专业性，拍摄难度大，20世纪90年代之前我国医疗题材电视剧屈指可数。1986年，由王苏源、潘小扬导演的电视剧《希波克拉底誓言》首播，引起了社会关注，医疗题材电视剧由此正式走进国人生活。该剧以医院为背景，以眼科医生竞争上岗与病患儿童眼睛被摘除这对矛盾为故事线，以希波克拉底的誓词考问医生职业道德，运用象征、夸张、变形等艺术手法创造审美情境，阐释了对"生与死"的哲思，折射了人性的光明与阴暗。

20世纪90年代，随着改革开放的不断深入，经济加快转型、科技迅速发展、文化更加繁荣，人民大众渴望更加丰富的精神生活。作为重要的文化产业，此阶段，我国电视剧行业呈现出更高的制作水平和更多元化的创作题材，都市剧、青春剧、伦理剧、军旅剧等，都成为创作热门。同时，大批国外引进的电视剧作品也引起观看热潮，如1994年美国的《急诊室的故事》，凭借新颖的题材，专业的内容，紧凑的节奏等特色，让医疗剧这个行业剧新面孔受到更多观众喜爱。但我国医疗剧总体处于萌芽阶段，还没有成为创作主流，主要展现医护群体在改革开放大潮中的工作生活及情感状态。

2. 发展期

进入21世纪，国家深入推进医疗卫生体制改革，医疗相关问题受到公众更广泛关注，反映医疗现实题材的电视剧数量随之增多，艺术成就持续提升，进入发展新格局。《都是天使惹的祸》于千禧年上映，虽然主要拍摄背景为医院，讲述一名白衣天使淬炼成长的故事，但对医学的专业性、医护形象的塑造等方面都刻画得不够深入，更贴近医疗背景的青春偶像剧，不属于真正意义上的医疗剧。《永不放弃》（2001）通过发生在某医院急诊科的一个个医疗案例推动剧情发展，注重对人物的心理描述，特别是面对困难时的道德、价值的选择，多侧面表现了医护群体的生存状态。

2005年到2010年，我国医疗改革进入深水区，该时期医疗题材影视作品，现实主义风格特征显著。《背后》（2005）是我国首部直击医疗黑幕的电视剧。用纪实手法，从医院、医生、患者、医药代表等角度，通过二十多个案例客观揭示了体制机制、利益关系、医学伦理、道德法律等医疗相关问题，反映了医疗系统的重重矛盾，医疗改革的艰难前行。《柳叶刀》（2009）将视角转向以顾明道为代表的医者直面各种矛盾现实，通过高明医术、勇敢斗争，最终弘扬正义、光明战胜黑暗的故事。

2005年播出的《无限生机》是该阶段高口碑作品。没有过度渲染、强调医护人员的伟大，用真实的表现手法，再现了急诊科医护人员在生活中有着各自烦恼，但在工作中和病人共同面对生死，勇于承担责任，竭尽全力挽救生命的感人故事。

3. 成熟期

2010年以来，我国电视剧驶入高质量发展快车道，医疗题材影视作品数量大幅提升，内容更加多样化，价值取向更趋理性化。2010年，《医者仁心》一经播出就成为热议话题，被称为我国首部全景式反映医生职业生活的医疗题材电视剧，是该类型电视剧走向成熟的标志。不同于《背后》以揭露内幕为主要目的，《医者仁心》在直观展现医疗弊病的基础上，更加深刻理解百姓的诉求，坦诚面对问题，重点讲述了一群医术精湛、心怀抱负的医生在理想与现实中、迷茫与挫折中、考验与诱惑中、矛盾与冲突中跋涉，牢记"健康所系，性命相托"的誓言，坚守"医者仁心"职业信仰的故事。该剧突破了以往剧情表达的固定模式，激发了公众对道德良知、公平理性更深层次的拷问，成为我国医疗题材电视剧走向多样化道路的标志。

2012播出的《心术》，尊重医疗现状，但没有尖锐的批判，而是从医患双方的立场、感受出发，用艺术手法更加温和、客观地剖析医患关系，反映医疗资源分配、医药价格等热点问题，让公众多角度了解问题所在，领悟矛盾面前，良知、善意、理解、信任、包容的价值。《产科医生》（2014）讲述了在产科这个见证生命诞生的特殊环境，一批充满爱与责任的产科医生，尊重生命，不断成长的感人故事。同年还播出了同类科室题材的电视剧《爱的妇产科》《产科男医生》，其中《爱的妇产科》涉及了试管婴儿等较为敏感话题。《急诊室故事》（2015）将急诊室作为故事主场景，用高密度、快节奏的艺术手法，突出急诊一线真实、紧迫的医疗特点，集中呈现生死关头的社会百态。《长大》（2015）将镜头对准实习医生群体，讲述了怀揣梦想、意气风发的医大学生，在医院外科实习的历练中成长蜕变的全过程，洋溢了青春、理想的蓬勃力量。

2017年播出了《急诊科医生》《儿科医生》《外科风云》三部医疗题材作品。《外科风云》运用了悬念设置，多条叙事线索并进、现实主义美学升华主题等手法，塑造了丰满立体的医生形象，诠释了医务工作者的职业信念，多方位反映医患关系，强调了对生命价值的表达。2020年的《最美逆行者》《在一起》均由单元故事组成，以各行业涌现出的先进人物和事迹为基础，真实再现了武汉抗击疫情的感人故事。2021年播出的《埃博拉前线》是根据2014年我国对外医疗援助事件改编的重大现实医疗题材作品。讲述了病毒学家携我国医疗队与埃博拉病毒展开艰苦斗争，最终遏制病毒蔓延，圆满完成任务的故事。该剧在宏大的叙事背景下，用细腻的笔触刻画人物，表现了疫情下大爱无疆的医者情怀，塑造了我国援非医疗队的集体群像。通过医疗剧形式探索了大国当担，构建人类命运共同体的创新表达。2022年陆续播出了《关于唐医生的一切》《亲爱的生命》《促醒者》《谢谢你医生》四部剧集。其中《关于唐医生的一切》聚焦国产人工心脏研发问题，讲述了心脏外科主任与同事展开二十八个罕见心脏病例的救治，通过不懈努力，最终推动了国产"全磁悬浮人工心脏"进入临床应用的艰辛过程。《谢谢你医生》故事主体为急诊重症监护室——EICU医护人员，全面展现了科室的工作特性，反映了他们以重症患者的需求为先，在全力挽救生命的同时，帮助患者重燃希望，同时医患双方相互理解的故事。2023年播出的《白色城堡》以北京安贞医院急诊危重症中心为背景，讲述了以"急诊四杰"为代表的青年医生在工作中经历一场场"生死考验"，始终保持乐观，维护医术圣洁，展现医者情怀，迅速成长起来的故事。同年播出的《问心》讲述了东立医院三位心脏科医生，虽然专业学习背景、职业理念不同，但在一个个病患的救治过程中从摩擦不断到并肩作战，最终成为默契搭档的故事。多维度展现了人物的复杂性，映射了社会现实生活中大众的真实情绪，剖析了职业伦理、社会伦理等课题。

总体来看，我国医疗题材电视剧作品在不断探索开拓、吸纳学习、发展创新中走向成熟。产量不断增多，视角不断丰富，手法不断更新，从影视审美单一化向多元化转变，医护群体形象塑造更加立体鲜活、真实多面，对医疗问题的审视更加理性客观，用现实主义精神与浪漫主义情怀观照社会生活，折射人性之光，绽放多彩形态，逐步走出我国医疗题材电视剧发展的特色之路。

表8-2 我国医疗题材电视剧主要作品

序号	片名	上映年份	序号	片名	上映年份
1	《希波克拉底誓言》	1986	19	《产科男医生》	2014
2	《妇产医院》	1995	20	《青年医生》	2014
3	《儿科医生》	1999	21	《急诊室故事》	2015
4	《关怀》	2000	22	《长大》	2015
5	《永不放弃》	2001	23	《爱的妇产科2》	2015
6	《最后诊断》	2004	24	《急诊科医生》	2017
7	《背后》	2005	25	《儿科医生》	2017
8	《无限生机》	2005	26	《外科风云》	2017
9	《柳叶刀》	2009	27	《最美逆行者》	2020
10	《医者仁心》	2010	28	《在一起》	2020
11	《急救生活》	2010	29	《埃博拉前线》	2021
12	《人到四十》	2011	30	《关于唐医生的一切》	2022
13	《感动生命》	2012	31	《亲爱的生命》	2022
14	《生死依托》	2012	32	《促醒者》	2022
15	《心术》	2012	33	《谢谢你医生》	2022
16	《到爱的距离》	2013	34	《白色城堡》	2023
17	《爱的妇产科》	2014	35	《问心》	2023
18	《产科医生》	2014			

（三）纪录片

我国医疗题材纪录片起步相对较晚，1975年，由中央新闻纪录电影制片厂拍摄的《中国医疗队在坦桑尼亚》是首部此类题材的纪录片。该片真实记录了我国医生发扬国际人道主义精神，全力救助当地民众的事迹。通过大量温暖感人的细节，生动展现了我国医疗队精湛的医术和优良的作风，见证了两国人民的友谊。但此阶段的纪录片主要以宣传报道为拍摄目的，与新闻片的界限较为模糊。

20世纪90年代，纪录片的内容更加贴近百姓生活，虽然包含一些医疗题材片段，但并未形成体系。2002年，非典疫情爆发，北京地坛医院作为定点医院，承担了大部分感染病人的治疗任务。次年，纪录片《地坛医院60天》播出，完整记录了非典期间北京地坛医院医务工作者冒着感染风险，坚守一线，争分夺秒与死神抗争，在高强度之下完成救治任务的全过程。

2010年之后，基于医疗体制、医院管理、社会舆论、大众认知、医德医风等多方面原因，医患矛盾不断显现。医疗题材纪录片能让观众对医生高压力的职业环境和高难度的专业挑战有更多直观体会，增进医患之间的理解和共情。2014年是医疗题材纪录片井喷的一年，《生命源》《医》《急诊室的故事》陆续播出，获得了社会广泛关注。《生命缘》是同类型纪录片的早期试水者，几乎没有同类作品参考，拍摄难度大、历时久，起初还面临医院不愿配合等难题。饱含对医生行业的敬意，坚持拍摄初衷，主创持续数月的学习、观察、驻守，最终用真诚打消了医院的拍摄顾虑，在不干扰医生正常工作、征得患者同意的基础上，拍摄出了精良作品。纪录片展现出医生日常的工作状态，呈现出生命最真实的样子，成为普及医学相关知识的载体，满足了普通大众对医疗环节的了解欲望，让观众感同身受的同时，也对医生职业有了更深的思考。该片让更多创作者看到了医疗题材纪录片的价值。2015年，拍摄题材开始细分为不同领域，如反映特殊患者人群的《弃儿病房》。2016年播出的《人间世》更是掀起了收视热潮，该片全景化记录了病患完整的治疗过程，抓取一般观众无法看到的场景，每集一个主题，包括重症抢救、器官捐献、临终关怀等。震撼的手术场景、生死离别的场面无不撞击着观众的心灵。有成功的欣慰，也有拼尽全力却无力回天的悲痛与无奈，反映了医患双方面对生死考验时的压力和选择，展现了医学技术的"可为""不可为"，没有过多解读，留给观众自己去感悟。

2016年还播出了聚焦生育问题的纪录片《生门》。

2018年播出的《大医生之协和医院急诊科》，开了纪录片式医学视频教材的先河。该片每集介绍一个北京协和医院急诊科的病例，跟拍治疗全过程，并对治疗关键环节进行解读，兼具纪实性、知识性和故事性。同年播出的《业内人士》，也是取材于北京一流医院的王牌科室，记录行业内顶尖专家对各种高难度、高风险疑难杂症的诊疗过程。有从业20余年主刀6000多台手术，成功率高达98%，仍坚持每次复杂手术前进行模拟，为患者冒职业风险，为医学做开拓创新的神经外科专家；有默契配合，团结协作，具有极强集体战斗力的心外团队；有面对特殊群体、复杂病症，需要准确诊断能力的妇科专家。结合各专业特性，展现了炉火纯青的临床技术背后对职业的敬畏之心，以知识性体现专业度，向医学生、从业者传递了职场技能以及必备素养。

2019年，央视播出的纪录片《手术两百年》历时3年拍摄，采访50多位国际顶级医学专家，深入70余家医疗机构，全景展示了手术起源到手术未来，以及大脑、心脏、腹腔等手术发展的历程，以国际视野，从手术的发展看人与疾病的斗争史，看医学技术的进步史。2020年，新冠疫情相关题材的纪录片《战"疫"》《中国医生战疫版》《医者2020》《金银潭实拍80天》《同心战"疫"》等，从不同视角，反映了医护人员白衣执甲、逆行出征、守护生命，全国人民同舟共济的群体战疫故事。纪录片成为全面了解抗疫一线，传递抗疫经验的窗口，体现了我党坚持生命至上、人民至上的价值追求，是一场波澜壮阔、艰苦卓绝全民行动的时代记录。同年，我国推出首部以癌症患者为拍摄核心的纪录片《生生》，采取多线平行交叉的剪辑手法，多维度讲述了16个真实的抗癌故事。

2021年，为了庆祝建党一百周年，展现我国卫生事业发展历程，弘扬中国医者的职业精神，北京卫健委联合北京电视台制作了大型纪录片《共和国医者》。片中50位主人公均是为我国医疗卫生事业作出突出贡献，平均年龄近96岁的国之大医，如中西医结合开拓者、小儿外科之父、造血干细胞移植专家、诺贝尔奖获得者等。真实还原历史，以生命视角回看百年征程，呈现他们与党共进退，倾尽一生为我国医学发展建设不忘初心、披荆斩棘，彰显大医风范的感人事迹。2022年播出的《杏林医者》，以中医药为核心，阐述中医文化，带领观众沉浸式体悟中医之美。

综上所述，我国医疗纪录片虽然起步较晚，但与大众健康息息相关的题材让其近年来一直保持较高的关注度。它是关于生命教育的课堂，是增进医患了解的桥梁。创作者的持续深耕，让我国医疗题材纪录片呈现选取主题深度化，拍摄主体多元化，拍摄视角多样化等趋势，社会影响力逐年提升。用真实医疗故事所体现的人文精神引领更多人关注健康，思考人生，也为改善医疗现状提供了更多解决思路。

表8-3 我国医疗题材纪录片主要作品

序号	片名	上映年份	序号	片名	上映年份
1	《中国医疗队在坦桑尼亚》	1975	19	《医者》	2019
2	《地坛医院60天》	2003	20	《手术两百年》	2019
3	《急诊》	2013	21	《医心》	2019
4	《非典十年祭》	2013	22	《ICU的日与夜》	2019
5	《生命缘》	2014	23	《医者仁心》	2020
6	《医》	2014	24	《我的白大褂》	2020
7	《急诊室的故事》	2014	25	《战"疫"》	2020
8	《医院里的故事》	2015	26	《中国医生战疫版》	2020
9	《弃儿病房》	2015	27	《医者2020》	2020
10	《人间世》	2016	28	《金银潭实拍80天》	2020
11	《法医密档》	2016	29	《同心战"疫"》	2020
12	《生门》	2016	30	《生生》	2020
13	《生命方舟》	2017	31	《生命如花》	2021
14	《生命时速·紧急救护120》	2018	32	《共和国医者》	2021
15	《生命里》	2018	33	《心外纪事》	2021
16	《大医生之协和医院急诊科》	2018	34	《复见余生》	2021
17	《医道无界》	2018	35	《杏林医者》	2022
18	《业内人士》	2018			

三、医疗题材影视作品的美学特征

与其他类型相比，医疗题材影视作品有其典型的美学特征。其魅力在于以行业情境构建不同的主观体验，使观众易于将个人经历与片中人物结合，对生命、人性进行思考，获得独特的审美体验和审美感受。

（一）纪实美

影视作品中的纪实美，体现在把生活当作艺术素材，让现实成为创作源泉，通过深刻观察与发掘，在影视作品中再现现实，传达创作者对生活的反思。

生活中常见病例，观众感同身受；急危重症患者救治，让人惊心动魄；医生职业，每天与死神较量；医院场景，汇集悲欢离合。这样的故事被影视化，具有先天优势，自带戏剧张力，极易引发观众共鸣。因此，不同于武侠、历史、战争、科幻等题材影视作品，需要依赖更多的特效及后期处理来达到艺术效果，医疗题材影视作品写实的风格，逼真的临场感，对编导、布景、表演等都力求准确科学，希望最大程度还原医院和医务人员的现实状态，以保证纪实性，达到一定的专业化程度。纪录片全部实景拍摄，电影、电视剧也力求营造真实场景。如电视剧《无限生机》搭建了一座完整的医院，设备齐全。电视剧《急诊室故事》等更是采用实地取景的方式拍摄。该题材影视作品常运用大量跟拍等拍摄手法，稍显晃动的镜头正如现场第一视角；多以近景、中景为主要景别，交代主体与环境间的关系，使画面更贴近生活、贴近观众；手术实况的特写，让人心跳加速、深感震撼，力求"真实美学"，用镜头语言物化出直击人心的艺术作品，通过客观叙述揭示出故事本身的感染力，发挥其纪实性审美价值。

（二）生命美

我国文化中一直传承着"生命至上"的观念，是人命关天、尊重生命道德传统的彰显。怀着对"生"的强烈欲望，对"死"的畏惧之感，医疗题材影视作品涉及生与死的哲学问题，是对生命的真诚凝视。生命美学如灵魂一般，成为作品固有的内在艺术价值。

纵观该类型影视作品，多以急诊室、产科、外科、重症监护室等为主拍摄场景，营造生死一线的紧张氛围，制造强烈的戏剧冲突。让观众透过镜头探视最接近生命起点与终点的地方，生命美学特性就此产生。从医生角度，生命之美在于敬畏之心。生命面前人人平等，医生的神圣职责在于守护每一个生命，只有永葆悲悯之心，用良知面对每次救治，才会让更多生命绽放希望之花。从患者角度，生命之美在于顽强坚韧，面对疾病的残酷考验不放弃，面对用尽全力仍无法挽回的结果，毅然决定以照亮别人的方式完成生命的接力。从观众的角度，生命之美在于面对作品中种种不可预知的无奈，应加倍珍惜当前生命的美好，不负生活的馈赠。从医学的角度，生命之美在于探索挑战。探索人体的奥秘，挑战疾病的难度，关注人类的健康，不断见证生命奇迹的发生。

医疗题材影视作品直观呈现了医学进步与医患努力共同绘就的生命之美。同时，一个个生动的案例，一次次生死的抉择，会让每个人更深刻体悟生命的价值和意义，在拥抱生命之美的道路上，用永不熄灭的热情创造更多的希望，为健康与幸福不懈努力。

（三）节奏美

法国电影理论家马塞尔·马尔丹在《电影语言》中说，所谓节奏是每个镜头的连续时间和由它所激起并满足了注意力运动的结合。节奏美感是吸引观众注意力、激发观众情绪的重要艺术元素，是集画面、声音、故事为一体，通过综合运用各种技巧来制造不同层次的对比效果。

影视作品的节奏主要有外在、内在两种形式。外在节奏是由拍摄主体的运动、镜头的运动，以及镜头的景别、角度切换、剪辑、声音等多种表现手段构成的。内在节奏是以情节发展、内部冲突的速度、强度变化，让观众情绪随之起伏，从而形成节奏。

我国医疗题材影视作品具有持续吸引力，节奏特性起着至关重要的作用。其中快节奏剪辑，能够强化故事的紧张感。如，将推急救车、心肺复苏、推肾上腺素等画面，与迅速的动作、凝重的表情进行镜头组接、切换，辅以设备的声音及配乐烘托，让生死营救的紧张节奏时刻牵动观众的心弦，或在镜头内部增加调度，以动作轨迹交叉显示医护人员的繁忙和有条不紊的工作节奏。此外，悬念设置也是影响医疗题材影视作品叙事节奏的重要元素。在每个医疗事件刚开始，病人能否被治愈是观众迫切想知道的结果，把连贯的动作镜头进行切割，形成重复交叉的节奏，提前铺设暗线，当谜底揭开，观众的情绪得到释放，好奇心得到满足。同时，节奏美感也体现在剧情张力上，运用"最后一分钟营救"模式，用若干小节奏点推动大节奏高潮，将所有矛盾冲突汇聚到最后一刻迸发，这样形成的节奏美感更具观赏性及艺术价值。

除了用快节奏牵动人心之外，医疗题材影视剧还常用慢节奏来塑造医者形象与情怀。如《外科风云》中去急救或手术前，用慢镜头拍摄医生穿衣环节，让观众目光聚焦主角，与即将进行的快节奏救治镜头形成反差，增强画面冲击力，呈现张弛有度的节奏美感。《急诊科医生》的结尾，医生们正在医院草坪上参加婚礼，收到紧急情况迅速赶往急诊室，用慢镜头拍摄医生跑动的特写与群像，营造出婚礼的温馨浪漫与急诊医生职责冲突产生的起伏节奏，完成故事的起承转合，凸显了急诊科医生，这些站在医疗战场前沿的战士，时刻等待战号响起，分秒必争与死神赛跑的使命担当与医者情怀。

（四）人文美

中国自古就有"天地之性人为贵"的厚生理念，闪耀着人本主义思想的光辉。医学亦是人学，医病更是医心。医疗题材影视作品的人文美体现在，它不只是单纯讲述各种医疗难题的解决与医患间发生的故事，更旨在从多维度反映对人的关爱与照拂，对医护群体的理解与尊重，对社会的善意与包容，对行业的反思与推动，更是引发对生命价值的关注与思考，达到更高层面的"人文关怀"。

如医疗剧《谢谢你医生》，通过刚开始男女主角的不同理念展开"医学"与"人学"之争。男主角认为，治病就看技术，只要能救人就是好医生。女主角则认为医者不只是面对伤病本身，更应关注背后的人。在重症监护室的极致情境下，通过剧中取材于真实生活的70多个案例，集纳了原生家庭、亲子关系、女性独立、网络暴力等话题，描摹了一幅充满人文关怀的浓缩社会图景，以真实的视角撬动观众的共鸣空间，为医疗剧增添了鲜明的人文底色。

医患之间的关系是重要的社会伦理关系，是医疗行业长久以来的难题，也是社会敏感话题。医疗剧创作者用厚重的生活积累、扎实的艺术表现映照社会人心。如电视剧《心术》紧紧围绕医患关系，全视角客观审视医疗行业，投射现实生活，成为观照社会转型与价值观念变迁的一面镜子，对未来可能发生的问题进行警示，寄托了更深层的人文关怀，拓展了医疗背景下情感内容的表达空间。在体现人性价值上，影视作品中"情"与"理"的交融，是对现实的揭露也是对人性的思索，引导观众关注医患问题的同时，能够真正感受到看似冰冷的医疗环境背后的善良与温情。彰显医务工作者的人道主义精神，呼唤医患双方的双向理解与共情，是医疗题材影视作品独特人文魅力的重要体现。

四、医疗题材影视作品的功能

（一）认知功能

对于普通观众来说，医疗题材影视作品普及了健康、疾病、医疗相关科学知识，展现了医疗现状和发展前沿，对平时接触不到的职业环境和专业挑战有了更深体会，也对审视世道人心、社会百态有了更多的认知。对于医学生来说，医疗题材影视作品具有重要的学习认知功能。学生可以在进入实习阶段前，通过影视作品直观了解医生工作的复杂程序和各种疾病的专业诊疗过程，更好地理解相关医学术语、医学知识。还可以融入片中故事，切身体验患者心理，激发起对该病的发病机制、临床表现、诊断治疗、预防及康复等内容的学习兴趣，让学习过程更加生动，促进专业技能水平的提升。同时，加深了对医生职业的理解，提升了对患者的共情能力。可以说，医疗题材影视作品为社会大众提供了关于医生与医疗的一种集体认知。

（二）教育功能

获得普利策批评奖的首位影评人罗杰·伊伯特曾说，"在众多艺术表达形式中，电影最能唤起我们的感同身受，而优秀的电影，也能让我们成为更好的人。"影视作品教育功能的独特性体现在"寓教于乐"，它是潜移默化、润物无声的教育方式。影视作品是文化的艺术载体、传播媒介，它向受众传达一定的思想与价值观念。创作者通过影视作品将思想传递给观众，而观众则在不知不觉中受其影响，从而得到教育。医疗题材影视作品展现了大众就医体验、人伦理念，以及医疗卫生事业发展现状。优秀的医疗题材影视作品折射出现实生活中的医患关系，体现了大众对优质医疗服务的期待，更突出表现了医务人员的艰辛付出，其榜样力量引导、激励医学生将医德意识内化为道德品质，外化为伦理行为，对增强社会责任感、担当意识、诚信品格，以及培育职业敬畏之心与对患者的同情之心等，均具有潜移默化的教育功能。

（三）审美功能

影视是一种综合艺术，它将音乐、美术、舞蹈、摄影、戏剧等诸多艺术形式融入到音像作品的文化形态中，通过画面的构图、光影、色彩以及情节、表演、配乐等艺术元素，让其呈现出真实性、流动性、造型性等显著的美学特征，与其他艺术形式相比，它更加亲民化、普及化，具有更广泛的审美影响力。医疗影视作品作为现实题材行业剧，更有效地发挥了对大众的审美熏陶、心理塑形作用。

医疗题材影视作品以医院为主要背景，让人真实感受医疗诊治环境，具有更为强烈、直接的特点，以逼真的视听冲击力，深深震撼观众的心灵。通过巧妙的叙事结构与多变的镜头语言，展现医疗行业剧特有的节奏美感。培养医学生对人情冷暖与生命价值的感受力、理解力、想象力，在提高影视艺术审美水平的同时，激发内心深处对"真善美"的向往，以及对高尚道德情操与远大理想抱负的追求，树立正确的职业审美观念，提高生活、工作中创造美的能力。

第二节　经典医疗题材影视作品赏析

一、经典医疗题材电影作品赏析

【作品资料】

片　　名：中国医生

上映时间：2021年7月9日

片　　长：129分钟

导　　演：刘伟强

编　　剧：于彦琳

主　　演：张涵予、袁泉、朱亚文、李晨、易烊千玺、欧豪

主要奖项：第16届中国长春电影节金鹿奖评委会大奖

第33届华鼎奖中国电影满意度调查50强榜单第一名

第36届大众电影百花奖最佳女主角

中央宣传部第十六届精神文明建设"五个一工程"优秀作品奖

【作品简介】

影片改编自新冠疫情期间的真实事件，以武汉金银潭医院为背景，通过患有渐冻症仍坚守一线的张竞予院长、重症医学科文婷主任、外省援助医生等主视角，以及中央指导组、青年医生、外卖员金仔等副视角，真实再现了白衣战士挺身而出、舍生忘死、守护生命的感人故事。用纪实的手法，刻画出了疫情之下医护工作者的人物群像，引起了观众的强烈共鸣，同时，在专业的医学背景下，通过镜头语汇的表达，多角度反映医者的仁心仁术、大爱无疆，展现令人动容的人文情怀，体现医学与电影艺术的相互交融，筑起全国人民举国同心，众志成城，共抗疫情的时代记忆。

【理论基础】

电影作为一种以视听为主导，向观众传递信息的艺术形式，其叙事是成就一部优秀作品关键所在。其中叙事结构是确定影视作品基本风格特征的重要元素，指故事的叙述方式，包括时间、情节等方面的安排，优秀作品的叙事结构能将故事讲得生动，更好地吸引观众理解故事情节，体会人物情感，达到共情。叙事结构主要分为两种类型：线性叙事与非线性叙事。线性叙事，即按照时间顺序将故事情节依次展开，注重完整性，观众能够清晰了解故事的发展进程，在影视作品中最为常见。非线性叙事，推崇解构手法，通过回忆、跳跃、闪回等手法，将故事发展的时间顺序打乱，再按照创作意图进行重组，形成非直线性的时间轴，将故事情节以更加多元化的形式呈现给观众，增添影片的不确定性，引发观众思考、推理，带来更多悬念和惊喜，是一种非常规叙事结构。

影视作品人物形象塑造多采用正面呈现的手法，即直接通过对人物的肖像、语言、动作、神态、心理等方面的描写，去表现人物的性格、品行等。同时，恰当借助一些侧面描写，起到正面描写难以达到的艺术效果。侧面描写是指通过对周围人物或环境的刻画，来表现所要描写的对象，使其鲜明突出。

视听语言，是电影叙事的主要手段和策略，利用视觉和听觉刺激的合理安排向观众传播信息。视听语言的构成要素主要包括视觉要素、听觉要素、综合要素。视觉要素主要指景别、镜头运动、构图、色彩、光线等。听觉要素主要指与视觉要素配合表达的人声、音乐、音响等。综合要素指利用视觉、听觉要素的综合表达方式，可理解为影视作品的剪辑方式，主要指蒙太奇。

蒙太奇，是视听语言的重要部分。法语为 Montage，原意构成、装配，是建筑学术语。延伸到电影艺术中，引申为剪辑，是通过镜头组合进行表达和叙事的手法。不同镜头组接在一起，会产生每个镜头单独存在所不具有的含义。它将电影从机械的记录转变为创造性的艺术。俄罗斯著名导演、制作人、剪辑师谢尔盖·爱森斯坦率先将蒙太奇作为一种特殊手法应用到电影艺术创作实践中，开创了电影蒙太奇理论和苏联蒙太奇学派。蒙太奇让电影有了极大的时空自由，创造与实际生活不一致的电影时空，也可以产生摄影机动作与演员动作之外的"第三种动作"，从而影响电影的叙事情节、方式、节奏，以及人物刻画。

根据叙事与表意两大功能，蒙太奇可以划分为三种基本类型：叙事蒙太奇、表现蒙太奇、理性蒙太奇。第一类是叙事手段，表现蒙太奇以及理性蒙太奇则以表意为主。叙事蒙太奇包括连续蒙太奇、平行蒙太奇、交叉蒙太奇、重复蒙太奇；表现蒙太奇包括隐喻蒙太奇、心理蒙太奇、抒情蒙太奇、对比蒙太奇；理性蒙太奇包括杂耍蒙太奇、反射蒙太奇、思想蒙太奇。

【作品赏析】

（一）叙事结构

电影《中国医生》的叙事结构以线性叙事为主，穿插非线性叙事，作品在追求真实的基础上，用丰富的叙事手段，拓展艺术审美空间。

1. 线性叙事

《中国医生》主要采用的是线性叙事结构，按照"开端—发展—高潮—结局"的现实时间向度来逐一展开叙事，再现了武汉疫情初现到有效控制的完整过程。不同视角都展现了故事的线性叙事。以医院的视角，从发现不明病毒，患者涌入，医疗资源和人员不足医院弥漫着紧张慌乱的氛围，到医护人员齐心协力、团结有序，康复人数不断增加，再到全国各地医护人员支援武汉，方舱医院清零休舱；以医护人员的视角，从对未知的迷茫、被动、顶着巨大心理压力工作的彷徨到明确、主动、不放弃每一名患者的笃定；以患者的视角，从恐慌、失措、不配合到镇定、从容、信任医护人员积极治疗；以大众的视角，从害怕、无助、争吵到镇静、坚定、互帮互助、共渡难关；以城市的视角，从武汉"封城"到全面解封，疫情得到有效控制，人们走出家门。此种线性叙事结构契合观众的切身体验，营造出始终处于进行时的紧迫感，将观众带入真实情境，感同身受，也是对中国医生历经千难万险，拯救生命的勇敢果决与无私付出的全程记录。

2. 非线性叙事

除了线性叙事，电影中也糅合了非线性叙事结构。用断裂、跳跃、闪回等手法，按照非现实时间顺序不完整叙事，让故事扑朔迷离，给予观众充分的想象空间。如影片中快递员金仔被感染，在方舱突然倒地昏迷，经过紧急抢救，恢复意识的他和医护人员表示想要手机，正当要触到手机的时候，金仔再次失去意识，此时影片创造了另一个虚幻空间，他出现在了医院的楼道里，这里有医生、警察、市民，还有妻子抱着孩子等他，他对医护人员表示感谢，和同事欢呼庆祝，和妻子深情拥抱。这里不再需要戴口罩，大家众志成城，疫情终于过去了。影片用制造梦境的方式，断裂了线性叙事时空，模糊了现实与虚幻。虽然此片段时间很短，但却在艺术化处理之下表现了大家的所思所盼，虽仍处在疫情期间，却暗示了美好结局。同时，让观众产生了是否为金仔濒死幻觉的猜测，非线性叙事的信息截留带来了情节的悬念，引发了观众情感的波动。影片结尾，疫情得到有效控制，武汉恢复了往常，金仔带着妻子和孩子在街上遇到了文医生，此刻对金仔命运走向猜测的谜底被解开，观众情绪得到释放。此种非线性叙事方式打破了现实空间的单一性，让观众更容易沉浸在剧情中，产生遐想，建立起与影片的互动关系，表现人物内心情感。用多样化的叙事结构，体现出《中国医生》纪实与艺术融合的独特魅力。

（二）人物形象的塑造

1. 立体鲜活的医者形象

抗疫涉及的内容很多很广，《中国医生》摆脱宏大叙事的束缚，聚焦人物，以还原人物的方式还原事件。人物是电影叙事的主体，是影片造型的基础，是情节的发动者与承担者。创作者将深意投射到人物身上，围绕塑造典型环境中的典型人物形象来设置矛盾冲突，推动剧情发展，反映影片主题。

剧中塑造了金银潭医院院长张竞予、医生文婷、广东医疗队医生陶峻、实习医生杨小羊等主要医者形象，对应着医院带头人、ICU主任、援鄂医生、青年医生四类典型代表，是千千万万个医者英雄形象的缩影。影片为半纪实叙事风格，勇于打破民众对医护群体的刻板印象，以追求真实性为核心，人物均有生活原型，他们既是抗疫一线的医者，又是生活中的普通人，有着鲜明的人物性格和不同的生活烦恼。影片没有脸谱化的塑造，而是通过镜头语汇多以直接的正面刻画呈现了鲜活丰盈、有血有肉的医者形象。

张竞予是片中重点塑造的人物，原型为获得"人民英雄"称号的金银潭医院原院长张定宇。他心怀大义，永远把患者放在首位，在疫情来源不明、医疗物资短缺、一些护工、清洁工怕被感染选择逃离的情况下，他作为院长勇担责任，没有向来势汹汹的疫情投降，力排众议，作出全力收治病人的决策。影片用大量语言、动作、神态等正面描写突出了他的果敢、坚毅，但也脾气火爆、性急的鲜明形象。面对由于死亡病例增加而灰心丧气的医护人员，他在会上拍桌子怒喊："我最看不上那些遇到点挫折就丧失斗志，灰头土脸的样子！"因为临近春节，后勤部门汇报联系厂家改造设备可能不现实，他火冒三丈："我不得听你这些话，全是借口。我的病人要是因为缺氧，憋死了，老子全算到你头上！"一系列带有武汉口音的语言描写将他的性格特点展现得淋漓尽致，使情节充满张力，也充分表现了张院长对病人高度负责的态度。

他是院长、医生，也是一名病人、患者家属。影片通过他俯身用手按住膝盖，却止不住颤抖以及摔下楼梯等动作、神态描写，交代其身患渐冻症的痛苦。他虽然阻挡不了自己的病情，双腿已经开始萎缩，但却仍然坚守在防控一线，想在有限的时间里尽全力去救更多的人。同时，他还是柔情的丈夫，妻子不幸被感染，他无法照顾，当与病情严重的妻子视频时，平时雷厉风行的院长声泪俱下的鼓励与表白让人动容。影片最大程度还原了多重身份下立体饱满的医院带头人形象，让观众肃然起敬，留下深刻印象。

文婷医生是ICU主任，也是疫情中女性医护人员的代表。她理智、冷静，也温暖、感性。当院长顶着巨大压力开始接收患者，求生本能让大批患者疯狂涌入医院，推搡、冲撞，甚至医护人员被扯掉口罩、被推倒在地划破手掌。此时，影片用一系列动作语言刻画了文婷的专业素质与冷静果敢。她一边指挥医护人员处理伤口，一边维持秩序，安抚患者。面对越来越混乱的人群，她果断爬上桌子，拿着扩音器高呼："想不想活下去？你们都想活，我们都想救！配合我们，给我们这个机会。我看哪个还敢闹，威胁到我的病人和我的医护，我会救你，我也会找你算账！"这句话如定海神针，散发出坚定的女性医者的力量。当快递员金仔的妻子小文面临感染及生产的危险，文婷为了孕妇及胎儿安全，甘愿个人承担风险，为小文申请剖腹产手术，最终经过惊心动魄的生死营救，顺利完成手术，母女平安。电影除了对文婷的医者担当进行塑造，也通过细节呈现了她内心柔软、感性的一面。她因为忙于救治病人，没看到小卖铺老板老赵发来的信息，直到同事发来噩耗，才知道善良热心的老赵已经感染去世，在临终前还不忘提醒文婷取快递。当她回到宾馆，吃着已经凉透的盒饭，翻看老赵一条条未读留言，电影用闪回的方式，将镜头在她的面部特写和想象中老赵留言时的影像间切换，文婷满是疲惫和口罩勒痕的脸上泪水无声滑落，口中的饭哽咽在喉，将她的后悔与自责、无奈与辛酸，擦干泪水还需要继续上战场的坚韧等复杂情感与医生职责演绎得细致入微。

陶峻是广东援鄂医疗队的医生，他医术精湛，性格傲娇，援鄂前还不忘吃烧鹅。他总想凭借技术能挽救一个个患者的生命，但却经历了一次次残酷的打击，让观众了解到在未知病毒面前，医生并不是无所不能的超人。还有刚进医院不久的实习医生杨小羊，面对突如其来的战疫，还在期待春节与家人团聚的他，看到周围同事纷纷请战只有自己还没有表态的时候，十几秒的镜头记录了他的尴尬、无奈与复杂的思想斗争，刻画出医生也是普通人，有对家人的顾虑和对未知的恐惧。在紧张的救治工作中，他作为实习医生缺少经验，技术不成熟，不敢插管，备受打击，但他始终没有放弃，深夜一人苦练，在病房外偷偷学习，经过反复试练，迅速成长起来，主动要求加入插管小队，与之前的被动请战形成对比，承担起了一名医生的责任与担当。

还有金银潭医院一个个请战上前线的医生，全国各地舍生忘死、义无反顾、星夜兼程驰援武汉的医疗队……影片中的医者角色是千万个中国抗疫英雄形象的代表，他们有神圣职业的崇高与无私，也有普通大众的个性与无奈。影片通过真实的角色塑造让观众更加深切感受到了没有从天而降的英雄，只有挺身而出的平凡人，凭借勇气和毅力，用血肉之躯筑起了一座座坚不可摧的城墙，反映了中国医生大爱无疆、生命至上的精神内核。

2. 平凡伟大的抗疫群像

群像化塑造，指在电影中每个角色都有自己鲜明的特色，在复杂的故事线索下，共同组成多线式、全景化的图景。与传统主旋律电影的英雄形象构建不同，虽然电影片名为《中国医生》，但并不仅是一部关于医生的故事，还塑造了一批我们身边平凡而伟大的各类群体形象，串联起医患关系，共同构建起众志成城的全民抗疫群像图。

如张院长的妻子，作为医生家属代表，所承担的心理压力远远大于普通人。在责任面前，张院长不仅没法回家，甚至妻子感染时都不能陪伴在侧。但他的妻子从未埋怨，默默支持。当张院长只能通过视频看望她时，比起自己的安危，妻子更担心疫情。她说："如果我治不好的话，你可以用我的身体做研究！"如此无私与坚韧，真挚而朴实，让观众无不为之动容。

吃苦耐劳、富有爱心的快递小哥金仔，尽管答应妻子不再接单，但因为不忍心拒绝一个急需帮助的老顾客，毅然开始冒着风险穿梭在大街小巷，帮更多困在家里的人采集紧急物资。还有疫情初期因为恐惧纷纷离岗，后被全民抗疫精神所打动决定返岗的医院保洁阿姨；同意医生解剖奶奶遗体的年轻人；感染后自觉在家隔离的夫妇；冒险承担运送医护人员任务的公交车司机……《中国医生》用群像塑造，击中了观众共同承载的集体情绪。没有生而英勇，只是选择无畏。他们就是普通大众的一员，但在非常时刻却能挺身而出，用善良、温暖、勇敢与对国家、社会强烈的责任感带给大家触动人心的温暖和力量。他们同样是平凡而伟大的抗疫群像中的一员，是时代英雄，携手书写了一部波澜壮阔的全民抗疫史诗。

（三）视听语言的运用

电影作为画面与声音结合的艺术产物，视听语言是电影叙事的主要手段。分析视听语言要做到"表里结合"。"表"指的是构成视听语言的各要素，如景别、镜头运动、构图、色彩、光线、人声、音乐、音效、剪辑手法等。"里"指运用这些视听语言要素来传递特定信息，表达特定意图，使观众从中理解画外之意，感受电影所传达的情感。

1. 景别与镜头运动

《中国医生》中将视觉语言和听觉语言结合起来，给观众带来一场极具真实感、带入性的视听感受。其中景别的运用让人印象深刻。景别指焦距一定时，摄影机与被摄体因距离不同，而造成被摄体在录像器中所呈现范围大小的区别。景别一般可分为五种：特写、近景、中景、全景、远景。在电影中，交替使用不同的景别，在画面造型上完成空间塑造和内容控制，引领观众视觉节奏上的变化，交代特征，强调细节，描摹人物内心，引发情感共振，增强作品的艺术表现力和感染力。

《中国医生》中运用大量特写镜头，强调细节，制造视觉冲击力。如，用特写镜头表现医护人员脸部被口罩勒出的道道伤痕、压疮、皲裂，他们在密不透风的防护服和口罩中挥汗如雨，皮肤被汗水浸泡发白，艰苦的付出让人心疼。张吉星夫妇去世后，医生吴晨光为他们唯一的女儿送去遗物，此时运用眼部特写，女儿的泪水带着内心的悲痛、无助、恐惧、彷徨的情绪瞬间涌上来，引发了观众强烈的情感共振。还有医护人员请战时坚定的眼神、抢救时专注的神情、张竞予院长因为渐冻症开始萎缩颤抖的腿，用特写景别突出人物的细节。在电影结尾，出现了新生儿笑容的特写镜头，预示了希望、胜利和未来。

影片灵活运用了多种镜头运动来表现纪实风格。如运用移动镜头，表现救护车疾驰的临场感，与生命赛跑的紧迫感。在陶峻和文婷医生救治张吉星夫妇的过程中用摇镜头扩大视野，介绍、交代同一场景中两个主体的内在联系。金银潭医院可以正常接收患者后，大量患者失去理智疯狂涌入，将医护人员推倒、争夺床位，影片采用晃动镜头，接近纪实拍摄的手法增强画面动感和真实感，突出故事情节的紧张焦灼。在救治失败的情节，将镜头慢慢推进，突出主体人物细节，医护人员眼角的泪水，表现内心无比自责与无奈。

2. 声音元素的运用

影视作品的声音元素主要包括人声、音乐、音响。人声主要指人物语言，包括对话、独白、旁白；音乐主要指主题音乐、配乐等；音响指除人声、音乐之外的所有声音，主要包括动作音响、自然音响、环境音响、特殊音响等。从艺术功能的角度，人声彰显人物的性格特征，点明主题，起到故事叙述以及铺垫作用；音乐能够深化主题、渲染气氛、抒发情感、展示环境、推进剧情、增强戏剧性和艺术感染力；音响可以还原、创造逼真的环境效果，表现人物内心、情绪，交代行为过程，产生隐喻、象征等意蕴。

台词对话是影视作品中人声要素的重要组成部分，既是人物的交流工具，也是塑造形象、传达情感的载体。如张竞院长鼓舞大家的台词"我最看不上那些遇到点挫折就丧失斗志，灰头土脸的样子！"彰显人物性格的同时力量感扑面而来。文婷医生举着扩音器向慌乱的群众大喊："你们都想活，我们都想救！"台词简短有力，就如给患者吃下一颗定心丸，安抚缓解了大家的焦虑。"一个人如果没有爸爸妈妈，会怎么样？"得知父母去世噩耗的女儿，这样问给她送遗物的医生，简单的一句话却沉重无比，失去双亲的悲痛与无助深深刺痛了观众的心。"为了保护我们的城市，保卫我们的国家，保护我们的亲人，同志们！责无旁贷！"的台词是集体力量的具象化，直接将勇当先锋，敢于牺牲的民族精神传递给观众。还有不断出现"武汉加油"的群体台词，是全国人民的共同期盼，将观众代入影片，与角色共同无声呐喊。

《中国医生》的音乐在烘托情感氛围、塑造英雄群像等功能上独具艺术特色。影片主体基调是奉献、感动、坚持。在艰难的日子里，医护工作者把病人的生命放在第一位，辛苦付出大家有目共睹，插曲《甘心替代你》从观众视角，唱出了对中国医生无限感激、崇敬的心声。影片结尾处插入歌曲《等风雨过后》，表达了疫情消散的美好期盼，与画面语言配合产生更强烈的艺术感染效果。

3. 蒙太奇的运用

交叉蒙太奇指将同一时间不同空间发生的两条或两条以上情节线，频繁快速交替剪辑在一起，每条线索相对独立又相互依存，最后汇合在一起，共同促进情节的发展，形成不同的叙事节奏，表现多样的影片风格。《中国医生》中，为了呈现金银潭医院在医疗资源紧缺的情况下涌入大量病人的紧张气氛，将救护车不断将患者送入医院的场景，院长不断打电话沟通解决病床、物资不足问题的场景，进行交叉切换，凸显疫情初期医院的艰难，构成强烈的节奏感，营造惊险的戏剧效果，加强矛盾冲突的尖锐性。

平行蒙太奇指两条或两条以上情节线在同一时间段、不同空间中并列进行，分头叙述，而又互相呼应、联系，揭示统一的主题。可以实现时空灵活转换使影片结构多样化，集中篇幅强调主题内容，形成多条线索彼此烘托呼应的艺术效果。如，除夕夜，上海医疗队吴晨光医生与家人吃着年夜饭，得知他即将支援武汉的家人心情复杂，虽然不舍但也选择支持他的决定。同时，值守在医院的杨小羊和妈妈视频通话，与同事们吃着泡面和速冻饺子，在艰苦的环境下庆祝春节。上海、武汉两条叙事线并行，在万家团圆的时间节点，表现了不同医生群体，同样为了人民的生命安全舍小家为大家，白衣执甲，逆行而上的伟大精神。

综上所述，《中国医生》是以影视艺术的形式对现实主义医疗题材的真诚表达与美学建构，是全体人民的集体记忆，是对英雄群像的艺术书写。充分展现了以医护人员为典型代表，全国上下迅速形成强大合力的中国力量、中国效率。凸显了人民至上、生命至上、勇于奉献、万众一心、共克时艰的中国精神。

二、经典医疗题材电视剧作品赏析

【作品资料】

片　　名：医者仁心
首播时间：2010年12月7日
集　　数：33集
每集时长：42分钟
导　　演：傅东育
编　　剧：徐萌
主　　演：白微、尤勇、潘虹、谢钢、谢君豪、陈瑾、战菁一、陈西贝
主要奖项：第28届中国电视剧飞天奖长篇电视剧一等奖、优秀编剧奖

【作品简介】

《医者仁心》是国内第一部反映全景式医生职业生活、第一部正面直击医疗困境的医疗题材电视剧，被誉为社会转型期医疗题材电视剧的"破冰之旅"，是国内医疗剧走向成熟的标志，在中国电视剧史上写下了浓墨重彩的一笔。讲述的是一家公立三甲医院的医护工作者，在理想与现实、道德与信仰之间取舍、妥协、抗争、成长，最终在冲突与对立中找到平衡点，重拾希波克拉底誓言给予的崇高责任，找到了"医者仁心"的职业信仰。该剧彰显了医者对生命的敬畏，对职业道德操守的弘扬，其艺术与鉴赏价值满足了观众的审美期待，特别是直面医患关系问题，体现了医疗题材电视剧的社会价值。

【理论基础】

电视剧作为电视艺术的主要类型，运用传播技术手段和电视艺术审美特性，融合了电影艺术、戏剧艺术等表现手法，是以家庭观赏方式，以电视为主要载体传播的一种综合艺术样式。类型主要包括单本剧、连续剧、系列剧等。

电视剧的艺术特性主要包括视听独特性、内容逼真性、艺术综合性。

视听独特性：从视听语言角度，电影更多表现动态场面，而电视剧则对微观环境、人物心理等刻画更加擅长，较少用远景、全景，多用中景、近景、特写景别，营造与观众促膝谈心之感。从时空形态角度，电视剧单个镜头的空间容量不如电影，但其优势在于连续性。可以是十几分钟的短剧，也可以几十分钟的长剧，可以是几集，也可以是几十集甚至上百集的连续剧。能够将时空浩大、情节复杂，电影不易展现的故事作为表现内容。

内容逼真性：电视剧是将艺术融入大众日常生活的艺术形式，其天然属性要求反映内容应真实自然，富有生活氛围与气息。但作为艺术形式，电视剧的逼真性是被其假定性、戏剧性所制约的，带有能给观众逼真感的假定性。电视剧还常用纪录手法，力求创作出还原真实生活的空间。

艺术综合性：电视剧吸取了诸多艺术之长，把电影、戏剧、小说、新闻等形式都吸收进来，兼具了声音与造型、叙述与描写、戏剧性与写实性等要素，并加以创造性综合，在优势融合中，逐步形成了自身的艺术特质，受到广大观众的喜爱，这也正是电视剧强大生命力之所在。

电视剧的主题表达：主题是一部电视剧作品的核心，是讲好故事的前提，所有艺术元素都要服务于主题。主题表达是电视剧内容的高度凝练，决定着作品的价值内涵，能让观众从中洞悉创作者的思想倾向、人生哲理、社会共识，从而使电视剧的思想内容达到良好的传播效果，与时代、社会形成深切关照。

【作品赏析】

《医者仁心》通过影视艺术手段真实呈现医患故事，反映了医者在理想与现实的纠缠中成长，弘扬了医者仁心的崇高精神。其中有真实生活的戏剧化处理，也有哲学视角下的现实性批判，主题深刻厚重，引发了观众的深刻思考。

（一）对生死观的探讨

生与死是生命产生、存在、消亡的自然过程，是每个人不得不面对的现实问题。生死观是立足自然、人文双重视角，理解生命、死亡本质，形成对生与死的根本认识和态度。对生死主题的哲学思考，使我国医疗剧具备了宏大厚重的叙事主题。作为重要的行业电视剧类型，医疗剧通过其独特的审美特性，呈现了悲喜交替的叙事模式，向观众传递了正确的生死观。

《医者仁心》借助"生与死"的命题探讨，在医院这个特殊的环境中，将叙事主题赋予了更深层次的含义。如主角钟立行，他既是医术精湛的著名心脏外科医生，同时也是器官捐献者的家属。当面对车祸身亡的妹妹，他刚开始无法接受身为医生却无法救活妹妹的残酷现实，内心极度崩溃，但生命已无法挽回，看到妹妹签下的器官捐献协议，他慢慢接受了现实，克制悲痛，亲自用妹妹的心脏为患者做了移植手术。还有王欢的妈妈，儿子两次肾移植最终因爆发性肝炎失去了年轻的生命，从心里接受不了儿子突然的死亡和巨额的费用而状告医生，到最后通过沟通，回归了对生死观念的重新定义，很大程度上缓解了医患间的矛盾。

传统"生死观"是影响医患关系的一个重要观念符号，在当今复杂的医疗环境下，电视剧的创作者结合时代发展变化和民众观念的转变，对其背后的新内涵进行实质性的解读。"救死扶伤"是医生的天职，每个医生都会尽其所能完成自己的使命，但医学是有边界的，能够救治的疾病是有限的，无论患者还是家属都应积极看待生命存在的价值与意义，正视死亡，正确理解生与死是人类自然的生命历程，完成内心的革命。引导观众从新视角来审视自己的生活，树立科学健康的人生观、价值观、生死观。

（二）对医德观的审视

明代医家裴一中在《言医·序》说：才不近仙，心不近佛者不可为医。中华医德思想深深植根于我国传统文化沃土之中。医学的发展蕴含着浓厚的道德属性，医学把人的生命健康放在首要位置，强调医者应秉持"大医精诚"精神，救死扶伤、厚德济生。一名优秀的医者，除了拥有精湛医术之外，最重要的是要有正确的医德观。作为医疗剧的主要表现对象，医生群体面对各类患者，挽救着无数生命，其人格的光辉和医患关系下的良知与责任，是衡量医生职业道德的重要砝码。《医者仁心》中，医生王冬贪慕虚荣，追名逐利，造成了患者的不幸去世。在本质上，功利主义行医打破了"以人为本"的道德底线。

"一个好的医生，是在病人的宽容下成长起来的。"剧中苏教授的儿子写给丁海的告别信，成为重新审视医生职业道德观的载体，指出了在浮躁的社会背景下，应如何更真实地去诠释"医者仁心"。医学不仅是"为学之器"，更是"为人之道"。在医患关系中，医生不仅是治病的"医匠"，更应该成为具备人文主义情怀，充满同情心、人情味的"大医"。

正如《医者仁心》中所说：一直以来，我都对头顶的星空和内心的道德准则充满了敬畏，也满怀好奇心，越是思考越是百思不得其解。在医院这样一个特殊的环境中，面对利益的诱惑，人性的善恶瞬间被放大，医疗剧表面上是讲述救死扶伤的故事，实际是对人性的深度剖析，医生在挽救生命的同时，也在挽救沦丧的道德。

（三）对医患矛盾的反思

反思医患之间的矛盾，首先应站在双方的立场上考虑彼此的角色身份。在《医者仁心》中，江一丹在手术麻醉前例行公事，询问老年患者时提到了"开胸""风险"等词，老者被吓晕过去。站在医生本职工作的角度，这是常规工作的必要步骤，但从人道主义角度，这种直接的询问方式会在潜意识里给患者增加压力。患者认为医生见惯了生死，已经麻木、冷漠，"我们要保持始终如一的冷静，因为我们还要为下一个急需救助的生命负责"。剧中武明训这句台词是对医生"冷漠"背后的呐喊。面对王欢妈妈的质问时，钟立行说道："我们作为一群保卫生命的人，却救不了自己的病人那种无力感，真的令人感到很绝望，没有人杀死你的孩子，是病魔！医生是站在人类生命的前沿，去与疾病搏斗的人！你永远没有办法明白一个医生，失去自己病人的痛苦。每一个医生和所有家属的心情是一样的！"医生工作性质的特殊性要求在救治过程中要时刻保持冷静、严肃，身上肩负的使命让他们必须坚强去面对。

从患者的心理角度，医生是眼中神圣的"白衣天使"，认为到了医院就应药到病除，医生的形象被"神化"。患者在就医过程中无法对病症作出冷静客观分析，从潜意识里会放大病情，产生恐惧的心理，一旦诊治效果和期望值有落差，可能会情绪失控，医患间矛盾加剧。

《医者仁心》直击医患关系这个社会敏感话题，通过对具有代表性的医患故事的讲述，全景化展示了医护人员的工作内容，直面现实问题，正反角色的设计也体现了医疗体制改革进程中的不完善，真实还原了医患矛盾产生的原因以及产生的过程。在医生与患者之间搭建起沟通的艺术桥梁，对医生的认识更加理性，增进了大众对医生职业崇高、隐忍、艰辛的深入了解，从而在现实生活中多一份理解与体谅。构建了医患间应换位思考、加强交流、建立信任的核心主题。

电视剧作为社会群体喜闻乐见的大众传播媒介，其所承担的社会职能是其他媒介所不能比拟的。《医者仁心》客观呈现了我国医患关系的现状及存在的问题，承担了沟通医患矛盾的社会责任，用艺术的表现形式起到了社会抚慰功能。

三、经典医疗题材纪录片作品赏析

【作品资料】

片　　名：人间世（第一季）

首播时间：2016年6月11日

集　　数：10集

每集时长：45分钟

导　　演：周全

主要奖项：2016中国（广州）国际纪录片节最佳系列纪录片

片　　名：人间世（第二季）

首播时间：2019年9月1日

集　　数：10集

每集时长：52分钟

导　　演：秦博、范士广

主要奖项：第25届上海电视节白玉兰奖最佳系列纪录片

【作品简介】

《人间世》是我国优秀医疗题材新闻纪录片，共拍摄两季。第一季首次播出，便获得豆瓣最高9.7分的评分。摄制团队扎根在上海各大医院，用定点拍摄的方式记录了重症抢救、抗癌日记、器官捐献、临终关怀、女性生育、阿尔茨海默症、精神病等真实医疗故事，用现实主义笔触聚焦面临病痛、生死时医患双方的态度与选择，一个个关于生命的故事交织在医疗链条下鲜活地呈现在我们面前。除了展现医者担当、患者悲喜之外，也直面了救治失败等无奈。和谐医患关系需要通过换位思考、有效沟通和善意表达，需要社会凝聚共识，表现了人性之光与进步力量，还原了真实的世间百态。

【理论基础】

影视作品题材，指创作者所选取的作品素材种类，有广义、狭义之分。广义上指影视作品所选取素材的种类范围，如历史题材、军事题材、医疗题材等。狭义上指所选取素材的种类对象，如军事题材中又含有战争题材、军旅题材等。

影视作品主题，指作品蕴含的中心思想，是作品的灵魂、核心，是经过对题材的发掘、提炼得出的思想结晶，是认识一部影视作品的窗口。

叙事视角也称为叙事聚焦，是指对故事内容从何种特定角度去观察、讲述。在文学或影视作品中，故事内容不会自己出现，而是通过某个视角、某个观察点呈现在观众面前。不同视角叙述同一个故事，会呈现不同样貌，观者的感受与领悟也有所不同。法国文学批评家、叙事学家热拉尔·热奈特提出了零聚焦（无聚焦）、内聚焦、外聚焦三种常见的叙事视角类型。

零聚焦，也称为无聚焦、零视角、全知视角，可理解为叙事的"上帝视角"，即叙事者对故事的所有内容全知全觉。零聚焦叙事优势在于降低了观众对信息的接收成本，便于叙述，视野也最为开阔，但叙事的真实性易受到质疑。

内聚焦，也称为内视角，可理解为叙事的"主人公视角"，即人物和叙事者合二为一，从某个人物的角度出发进行主观陈述，一切都是人物的亲身经历，叙述自己的故事。内聚焦叙事便于直观展现人物的见闻，表达其心理活动，叙事的真实性、可信度强，也易引发观众共鸣。其缺点是通常视野较窄，叙事格局较小，思想内涵易被个体限制。

外聚焦，也称为外视角，可理解为叙事的"局外人视角"，即独立于故事之外第三人的客观叙述，不进入任何角色人物的意识，不了解故事的全貌。外聚焦叙事便于设置悬念，引发观众好奇心和思考，但局限性较大。此种叙事视角较为少见。

【作品赏析】

（一）题材选择与主题呈现

1. 纪录片的题材选择

纪录片是以真实生活为创作素材的影视艺术形式，其题材的选择首先应关注社会生活，记录现实发生的故事，挖掘大众关注的热点。从创作角度来说，内容题材与大众的生活紧密相关，具备时代性、复杂性、人文性、戏剧性。医疗题材顺应了百姓对健康问题日益增长的需要，加之医患矛盾频现，医疗题材纪录片，击中了民众的痛点，能获得良好的传播效果。《人间世》的创作者选择了每天都经历生死考验、悲欢离合，展现极致人性的医疗题材，用最平实的语言去记录最真实的医患生态，引导观众看人世，知人事，体现了现实主义题材的社会价值。

2.《人间世》的主题呈现

选定主题是纪录片叙事的起点。创作者进行构思时，要追求的某种目的，表达的某种观点，传递的某种情绪，就是确定主题立意的所在。

《人间世》是《庄子》内篇中的文章，讨论了处世之道，揭示了庄子处人与自处的哲学观点。与《医院里的故事》等直白片名相比，《人间世》从主题立意角度，昭示着纪录片创作者想展现的不仅是医疗事件本身，更是从中体悟人间的世相百态，探寻生命的价值、社会的共识。

《人间世》每集的标题设置也皆有深意，是对不同医疗故事所反映主题的外在呈现。《人间世》第一季共有十集。第一集《救命》，开头就讲述了关于救命的故事。为了抢救患者生命，重症医学科的三位医生经验丰富、尽职尽责，常常连续高强度工作，甚至十几小时不吃饭、不休息，大家都期盼从死神手里抢回生命的美好结局，但我们不得不正视危重病人病情的复杂、医疗技术的局限，救命也会有失败。第一集就毫不避讳地展现医疗失败案例，为全片叙事奠定了基调，创作团队想要展现真实医疗的全貌，让观众理解医生也有无力回天的无奈，呈现了《人间世》的主题价值。

第二集《理解》，讲述了救护车里医生、司机、担架员三位急救小组成员关于理解、被理解的故事。他们每天奔波于极度缺乏急救资源的上海，有时因为堵车不能按时抵达，不被家属理解。有时家属不遵循就近送医原则，要求他们将病人送到自己想去的更远医院，有时会遇到霸占救护床只因怕支付医药费的人，他们只能耐心解释。同时，他们作为普通人，也有着各自的家庭生活，家人的理解让他们能够安心工作。纪录片传达的主题是医者在守护职业信仰，承担职业责任的同时，也渴望与患者及家属换位思考，相互体谅，最大程度避免矛盾发生。

第三集《团圆》，以团圆为主线，串起了关于器官捐献的故事。"今夜月明人尽望，不知秋思落谁家。"几家悲愁离散，几家欢乐团圆。中秋节，三个被救家庭重获新生的团圆来自捐献者一个家庭的成全。在巨大痛苦中作出器官捐献决定的大爱让人动容，也暗示了医者的使命是让更多家庭"团圆"。片中列举的三个事例，代表着社会对器官捐献的几种不同态度，旨在引起大众对我国器官捐献现状的关注。

第六集《信任》，讲述了病情复杂的小男孩的治病经历。孩子父母不了解手术不同阶段医生面临的危急情况，不同科室医生的病情解释也不尽相同，无法了解孩子具体状况的父母认为一张张献血、病危、化疗通知书就像不得不签的霸王条款，由于信息不对称引起的矛盾让他们产生了不满的情绪。为了打消疑虑，取得家属信任，医院继续派出主任医师解释病情，对全局的了解和良好的沟通表达能力让问题得到了顺利解决。纪录片想告诉我们设身处地的为患者及家属着想，对话式的耐心沟通，医患关系会比想象柔和，大多数不信任就会迎刃而解。

第九集《爱》，"我的世界很小，都是我爱的人"，这是罹患癌症的准妈妈张丽君对镜头说的话。为了带孩子来看看这美丽的世界，在了解疾病不会传给孩子后她放弃切除肿瘤。带着对孩子满满的爱，她提前录好了18个生日祝福视频，日渐憔悴却始终面带笑容，乐观地说孩子大了可妈妈依旧年轻。她不想看到丈夫的面色凝重，把爱藏在调侃打趣中，跟他完成了此前遗憾的蜜月之旅。因为化疗掉头发，她的丈夫也把头发剃光。她爱着身边的一切，大家也都深深地爱着她。《人间世》没有用过多的悲伤渲染苦痛，而是向社会传达"爱"所能赋予的巨大能量，从母爱、爱情、亲情到医患付出与感恩之爱，再到器官捐献的大爱，让真情层层递进，用爱温暖人间。

总体来说，《人间世》通过真实案例深挖故事主题，用标题来呈现、揭示，用镜头语言去细腻表现，将观众带入现实生活情境，感动于命运面前每个人的不放弃，尊重生命，始终保持人心最底层的善良、悲悯，也引导大众理解医者医术并非万能，医患之间真诚沟通、信任包容的重要意义。

（二）多视角交叉叙事的运用

叙事视角，也称为叙事聚焦，其概念源于叙事学理论，指对故事叙述的特定角度，不同叙事视角会使作品呈现出不同风格特点。热拉尔·热奈特提出了零聚焦（无聚焦）、内聚焦、外聚焦三种常见的叙事视角类型。中国的医疗题材纪录片大多采用零聚焦的视角，即叙述者了解故事的所有内容，掌控全局，全知全觉，以"说书人"模式讲医疗故事、科普医疗健康问题，受众不用过多思考。《人间世》则从平等角度出发，体现纪录片创作与观众接受的平等，医患双方地位的平等，给予观众足够的体悟、思考空间。《人间世》作为医疗题材纪录片影视艺术形式，已经超越了纪实与科普的性质，上升到人文层面，片中充分利用三种叙事视角的优势，交叉运用，让观众得到了新的审美体验，达到了很好的叙事效果。

1. 零聚焦叙事

在纪录片中，零聚焦以解说旁白的形式出现，以全知视角叙事，在交代事件背景、保证科学严谨性、带动内容节奏等方面发挥不可替代的作用，便于观众对事件的前因后果有更完整的观察。如《人间世》第四集《告别》的开篇，50名医生、58名护士、99张床位，一组数字的叙述交代了上海第一个临终关怀病区的拍摄背景，去往天堂，路过人间，他们将怎样告别？引出了这个被深深刺痛，不敢直视却又无法回避的话题；第一集《救命》用一段解说词和监控拍摄的医患冲突画面来开篇，将叙事主题引向对手术成功与失败的思考；片中还运用了3D动画来演示讲解心脏移植手术的过程，帮助大多数非医学专业观众更好理解复杂的手术过程；在器官移植的案例中，心脏需要异地运输，叙述者用距离患者125千米、40千米、不到100米、不到2米，仅有几毫米的解说词，让观众体会到手术争分夺秒的紧张节奏。

零聚焦叙事，帮助观众从大局上把握叙事的完整性，保证了剧情的稳步推进。

2. 内聚焦叙事

内聚焦，也称为内视角，人物和叙事者合二为一，以主人公第一视角叙述的人物、情节最还原事物本来状态，客观记录的同时，更容易将观众带入情境、抓住情绪。

如第三集《团圆》，24岁的焦俞因罹患脑肿瘤不幸确诊脑死亡，在失去亲人的巨大痛苦中，焦俞家人最终作出了捐献器官的艰难决定。片中穿插内聚焦叙事，通过焦俞父亲、母亲、姐姐的视角，让观众如亲身经历般带入了亲人诀别的痛心，决定过程的煎熬。焦俞父亲握在手中的笔拿起又放下，"放弃治疗"四个字如此刺眼。签下似乎是亲手放弃了孩子，如果抢救，是不是还有希望？站在他的视角换位思考，观众会如何选择？与儿子的最后告别，焦俞父母白发人送黑发人的椎心之痛，模糊了观众的视线。"我的儿子，不要责怪爸爸妈妈。""儿子的器官有用，我们愿意捐献，希望其他家庭不要再经历我们的痛苦"，根植内心的善良、伟大让人肃然起敬。

内聚焦叙事，观众会从第一视角去亲历和感受，换位思考，身临其境，增强对人物动机、情绪、心理的感知力。

3. 外聚焦叙事

外聚焦，也称为外视角，叙述者不了解故事全貌，以限知叙事，便于设置悬念，增强纪录片的吸引力，开放式的叙事也给观众留下了充分的思考空间。

如第五集《选择》，失独妈妈徐喜娣，想再要个孩子，但已经43岁的她属于高龄产妇，不易怀孕，一次次试管一次次失败，面对一次次打击，她一次次顽强地重新站起来。怕麻药对胚胎不好，她甚至在取卵子疼痛难忍的情况下不打麻药。终于，胚胎成功地放进了她的子宫里。可是上天没有再次眷顾她，在三个月后的复查中，发现胚胎已经停止生长，只能流产。如果她还想要孩子需要再休息三个月，重新植入新胚胎。这位已经失去一个儿子，又刚刚流产的妈妈流下了无声的泪水。在这一集的尾声，纪录片用外聚焦视角叙事，仅留下了她和丈夫乘车离去的背影，剧情戛然而止，没有告知观众结果是否成功，留下了开放式的结尾，设置了悬念，引发了观众的无限感慨与猜测。

《人间世》交叉运用了零聚焦、内聚焦、外聚焦三种叙事视角，零聚焦保证了故事的完整性、医学的严谨性，内聚焦是第一视角，用亲历者的感受达到最大限度的共情，外聚焦用旁观者的视角设置悬念，引发观众思考的同时，完成对自我价值观的重塑。三种叙事视角灵活运用，在没有剧本，没有彩排的前提下，没有道德评判，没有刻意拔高，节制客观地用朴素的艺术手法讲出了感人至深、发人深省的医疗故事，弥合、重建了医患间的信任，还原了一个真实的人间百态。呼唤情感、凝聚共识，彰显了纪录片的社会价值。

? 思考题：

1. 试举例分析我国医疗题材影视作品的美学特征。

2. 医疗题材影视作品可以从哪些方面进行鉴赏？

3. 请选取一部喜爱的医疗题材影视作品进行医者形象分析。

本章参考文献

［1］　马塞尔·马尔丹.电影语言［M］.北京：中国电影出版社，1980.

［2］　钟大丰，舒晓鸣.中国电影史［M］.北京：中国广播电视出版社，1995.

［3］　彭吉象.影视鉴赏［M］.2版.北京：高等教育出版社，2006.

［4］　彭吉象.影视美学［M］.3版.北京：北京大学出版社，2019.

［5］　吴三军.纪实性电视剧的美学思维［M］.北京：中国传媒大学出版社，2006.

［6］　陈友军.现实题材电视剧艺术真实形态论［M］.北京：中国传媒大学出版社，2007.

［7］　吴素玲.电视剧艺术类型论［M］.北京：中国传媒大学出版社，2008.

［8］　何苏六.中国电视纪录片史论［M］.北京：中国传媒大学出版社，2005.

［9］　万彬彬.科学纪录片研究［M］.北京：中国传媒大学出版社，2011

［10］　雷建军，钟大年.纪录片：影像意义系统［M］.北京：清华大学出版社，2015.

第九章　医学美容

第一节　医学美容概述

一、医学美容概念

医学美容是通过医学手段，包括药物、仪器及手术等，以达到改变人体外部形态、色泽及部分改善其生理功能，以增强人体外在美感为目的，而进行的一系列的治疗。

与"医疗美容"不同，医学美容的概念更宽泛。所有与医学相关的美容方式，包括借助于医学原理的生活美容，均属于医学美容。医学美容并不一定要由医生来操作。而医疗美容则必须由医护人员进行科学、规范的操作，进行治疗前，还要有问诊的过程。

（一）医学美容的形成、现状与特点

1. 医学美容的形成

一门新的学科的诞生往往是源于社会生活中已经存在着的某些现象符合人们的需求，从而引起了人们关注，于是人们通过对其基础理论的研究，以及相关学科的佐证与应用，来揭示其中的规律，使之成为更规范、更系统、更完善的学科体系。医学美容就是一门这样的学科。

世界上关于整形美容历史的最早记载是古代印度割鼻再造术。1818年，德国外科医师 Carl Ferdinand von Graefe（1787—1840）发表专著《鼻整形》首先使用了"整形"一词。19世纪后期，女权运动加速了整形美容外科的发展。20世纪初期，两次世界大战导致了大量组织缺损和畸形病例的产生，促使一部分以口腔颌面外科、耳鼻喉外科为主的医生投入到整形美容外科的研究，整形美容外科得了空前的发展。1955年，在斯德哥尔摩成立了国际整形外科医师协会，整形美容外科作为一个新兴医学学科步入规范独立的发展轨道。我国有关整形美容的最早历史记载来自汉初刘安所撰的《淮南子》，其中对唇腭裂有所描述"孕妇见兔而子缺唇"；《晋书》的"魏咏之传"中记录，魏咏之"生而兔缺"，找到荆州刺史殷仲堪帐下的名医后"可割而补之，但需百日进粥，不得笑语"。这是世界上有关唇腭裂修补手术的最早记载。到了唐朝和宋朝则有了关于义眼、酒窝的记录。现代整形美容医学起源于19世纪初的欧洲。中国起步较晚，源于19世纪末。中国第一个现代整形外科出现在1927年的上海，由我国现代整形外科学之父倪葆春建立并任整形外科主任。1948年，美国哥伦比亚大学著名整形外

科教授Jwebster在上海中山医院开办了我国第一个整形外科学习班。

医学美容作为一门医学与美容学交叉的学科，在我国已有30多年的研究、建设和发展的历史。1988年天津科学技术出版社出版了由邱琳枝、彭庆星主编的我国首部《医学美学》。1985年华西医科大学率先开设了医学美容课程。1987年大连医科大学开设了美容医学中专班，1996年创办了美容医学本科班。2001年中南大学建立了美容医学博士点。

传统医学以"救死扶伤"为服务宗旨，防治疾病，保障健康，没有涉及如何使人们变得更漂亮。然而，"爱美之心，人皆有之"。凡有人类的地方，人们就会不断地创造美、修饰和塑造人体美。不同国家、不同民族在各个历史时期，都有自己美的标准、美的追求。追求美与创造人类形体美的活动，构成了人类历史发展中的一个美的篇章。

2. 医学美容的现状

我国医学美容已经是一门体系初步健全、发展方向明确的学科门类。随着人们对美的需求层次越来越高，美容行业蓬勃发展，对医务人员在美容医学技术、医学美学设计等诸多方面的要求也越来越高。美容教育事业相应迅速发展，美容从业大军日益壮大。新技术、新方法、新设计理念不断涌现，医学美容的分工也越来越细。加之国家在制度、体制等方面进一步规范，医学美容朝着良性的方向发展。目前我国医学美容只是在学术上得到基本认可，但在国家医学分类中尚未明确定位。这也是导致美容行业人事岗位不明确的原因之一，进一步影响到资质考核，面临美容教育与发展等诸多问题。

美容技术在国外发展速度相对比较快，如韩国、日本及欧美国家等。在中国，由于有很多其他思想与之相冲突，如"身体发肤，受之父母，不得伤毁"，认为美容术"既蹈不孝之愆，又犯诲淫之戒"，应拒之于国门之外，使美容技术长期不登大雅之堂。随着经济发展与人们生活水平提高、外来文化与生活方式的渗透、医学技术不断进步与发展，人们对自身形体与容貌美的追求愈加迫切，追求自身美的人越来越普遍。在这种社会需求下，相关医学美容技术应运而生。医学美容也成为我国整形外科领域中最活跃的一个分支学科。

3. 医学美容的特点

医学美容所有技术实施都是围绕"美"的目的。因此，审美性是医学美容的首要特点。在人类对美的理解认识的历史长河中，审美标准是在不断发展变化的。不同的时期或地域人们对"美"会产生不同的理解。例如，黑种、白种和黄种人的面部轮廓特征各不相同，并各自有着不同的审美标准。在我国，汉代以赵飞燕为代表的"细腰"为美；唐朝则以"肥硕"为美。这就是审美标准的差异。因此，在进行医学美容前，要先搞清审美标准，具备审美技能，掌握审美方法与手段。

医学美容还具有特殊心理性的特点。一方面，医学美容技术的实施改变了人体美，使改变对象获得心理上的愉悦和平衡。很多求美者是因为自身形体或容貌美的问题导致了心理上的困扰才来就医的。所以，为求美者实施医学美容应该全面了解其心理状态、求美动机、目的、期望值等并建立心理档案。另一方面，具有创伤性或侵入性的医学美容技术实施后，存在一个恢复期的问题。如何让求美者在一种健康积极的心理状态下度过恢复期，这也需要心理疏导。所以，美容医学一定离不开心理学。

医学美容不是救死扶伤，而是在健康的人体上施行"艺术创作"。其劳动价值中包含了艺术创造的附加值。求美者也必须具备宽裕的经济条件，因此，医学美容具有市场性。

医学美容是一门新兴医学，它的产生顺应了纯"生物"医学模式向"生物-心理-社会"这一新的医学模式的转变，也顺应了从单一机体健康向"机体-心理-社会适应"这一新的健康概念的更新。它所研究的范围不是纯生物医学概念上的"病"，而是纯生物医学概念上"无病"的健康人，其终极目标是通过形体的美化来达到生活质量和生命质量的提高。

(二) 医学美容的发展与使命

医学美容的发展必须围绕"美"的宗旨，应用医学的技术达到美容的目的。因此，医学美容工作者，应该把美的问题和医学领域相结合深入研究。

深入研究医学美学与人体美学。邱琳枝、彭庆星教授主编了第一部《医学美学》，为我们揭示了人体美学规律，以及医学美学的基本规律如何应用于美容医学的临床实践中。但是，目前很多临床医生并没有深入地研究人体美的标准及美的要素，很多人只是在临床中凭感觉体会美，这显然不符合一门学科的深入发展。我们只有在人体上找到美的形式与要素，发现了美的标准与规律，才能循着这些规律从临床上找到相应的技术方法与技术。例如，口角上提术，当发现如果使口角的方向微微朝上，能使人在不笑的时候也呈现笑的感觉，于是激发人们去研究提口角术及与之相关的解剖、美学等相关问题。所以，对于医学美学与人体美学的领域，还有着广阔的研究空间。

作为一名美容工作者，应引领现实人体美的发展潮流。潮流易逝，美的标准总在不断发展变化。所以对于美的观念、美的时尚，特别是关于什么是美的问题，美容医务人员要有先知先觉，要站在这个时代的前列。求美者对美的追求，有的可以满足，有的应加以引导或劝导，这应该作为美容工作者的社会责任之一。

医学美容的相关基础学科也应细化到具体的美学问题上深入研究。如美容解剖学，应该在原有医学解剖学基础上，重点研究解剖与美学变化有关的某些器官或组织结构，并明确这些结构的变化将怎样影响到人体美，同时为了实现美的变化，研究出该怎样将这些结构进行改变。如在鼻部，不仅仅是停留在鼻部皮肤、鼻骨、鼻翼软骨等的解剖，还应对鼻翼沟、鼻弓角、鼻基底韧带等与鼻部美容手术关系很密切的结构详细解剖。另外，还应将现有的美学解剖要素进一步分出亚单位，如鼻尖，继续细化到其各个表现点，并冠以相关美容解剖名词。各临床学科在技术方面应该是在自身领域中纵向发展，但在美学方面，应该相互联系、相互结合，找出共性，达成共识。

应将美容医学放在人体美容学的整体学科中来研究。在医学美容中，美容是目的，美学是基础，而医学是手段之一。所以，美学没有研究好，医学美容就没有好的发展前景。另外，医学美容应该和人体的综合形象设计相结合。例如：一个求美者五官很漂亮，但皮肤不好，也不会很美；就算五官和皮肤都好，但不会穿着打扮，也够不上很美；即使外表很美，但是心地不善良，或者说话粗俗，也同样没有美感。所以美的问题是个综合的、整体的、全方位的范畴，美容医学也不能脱离人体美的大范畴而孤立存在与发展；不能只在医学的领域中回旋，而应在整体美容业中求得更好的发展。

应广泛借鉴国外的医学美容技术方法。国外医学美容发展很快，值得借鉴。像韩国、日本等国家的人体面形、身形都与中国人相似，所以它们的面部轮廓及五官精致化方面的技术值得借鉴；而像西方国家在面部年轻化技术方面研究得比较细，还有一些先进的设备、材料等，这些都值得借鉴。当然，在借鉴的同时，一定要结合中国人自身的美学特点，灵活应用，不可盲目照搬。

二、医学美容与相关学科关系

（一）医学美容与其他学科关系

医学美容是通过医学手段，包括药物、仪器及手术等，以改变人体外部形态、色泽及部分改善其生理功能，增强人体外在美感为目的，而进行的一系列的治疗。医学美容是涉及美容外科学、美容皮肤科学、美容牙科学、美容中医学、美容医疗应用技术、美容保健技术、美容医学心理学及医学审美技能等分支学科的一个整体性学科系统。随着社会审美需求的不断增长和医学的新发展，还将会新生某些美容医学分支学科。

医学美容是美容学与医学交叉的学科，因此，在探讨医学美容学科关系的时候不能忽略医学美容与美容学的关系。美容学在中国目前尚未作为一门学科来研究，故在我国高校中还没有开展"美容学"专业，教育部只是批准了医疗美容技术专业，而没有美容学专业。在国外的有些高校中有"香妆美容"专业，这实际上就是"人体美容学"。人体美容概念包含了医疗美容、生活美容及一切和人体美有关的化妆、美发、美体等。医学美容的历史短暂，但相关美容技术方法却历史悠久。因此，我们在对美容医学追根溯源的时候，还应该从美容学中找到其学科的真正内涵。我国美容行业主要包括医学美容与生活美容，两者同属于美容学，都是美容学的分支，有着不可分割的关系。试想，一个人即使通过医疗美容手术让五官变得很精致，但是皮肤粗糙、暗淡，那他（她）同样不具有美感；倘若能够在皮肤方面做好护理，或者是通过化妆来掩盖瑕疵，也可以达到增加美的效果。所以，人体美是一个整体的范畴，不能仅仅孤立于某一领域。另外，从我国美容行业发展情况来看，生活美容院中聚集了很多求美的群体，是中国美容行业的一个阵地，很多医学美容的求美者有在生活美容院消费的经历。有很多求美者的需求在生活美容院中得不到解决，才走进医疗美容。所以，美容院除了是美容保健的场所，还是医疗美容的接待站。目前，大多数中国公立医院，是以看病、保障民众健康为主，尚未大力发展美容行业，故医疗美容总体发展状况不是很理想。相反，很多民营的医疗美容机构专业从事美容，既包括生活美容又包括医学美容，两者并驾齐驱，发展得很好。所以说，医学美容不能与生活美容分割开来，医学美容的发展应该放在人体美容整体学科中进行。

美容外科在我国又称"美容整形外科"或者"整形美容外科"。所以很多人认为医学美容就是整形外科。两者的共性在于：整形外科虽不是以美作为基本目的，但恢复了身体的功能，从某种意义上也增强了或者达到了美学效果，所以美容外科借鉴并应用了很多整形外科的手术技术。但两者还是有不同之处的：首先，两个学科的定义不同。医学美容的服务对象是正常人体，而整形外科的服务对象是患有先天性畸形或后天性缺损的患者。医学美容的目的是对人体某个部位或器官的审美缺欠进行修饰或外观造型，使之更加完美，不是必须要做的手术。整形外科的目的是"改善形态"和"恢复功能"，而且重在恢复功能，是必须要做的手术。其次，两学科产生的历史背景是不一样的。整形外科是一门修残补缺的外科医学，尤其是两次世界大战以后，大批伤员需要得到整形外科的康复治疗，帮助其恢复功能，挽救生命。其涉及的解剖部位也是全身各处。医学美容的产生源于人们的生活水平提高，源于人类对人体美的思考与追求。

目前我国的医学分类都以疾病为中心进行诊断、治疗与预防，而美容医学是以审美为中心，进行诊断、治疗与预防。所以，医学美容不同于其他医学，有其特有的审美诊断。医学的宗旨是救死扶伤，保障健康。医学美容的宗旨是创造具有生命活力的美感人体。医学为美容提供技术支持，美容是服务于人类的审美需要。

（二）医学美容与其他学科的技术交叉关系

医学美容包含的临床学科有美容外科学、美容皮肤科学、美容牙科学、美容中医学等，它们又都和其他医学学科有关，如美容外科与外科有关，美容牙科与口腔科有关。这些与美容医学临床学科相关的其他医学学科，称为母体学科。两者在技术方法与项目中存在交叉，如美容牙科中的牙列不齐的矫正、牙齿漂白、洁齿、牙体缺损的烤瓷修复等，这些既属于美容牙科的内容，也属于口腔科已有的内容。但是，它们在技术实施上有不同的目的：医学美容是以服务审美为目的，而其他学科是以祛除疾病、修复功能为目的。目前，医学美容承担了提升审美与治疗疾病两部分内容。后者是其医学母体学科中包含的内容，也是两者的交叉内容。美容医学临床实际上承担了两部分的工作内容：一是正常部位的审美缺欠的锦上添花（属生理性审美诊断）；二是对损容性疾病的治疗（属病理性审美诊断）。后者是其医学母体学科中包含的内容，也是两者的交叉内容。我们不妨这样理解：审美诊断分为生理性审美诊断和病理性审美诊断；针对生理性审美诊断的技术项目，属美容医学独有；针对病理性审美诊断的技术项目属两者的交叉内容。像美容外科中的隆鼻术、隆乳术、丰下颌、面部除皱术等，则是其母体学科中没有的内容。而比如，皮肤上的损容性疾病大多会引起皮肤的审美缺欠，如痤疮等。这种审美缺欠叫作病理性审美缺欠，既属于医学皮肤科原有的研究内容也是美容皮肤科中的研究内容。但是，除疾病外还有很多其他的因素导致的皮肤审美缺欠，如皮肤细腻、肤色白嫩与否，有无色斑，松紧程度，毛孔大小等，这些则属于生理性审美诊断，在母体学科中没有，只在美容医学中独有。所以我们不难理解，病理性审美诊断的美容项目是美容医学与其母体学科交叉的内容，而生理性审美诊断的美容项目则是美容医学的临床学科的单列内容。

医学美容与各母体学科有着不可分割的关系。医学美容外科离不开母体学科的医学技术指导，尤其是对解剖与生理功能的掌握。这对于正确、科学地设计手术方案以及预防手术后医学并发症具有很重要的作用。医学美容技术可以从母体学科中借鉴并加以灵活应用。医学美容外科的发展依赖于其母体学科的发展。但是并不是说，只要掌握母体学科就足以做美容外科手术。例如：眼科医生为了解决倒睫的问题，可以做双眼皮，以避免睫毛刺着眼球。但是，其在眼睛的神态、眼角的处理等方面没有过多要求，可能会出现两侧不对称等美学并发症。医学美容医生在做双眼皮手术的时候，要综合考虑以上美学问题。所以，从对医生的要求来讲，眼科医生应该更多懂得眼的内部结构、功能以及各种的疾病的产生、发展与治疗、预防；医学美容医生则更需要懂得眼的外部结构，眼部的美学、审美及医学美学设计，而对一些眼部疾病就未必需要太深入了解。美容外科的很多美学理念与技术方法也回馈到各母体学科，如缝合技术，可应用到各母体外科中，使传统的外科缝合技术更符合美学要求。

总之，医学美容是人体美容学的一个分支。不应将美容外科看作整形外科的一个分支，但也不能使整形外科与美容外科彻底划清界限。医学美容临床学科与母体学科之间根据不同的服务目的与要求，既相互联系又相互区别，共同发展，从不同的专业领域、技能水准进行深入拓展。医学美容与其相关医学学科虽然都是与人体有关，但是研究目的不同，前者研究人体美，后者研究人体疾病。

三、医学美学设计

审美的主体是人，而审美的客体指存在于自然界的各种形式美（也包括审美主体自身的形式美）。审美是一项具有主观性与客观性双重属性的人类活动。审美的客观性，是由客观存在的形式美的要素，以及它们之间的搭配所决定，通常是恒定的，不富于变化。审美的主观性是由审美主体的主观感觉所决定，有个体差异，通常不是恒定的，富于变化。审美的主观性决定了审美的差异性，同样面对一个形式美的个体，不同的审美主体，由于其个体阅历、知识面、生活经历、地域风俗、民族习俗等多种因素的差异，产生的审美感受常会不一样。审美是人类的一种特有的活动，人类的审美意识，是人类进化到一定历史阶段的产物，是人类在长期的社会实践，特别是劳动实践中逐步形成和发展起来的。人类通过审美体验、审美评价、审美创造等多种途径来调整人体功能的运转和发挥。

审美标准是人们在长期审美实践过程中逐渐形成的相对稳定的且为大多数人群认可的客观标准。审美标准根据其所代表的审美主体的不同可分为个人标准、科学标准、局域标准。个人标准指审美单个个体持有的标准，代表的是个人的观点与标准。科学标准，指人们在长期的审美实践过程中，形成的能够代表一个时代、一个民族甚至一个国家的审美标准。科学标准是通过科学的手段对美学要素进行测量所获得的具体指标，如量化标准、图像标准等。科学标准既代表着大多数人的审美标准，又代表着美的发展方向。局域标准，指代表一类人群，某个社会团体或者某个地域的审美标准，具有鲜明的局域特点，但未必科学。作为一名美容医生，在美容技术实施的过程中既应该遵循科学标准，又要结合个人标准与局域标准。

（一）医学美学设计的概念、特点

1. 医学美学设计的概念

所谓医学美学设计，是指审美主体根据对审美客体的审美诊断及主客体双方沟通后达成的美学需求，依据美学与医学技术相结合的规律，到将美容技术最优化地应用在美容临床中的一种具有艺术性和个性的设计。

2. 医学美学设计的特点

医学美学设计包括医学设计和美学设计，并将两者有效地融为一体。首先，美学设计是医学美学设计的前提、目的与条件，是根据审美诊断并通过对现有形式美的改变，达到一种新型美。美学设计既可以来自审美主体，也可以来自审美客体。在美容实践中应该更多地关注求美者的美学设计，因为这能反映求美者的意愿与要求，但作为医务工作者应该尊重并引导求美者进行正确的美学设计，同时领悟其意愿与要求。其次，医学设计依据美学设计由医者完成，是实现美学设计的手段，决定着美学设计的最后结果。不是每项美学设计都能用医学设计来实现；在进行医学美学设计的过程中，必须搞清每一项医学设计所带来的美学的变化，同时，还必须兼顾到美容心理以及避免相应的医学与美学并发症等问题。

医学美学设计是在美容施术之前进行的技术方法的应用、分析与设计。目的是达到更优化的美学效果，更好地实现求美者的美容愿望。所以，医学美学设计是医学人体美学与美容医学临床相结合的重要一环。好的设计，是将美的标准与医学技术的基本原理交汇在一起。既不能离开美学标准而肆意展示医学技能，也不能离开医学原理而随意放任美学设想。

（二）医学美学设计在美容临床学科中的研究对象与内容

1. 医学美学设计的主要研究内容

① 研究人体各部位的美容技术群，这些技术群不是单一的手术或治疗方法，而是与之有关的现有的技术方法的总称。

② 研究各美容技术实施后会带来的美学变化，以及可能出现的医学并发症及美学并发症。

③ 明确求美者术前审美诊断，这一诊断包括其所有亚单位的综合诊断。

④ 结合审美诊断与术前的沟通，为求美者设计一套客观可行的最优化的治疗或施

术方案。

2. 不同的临床学科的举例说明

（1）美容皮肤科。如斑的治疗，治疗方法有很多种——激光治疗、中药调理、化学剥脱、面膜处理等，共同组成了斑美容技术群，这些单个技术对不同的求美者，其作用效果往往是不一样的，或是有些有效，有些无效。其原因有两方面：一是并没有弄清这些治疗效果所带来的美学变化有哪些；二是没有明确具体个体的审美诊断，如激光治斑，针对不同的个体，其致斑色素的深浅不一，皮肤厚薄对激光吸收、耐受不一等多方面因素将决定着其使用激光选择的各项参数应有所不同，否则，要么就是无效，要么就是出现色素沉着等新的美学并发症。所以，在斑的诊断中，不仅仅是诊断为雀斑或者真皮斑这么简单，而应该包括皮肤对激光耐受性、代谢能力等综合诊断，这样才能完成一套好的设计。

（2）美容外科。如重睑术，重睑术的技术群包括很多技术：埋线法、缝线法、切开法，还有它们之间的组合应用法。其中，埋线法又包括连续埋线与间断埋线；切开又包括全切开与部分切开等多种方法。这些方法共同组成了重睑术的技术群。作为一名设计师，应该熟悉并了解这些技术群所带来的美学变化，熟悉其美学与医学并发症，并且结合求美者的术前审美诊断为其设计最佳方案。术前的审美诊断应该包括其所有亚单位的诊断，如眶隔脂肪的多少，皮肤松弛程度，眼裂大小、方向、动态美感，等等。否则，将会顾此失彼，达不到最佳效果。

（3）美容牙科。如不同牙齿的畸形的矫正，有很多矫正方法；同时，其术前审美诊断也包含很多要素，如牙列畸形类别、唇形、面形等多方面共同组成审美诊断。正确的设计方案应该包括这些要素的综合考虑。

医学美学设计往往不是局限于某一个科别的设计，而是对其综合应用。例如，美容外科应和美容皮肤科相结合，如在做完眉部切口的提眉术后应该与文眉技术相结合，才能达到更好的效果；做完面部除皱与提升手术应该与嫩肤术相结合，否则，皮肤虽然没有皱纹，但是缺乏弹性、光泽等，同样达不到年轻的效果。所以，一名美容医生可能只需要熟悉某一领域的技术群，但是一名医学美学设计师，不一定要掌握各个具体项目的操作，却应该全面掌握与设计相关的知识，只有这样才能更好地为求美者服务。

（三）医学美学设计的基本标准与要求

医学美学设计的方案既要符合人体审美的美学标准，又要符合医学的可行性原则。医学美学设计必须要有一个正确的、与之紧密结合的审美诊断。术前审美诊断的个性化，决定了医学美学设计的个性化。

1. 科学的医学美学设计标准

① 基本达到科学的审美标准，达到医患双方沟通的美学效果，满足求美者的美学需求。

② 美容术中及恢复期的痛苦最小。

③ 创伤最小与治疗术后恢复时间最快。

④ 能起到减轻或者排除求美者心理困扰的作用。

2. 医学美学设计过程中应注意的问题

① 设计时应避免"想当然"，美容手术的原理有时很简单，但是一旦违背某些原则，将产生不可挽回的后果。

② 医学美学设计不应迎合商业炒作的某些手段，如鼓吹所谓韩式双眼皮、日式除皱纹等；这些提法只是商业炒作中为了获得更大的利润，在专业上不成系统、不合规范，故不应该在美容临床设计方法中加以应用与宣扬。

③ 医学美学设计必须明确审美诊断，而审美诊断是个性化的、全方位的。例如，对单睑的审美诊断，应从十几个亚单位来诊断，这些亚单位的诊断应在美容病历中具体描述，并且从照片或影像等媒介中尽然体现。当然，有些审美诊断不一定是求美者考虑到或者要求改善的；而有些需要改善的部位，可能又不属于诊断范围。所以，在设计前，还必须要与求美者有充分的沟通，也就是说，一个好的医学美学设计绝对离不开充分的沟通。

综上，一名优秀的美容医师一方面要具备优良的美学与艺术的修养，另一方面要熟练掌握本专科美容技术群的基本操作技能，重视各种基本操作的学习和训练。除此之外，还必须有很好的与求美者沟通的能力。只有这样，才可在美容医学临床中应对自如，得心应手。

（四）医学美学设计的效果评价

医学美学设计的效果评价是根据正常人的生长发育特点、人体解剖标志和人体美学标准，对美容方案和术后效果作出的评价，它涉及施术者和受术者两方面的因素。因此，要对美容术后的效果作出客观的评价并非易事。美容术后效果评价方法一般有以下几种：

1. 根据目测

通过目测与观察，将术前的受术者与术后的受术者做纵向比较，并进行评价；它是通过第三者对手术前后的照相或录像资料对比观察进行评价。这里要做好两方面的工作：① 第三者的选择要具有公正性，既不能主观偏向求美者也不能主观偏向医方；② 术前与术后的照片与影像资料必须在同一种参数与环境下获得。

2. 根据数据测量

通过测量工具，把审美部位的长度、高度、宽度、弧度等具体要素测量出来，并结合科学的审美标准进行术前与术后对比，这样比较客观真实，但是，并不能完全代表审美评价。另外，还有影像云纹图法。它是等高云纹方法的一种，可以获得物体的等高线。根据等高线可求出物体的曲面形态、表面积和体积等，更容易反映出表面不平度。对各种类型的手术瘢痕，用影像云纹图的方法可以反映它的量的变化。

3. 根据保持时间长短

根据时间长短，美容术后评价可分为近期评价、中期评价和长期评价三种。

（1）近期评价。有的美容术受术者恢复很快，在短期内（3~6个月）就可以对其外在形式美进行评价。例如，采用埋线法的重睑术，手术操作简单，无切口瘢痕，术后组织水肿轻，又不用拆线，近期效果显著，颇受人们欢迎。但中长期效果差，有的一个月或半年又恢复原状，重睑线消失。注射肉毒素除皱纹或者瘦脸，一般在半年到一年的效果很好，但是长期效果就不好。

（2）中期评价。有的美容整形手术，因不可避免地会出现组织水肿，短时间内淋巴回流不可能建立，有时还会产生瘢痕增生，需要经过一段时间的恢复（3个月至1年），组织水肿才能消除，瘢痕才会变浅或不明显，手术效果才能展现出来。所以必须以中期效果为评价依据和追求目标。例如，采用切开法的重睑术，受术者在短期内上睑水肿。其形态显雕刻之气，需半年乃至一年以后自然流畅的重睑效果才能显现出来。故对此类手术的术后效果，应进行中期评价。

（3）长期评价。有的整形手术具有良好的长期效果，例如，隆鼻、丰下颌术、兔唇修补术以及招风耳矫正术等，容易使患者感到满意，并且一劳永逸。对于此类手术的术后评价，可按其长期效果进行评价。

4. 根据求美者满意程度

求美者满意程度，可以分为满意、可以和不满意三个等级。对于术后效果满意程度的评价，只能对受术者手术前后进行纵向比较，而不能与他人做横向比较。这是因为每个人的情况都有其特殊性，个体之间有差异，同样是一种手术，有的条件好，术后满意度高；有的条件差，术后满意度会差一点。

（1）满意。即求美者感到术后效果好，达到甚至超越了其期望值，并且得到了第三方的认可与肯定。对施术者来说，这种评价可能有两种情况：一是施术者自己认为手术也是成功的，对手术效果感到满意；另一种情况就是虽然受术者对手术效果感到满意，但施术者认为手术后效果并不十分满意，还有值得改进、提高的地方。从客观上讲，受术者感到满意就达到了预期的目标。

（2）可以。求美者对手术效果虽然感到没完全达到其期望值，有某些不足，但经解释亦能认可与接受。这种受术者心理素质比较好。例如，行重睑术，术后一侧稍宽一些，但不伤大雅。对施术者来说，这种评价也可能有两种情况：一种是施术者确实感到效果有欠缺，可以提高；另一种就是认为手术达到了应有的效果。

（3）不满意。受术者对术后效果感到不满意，离其期望值相差甚远。对此，施术者对求美者的不满意应该做客观分析，有设计的原因也有沟通的原因。有些情况是虽然手术很成功，但也可能招致受术者的不满意，因为与他（她）的预期效果有所不同，说明沟通不够。

第二节 人体医学美容设计

人体作为一个整体，由各个部分组成，各部位美是人体美的一部分。美具有时代性、民族性和阶级性，加之文化素质、性别、年龄等因素的影响，对于美的认识也存在较大的差异性，但审美标准仍然存在某种共同性，在一定条件下，可以提出一个相对稳定的标准，作为人体美评价的一般标准。树立科学人体审美观，并学习人的整体形态美知识的同时，了解和把握人体的各部位美，对于人体美的塑造具有重要作用。本节主要介绍眉、眼、鼻、耳、唇、牙、颏、颈、躯干与四肢的医学美容设计。

一、眉眼的医学美容设计

眉是"七情之虹"，眼睛是"心灵之窗"。眉眼和口唇的和谐配合，可将人的面部情感展现得千姿百态，使人的内心世界外形化。眉有静态之美，更有动态之美，扬眉则喜气盈盈，颦眉则愁云笼罩，喜上眉梢和愁上眉尖，都不失为美。

（一）眉的美学功能与审美标准

1. 眉的美学功能

双眉位于面部上庭与中庭的交界处。左右对称、粗细适中、浓淡相宜、形态优美的双眉对五官起着重要的协调作用，是容貌美的重要组成部分。双眉对于显示情感个性、烘托容貌美均具有重要的作用与意义。眉使面部更具立体感；增强了眼周色彩对比之美。

眉是位于眶上缘自内向外呈弧形生长的一束短毛。内侧端称为眉头，外侧端稍细称为眉梢，两者之间称为眉腰（眉身）；眉腰略呈弧线凸起，其最高点称为眉峰；两眉头之间称为眉间。眉的位置因人而异，标准眉的位置是美学家在对人的审美实践中提炼出来的，并据此提出四条线，用以确定标准的眉头、眉峰、眉梢的位置。

2. 眉的审美标准

标准眉的位置，是在对人的审美实践中"提炼"出来的，根据4条线，确定美的眉头、眉峰和眉梢的位置。

*a*线：该线是内眦角与鼻翼边缘的连线。标准的眉头应在该线的延长线上。

*b*线：两眼平视前方时，鼻翼与瞳孔外缘连线的延长线与眉相交的位置，为眉弧形最高点，标准的眉峰应在此位置上。

*c*线：鼻翼与外眦角连线的延长线与眉相交处，为标准眉梢的位置。

*d*线：从眉头内下缘至眉尾的连线，该线应是水平线。

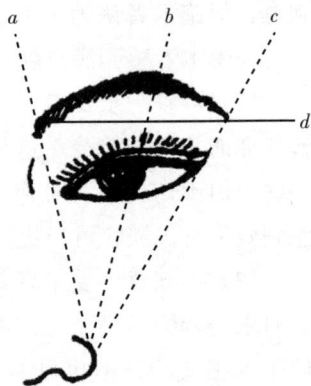

图9-1　眉的审美标准

（1）按眉头位置分型。

① 离心眉：两眉头距离过远，眉头位于*a*线以外的眉称为离心眉。此眉让人感到悠然、安详或松散、略显痴呆。

② 向心眉：两眉头距离过近，眉头位于*a*线以内的眉称为向心眉，当两眉头连在

一起时称为连心眉。此眉让人感到紧张、压抑或严肃、忧愁。

（2）按眉腰走行分型。

① 平直眉：眉头、眉腰、眉梢走行趋于直线。此眉给人以正直、亲切之感。

② 上挑眉：又称为竖眉，眉腰及眉梢向外向上扬起，此眉给人以英武、勇猛之感。

③ 下斜眉：又称为八字眉，眉腰走行向外向下，眉头高，眉梢低。此眉给人以滑稽、悲伤之感。

④ 长弧眉：眉峰在眉中外三分之一处向上向外挑起，眉弓较高，眉毛弧度大。此眉给人以清秀、善良之感。

⑤ 柳叶眉：眉腰走行弧度小，眉头及眉梢略窄，眉腰略粗，波曲上扬。此眉给人以端庄、秀美之感，是中国人喜欢的眉型之一。

（3）按眉的整体形态分型。

① 方刀眉：眉峰方直，形似刀切斧劈，此眉给人以刚正、英武之感，多见于男性。

② 月棱眉：眉形如上弦之月，此眉给人以慈祥、贤惠之感。

③ 扫帚眉：眉毛散乱无序，如扫帚状，此眉给人以精神不振、迟钝之感。

（4）按眉毛粗细、浓淡及分布分型。

① 狮子眉：整个眉毛浓黑粗大，给人以威严之感，多见于男性。

② 粗短眉：眉毛粗而短，给人以刚毅强悍之感，多见于男性。

③ 清秀眉：眉毛稀疏色淡，给人以文质彬彬、清秀之感。

④ 寿星眉：眉峰及眉梢的眉毛长而垂，此眉多见于老年男性。

⑤ 残缺眉：眉毛的某一部分断缺，给人以不完整之感。

理想的眉除基本符合上述线性标准，还要双侧对称，浓淡相宜，富于立体感，其弧度、粗细、长短、疏密等要素要与每个人的眼、鼻、面及唇形相协调。同时还与性别关系密切，一般女性的眉宜纤细并与眼、鼻、脸配合适当。而男性多以浓眉、剑眉为美。修饰眉型的方法也很多，例如：通过修眉、画眉和文眉可在视觉上改善和弥补面部的缺陷，增进面部和谐美。眉眼的黑白对比，会使眼睛更加炯炯有神。

（二）眼的美学功能与审美标准

眼是人体最重要、最精巧、最完善的感觉器官，主视觉功能，通常情况下人类从外界获得的信息约90%来自双眼。眼睛在接受外部信息的同时又能传达出内部信息。形态优美、晶莹清澈、具有传神达意之感的眼睛，是形与神的和谐统一，是真正明眸美的体现。

1. 眼的美学功能

眼的外部有上睑和下睑两部分，其间为睑裂。上睑宽于下睑。上下睑缘相连形成内眦与外眦，内侧角钝圆称为内眦，外侧角呈锐角称为外眦。上睑的皮肤在睁眼时形成两条皱襞，上方一条皱襞靠近眶上缘者称为眶睑沟；下方一条皱襞靠近睑缘者称为上睑沟，也称重睑线，有上睑沟者表现为重睑，无此沟者表现为单睑。下睑皮肤表面有下睑沟、下睑颧沟、下睑鼻颧沟，随着年龄的增长，下睑的3条沟会逐渐明显。上下睑缘生长的短毛为睫毛，具有保护眼睛和美化眼睛的作用。

眼的形态及位置与眉、鼻相互关联。鼻翼过宽对眼形美有一定影响。鼻梁高，内眦间距显窄，内眦赘皮多不显；反之，内眦间距显宽，多伴内眦赘皮形成，影响眼的美学外形。内眦间距平均30~32 mm，其在面横比例中符合"五眼"，若过宽使两眼分开，面部显横径加宽，失去协调美，过窄使两眼接近，面部显收拢变窄。鼻眶窝使鼻根部有起伏协调的曲线美感。英国哲学家爱默生说："人的眼睛和舌头所说的话一样多，而且不用查词典就能从眼睛的语言中了解整个世界。"眼睛可以表示高兴、喜悦、兴奋，所谓"眉飞色舞"；还可以表示爱慕之情，所谓"秋波流转""含情脉脉"；表示愤怒时则"怒目相对"。眼神还可表示自信、权威、怀疑、询问，等等。眼睛的情态表达是通过眼睑的开合、眼球的运动、瞳孔的舒缩、眉的变化，以及与面部其他器官相配合完成的。

2. 眼的审美标准

眼睛之美，贵在"神"，而基础在"形"，倘若"形"有畸变异常，"神"便会失去光彩；反之，没有神采的眼睛也是不美的，眼型美应是形与神的和谐统一。

眼按眼裂形态可分为以下类型。

① 标准眼。又称杏眼，眼睛位于标准位置上，男性多见。特点是睑裂比例适当，眦角软钝圆，黑珠、眼白露出较多，显英俊俏丽。

② 丹凤眼。属美眼一种，外眦角大于内眦角，外眦略高于内眦，睑裂细长呈内窄外宽，弧形展开。黑珠、眼白露出适中，眼睑皮肤较薄。

③ 细长眼。又称长眼，睑裂细小，睑缘弧度小，黑珠、眼白露出较少。

④ 圆眼。也称荔枝眼、大眼，眼裂较高宽，睑缘呈圆弧形，黑珠、眼白露出多，眼睛显示圆大。目光明亮但相对少秀气。

⑤ 眯缝眼。睑裂小而狭短，内外眦角均小，黑珠、眼白露出少，眼球显小。温和但少神采。

⑥ 吊眼。也称上斜眼，外眦角高于内眦角，呈上挑状，显得机敏但严厉。

⑦ 垂眼。也称下斜眼，外形与吊眼相反，双眼呈"八字"形，显得天真但阴郁。

⑧ 三角眼。主要因上睑皮肤中外侧松弛下垂，外眦角被遮，使眼裂近似三角形。

⑨ 深窝眼。主要特征为上睑凹陷不丰满，西方人多见。显得眼形轮廓分明，年轻时有成熟感，中老年易显疲惫、憔悴。

⑩ 肿泡眼。也称金鱼眼，眼睑皮肤肥厚，皮下脂肪臃肿，鼓突，使眉弓、鼻梁、眼窝之间立体感减弱。显得神态不佳。

⑪ 突眼。睑裂过大，眼球大、前突。黑珠、眼白暴露多。若黑珠四周均有眼白暴露俗称"四白眼"，过度是病态表现。

⑫ 近心眼。内眦间距过窄，两眼及五官呈收拢状，显严肃紧张，过度有忧郁感。

⑬ 远心眼。内眦间距过宽，两眼过于分开，使面部显宽，失去比例美，过度显得呆板。

⑭ 小圆眼。眼裂高，宽度短小，但本身比例尚适度，睑缘呈小圆弧形、眼角稍钝，黑珠、眼白露出少。机灵但少神采。

理想的眼睛，应该是双眼对称，大小与面部其他器官和谐，眼窝深浅适中。睑裂宽而长，上睑遮蔽虹膜小于 1/3；虹膜、巩膜无任何瑕疵，眼球晶莹透明，视力清晰稳定；重睑，内眦角圆钝；上睫毛长且微微上翘；眉毛与面型和谐，长宽适度；双目有神，能传达内心情感。同时具备形式美、功能美和情态美。

二、鼻耳的医学美容设计

（一）鼻的美学功能与审美标准

鼻是呼吸道的门户，具有吸入、过滤、加温空气的作用；鼻还具有嗅觉功能、参与发声功能及表情功能，是人类最重要的器官之一。在化妆术中，额部与鼻背皮肤常称为"T"字带，是面部化妆的重点部位之一。素有"颜面之王"的美称。

1. 鼻的美学功能

鼻位于面中 1/3，向前隆起呈长三角形锥状体。鼻由外鼻、鼻腔和鼻窦三部分组成。外鼻支架由骨和软骨构成。骨性部分是鼻骨、上颌骨额突和额骨，构成鼻部的上 2/3；软骨部分为鼻外侧软骨、鼻翼软骨、鼻中隔软骨及副鼻软骨，构成鼻部下 1/3；其外覆盖肌肉和皮肤，内层为鼻黏膜。鼻是人体唯一的嗅觉器官。鼻醒目的突起与相对凹陷的眼睛、相对平坦的面部形成鲜明的对比，构成了面部的立体感，对于面部轮廓美起到重要作用。

2. 鼻的审美标准

（1）鼻部解剖形态有着明显的种族差异，因此，有人称鼻形是"人种的说明书"。按照东方人的外鼻特点，可将鼻子的形状分为九类。

① 理想鼻型：鼻梁挺立、鼻尖圆阔、鼻翼大小适度，鼻型与脸型、眼型、口型等比例协调和谐。

② 鹰钩鼻：鼻梁上端窄而突起、鼻尖部向前下方弯曲成钩状、鼻中隔后缩。

③ 蒜型鼻：鼻尖和鼻翼圆大，两者形态不明显。

④ 朝天鼻：鼻尖位于鼻翼之后、鼻孔可见度大。

⑤ 小翘鼻：鼻根、鼻梁与鼻尖相比略显低，鼻尖向上翘起。

⑥ 小尖鼻：鼻型瘦长、鼻尖单薄、鼻翼紧附鼻尖，展开度不大。

⑦ 狮子鼻：鼻梁过宽、鼻翼及鼻尖大而阔。

⑧ 鞍鼻：鼻梁塌陷、缺乏立体感。

⑨ 波状鼻：鼻梁凹凸不平，缺乏线条美。

（2）鼻的美学观察包括鼻根高度、鼻背形态、鼻根凹度、鼻翼突出度、鼻孔形状、鼻和鼻基底方向等。

① 鼻根高度。从种族差异看，白种人鼻型以细高型多，黑种人以阔扁型多，黄种人居两者之间。根据鼻根在两眼内眦角连线上的垂直高度，可分三种类型：低平，

鼻根稍高于两眼内眦角连线，在 7 mm 以内；中等，鼻根高度为 7~11 mm；较高，11 mm 以上。

② 鼻的长度。一般为 6~7.5 cm。

③ 鼻的侧面形态。大体分为凹形鼻梁、直形鼻梁和凸形鼻梁三类。

④ 鼻尖。根据形状分为鼻尖尖而小，鼻尖大小中等、圆尖适度，鼻尖肥大钝圆三型。

⑤ 鼻基底。主要指鼻小柱和两鼻孔的外侧缘的位置，一般分为上翘型、水平型、下垂型三型。

⑥ 鼻孔。传统方法将鼻孔形状分为六类三型，即：圆形或近方形、三角形或卵圆形、椭圆形及长椭圆形。鼻孔最大径的方向也分为三种类型，即横向、斜向、纵向。20 世纪 70 年代，加拿大学者 Farkas 等提出并证实了人类有 7 种鼻孔类型，他巧妙而简洁地引用两条辅助线来揭示各种鼻孔类型，从数量上描述了各型鼻孔的变异范围和鼻孔类型在人种中的分布情况。

⑦ 鼻根点凹陷。从侧面观察可分四级：0 级，鼻根点无凹陷，几乎成直线连续；Ⅰ级，鼻根点略有凹陷；Ⅱ级，鼻根点凹陷明显；Ⅱ级，鼻根点凹陷甚深，额骨与鼻骨相接处明显成角转折。

⑧ 鼻翼高度。从鼻翼下缘到鼻翼沟的最大垂直距离可分三种类型：低鼻翼，约占鼻高的 1/5；中等鼻翼，约占鼻高的 1/4；高鼻翼，约占鼻高的 1/3。

⑨ 鼻翼宽度。根据鼻宽与两眼内眦角间距的关系可分：狭窄鼻翼，宽小于两眼内眦间距；中等鼻翼，两者几乎等长；宽阔鼻翼，宽大于两眼内眦间距。

⑩ 鼻翼沟。不同人的鼻翼沟发育程度是不同的，通常可分为 3 种类型：不明显；中等；显著。鼻翼沟与鼻唇沟的关系可有两者不汇合、两者微汇合及两者完全连成一线。

⑪ 鼻翼的突度。可分三类：不突，即鼻翼与鼻侧壁平面几乎在同一水平；微突，即略有突出；甚突，即鼻翼呈膨胀型，比鼻侧壁平面显著突向前方。

理想而美的鼻大小、形态应与整个面型及其他器官相协调，且符合本民族的审美标准及特点。一般来说，鼻位于面部正中，鼻梁挺立，鼻根部应位于面部上 1/3 处，鼻基底应位于面部下 1/3 处。鼻的长度为颜面长度的 1/3。中国成年男性的标准鼻根高约为 9 mm，女性的标准鼻根高约为 11 mm。鼻深的理想值相当于鼻长的 1/3。鼻宽为鼻高的 1/3。两鼻孔长轴夹角 80°~105°，且呈卵圆形，而鼻小柱的宽度与卵圆形鼻孔的宽度相等；鼻的各种角度符合美学范围。男性鼻梁以近似直线为美；女性鼻梁以小巧细窄、稍呈凹线、鼻尖微翘、曲线柔和为美。

（二）耳的美学功能与审美标准

1. 耳的美学功能

耳位于头颅两侧，左右各一，对称生长。耳可感知声音、位置，掌握平衡，是人体重要器官。耳对称性的生长维持了人体形式美的对称与均衡。耳廓上精致美丽的耳饰增加了容貌的动态美和色彩美，增添了人的魅力和自信。东方文化认为大耳有福。肥大、厚实和红润之耳是荣华富贵的象征，正所谓"双耳垂肩乃帝王之相"。

耳包括外耳、中耳和内耳三部分。外耳包括耳廓、外耳道和鼓膜，影响容貌的主要结构是耳廓。耳廓位于头部两侧，对称排列。耳廓上缘与眉等高，耳垂附着点（下界）与鼻底等高。

2. 耳的审美标准

耳的美学观察包括耳廓外展程度、耳廓形态和耳垂的形态三个方面。

（1）耳廓外展程度。耳廓的外展程度依据其与颞部所形成的角度分为三种类型。

① 紧贴型：耳廓横轴与颞部所形成的角度不超过30°。

② 中等型：耳廓横轴与颞部所形成的角度在30°~60°之间。

③ 外展型：耳廓横轴与颞部所形成的角度在60°以上。

（2）耳廓的形态。根据耳轮、对耳轮及耳轮结节的形态，耳廓可分为六个类型：即猕猴型、长尾猴型、尖耳尖型、圆耳尖型、耳尖微显型、缺耳尖型。

（3）耳垂的形态。耳垂的形态变异很大，其大小位置也不尽相同。有的种族几乎没有耳垂，而高加索人种中，耳垂的大小则随年龄的增长而加长。根据耳垂形态的不同可将其划分为以下类型。

① 圆形（小圆形）：耳垂向下悬垂呈圆形。

② 方形（短方形）：耳垂与颈部皮肤相连接几乎成一直线。

③ 三角形：耳垂下部边缘向上吊起，大部分或完全与颈部皮肤相连。

④ 附连三角形：耳垂的内侧完全与颈部皮肤相连，但整个耳垂仍呈三角形。

根据耳垂与颊部皮肤相连的方式不同又分为完全游离型、完全粘连型与部分粘连型。

（4）外耳的分型。

根据外耳耳廓的基本形态，外耳分五种类型。

① 标准耳（海螺耳）。耳廓均等，无耳尖，给人秀美的感觉。

② 不等轮耳。耳轮上下不均等，虽然文雅，但显软弱。

③ 连垂耳。耳垂与颊部皮肤完全相连，几乎看不到耳垂，给人以胆小的感觉。

④ 游垂耳。耳垂大而圆，下垂感强，完全游离于颊部皮肤，中国常将其视为高贵的象征。

⑤ 招风耳。外耳与颅侧壁的角度增大，超过30°，耳廓上部呈扁平状态，给人以笨拙之感。

理想而美的耳是廓在头颅两侧对称生长，处于标准耳位置，上端平眉弓上缘水平线，下端平鼻底水平线，耳轮脚与颞部连接处平外眦水平线，耳垂与颞部连接处平鼻尖水平线；颅耳角约30°，耳甲与耳舟成直角，耳甲与颅侧壁亦成直角。耳廓长轴延长线与鼻背线延长线的交角约为13°；且与头、面、其他器官大小协调。耳廓外形圆滑、线条流畅，无明显耳尖；耳廓各组成部分之间比例协调，结构清晰；耳垂长度约占全耳长的1/5，且以大而饱满、圆润为美。耳廓在人群中各异，就是同一人左右亦不一样。轻度的差异不会引起人们的注意。根据这个基本的事实，我们应当以"不引起常人特别注意"作为判断正常耳还是异常耳的美学标准。

三、唇、牙、颏的医学美容设计

（一）唇的美学功能与审美标准

一般认为唇是容貌美学中仅次于眼睛的重要器官。唇不仅具有说话、进食、吐出、吹吸气、亲吻和辅助吞咽等功能，而且还有高度进化的表情功能。口唇是面部器官中活动能力最大的软组织结构，与面部表情肌密切相连；唇的移行部——红唇皮肤极薄，能透过血管中血液的颜色，加之该处血运丰富，这些决定了唇在容貌美学中的优势，即形态美、动感美和色彩美。达·芬奇的著名肖像画《蒙娜丽莎》，其重点就在唇。

1. 唇的美学功能

唇分为上、下两部分。上唇以鼻底为上界，下唇以颏唇沟为下界。唇的两侧以鼻唇沟与颊部相连。上下唇之间为口裂，口裂的两端为口角。

按照唇的颜色可将其分成红唇和白唇两部分。白唇表面覆盖的是皮肤，正中为人中。人中部中央纵向凹陷为人中凹，两侧隆起的边缘为人中嵴，也称人中柱。人中常用以作为面部中线的标志。红唇则是皮肤与黏膜的移行区域，两者交界处称唇红缘，呈弓形又称为唇弓。上唇的唇弓曲线起伏弧度变化大，在正中线形成低点，称为唇谷或唇弓凹，此谷上续人中凹；正中线两侧形成最高点，称为唇峰或唇弓峰，此处与人中嵴相延续。上唇红唇正中部呈珠状凸起的，称为唇珠。

（1）白唇。

① 正面观：上唇白唇正中的人中是人类特有的标志。其上接鼻小柱，下续唇谷，高度为 13~18 mm。上唇高度是指上唇皮肤的高度即鼻小柱根部至唇峰的距离。我国成年人上唇平均高度为 13~20 mm，根据此高度差异可分为三类：低上唇，高度小于 12 mm；中等上唇，高度 12~19 mm；高上唇，高度大于 19 mm。

② 侧面观：根据上唇白唇与鼻小柱的角度关系，可将上唇突出程度分为五种类型，即突出凹型，占 45.5%；突出直型，占 24.8%；突出凸型，占 9.5%；笔直型，占 19.2%；后缩型，占 1.0%。

根据下唇与颏部角度关系，可将下唇前突程度分为三型，即凹型，占 59.0%；直型，占 29.0%；凸型，占 12.0%。

唇侧面形态取决于面部骨骼的结构与牙齿的生长状态，与种族、遗传等因素密切相关。白种人多为直型唇，少部分为凹型唇；黑种人多为凸型唇，而黄种人则多为微凸型唇，少部分为直型唇。

（2）红唇。上唇唇弓连接两端微翘的口角，形似展翅高飞的海鸥，给人以甜美的笑意，被西方画家称为"爱神之弓"。唇弓的起伏在上唇形成了明显的波峰和波谷，形成唇峰和唇谷。唇谷中央凹陷处形成钝角，称为中央角，中国人一般此角为 150°~

160°。唇峰与人中嵴相延续，唇峰中央最高凸部也形成钝角，称为左右外侧角，中国人一般此角为210°~240°。两侧唇峰的最高点比唇谷最低点高出3~5 mm。

唇珠是上唇唇红中央的结节状突起，在婴儿时期更为明显。唇珠两侧的红唇相对欠丰满，使得唇珠两侧形成了唇珠旁沟，此沟的存在，更加衬托出丰满的唇珠，使唇形更具魅力。唇厚度是指口唇微闭时，上下红唇中央部的厚度。上唇厚度为5~8 mm，下唇厚度为10~13 mm。下唇较上唇稍厚，突度比上唇略小。根据上下唇闭合时的位置可分为三种类型，即上唇突出型，占67.5%；上下唇同位型，占31.5%；下唇突出型，占6%。

（3）口角。正常人的口角位置约位于平视状态下经瞳孔向下的垂线与尖牙和第一前磨牙间的交叉点处。当唇部自然放松时，上颌切牙外露约2 mm，微笑时，则牙冠部分外露，但不应超过2/3。口裂宽度是指上下唇微闭时，两侧口角间的距离。根据数值的大小可分为三型：窄小型，宽度30~35 mm；中等型，宽度36~45 mm；宽大型，宽度46~55 mm。口裂宽度应与面部、鼻部及内眦间宽度相协调。口角间距与内眦间距之比为3∶2或者符合黄金比例的要求。

2. 唇的审美标准

唇的形态可依据高度、厚度、前突度、口裂宽度等不同的标准进行多种分类。一般常见的唇型大致有下面几类。

① 理想型。口唇轮廓线清晰，下唇略厚于上唇，大小与鼻型、眼型、脸型相适宜，唇结节明显，口角微翘，整个口唇有立体感。

② 厚唇型。口轮匝肌与疏松结缔组织发达，使上下唇肥厚，上唇的唇峰高，如果超过一定的厚度，唇型就有外翻倾向。

③ 薄唇型。口唇的唇红部单薄。

④ 口角上翘型。两侧口角向上翘，可产生微笑的感觉。

⑤ 口角下垂型。口裂两端呈弧线向下垂，给人愁苦的感觉。

⑥ 尖突型。薄而尖突的口唇，唇峰高，唇珠小、前突，唇轮廓线不圆滑，尖突口唇常伴狭小鼻子，影响脸型。

⑦ 瘪上唇型。正常上牙床位于下牙床前，如上牙床位于下牙床之后时，就会形成上唇后退、下唇突出的形态，这种口唇一般是上唇薄下唇厚。

口唇外形有种族差异，如白种人唇较薄，黄种人稍厚，黑种人最厚。同种族之间也有群体和个体差异。大小厚薄理想的所谓标准唇型并不适合所有的人，唇型的美丑不能脱离每个人的具体特征，与脸型相配，与五官协调，与性格气质相符的唇型，才能产生动人的美感。理想的唇优美的唇型可以展示人们的端庄、漂亮、高雅和无限魅力。口唇过薄，会显得老态；过厚，则会使人显得木讷。

理想的唇形应是口唇轮廓清晰，唇峰、唇谷明显，唇珠突出，口角微翘，唇红线条流畅富于动感，口唇富于立体感。从侧面看，上唇较下唇略松且薄，轻轻盖在下唇之上，并微微突出、翘起。上唇的高度应与鼻尖的高度相似，唇的大小与鼻型、眼型、脸型相适宜。唇红表面光滑无褶皱及脱皮，颜色红润、娇艳、丰满。女性的唇以丰满圆润为美，男性的唇以轮廓清晰的方唇为美。

（二）牙的美学功能与审美标准

笑容是美丽的起始点，也是社交的通行证。整齐而洁白的牙齿可以为甜美的微笑增添魅力与姿色。牙齿呈弓形，整齐地排列于口腔之中，组成完整的牙列，行使咀嚼、语言、保持面部的协调美观等各种功能。俗话说"牙齐三分美"。我国最早的文学作品《诗经》中，就有"齿如瓠犀"等赞美女子牙齿洁白整齐的描述。

1. 牙的美学功能

人一生有两副牙齿，即乳牙和恒牙，乳牙的萌出时间是6个月左右，2岁出齐，乳牙共有20颗，上下各10颗。6岁至13岁为替牙期，在此期间，恒牙依一定顺序萌出，换掉相应的乳牙。恒牙有32颗，上下各16颗。

完整而整齐的牙齿可以维持良好的牙弓形态和面颊、唇部的对称与丰满，对于保持面部外形轮廓起到支持作用。如牙列缺失严重，将会造成颊部凹陷，皱纹增多，面容衰老；如牙齿对合异常，将会造成"龅牙""地包天"等形态，影响面部侧面轮廓；如长期用一侧牙齿咀嚼食物，则会增强该侧的咬肌，使得面部偏斜，失去对称美。前后有序、大小有别的牙齿连线排列呈抛物线的弓形即是一种自然的排列美；整齐的牙齿以正中切牙为中心向两边对称生长，展现了对称美；洁白如玉的牙齿与红润的唇部形成了对比鲜明的色泽美；牙齿辅助发音的功能使得人讲话可以字正腔圆，体现了声音美；因此，牙齿在面部容貌美中起到不可忽视的重要作用。

2. 牙的审美标准

每个牙齿的位置、功能、形态不同，共分为四类，即切牙、尖牙、双尖牙和磨牙。切牙位于口腔前部，上下共8颗。其缺损、异常对发音及容貌美有直接影响。尖牙，俗称犬齿，位于口角处，上下左右共4颗。尖牙便于穿刺和撕裂食物。如其缺损，口角上部易造成塌陷，对面容影响较大。双尖牙，又称前磨牙，位于尖牙之后、磨牙之前，上下左右共牙，位于双尖牙之后，上下左右共计12颗。牙冠大，呈立方体，结构复杂。它的错位和缺失将会影响正常咬合关系而出现错验畸形，影响容貌美。

牙齿的形态与牙列形态、脸型有一致的协调关系，如长脸型的人，牙齿也偏长；而圆脸型者，牙齿形态也较短小、圆润。人的容貌在一定程度上取决于脸型，而脸型又与颌骨发育密切相关，上颌骨发育是否正常对面部是否匀称影响很大。不同的颌骨形态、牙弓形态构成不同的脸型，一般可将脸型、牙弓形、牙型分为方形、圆形和三角形三类。

理想而美的牙是牙列完整，排列整齐，不挤不疏；咬合关系良好，上下前牙覆盖关系正常；牙齿形态完美，与面形协调，结构清晰，无畸形牙，牙体组织完整无缺损；牙齿洁白或微黄，富有光泽，牙周组织健康，牙龈及嘴唇色泽红润。

（三）颏的美学功能与审美标准

颏，俗称下巴，位于面下。颏与鼻、唇一起决定面部侧貌突度及轮廓。颏的高度、突度及大小对面下 1/3 高度、宽度乃至整个面型都有重要影响作用，被誉为容貌美的黄金部位。在一定程度上，颏部的外形轮廓还可反映出人的性格特征和气质。一些公认漂亮的面庞，就是以微微突出的颏为其鲜明特征之一，有人称之为"现代人类的美容特征"。

1. 颏的美学功能

颏部位于面下部，其上部通过颏唇沟与下唇皮肤相延续，下部为颏下点，也是整个面部的最下点，左右两侧皮肤与颊部相延续形成唇颊部。下唇、颏唇沟和颏构成颏唇复合体，决定了颏的轮廓。颏的观察主要包括以下内容：

（1）颏高度：以面部"三庭五眼"的"三庭"角度看，颏位于面部三庭的"下庭"。协调的颜面结构中"三庭"高度相等，而"下庭"当中仍存在着"三庭"。以口裂、颏唇沟为标志，可将面下 1/3 再分为三等分。上唇（包括白唇与红唇）与下唇及颏的高度比例为 1 : 2（女性略小）。

（2）颏突度：侧面观，于耳屏上和眶下缘用一水平线，再自软组织鼻根点引出一条垂线，向下延伸至颏；另外自眶下缘的前方也引出一条垂线。如颏部位于两条垂线之间，则为正常型。如颏部向前超过鼻根垂线，则为前突型；如颏部后缩超过眶下缘垂线，则为后缩型。理想颏突度是颏前点轻贴于鼻根点垂线。黄种人多为垂直或轻度后缩。

（3）颏唇沟深度：指侧面观下唇皮肤与颏部皮肤相交处软组织最低点至颏前点的水平距离。据张震康报告结果显示，中国美貌人群颏唇沟较深，男女分别向前 13 mm 和 7 mm。男性表现出更为明显的轮廓。

（4）鼻唇颏三者关系：鼻、唇、颏三者位置关系协调与否决定了面部侧面的轮廓美。

① 瑞氏审美平面：从鼻尖点至软组织颏前点的审美平面（也称为 E 线）。要求上唇距离此线较下唇距离此线稍远。上唇均距 4 mm，下唇均距 2 mm。白种人上下唇均位于此平面后方，黄种人上下唇与此平面相切，黑种人上下唇均突出于此平面。

② 斯氏审美平面：鼻尖至人中呈 S 形曲线，该曲线中点与软组织颏前点的平面。理想的容貌是上下唇突点与该平面相接触。

③ 莫氏的 Z 角：从软组织颏前点到最突出的唇做一连线，此线与眶耳平面形成一个夹角称为 Z 角，理想角度为 80.5°。

2. 颏的审美标准

（1）根据颏部正面观形态，可将颏分为 5 种类型。

① 圆颏：颏部圆钝，给人以快活、天真、富贵之感。

② 方颏：颏部两侧突出，底部较平，给人以坚强、刚毅之感。

③ 鼓颏：颏部丰满鼓胀，给人以宽容、大度、迟钝之感。

④ 长颏：颏部过长，给人以冷静、呆板之感。

⑤ 尖颏：颏部尖细，给人以机智、活跃之感。

（2）根据颏部侧面观形态，可将颏部分为 6 种类型。

① 标准颏：颏部形态自然，线条流畅、优美，给人以端庄、秀丽之感。

② 凹型颏：颏部弧度过大，颏唇沟深陷，颏前突明显，给人以性感、艳丽之感。

③ 小颏：颏部细小，给人以幼稚之感。

④ 平颏：颏部弧度过小，轮廓较平，给人以冷静、呆板之感。

⑤ 圆颏：颏部膨胀，给人以稳重、迟钝之感。

⑥ 重颏：双重颏形，给人以富贵、迟钝之感。

理想的颏是鼻、唇、颏关系协调，颏前点位于瑞氏平面上，上唇距离瑞氏平面约4 mm，下唇距离瑞氏平面约2 mm。鼻根点与颏前点连线垂直于眶耳平面。颏唇沟较深，颏微微上翘；颏高度适中，上唇占下庭1/3，下唇到颏占下庭2/3。女性以颏部线条流畅、平滑为美，尽显女性之柔美；男性以颏部棱角分明为美，尽显男性之阳刚。

四、颈与躯干的医学美容设计

（一）颈、肩、背的美学功能与体型审美标准

1.颈部美学功能与审美标准

颈形似圆柱体，连接着头部与躯体，与面部相续延，对于容貌美具有促进作用。人体正面观，可见数个凹凸有致的曲线，体现着人体的线条美，而颈部也是构成S形曲线的重要组成部分。颈部良好的姿态可以展现人体的曲线美，充分展示人的风度和气质。"天鹅颈"，顾名思义，指的是像天鹅般优美、修长、笔直的脖子。拥有优美修长的脖子，能一下提升人的气质。反之，颈部粗短，会给人笨拙之感；颈部过于纤细柔弱，则显病态；若颈部筋骨毕露，则给人以火暴躁动之感；如颈部有脂肪堆积，则显得臃肿；火鸡脖给人以衰老体弱的印象；歪颈使人体失去平衡。以上这些都是颈部形态之大忌。

男性喉结大而位置低，颈部较短粗，颈部两侧胸锁乳突肌发达，锁骨上窝和胸骨上窝明显。女性喉结小而且位置高，颈部稍细长，颈下部甲状腺较男子发达，所以颈部从侧面看上细下粗。女子胸锁乳突肌外显不如男性，锁骨上窝浅。颈前皮肤的皮脂腺和汗腺的数量仅为面部的1/3，皮脂分泌较少，难以保持水分，易干燥而产生皱纹。

根据颈的形态特征可分如下类型。

（1）正常颈。颈部前凸适宜，前弯距在3~5 cm之内，颈的粗细与头部大小、肩宽相和谐，头颈长约为身高的1/6。

（2）细长颈，见于瘦长体型，头颈长大于身高的1/6，可经颈部健美训练或增加饮食使皮下脂肪增加，改善形态。

（3）粗短颈。多见肥胖和超力体型，减肥有助于改善粗短颈的形态。

（4）探颈。为较常见不良形态，颈部向前探出，多见于先天性驼背体型或颈部外伤等疾病，可经体姿训练或去除病因来改善。

（5）仰颈。颈部后仰、胸部前挺，多见于颈部病变。

（6）斜颈。可因先天性斜视、脊椎发育畸形、单侧颈肋畸形、肌性斜颈、痉挛性

斜颈等单侧因素引起，以肌性斜颈最多见。

（7）缩颈。常见于短颈和习惯性耸肩，挺胸、抬头、降肩训练可改善缩颈。

（8）蹼颈。多见于女性颈部双侧皮肤蹼状畸形，可通过美容外科手术矫治。

2. 肩部美学功能与审美标准

肩部是躯干的上端，为颈、胸、背和上臂相互连续的部位，是三角肌的覆盖区，基本形为三角形，中央圆滑隆起。肩关节是支撑肩部形态的骨架。肩关节由肩胛骨、锁骨和肱骨上端构成，影响肩外部形态的肌肉有三角肌、斜方肌、喙肱肌等。男性肩三角肌发达、厚大，且起点宽厚，锁骨长而弯曲度大，故男子肩平宽、肩峰高；女性肩部肌肉不发达，三角肌起点较薄弱，中部厚且宽，锁骨短而直，故女子肩平薄窄、肩峰低，有娇小柔弱感。

根据肩部水平线与颈交接关系，可将肩分为 3 种类型。

（1）正常肩：肩部上缘与颈部交接处高于肩峰，此点与肩峰的假设连线和水平线的夹角<45°。

（2）溜肩：又称塌肩，肩部上缘和颈部交接处与肩峰的假设连线和水平线的夹角>45°，多见于女性。

（3）平肩：肩部上缘和颈部交接处与肩峰连线趋于水平，上述夹角明显缩小。

另外，由于某些疾病或长期体姿不正导致的不对称肩，表现为一平一耸、一平一溜、一耸一溜等不对称形态。

理想而美的肩是两肩对称，肩峰圆润、丰满、不耸肩也不塌肩，曲线优美，与头部形成同样大小的角度关系。锁骨窝显丰盈光滑。男性以肩肌发达、肩平宽、厚壮结实为美，给人以阳刚之美；女性以肩肌不显、皮肤白皙、光滑、肩窄微溜、肩部圆润为美，给人以阴柔之美。

3. 背部美学功能与审美标准

背部是人体背面的重要审美要素，其形态对人体体形美发挥重要作用。从侧面观，背部上与颈部、下与腰部构成双 S 曲线，体现人体的线条美。男性宽厚、挺拔的背部，被称为"虎背"，展现男性刚毅、雄伟的气质；女性光滑、细腻、圆润的背部，被称为"性感之丘"，展现女性优美的线条与无限的魅力。

背部位于躯干上部后面，上续肩颈、下连腰部。背部的斜方肌、背背部受脊柱向后突出的胸曲的影响而略向后突，呈圆弧形。背部正中呈纵沟状，沟两侧有纵行肌肉隆起。男性背部呈方形，背部肌肉发达，凹凸明显，肩胛骨大，背后突弧度小。女性背部呈倒梯形，背部肌肉不发达，凹凸不明显，肩胛骨较小，背后突弧度稍大。

根据脊柱生理弯曲状况，可将背部分为以下几种常见类型。

（1）正常背：脊柱各弯曲在正常范围之内，即脊柱颈曲、腰曲弯矩在 3～5 cm，胸曲弯矩在 2.5～4.0 cm。侧面观，头颈正直落于肩上。

（2）圆背：又称驼背，脊柱胸曲过于后突，呈圆弧状。侧面观，头颈落于标准姿势线前方。

（3）平背：又称直背，脊柱胸曲和腰曲弯度均小，呈平直状态。

（4）鞍背：脊柱胸曲下段和腰曲过分前突，至腹部前。侧面观，头颈落于标准姿势线后方。

理想而美的背是背部宽窄适中，与臀部的比例适当，后突适中；男性背部呈方形，肌背部宽窄适中，与臀部的比例适当，后突适中；男性背部呈方形，肌肉发达，肩胛骨大，以宽阔、厚实、挺拔为美。女性背部呈倒梯形，肌肉不发达，肩胛骨不明显，与腰部起伏呈优美的S形曲线，脊柱沟较明显，无脂肪堆积、无皮肤松弛下垂，皮肤白皙、细腻，无粉刺，以光滑圆润为美。

（二）胸部的美学功能与体型审美标准

胸部是躯干正面上部重要的审美观测点。胸部形态对人体整体形态美、线条美发挥作用，也是展现气质美的重要途径。男性宽厚、丰满而富有弹性的胸部与两侧锯状肌群相配，可充分显示男性的力度感和阳刚之气。女性形态丰满、曲线优美的乳房，富蕴女性魅力，是充分显示女性人体美的特有象征。

1. 胸部的美学功能

胸部与背相对应，上界为锁骨，下界为肋弓，两边界为腋中线。胸廓呈扁圆桶状，上宽下窄，由肋骨、胸骨和胸椎构成。外附胸大肌、胸小肌、前锯肌等肌肉，胸廓的外形与肌肉的发达程度密切相关，其中胸大肌影响最大。男性胸肌发达呈四方形隆起，胸廓大、厚而宽。女性胸肌扁平，乳腺发达而形成乳房，胸廓窄而圆，下部内收。

2. 胸部的审美标准

根据胸部形态，可分如下类型。

（1）正常胸。胸廓前后径与横径之比为3∶4，胸骨较平，胸肌结实而丰满。

（2）扁平胸。上述胸廓比明显小于3∶4，胸部平坦，肩高耸，锁骨突出。

（3）桶状胸。胸廓前后径过大，甚至等于或超过横径，如圆桶状。

（4）鸡胸。胸廓侧壁内凹，胸骨前突，形如鸡的胸廓。

（5）漏斗胸。胸骨下端内凹，形如漏斗。

理想而美的胸是胸廓呈扁桶状，前后径与横径之比为3∶4。男性以肌肉发达、胸廓宽大而厚壮为美，显示男性力度美；女性以肌肉不发达，胸廓窄圆，且拥有丰满、挺拔而富有弹性的乳房为美，显示女性的曲线美。

（三）腰、腹、盆的美学功能与体型审美标准

腰、腹、盆共同构成人体躯干的下半部，是构成人体躯干曲线美的重要部位，是躯体上下活动的枢纽。无论是人体正面观还是侧面观，腰、腹、盆及由骨盆和肌肉构成的臀部都与相邻的部位共同构成线条流畅的S形，对于女性来说，此处是追求曲线美的核心。挺拔的腰身，平坦的腹部给人以自信大方的美感。灵活的腰腹部更是人体体姿美的体现。女性骨盆则显示了人类的生殖能力与造型美。而臀部是展示女性魅力最生动、最丰满的部位，也显示出男性强健的力感和阳刚之气。

1. 腰、腹、盆的美学功能

（1）腰部比例。

① 女性：胸围与腰围比例为3∶2。腰围与臀围比例一般在0.67～0.80。

② 男性：胸围与腰围之比为4∶3。腰臀比一般在0.85～0.95。

（2）腹部。腹部位于人体躯干正面的下部，其上界为剑突及肋弓缘，下界为耻骨联合、腹股沟及髂嵴，两侧为腋中线。腹部形态取决于腹肌及皮下脂肪的堆积情况。男性腹直肌发达，皮下脂肪少。一般男性腹部可见两排6块腹肌突起，健美运动员可见两排8块腹肌突起。女性肌肉不发达，皮下脂肪厚，上腹部窄小而平滑，下腹部与骨盆相协调，外形圆隆，被称为"生命之壶"。根据腹部侧面形态可将腹部分为三型。① 凹陷型：腹部位于剑突与耻骨联合线以下；② 挺直型：腹部位于剑突与耻骨联合线水平；③ 鼓凸型：腹部突出于剑突与耻骨联合线之外。

肚脐位于腹部正中线，是人体重要的解剖体表标志，高度相当于第3～4腰椎，是分割人体全长的黄金分割点。根据脐正面观形态可将其分为三种类型。喇叭型：多见于女性；水平舟型：多见于男性或肥胖女性；垂直舟型：多见于消瘦体型者。根据脐部侧面观可将其分为凸脐、平脐、凹脐和强凹脐。

（3）骨盆。骨盆是由骶骨、尾骨和髋骨所组成。其外形由骨骼形态及肌肉发达程度决定，男女差异大。男性骨盆前后径小于左右径，呈短方形；女性骨盆前后径与左右径相等，骨盆侧翼外展低平，呈长方形。臀部的骨架为骨盆，附着臀大肌、臀中肌和臀小肌。立位时，臀部呈方形，两侧臀窝明显。女性臀部丰满圆润；男性骨盆窄，肌肉较发达，臀部棱角分明，臀窝显著。

① 按照脂肪堆积情况臀部可分为四型。标准型臀：整个臀部脂肪分布均匀，适中；桶腰型臀：臀部脂肪在近腰部分布居多，使腰臀曲线平直，呈桶状；马裤型臀：臀部脂肪在大转子部分堆积，呈马裤样；后伸型臀：臀部脂肪在两侧臀中心堆积，臀部向后伸展。

② 按照臀部侧面观其后突情况臀部可分为三型。后翘型：臀部向后上翘，腰臀曲线大，属美臀型；平直型：腰臀曲线平直；下垂型：臀向下悬垂。

2. 腰、腹、盆的审美标准

（1）理想而美的腰是比例恰当、粗细适中、灵活的，体现活泼青春之美。男性以肌肉发达，棱角分明，粗圆有力为美，尽显男性刚毅与健美；女性以圆润、曲线流畅、纤细有力，无脂肪堆积，展现女性玲珑曲线之美。

（2）理想而美的腹是平坦微隆凸，皮肤无色素沉着，无静脉曲张，无脂肪堆积及皮肤松弛下垂，肚脐大小适中，呈圆形且低于皮肤平面呈凹陷状，腹部柔软有弹性。男性以腹直肌明显、垒垒成块为美。女性以肌肉不明显，表面光滑，外形微呈圆隆为美。

（3）理想而美的盆。（臀）骨盆对称是指两侧平衡无歪斜。男性骨盆窄，前后径小于左右径，臀部外形似倒立的蝴蝶，以肌肉宽大、肥厚而富有弹性、臀窝明显为美，充分显示男性的阳刚之美。女性骨盆宽，前后径与左右径相等，骨盆侧翼外展，前倾角度大，宽度与腰相协调；臀部外形圆滑、丰泽而富有弹性，线条与腰相柔和，上下呼应，跌宕起伏，构成形体的韵律美；臀窝呈菱形；走动时左右摆动，体现女性的形体美与青春活力美。

五、四肢的医学美容设计

四肢因为集中了人体大部分运动器，包括骨骼、关节和肌肉，是人体最活跃的一部分。它们的正常形态和生理功能，提供了人体一种充满生命活力的美感。四肢在形态美学上存在性别差异，主要体现在皮肤的肤质和形态结构上。男性骨骼和肌肉在外形上较为显露，鼓胀而富有弹性，血管充盈，关节周围的韧带较紧，故显示男性的强健有力的阳刚之美。女性的四肢比例较小，皮下脂肪丰满，韧带较松，关节运动范围较大，活动更为灵巧，显示女性的柔软、丰润和线条之美。

(一)上肢的美学功能与体型审美标准

1. 上肢的美学功能

上肢是人体的运动器官，参与了人体大部分的劳动和工作，是人体的运动器，同时还起到平衡身体和情感表达的作用。左右对称生长的上肢展现了人体的对称美，女性的上肢更多体现平滑的曲线美，男性的上肢更多地体现了硬朗的直线美；上肢的活动可将人类的内心世界展露无遗，优雅的上肢活动可以展现良好的个人素质与修养。手部精细运动的灵活性，更能传达丰富的内心情感。手是人类上肢末端高度分化的结果，并且是区别于动物的一个重要特征。美的手部皮肤光滑，色泽红润，肌肉细小，富有弹性，线条柔和，手指动作具有较强的灵活性，并能传达丰富的内心情感。

上肢的美学特征。男子上肢粗长，肩部三角肌、肱二头肌和前臂屈肌发达，肌肉界限明显，肘部、腕部骨性标志和肌腱明显。女性上肢细短，上臂围约为前臂围的1.2倍，肘、腕、掌、指各部关节活动范围大，提携角大，从肩至手的形体过度和缓，运动有柔软的漂动感。可用上臂紧张围和放松围来衡量上臂形态，两个围度相差较大者肌肉发达。也可测前臂围，大于正常者，前臂较粗壮，反之较苗条。

上臂部伸展类型：欠伸，当两臂(掌侧向上)用力向左右水平伸展时，上臂与前臂不在一条直线上，前臂稍向上曲；直伸，伸展时上臂与前臂在同一直线上；过伸，伸展时上臂与前臂不在一直线上，且前臂稍向下曲。

手部形态：从掌侧面观察，正常手掌与中指长度比为4∶3，手掌阔度等于中指长度。从背面观察，五指长短不一，中指最长，拇指与小指等长，拇指的近节和末节分别与示指、中指、无名指的近节和中节等长，小指尖伸直时等于或超过无名指末节指横纹。男性手较粗，掌宽厚，指圆而方，手指静脉和肌腱轮廓清晰。女性手娇小，指尖而修长，关节灵活，皮下脂肪厚，外形丰满。异常的手形有爪形手、猿手、扇形手、铲形手、蜘蛛指等。

2. 上肢的审美标准

根据上肢伸展时的形态特征，上臂的分型分为欠伸型、直伸型和过伸型三种类型。

①欠伸型（伸展不足）：当两臂（掌侧向上）用力向左右两侧水平伸展时，上臂和前臂不在同一直线上，前臂稍向上曲。

②直伸型：当两臂（掌侧向上）用力向左右两侧水平伸展时，上臂和前臂在同一直线上。

③过伸型（伸展过度）：当两臂（掌侧向上）用力向左右两侧水平伸展时，上臂和前臂不在同一直线上，前臂稍向下曲。

直伸型的臂最符合美臂的标准，这样的臂伸展起来给人以清晰的线条美感。

3. 手的分型

根据手型指数（即手的宽度除以手的长度的百分数），可将手分为三型。

①宽型手，手型指数大于48%，此型手显得宽厚粗短。

②狭型手：手型指数小于42.9%，此型手显得细长瘦薄。

③中间型手：手型指数43%～47.9%，此型手比例适中。

根据手指外形，可将手指分为三型。

①短指型：指根至指端，短且粗。此型多见于矮胖体型人。

②圆锥型：指根粗，向指尖逐渐变细，指尖细而圆润，此型给人以纤细、灵活之美感。

③玉笋型：长短比例适中，指根比指尖略粗，指尖圆滑纤细富有弹性。此型属美指型。

理想的上肢是上肢长度与身高相协调，粗细适中，位置适当，与身体其他部位协调统一。上肢自然下垂时，肘部与肋弓下缘等高，腕部与耻骨等高，掌骨小头与臀下皱襞等高。标准的上肢应为三个头长，其中上臂为三分之四个头长，前臂为一个头长，手为三分之二个头长。男子上肢以肌肉发达，轮廓清晰，手掌宽厚有力为美；女性以上肢肌肉不显，光滑平顺，修长圆润，皮肤白皙为美。女性美手标准是手掌和手指修长，皮下脂肪适度，皮肤柔嫩红润。手指关节灵活、不突出。手指甲色泽红润，无干裂、起刺、凹陷、裂纹和甲癣等。

（二）下肢的美学功能与体型审美标准

1. 下肢的美学功能

下肢的骨骼和肌肉发达，皮下脂肪丰富，稳定性大于灵活性，具有支撑体重和运动的功能，在人体美的造型中发挥重要作用，也是服饰选择的重要依据。健美的大腿是构成人体美的重要因素之一。股四头肌健壮的轮廓，直接影响大腿的外观。健美的大腿皮肤光滑而富有弹性，具有清晰的肌轮廓。男性的大腿以粗壮、结实、棱角分明、肌肉显著为美。女性的大腿肌肤白皙、细腻而富有弹性，皮下脂肪厚度大于男性。足是人体下肢的底座，在人体负重、平衡和弹跳中起着非常重要的作用。男性足宽大而厚壮，足趾粗而方；女性足狭小而薄，足趾细长，趾头略尖，足背皮下组织多于男性。

2. 下肢的审美标准

正常人保持双膝并拢，双踝靠紧，足尖向前的站立体姿时，可形成四个"美学间隙"。第一个间隙位于大腿根部与会阴交界处；第二个间隙位于膝上至大腿中部；第三个间隙位于膝下至腿肚以上；第四个间隙位于小腿肚以下至两踝以上。下肢由腿及足组成，腿又以膝为分界，上部为大腿，下部为小腿。

（1）根据大腿形态及与身材比例关系，大腿可作如下分型。

① 正常腿：大腿长为身高的 1/4，且比例匀称，粗细适宜。

② 长腿：长度超过身高的 1/4。

③ 短腿：长度小于身高的 1/4。

④ 粗腿：若按中国标准身高，18~25 岁成年男女大腿围是 48~52.4 cm，超过52.4 cm 为粗腿，但要结合身高和体型评价。

⑤ 细腿：大腿围按上述标准小于 48 cm 者。

（2）小腿形态从整体上看上部细于中部，中下部又逐渐变细，近踝关节处变为最细小，具体可作如下分型。

① 球形：小腿中部丰满膨大，轮廓清晰。

② 短梭形：小腿中部肌腹呈短弧状，上部略细，下部明显变细，曲线圆滑健美。

③ 长梭形：小腿中部肌肉松弛呈长条状，上下两部细于中部，跟腱较短，给人乏力感。

④ 臃肿形：小腿肥胖，肌腹轮廓不清，浑圆一体，缺乏美感。

（3）根据双腿站立时膝关节的形态，腿部可分三种类型。

① 直型腿：站立时两腿和两膝的内侧面相接触。

② X 形腿：两膝的内侧面相接触，但两腿开分。

③ O 形腿：两腿的内侧面相接触，但两膝分开。

（4）足的分型。

① 正常足：形态正常，足弓高度在正常范围内，检查可见足印最窄处的宽与相应的足印空白处的宽度比为 1:2。

② 扁平足：足弓高度低于正常范围，足印最窄处的宽度增大，与相应的足印空白处的宽度之比为 1~2:1 或更大。

③ 高足弓：足弓高度超过正常范围，足印最窄处宽度为零。

足的畸形（病态）很多，如内旋足、外旋足，内翻足、外翻足，马蹄足、仰趾足等。

理想的下肢是大腿粗细适中，大腿围在 48.0~52.4 cm，长度适当，长为身高的1/4，比例均匀；腿肚鼓突适中，呈纺锤形；两腿并拢时可见 4 个美学间隙，且间隙<1 cm；皮肤弹性好，无脂肪堆积。足部大小适中，长宽比例适当，足底印记检查最窄触处的宽与相应足印空白处的宽度之比为 1:2，前足以第 2 足趾稍长或与拇趾等长为美，足弓高度正常，足趾甲外形平滑、润泽，无异常。男性大腿呈圆柱型，小腿肚

壮圆，以健壮结实、棱角分明、肌肉显著为美；女性以白皙丰满、细腻而富有弹性，小腿肚浑圆，足跟结实，足踝细而圆为美。

思考题：

1. 医学美容概念是什么？
2. 医学美学设计的概念是什么？
3. 科学的医学美学设计标准包含的内容是什么？

本章参考文献

［1］ 韩英红.医学美学.［M］.2版.北京：人民卫生出版社，2022.

［2］ 欧阳学平.医学美学概论［M］.北京：人民卫生出版社，2021.

［3］ 孙乐栋，刘君丽，梁文丽.医学美学［M］.北京：科学出版社，2022.

［4］ 翟黎莉，钱晓明，王瑞.女性人体美评价指标的研究进展［J］.纺织学报，2009，30（1）：131-134.

［5］ 张晓，米生健，高琳.激光美容手术中眼部意外损伤及其防护［J］.临床皮肤科杂志，2023，52（11）：688-691.

［6］ 赵娟.古希腊运动人体的艺术表现与奥林匹克视觉的制造：论"掷铁饼者"视觉形象的建构逻辑［J］.上海体育学院学报，2022，46（12）：48-57.

［7］ 穆蘭，郑一华，周艳虹，等.肢体延长技术在美容增高术的应用进展［J］.中华医学美学美容杂志，2021（6）：491-493.

［8］ 朱思羽，胡洁，戚进.基于美学、人体工学及性能的多因素融合设计［J］.机械工程学报，2020，56（21）：199-207.

［9］ 程相占.康德美学的身体维度及其生态美学意义［J］.文艺理论研究，2019（5）：22-31.

［10］ 何伦，吴慧玲.中国整形美容协会抗衰老分会《美容心理评估与干预抗衰老规范化指南》［J］.中华保健医学杂志，2017，19（5）：459-460.

［11］ 曹志明，秦志华，孙颖莎，等.医学美学美容外科设计［M］.北京：清华大学出版社，2011.

第十章　美学医疗应用

第一节　医学美学临床应用理论

如何界定"医学美学临床应用理论"的概念、研究对象、内容和基本问题等，取决于我们针对哪一种医学模式而言。因为医学模式属于哲学意义上的医学认识论和方法论范畴，影响和制约着医学思维方式和医学活动方式。对"健康"的界定因医学模式的不同而不同，不同的健康观意味着医学对人的生命的介入程度和介入范围也不同。因此，探讨医学美学的临床应用问题，首先要澄清的是医学美学临床应用理论的前提或基础。

一、医学模式的转变

所谓模式是指研究自然现象或社会现象的理论图示和解决方案，同时也是一种思想体系和思维方式。

所谓医学模式是指人们对人类的生命活动、健康和疾病的根本观点和看法，它也是各个历史时期的具体医学实践活动总的指导原则。

1. 西方医学与生物医学模式

人们对疾病病因的认识是随历史和科学研究的发展而变化的。现代西方医学是自然科学冲破中世纪宗教黑暗统治以后发展起来的，随着西方近代自然科学的飞速发展，医学家不断采用物理和化学的研究手段，探索人体的奥秘，从整体到系统、器官，直至现今的分子水平，并将研究成果应用于医学临床和疾病的预防。在这一时期，医学界主要采用自然科学的"实证加推理"的认识论和方法论来认识疾病和健康，因此，医疗活动也往往反映出明显的生物科学属性，故有人将其称为生物医学模式。

人类疾病在较早的历史时期主要是生物因素所导致的，而且给人类留下了深刻的影响，如历史上的鼠疫、黄热病等，20世纪初世界上大多数国家的主要死亡原因还是传染病，而此后的几十年里，生物医学得到快速发展，逐渐认识到传染病是由生物病原体导致的，同时抗菌药物的发明和广泛使用，使大多数国家传染病死亡率逐渐下降，使长期危害人类健康的传染病得到控制。因此，生物医学模式为人类健康水平的提高作出了历史性贡献。生物医学模式的主要观点是：每一种疾病都有确定的生物学或理化方面的特定原因；都可以在器官、细胞或生物大分子上找到某些形态学或病理性的变化；都能找到相应的治疗手段。这种立足于生物科学对健康和疾病的总看法，即生物医学模式。目前，生物医学技术还在不断地发展，比如器官移植、基因工程等，并将进一步为提高人类健康水平作出贡献。

但是生物医学模式也存在某些缺陷，主要是其坚持的心身二元论和自然科学的分析还原论所带来的负面影响。生物医学在认识论上往往倾向于将人看成生物的人，忽视人的社会属性。在实际工作中，只重视局部器官，忽略人的整体系统；重视躯体因素而不重视心理和社会因素；在医学科学研究中较多地着眼于躯体生物活动过程，较少注意行为和心理过程，忽视心理社会因素对健康的重要作用。

2. 生物-心理-社会医学模式

20世纪70年代末，恩格尔在《科学》上发表了《需要一种新的医学模式对生物医学的挑战》一文，直接推动了传统的生物医学模式向新的生物-心理-社会医学模式的转变。他提出应该将人类目前取得的巨大的生物学成就和心理学、社会学的成果结合起来，创建一种新的医学模式。即不仅从个体的局部，而是从人的整体以及群体、生态系统综合起来研究健康与疾病，这是一种系统论和整体观的医学模式。

目前，生物因素相关的疾病如传染病、营养不良等得到有效控制，人类死亡谱的结构已发生根本变化，心身疾病、慢性病及不良生活方式导致的疾病（如心脏病、恶性肿瘤、脑血管病、意外死亡等）取代传染病成为人类主要死亡原因。据预测，到2030年，慢性病的死亡将占总死亡数的75%，慢性病的患病人数在成年人中高达70%。

随着全球社会经济的快速发展，已经进入到信息社会智能化社会。这使人们的生活节奏加快，知识更新迅速，社会竞争加剧，应激与压力更大，这些都对人的应对与适应能力提出了挑战，如何保持健全的心理状态，如何调节不良情绪成为现代人面临的主要问题。

人的寿命由生命质量和生命数量两部分组成。

生命质量是指以社会经济、文化背景和价值取向为基础，人们对自己的身体状态、心理功能、社会能力以及个人综合状况的感觉体验。它是一种主观健康评价指标，反映了个人期望与实际生活状况之间的差距，该差距越大生命质量就越差。

生命质量包括两个方面：一是基本质量，指个体的身心和智力状态，是区别正常人与不合格人的标准；二是相对质量，即生命与他人和社会相互作用的道德状态。

生命数量是指个体生存时间的长度，对患者来说就是疾病的病程或个体接受某一特定医疗干预后的生存时间。对一般人或正常人来说就是平均期望寿命，其测定相对于生命质量容易、准确。

随着健康观和医学模式的转变，医疗的目的不仅在于提高患者的生命数量（生存时间、生存率）等，同时更应着重于提高生命质量，增进人类身心健康。生命质量和生命数量既相互联系又相互制约。前者是后者的基础，只有具备一定的生命数量才可能谈及生命质量。追求最大的生存时间和最高的生命质量是人类的最终目的。

二、医学美学临床应用理论的概念

（一）概念

医学美学临床应用理论，是指在以延长人的寿命和提高人的生命质量为宗旨的现代临床医学中，以美的哲学和医学美学理论为指导，研究临床医疗活动系统中存在的诸如审美需求与医疗行为规范、审美技术手段与方法、结构与功能、内容与形式等临床环节所涉及的美学一般规律与创造性应用过程的理论。

它解决的是医学美学在临床中对人的生命完整性的深度人文关怀问题，属于医学美学的技术层面的"物化"（指观念、理论、原理等具体实践的创造性运用）部分。

具体表现在：第一，满足人对自身的生命数量与生命质量的审美需求；第二，满足人对医疗审美环境的需求，如人文环境、医疗制度环境、医患关系等。对这些问题给予美学剖析，是医学美学临床应用理论应当肩负的不可替代性使命。

（二）实践主旨

在现代医学模式前提下医学美学的审美视野顺理成章地应担负起人的身心和谐、自由与解放的主旨，医学美学不仅要关注人体的外在形体之美，诸如医学人体美、生命美的内容与形式及医学形式美等，还要关注人作为生命系统的组成部分在医学领域存在却被长期忽视的诸多关系（诸如人与人的医患审美关系、人与医院人文环境的审美关系、人与公共卫生环境的审美关系、人与生态环境的审美关系等）之美的研究。从这个意义上，赵美娟等尝试将医学美学定义为："医学美学是关于研究和实施围绕延长人的寿命和提高人的生命质量为宗旨的一切医学行为中对美与审美以及实现美的一般规律的揭示和运用。"这个表述体现的是把医学美学的审美视角扩展到生命质量与社会环境的和谐和可持续发展的层面给生命之美以终极人文关怀的时代理性思考。解决的是生命数量与生命质量有机统一的人类企盼。

言下之义，生命之美意味着三层关系的有机统一。

第一，人的寿命的延长与生命质量的和谐统一；第二，人与自然、人与社会的和谐与可持续发展的和谐统一；第三，医学科学精神与医学人文精神的和谐统一。

这"三个统一"分别回答了关于人的生命之美的综合性、系统性、时空生态性等更趋合理的多元审美观。表达的是立足现实医学发展所需的、维护促进人类全面和可持续健康生命的"科学发展观"。如何实现医学美学学科建设的自我超越，以回应医学模式现代转型的需要，使其担负起弥补、丰富、促进、完善整体医学所具有的不可替代性作用，这是医学美学作为理论应用性学科面临的时代课题，既是机遇也是挑战。因为"医学美学不仅是一种抽象的知识体系，更重要的是一种直接作用于人的，有目的的实践活动，否则将失去其存在的价值"。

三、医学美学临床应用理论的发展

（一）医学美学临床应用理论是新医学模式的必然产物

医学模式已从以往的生物医学模式转变成了现在的生物-心理-社会医学模式，新的医学模式不再把人"机械化"，更加强调心理因素和社会因素在人的健康与疾病中的作用。审美需要已不再是人们生活的"奢侈品"和健康的"调剂品"，而成为维持和调节人们身心健康的"必需品"。同时，在现代系统医学、整体医学和综合医学理论的要求指导下，又有学者提出"生物-心理-社会-美学"医学模式，这种新的医学模式更是把"美学"在医学中的位置提到一个新的高度，因此医学美学临床应用理论的产生就成了必然。

医学美学临床应用理论是指以医学美学、美容医学整体学科理论和美容心理学为指导，运用医学审美心理或药物、手术、医疗器械以及其他具有创伤性或侵入性的医学手段和方法，对人的容貌及各部位的形态和求美者的心理加以修复和再塑，以维护人体健美、重塑生命活力和提高生命质量为目的的科学化、系统化、规范化的知识体系和规律性理论。

医学美学临床应用理论的核心研究对象是人，是人的生理、心理、社会心理、精神需求等因素之间的内在互动系统与诸如医疗技术、药物、护理、医疗环境、医疗管理、公共卫生政策与社会经济文化等因素之间的外在互动系统的医学文化的应用理论与实践。它们体现在诊治、预防、保健、康复、护理和再造人的心身健美的各个环节以及与之相关的医学审美实践活动过程之中。其目标就是实现医疗卫生事业对人的心身健康的积极、平等、公平和健康的可持续发展的全面人文关怀，真正体现生命数量与质量、尊严与价值、科学与人文的和谐统一，使医学的人文精神与科学精神形成和谐互动，实现医学的人文回归，使医学美学在现代医学的基础上传承与发展医学审美文化。

（二）社会美容需求是产生医学美学临床应用理论的直接原因

从一定程度上说，一个学科、一个理论的研究价值和生命力取决于该学科、该理论所处时代的社会需要。对于医学美学临床应用理论来说，它的产生是由于中国改革开放以来社会发展，老百姓的生活观、文化观、健康观等都发生了重大转变。

第一，生活观的转变。随着改革开放和人们生活水平的提高，中国人基本解决了温饱问题，开始追求更高层次的需要，如身体的健美、感官的愉悦、精神上的享受等。

第二，文化观的转变。改革开放带来了东西方文化的融合，同时国人传统的审美观也随之改变了，文刺、染烫发、隆鼻隆胸等在国人中兴起。

第三，健康观的转变。随着医学的发展，人们不再把健康看成简单的无病，而是更多地关注社会心理因素的影响，于是出现了本来"无病"的健康人因对自己容貌的不满意而出现心理不健康，因此求助于美容手术而成为新的求医人群的情况。上述社会需求的改变，都赋予了健康新的医学审美的内涵。

当前，人们的审美观念不断更新，越来越多的人希望通过医学手段来改善其外貌和体形，力图追求既健康又谐美的更高层次。人们所需要的不仅是局部"美中不足"的整修，还希望得到全身心的整体美的调理，即在整体健美需求上锦上添花。这是医学美容学形成和发展的社会基础。因此，当代我国医学美学、美容医学以及医学美学临床应用理论的形成和发展，是以深厚的社会美容需求为基础的。

（三）医学美学整体学科为医学美学临床应用理论提供方法论意义上的指导

医学美学临床应用理论以医学美学和美容医学、心理学为指导。医学美学是医学美学临床应用理论的基础，医学美学临床应用理论与医学美学密不可分。

第一，它们有着共同的理论目标，均以增进人的生命美感和提高生命质量，以达到维护人体健美为目标的。第二，它们有着共同的理论性质，都是医学与人文交叉、边缘、应用型的新兴理论。第三，它们有共同的技术手段，都是运用医学与美学相结合的技术手段来研究、维护、修复和再塑人体的健康之美。第四，它们有共同的理论研究对象——医学人体美。第五，它们有着共同的发展史。20世纪80年代中期以来，医学美学以美容医学整体学科发展，与之同时，在医学美学的学科理论的指导下，医学美学临床应用理论也随之发展。

（四）医学美学治疗实践为医学美学临床应用理论形成和发展提供坚实的物质基础

古今中外医学美学实践为医学美学临床应用理论的萌发作了"形而下"的物质准备。医学美学作为学科形态是近20年的事情，但医学美学的思想却是早已有之。医学美学在医疗实践中的临床应用也是源远流长。

1. 国外的医学美学治疗实践

古埃及和古罗马的医生已开始将阳光用于治疗；五六千年以前，人类就已学会萃取精油并进行芳香治疗了；毕达哥拉斯首倡"音乐疗法"，亚里士多德高度评价了音乐疗法有唤醒审美情感与临床治疗的功效；19世纪30年代美国的Spitlen就惊奇地发现用蓝光照在人的眼部可以减轻炎症的疼痛；等等。

2. 中国的医学美学治疗实践

早在春秋时代，鲁昭公元年（前541）晋平公得病，求医于秦。秦医前往治疗时对音乐与健康的关系做了深刻的论述，他明确指出什么样的音乐对身心健康有利，而什么样的音乐对身心健康有害，非常清楚地说明了音乐治疗中如何选用音乐的问题地说明了。

《黄帝内经》提出的五音理论认为五音与天、地、身、心相联系，与健康状况密切相关。把音乐的五个阶音宫、商、角、徵、羽与客观世界、人体身心互相联系起来。这跟2000多年后西方的阿恩海姆的同构关系原理是不谋而合的。并且《黄帝内经》很早就开始用诗词进行临床治疗，较早地把心理治疗运用于临床实践中。如《黄帝内经·素问》"宝命全形论"就主张治病"必先治神"。"治神"译成现代语言就是心理治疗。我国古代的医学家在治病时特别强调耐心说服、解释，争取病人的合作与信任。他们在诊疗过程中非常重视病人的心理状态，努力调动病人的主观能动性来减弱或消除症状，达到治病防病的目的。

在现代医学美学理论"形而上"指导下的美容医疗实践，推动着医学美学临床应用理论的形成和发展。

当代医学正处在由生物医学模式向生物-心理-美学-社会医学模式转变的特定历史发展中，随着现代人类疾病谱的改变，大家不约而同地发现，影响健康的因素往往集中在心理、精神、环境与社会适应等方面，逐渐形成现代健康理念，走向整体医学、系统医学和综合医学已成为必然。新的医学模式力求满足人的生物、心理和社会适应的全方位需要，以达到健与美的高度统一的需要。这一医学发展的最高目标不仅导致了医学美学与医学美容学的形成和发展，而且还势必促使这一庞大的新兴学科群成为未来医学总体结构中最高层次的学科体系之一。

一般来说，临床医学的对象是"疾病状态人"；预防医学的对象是"健康状态人"；康复医学的对象是"康复状态人"。但是还有一些一无伤、二无病、三无功能障碍的"健而不美"者，在心理上和社会适应上处于一种特殊的非健康状态，具有改善自身之美的迫切需求，可称之为"求美状态人"。

医学美学与医学美容学实际上已挑起了这副重担。日本学者鬼冢卓弥曾于1982年在《形成外科手术书》中称美容外科为"第四医学"。以彭庆星教授为代表的我国著名学者也纷纷撰文，把医学美学及医学美容学定位为"第四医学"或"第四医学的前奏曲"。事实上，在医学美学、美容医学整体学科、美容心理学等学科的蓬勃发展的同时，医学美学临床应用也在全方位、广泛和深入的开展着。

四、医学美学临床应用理论研究

（一）医学美学临床应用理论研究的主要内容

1. 临床诊治的医学美学应用理论

它覆盖了临床医学在诊断、治疗、预防、保健、康复等环节上的医学审美化的应用研究。表现在如何针对不同疾患群体在生理、心理、精神需求上的不同特点，在诊治过程中从技术到态度、从方式到行为等方面给予审美观照与审美技术实施。如对儿科、妇产科或医学美容科室的患者群体的上述特殊性内容研究，以及医疗建筑的虚实搭配、医疗流程的简洁流畅、医疗标识系统的审美设计、医患语言等细节。运用美学观念、行为和技术解决被临床诊疗环节长期忽视的"非技术性"情感需要问题，将美学中"内容与形式""结果与功能"等原理有效运用到临床医学，发挥医学美学的独特功能，重构医学"治疗"与"关怀"的辨证统一性。

2. 临床护理的医学美学应用理论

它不仅包括一般的护理审美化、人文化问题，还包括如临终关怀等特殊护理的医学美学应用理论的研究。护理是实施医学审美化、人文化的重要环节，也是我国与西方发达国家在实际的护理实践中存在巨大差距而有待加强的薄弱环节。尤其要研究对濒死的或绝症患者或慢性非传染性疾病患者的人文关怀这一特种护理的审美实施，而对人的生命的尊重无论在现代医学模式下，还是在医学美学视角下，都应体现对完整生命的关爱与审美，使生命自始至终体现数量与质量、尊严与价值、科学与人文的统一。

3. 临床管理的医学美学应用理论

这里主要包括诸如医患卫生经济与社会效益关系、医院制度与人文环境的关系、医疗流程规划与资源配置、病历信息监控体系等，体现管理现代性的医学美学理论应用。医院管理不仅要科学化，还要人文化。只有建立在人性化基础上的科学管理才使"以人为本"不拘泥于形式。所以，如何在管理科学化的同时，体现科学人性化、人性审美化，是制约现代医学发展急需研究的审美问题。

（二）医学美学临床应用理论的基本问题

所谓"基本问题"，就是根本问题。作为医学美学临床应用理论的首要问题，如果不首先解决该问题，就不可能进行进一步的理论研究和探索，如果基本问题解释不清就会导致整个理论的错位。

那么，医学美学临床应用理论的基本问题是什么呢？从临床医学活动的性质与人的关系角度来看，主要有以下三个方面的基本问题。

1. 人与人的关系

人与人的关系在临床医学中主要表现在医患关系、医护关系、医医关系、患患关系之中。其中，医患关系、医护关系作为临床医学的重要人际关系，它们在关系类型或关系模式等方面的现况与分布，最终可以反映医学发展的科技含量与人文含量的平衡关系。这是医学美学临床应用理论研究的首要问题，成为实施医学审美化工程的一个关键环节，是现代临床医学发展状况的晴雨表。

2. 人与物的关系

人与物关系还可称为"患物关系"。"患"主要指患者一方，包括患者本人、家属、单位、社会等；"物"主要指临床医学中与患者有关的诊疗卫生环境、诊疗人文环境、医疗设备、医疗技术、医疗物品等实体性与非实体性存在。对患与物的关系的研究是从患者的审美情感、审美趣味以及审美实现的关系出发，将临床医学的科学理性与人文理性，以既要"合理"又要"合情"的方式给予表现，其中包含多方面的各具特色的研究内容，是医学美学临床应用理论研究的又一基本问题。

3. 人自身的问题

这里的人主要指医学主体一方。主要包括医务人员、管理人员、医技人员等。作为实施临床医学的主要群体，担负着承载全方位守护健康生命的神圣使命。因此，医务人员自身在科学、人文方面的修养、知识结构与能力等，就构成了具有实现临床医学审美化的一个至关重要的制约因素。因此，对医务人员自身审美修养的研究，成为医学美学临床应用不可忽视的基本问题。

（三）医学美学临床应用理论研究的意义

从一定程度上说，一个学科、一个理论的研究价值和生命力，取决于该学科、该理论所处时代的社会需要。一方面，理论产生于实践，理论最终是为实践服务的。理论不能指导实践必然是无用的、空洞的、无生命力的、无价值的理论；另一方面，只有具备一定的社会政治经济文化土壤才能生成和发展理论，才能结出医学审美文化之果。因此，它的研究价值是多方面的，最主要的是认识论价值和方法论价值。

从认识论角度讲。其价值在于引领医学朝着审美化的方向发展。这是医学不只用科学一只眼睛看人、研究人，还要用审美另一只眼睛看人、研究人的必要的认识论转变，是实现医学人文化、人性化历史性回归的重要组成部分。一个重要的理论依据是，医学美学的临床应用在本质上也是一种"治疗"，而且是无法用医学其他手段代替的、构成现代医学治疗体系中不可缺少的一种具有"心药"作用的"治疗"。正是客观上的这种功能性质，才使它的理论研究具有了直接的临床价值。

人本来就是一个极为复杂的系统，既有生物性又有社会性；既有物质需求又有精神需求；既有生理本能的冲动，又有道德伦理的约束；既有个性又有共性等。人的机体病症或不适，是这个机体系统相互协调作用导致的。因此，作为服务于人的医学，本应把这些方面纳入它的研究和实践范围。然而，从那些经典的医学知识和医学实践构成看，人的上述复杂性被支解、简单化为"机器"。对人性、心理、情感、审美需求等人文方面的关注严重不足。近年我国医学心理学、医学伦理学、医学美学、美容医学等的迅速发展充分证明了人文医学潜在的临床价值，它们在一定程度上适时地弥补了现代医学的需要，昭示着医学在对人的认识上正逐步整体化、人性化和真实化。

从思维方式上看。其价值在于建构全新的生命之美的内涵。现代医学模式催生的医学美学临床应用理论研究的一个重要内容，就是对现代健康给予全新的审美观。审美文化引领医学，医学的发展也为审美文化的发展创造条件。依据现代健康标准，人们不再把无病看成健康，而更加关注社会适应、人际关系、家庭等心理、社会层面的健康状况，以及人类健康与自然、社会的和谐互动和可持续发展。这样，生命与健康就成为处在了一个多维系统相互作用中的动态概念，生命之美也就是这个系统间的和谐统一的表现。生命的价值、尊严与生命的数量和生命的质量具有了交互的和谐统一之美，在这一基础上，生命本身的内在美与外在美才具有了前提和可能。这是系统、整体、综合的思维方式在现代医学美学临床应用理论研究中的运用，从而对生命的整体和谐以及对立统一的多维性给予很好的美学体现，这是对健康赋予的全新的医学审美内涵。

从方法论角度看，其价值在于为医学审美化提供必要的美的原则与技术应用指导。医学审美化最终是要通过技术操作层面实施的。手术刀还是"画笔"，即手术刀在具有刀的性质的基础上，还是艺术再造的"画笔"；语言还是"药物"，语言在完成表达思想的功能基础上，还起着"治疗"的作用；药品包装还具有"愉悦"的功能，不仅"赏心"更要"悦目"；医疗环境还具有"养性"作用等。只有掌握一定的审美理论与技巧，不断地积累审美经验，才谈得上实现上述追求的可能。因此，审美的视角在这里便具有着方法论的价值。

（四）医学美学临床应用理论研究的未来发展

从社会发展来看，人们对美容业的消费进入了一个新的快速增长期，人们的生活消费正逐渐从生存型向发展和享受型过渡，美容经济成为了继房地产、汽车、电子通信、旅游之后的"第五大消费热点"。"美丽产业"已成为国内最有前途的"阳光产业"。据统计，2007年全国约有200万家各类美容机构，形成了约2600亿元人民币的美容服务产值。行业以年均10%的增长速度快速发展。2008年，在全球金融危机的大环境影响下，中国的美容行业仍然实现了高速增长，实现产值3000多亿元。中国也成为了继美国、法国之后的世界第三大美容消费市场。近年来，越来越多的女性不再满足于通过化妆和到美容院做皮肤护理的传统方法来延长青春，她们开始寻求通过高科技解决"面子"问题，追求美丽，延缓衰老。尤其在正面临择业的人员中，希望通过整形手术塑造美丽容颜，以获得用人单位的青睐，找到一份好工作的人数猛增。而"美容美女""美容美男"的出现，又给了更多人对整形美容的信心。上海近十年来美容整形手术就增长了数倍之多。

医学美学的临床应用前景广阔。随着我国医疗改革不断深入，表现在医学中的审美意识、审美要求不断加强，越来越多的人希望通过医学手段，改善心身健康。在未来的"患者群体"中无病的人的比例将越来越大。他们将成为医学发展的新的生长点。例如，美容整形的"健而不美"的"患者群体"，保健就医、预防咨询就医的"患者群体"等。未来"患者群体"的结构性变化，意味着医学诊疗活动性质的多样化。

一方面，以"遵循科学证据"的循证医学为标志。体现了未来医学在科学严谨性、逻辑性上的加强；另一方面，以尊重和重视患者的价值、期望和权利的人文思想为标志。随着社会、经济的发展，人们对生命之美的医学社会文化内容的要求感知强烈。因此，审美素质、人文修养这些医学"软件"具有了"硬件"作用。可见，医学美学临床应用前景广阔，医学美学临床应用的理论的探讨与实践可谓是方兴未艾。

第二节　审美心理疗法

一、审美心理疗法概述

（一）概述

德国著名美学家黑格尔说："审美带有令人解放的性质"。在审美的过程里，由于主体卸下了捆绑在身上的精神枷锁，因此心灵获得解脱。审美心理治疗方法是一种有计划、有目的地将"带有使人解放的性质"的审美观教育活动引入心理健康治疗的方法，它利用美的强大感染性和号召力来缓解患者的焦虑心情，激发患者的正面情感，纠正他们的不良心理和人格，使心理治疗更加人性化和多样化，从而提高治疗的可接纳性和效果。

我国研究医学美学的专家在20世纪80年代中期提出医学审美疗法这个新课题。当前，医学审美疗法已成为一种重要的治疗措施、方式和手段，并进入医疗实践工作中。在国外已建立了专门运用音乐、舞蹈、绘画、喜剧、自然山水等医学审美疗法的专科医院和诊所。在国内已有不少医院建立了音乐、绘画、搞笑等医学审美治疗室，专门对病人进行审美治疗，取得了很好的审美治疗效果。由此可见，医学审美疗法是随着医学模式的现代化，随着医学美学的迅猛发展而产生的医学新疗法。

审美心理治疗与"刺激→反应"原理一样，都是基于审美观念的心理治疗方法，但"刺激"则更加强调美学刺激，它不仅仅是借助语言来传递信息，而是借助意象传播来达到目的，具有美学作用和价值。由于将美感融于社会环境，研究人体的社会审美心理反应，以调整、修正和解除异常心理、错误情感和障碍，进而达到心理健康的目的。为此，提出了各种美感心灵治疗方法，包括绘画疗法、音乐疗法、搞笑疗法等，以达到改变个体社会审美状态的目的。

审美心理疗法与艺术疗法有着密不可分的联系，但不可忽视的是，艺术活动不仅仅是一种重要的审美形式，它还渗透到了自然界、社会生活、物质生产、文化、科技等多个领域，为人类提供了一种独特的审美体验。审美心理疗法的内容更加丰富，方法和手段也更加多样化。

（二）审美心理疗法的优势

审美活动可以被用于心理治疗，这是因为人类的审美心理过程是通过大脑对外界环境中的审美信息进行加工和处理的过程，而这些信息主要来自右脑，它们在人类的大脑中扮演着重要的角色。实践表明，大脑的侧化功能为审美心理治疗提供了有力的科学支持。

审美心理疗法的最大优势在于它能够给受治者带来愉悦的心理体验，它具有人性化的特点，易于被接受，因此受到广泛的欢迎，这是它取得良好疗效的关键因素。

审美心理疗法的另一个重要优势在于它将审美活动融入心理治疗，以"心药"治"心病"为基础，有效地调节、疏导、解决和矫正患者的心理问题，具有较强的针对性和穿透力。它可以有效地帮助患者改善情绪障碍，并且能够有效地缓解这些障碍。人的情感受到右脑的控制，而常规的感知型语言治疗则主要针对左脑，虽然它们能够互相交流，但是由于治疗的直接性存在差异，因此很难达到预期的疗效。人类的审美活动与其他物种有所不同，它主要由人类的右脑控制。审美活动可以让人感受到兴奋、愉悦和开朗，这种情绪有助于抑制和转移不良情绪，从而帮助人们摆脱困扰。此外，审美心理疗法还能够通过情感来帮助人们理解和改变自己的情绪。审美心理疗法的效果取决于它所激发的情感，这种情感可以深刻地影响人们的思维和行为。它能够渗透到人们的潜意识层面，从而有效地缓解和治疗他们的心理创伤。它能够让人们感受到自己被情感所感染，并且能够改变他们的思维方式和行为方式。

苏霍姆林基说过："美是一种心灵的体操——它使我们精神正直，良心纯洁，情感和信念端正。"美能够帮助人类培养健康、纯净的精神，坚定的人格信仰。许多审美实践证明，当一个人不知不觉地进入了美学的世界时，他就会感到自在，无拘无束地欣赏和享受各种美丽的事物。犹如"随风潜入夜，润物细无声"，它潜移默化地直接影响着人类对美的理解和接受。"心理无阻碍"和"带有让人解脱性质"的审美情感活动，为人们提供了一片富有爱意的绿洲，让他们摆脱物欲、贪婪、猥琐、偏执、妒忌、愚昧、自私、颓废和孤独等种种束缚，获得自我解脱，重新获得人性的复苏。审美心理疗法是一种极具挑战性的精神行为，它可以帮助受治者和来访者从心理疾病中摆脱出来，从而实现人性的回归与复苏，这是一个漫长而又艰巨的过程。审美心理治疗中的情感活动不仅仅是一种精神因素的介入，而是一种更加深刻的体验，它能够穿透人们的思维，让人们感受到美感不仅仅是一种浅层次的愉悦感，而是一种更加深刻的体验。实际上，审美愉悦不仅包含了感性层面的"悦耳悦目"和"悦心悦意"，还包括了理性层面的"悦志悦神"，它们都是从审美的角度出发，从而带来愉悦的体验。

从哲学理性层面来看，美感不仅仅是某种单一的愉悦感，而是某种复杂的、多元的心灵感受，包括美丽、高尚、悲剧和喜剧等，它们都会带来振奋、惊叹、恐惧和悲痛等情绪，但最终都会转化为某种正向和愉悦的心理状态。这里面包含了道德感、正义感、尊严与自信等理性因素，它们不仅仅是以语言的形式存在，而是深深地融入到感性之中，就像水中的盐、花中的蜜，无声无息，却又能够发挥出它们的作用。可以说，美感是一个理性与感性的对立统一，这是一个不容忽视的重要概念。

审美心理疗法具有极强的包容性和灵活性，它是一个开放的体系，不断汲取中外传统心理疗法的优点，以满足自身的需求。在实际应用中，它可以单独采用一种治疗方法，也可以将多种方法结合起来，构成一个完整的治疗体系；此外，它还可以作为传统心理疗法中的一种环境或过程，以获得更好的治疗效果。

审美心理疗法的研究与发展正处于初级阶段，尽管部分疗法，如声乐治疗方法、绘画治疗方法和搞笑疗法在西方很多发达国家都很流行，在上海市、北京市、广州市等地也有一些医疗组织使用（称为艺术疗法），但实践经验的累积和基础理论的研究仍然不够充分。伴随临床心理学的蓬勃发展，审美心理疗法也在不断演进，但由于其独特性，仍然受到实证研究方法的限制，因此许多要素需要在科学范式中进行量化。在审美心理评估和临床心理治疗中，研究范式的衔接一直是一个棘手的问题，而这一冲突仍未得到有效解决。

二、审美心理过程分析

当你读完一篇文章或观赏一场电影后，每当你感动或激动时，可能会潸然泪下。当你观赏一处美景或一幅名画，比如描写春天的绘画，你可能会感到与自然完美地融合，感觉自己与大自然的和谐。是什么原因导致了这种情况的发生？这可能是由于审美心理机制的作用。

人类的心理活动是复杂而多样的。我们大脑的各种功能的协调作用，使得感觉、知觉、思维、想象、联想、情感等活动交织在一起，彼此相互影响，共同促进，从而形成了人类独特的审美心理过程。

审美是一个复杂的心理活动过程，它反映了人类对客观世界的美的感知，并受到个人生活经验、人生观、价值观等因素的约束。它不仅仅是对客观事物的单纯复制和模仿，而且是一个深刻的思考和体验。随着当今美学和心理学的进步，人们普遍认为感知、联想、想象和情感是审美体验中不可或缺的几个重要组成部分。

（一）感觉过程

人类的认知活动都是基于对客观事物的反应，审美也不例外，我们在认知不同对象时，会有不同的心理反应，这些反应可能会有所不同。人类的感官是通过一定程度的刺激来感知事物的，审美活动也不例外，艺术作品或其他美的事物能够被人们感知，是因为它们给了人们感官上的刺激，使人们能够从不同的感官和程度上体验到快乐。这种快乐来自审美主体对美的感知，并且能够带来精神和情感上的愉悦。感觉是人类认识客观世界的基础，它不仅是形成美感的第一步，更是审美主体把握审美对象的关键因素，它能够激发出审美的感受，从而使人们获得更深刻的认知。

研究表明，眼睛和耳朵在美学认知中发挥着重要的角色，其占比分别为85%、10%，其他感官占比5%。因此，"感觉音乐美的耳朵，感觉形态美的眼睛"是将视觉和听力作为美学感觉的两个重要器官，以满足人们的审美需求。美学感觉的形成需要多种感官的参与，例如，嗅觉，它们可以协助我们欣赏自然风光。但是，触觉和味觉也是必不可少的，它们可以协助我们理解和认识周围的环境，比如抚摸土地，品味甘甜泉水，这些都是触觉、味觉和想象的结合，才能创造出一种美学感受。

（二）知觉过程

人们的审美感受是以感官的形式反映客观事物，这些客观事物构成了审美主体的意识。虽然人们在感觉到知觉的过程中可能会产生一些美感，但这些美感只是表面上的，无法深入到人们的内心深处。由于知觉的出现，审美者的大脑已经开始对感官材料进行有效的处理和加工，从而获得更丰富的体验。通过知觉，审美主体可以从感官体验中获得深刻、强烈的美感，并将其转化为思维活动。这种转化过程需要联想、想象等状态，以便审美主体能够根据自身的直接经验和间接经验，进行一系列有效的审美心理活动。完整的知觉是由个人的经历、兴趣和需求共同构成的，这些因素都会影响个体对某一特定事物的感知。不同的人或者同一个人在不同的环境中，对同一个事物的感知可能会有所差异。"青纱帐"表明，在战争和和平环境中，不同的人或者同一个人对它的理解可能会有所不同。所以，人的审美感受并非一个被动的认识，也并非一个被动的生物学适应，乃是一个主动的内心反应，它能够深入地直接影响和改造客观物质对象。

在美学活动中，第一个特点是美学知觉的整体性。人们总是将客观事物作为一个总体来认识，这种认识形式在"统觉"中得到了突出的体现。美学知觉是对客观事物感官特性的总体认识，它能够帮助我们更好地了解和欣赏它们。统觉是一种综合性的认知能力，它不仅包含了人们共有的经验、知识、兴趣和态度，而且还具有选择性，当主体专注于某一特殊物体时，美学知觉可以敏感地捕获到瞬间的某些印象，以及物体在运动中的某些微妙变化，从而使得物体的丰富性被知觉所完全认识。第二个特点是美学参与者应该运用自身的人生经历和专业知识，将其与美学内容密切联系，以便更深入地了解内容，从而获得更加完善的美学感受。不同主体知识和经验不同，因此与审美对象的联系也有差异。

（三）联想和想象过程

在审美阶段中，第三个阶段是联想和想象。当审美主体面临一个具有魅力和创造性的美的形象时，他们会自然而然地产生对它的联想。这种思考是基于对审美对象的感知和理解，并且会进一步加深对它们的理解。

人类在认知客观事物时，不仅会直接体验它们，而且还能通过想象力在大脑中创造出更多的形象。想象力是美学感觉的核心，它能够通过情感的驱动，将美学感觉与认识紧密联系起来。通过想象，我们能够超越时空的局限，获得更加自由的审美感受，从而更深入地了解和体验感受内容。想象是一个广泛的心理范畴，它的基本形式是简单的联想，但也有更高级的形式，比如再造想象和创造想象。审美活动是一种将再造想象与创造想象有机结合的过程，它不仅仅是一种艺术思维，更是一种教育和经验的体现。没有联想和想象，就无法激发出特定的情感态度，也无法产生独特的审美体验。

语言艺术的审美需要通过想象力来创造。有些人在阅读时没有把握住想象力的基本条件，脑海中也没有出现相关的人物形象，只是浏览了一下书籍，没有真正理解其中的内容，这就不能称为艺术欣赏。读中国的诗词歌赋，这些语言艺术作品具有独特的魅力，因为它们蕴含着丰富的典故。如果你有足够的文化素养，你会发现这些典故不仅具有形象性，而且还能激发你的想象力。尤其是唐代以后使用的典故，它们更加具有意义和深度。"沧海月明珠有泪，蓝田日暖玉生烟"以其丰富的典故组成了一个生动的艺术形象，它既有自身的特色，也蕴含着丰富的历史意义。

联想是人类大脑皮层将过去的经历和想法重新联系起来的过程。当外部刺激物被人们的头脑所感知时，会产生各种不同的联系。在审美感知中，所谓的触景生情，指的是当一个人被某种特定的情绪或环境触动时，他会追忆起过去的经历和情感。联想是一种美感方式，它可以通过类比来引发想象。例如，我们可以想象松树的寿命很长，它的古雅气质和孤傲不惧的姿态，这些都可以用来比喻坚贞不渝的品质。"出淤泥而不染"的荷花、淡雅芬芳的兰花、坚韧不拔的梅花都有着特殊的韵味，它们的特点是清高、幽雅、傲骨凌霜。这种对比联想可以帮助我们更好地理解不同事物之间的对立关系，从而更好地把握它们之间的联系。在艺术作品中，对比联想是一种常见的表现形象的手法。

通过类比联想和比较联想，我们可以进入思维状态，这种方式会引发我们的情感活跃。在这种情况下，我们可以自觉或不自觉地根据以往的经验来表达我们的同情心、憎恨心等情感体验。这种联系不仅是审美主体将自身的直接经历和间接经历融入到审美过程中，而且也是审美情感对审美实践产生影响的一种重要机制。

（四）情感活动

审美过程中的情感活动是重要的，因为它能够影响人们对客观事情的态度和体验。如果一个审美过程不能让人产生情感，那么它就不会给人带来深刻的美感。情感是社会审美心理的重要部分，它可以影响人们对客观事情的态度和感受。情感是人们对客观事实的一种深层心理反应，它可以帮助我们作出合理的选择和评判，指导我们如何去衡量和评估客观事情。只有拥有健康、高贵的理智情感，才能够为审美观带来正向的影响。

在审美中，审美对象所带来的感受、知觉和表象都蕴含着丰富的情感，而在这些基础上，想象力的发挥更是推动了情感的自由表达和抒发。因此，审美中"情"与"景"的关系，已变成评价艺术作品美学性的标准。当人们欣赏艺术作品时，他们不仅会感受到作品所描绘的景象，还会体会到艺术家在作品中表达的情感。这些情感可能来自截然不同的审美对象，比如悲剧和喜剧，或者是优美的抒情小调和雄伟的进行曲，它们所带来的感受也有很大的差异。不同的个性和生活经历会导致他们的情感表现形式各不相同。在审美感受中，同一个审美对象会引发不同时代人们的情感态度，这些态度之间有联系也有区别。这种情感只能通过人的生理素质和社会实践，包括审美实践来逐步培养和形成。每一次审美活动和心理过程都会深深影响人们的情感，而真正强烈、深刻、健康的认知过程则是形成审美情感的关键因素，它们能够激发人们的情感，并且能够改变人们的生活。

在美感引起的情感活动中，"惊"和"喜"是两个基本的情感，前者是某种艺术上的享受，让人欣喜若狂；而后者则是某种深度的敬佩，让人震惊万分。它们在认识的深层，往往被人们忽视或无法被察觉。艺术美是一种多元化的综合，它不仅仅是一种审美评估的结果，更是一种创造力量的外化，它源自人体内在的力量，是一种无尽的创造性，它来源于生活，来源于对事物的审美感知，来源于人们心灵深处的感受和创造性。美无处不在，只要我们拥有敏锐的观察力和感知力，就能发现它的美丽。

三、审美心理疗法的生理基础

医学审美疗法是在医疗保健实践中实现的。在这个实践过程中，医学审美主体不断接受医学审美对象以及各种医学审美信息的刺激，并且通过分析、整理，最后作出审美反应，产生审美体验——即医学美感体验。如听见乐曲《小提琴协奏曲》，往往会激动得热泪盈眶。此美感过程中包括了医学审美主体的感受器官接受外部审美信息（耳蜗神经接受乐曲声波的刺激）、肌肉和腺体作出回答反应（泪腺分泌、面部肌肉收缩等）及介于两者之间的审美信息传导和综合、整理活动等环节。医学审美主体内的这些审美环节的生理基础体现为以下方面。

（一）皮层下中枢的决定作用

在医学审美活动中，医学审美体验（美感）主要是由皮层下中枢的神经兴奋活动所决定的，因为皮层下中枢控制着心脏、血管、肠胃、肾脏等内脏器官和泪腺、汗腺、唾液腺等外部腺体的活动，控制着审美体验的生理内部状态的变化和生理外貌的表现。可见，皮层下中枢是产生审美体验的生理基础。当医学审美客体的各种审美信息作用于审美主体的外部感官（眼睛的视网膜、内耳的耳蜗）引起神经细胞电位变化，产生神经冲动时，这种神经冲动传入视神经及听神经，再传导到大脑皮层的相应部位，引起这些部位发生电活动。这些电活动的过程，就是神经系统的生理过程变化所引起的变化过程。这就说明，大脑皮层和皮层下中枢是审美体验产生的生理基础。研究证明，审美主体的丘脑、下丘脑、网状结构等皮层下中枢对审美主体的审美过程起着积极的作用，它能激发皮层传出的信号，可以降低或提高脑机能的积极性，加强对审美刺激对象的反应。皮层下中枢传出的信号，则会引起内脏器官和腺体的变化，并通过运动神经引起运动肌的相应活动从而形成生理的内部行为和生理的外貌表现。同时，内脏、腺体、运动肌等效应器产生的信息又传入神经，从皮层下中枢反馈到大脑皮层和皮层的活动相结合，从而产生复杂的审美情感。也就是说，审美情感是通过医学审美主体感受音乐美的耳朵，感受形式美的眼睛，依赖大脑的形象记忆和审美主体的其他生理功能，对眼前有限的审美对象形式认识到某种无限的真善美的内容，同时获得精神上的满足和喜悦。因此，皮层下中枢及内脏、腺体、运动肌等效应器的综合活动就对审美情感活动起了决定作用。

（二）免疫系统的变化影响

免疫系统机制的变化必然影响审美情感的变化。免疫系统机能是身体的一种正常的生理机能，免疫系统内部有极其严密和精细的调节机制。研究发现，审美主体的思想、情感、美感等是由一种化学物质推动的。主体的大脑（思想、情感、美感）和免疫系统是通过化学物质作为语言进行"交谈"的。当主体高兴、快乐、微笑时，机体释放的免疫化学物质——血液和关节液中的β-内啡肽水平增高，机体处于常态，增强机体的抵抗能力。主体大笑时，能增加大脑的"吗啡"水平，有消除痛苦、抑制癌细胞生长的作用。主体一旦失去乐趣而悲伤时，则β-内啡肽水平降低，可能引起关节炎等疾病。临床资料表明，焦虑和忧郁等不良情绪主要影响细胞介导的免疫反应，使T细胞活性降低。不少人都知道"笑一笑，十年少；愁一愁，白了头"的说法。可见，主体的情绪、情感、心态等审美因素对主体的身体健康有明显的影响，这些影响包括免疫机能的改变。

由此可见，主体的思想、美感、情绪等神经思维系统可以影响调节免疫系统；免疫系统又反馈性地影响神经思维系统。在医学审美活动中，随着审美情感的产生，审美主体的神经、消化、循环、内分泌等系统都必然要发生变化，使其功能平稳而增强免疫功能；若审美情感被破坏，就会产生焦虑、愤怒、悲伤等不良情绪而导致免疫功能下降，出现心率加快、血压升高、消化不良等生理反应。

第三节 医学审美疗法的临床应用

审美心理疗法是把具有"解放"性质的审美活动有计划、有目的地引入到心理治疗之中，充分运用美自身巨大的感染力、召唤力来缓解求治者的心理压力、紧张情绪，启迪、调动求治者自身积极的情绪因素，矫正求治者的病态心理与扭曲人格，从而使整个心理治疗过程与手段更加审美化、人性化、多样化，大大提高心理治疗的可接受性与效果。近年来，国外已建立了专门运用音乐、舞蹈、绘画、戏剧、自然山水等审美疗法的专科医院或诊所。国内亦有不少医院建立了针对患者进行审美治疗的医学审美治疗室，且治疗效果非常好。由此可见，医学审美疗法是随着医学模式的现代化而产生的一种新的疗法，它包括艺术审美疗法、自然审美疗法和融合式审美疗法等。

一、音乐审美疗法

（一）概况

音乐审美治疗是科学、系统地运用音乐的特性，通过音乐的特质对人的影响，协助个人在疾病或残障的治疗过程中达到生理、心理、情绪的整合，并通过和谐的节奏刺激身体神经、肌肉，使人产生愉快的情绪，使患者在疾病或医疗过程中身心改变的一种治疗方式。

（二）方法

临床上常见的音乐治疗方法有三类：

接受式：通过聆听音乐来达到治疗的目的。

再创造式：通过主动参与演唱、演奏现有的音乐作品，根据治疗的需要对现有的作品进行改变的各种音乐活动（包括演唱、演奏、创作等）来达到治疗的目的。

即兴演奏式：通过在特定的乐器上随心所欲地即兴演奏音乐的活动来达到治疗的目的。

对于大多数非音乐专业的人来说，接受式是最常用的音乐治疗方法。常见的接受式音乐治疗方法大致有：歌曲讨论、音乐回忆、音乐同步、音乐想象（包括引导性的和非引导性的，发展出了音乐引导想象）、音乐生物反馈、音乐强化物、音乐振动治疗、音乐感知觉刺激、音乐现实定位、音乐镇痛、投射式音乐聆听、音乐无痛分娩、音乐肌肉放松训练、音乐系统脱敏、音乐精神减压放松、音乐催眠等。

音乐治疗又可以分为个体治疗和集体治疗。个体治疗是为患者提供一个可以开放和暴露他们内心深处的情感甚至隐私的安全环境，这样的环境是私密的；而集体治疗则是为患者提供一个"小社会"环境，相对个体治疗来讲是更公开、更宽敞、更复杂的环境。

（三）注意要点

以患者为中心，优先考虑患者的喜好音乐；治疗环境要求音乐治疗前最好排空大、小便，取舒适体位；音乐治疗过程中限制灯光、声音、探访者和电话等，护理人员应暂停其他护理活动；治疗时间以20～40分钟为宜，每天1～2次；治疗过程中观察并记录患者的反应，与患者讨论音乐治疗的收获，分享患者的身心感受。

表10-1　个体听音效果表

音乐曲目名称	音乐类型
个体体验项目	音乐体验
听音感受	
产生的想象	
心理反应	
生理反应	
对音乐疗法的审美观点	

表10-2　集体听音效果表

音乐曲目名称	音乐类型
集体体验项目	音乐体验
听音感受	
产生的想象	
心理反应	
生理反应	
对音乐疗法的审美观点	

（四）适应证

音乐疗法应用的范围非常广泛，尤其是精神分裂症、抑郁症、神经发育迟滞、神经症、心身疾病、震颤麻痹、脑瘫、自闭症、多动症、阅读困难、记忆力减退等，通过音乐治疗都可以取得显著的疗效。

二、绘画（色彩）审美疗法

（一）概况

绘画（色彩）审美疗法是指运用具有审美价值的以色彩、线条、形状作为介质的图景形象刺激受治者的大脑，激活其丰富的情绪活动，从而达到治疗目的的一种心理疗法。

绘画（色彩）疗法主要形式有二：一是被动式疗法，即让受治者通过观看、欣赏、品味绘画（色彩）实施心理治疗；二是主动式疗法，即让受治者主动参与绘画（色彩）活动，以实施心理治疗。

（二）绘画审美疗法

1. 类型

在绘画疗法的发展中，依据其方法的权威性和典范性，形成了经典主题绘画和非经典主题绘画两大类型。经典主题绘画是围绕某个具有典范性、能表现该领域精髓的主题开展的绘画形式，包括人物画、树木画、房屋画以及三者的组合形式，如"房树人"。非经典主题绘画是指无主题或主题为非经典主题的绘画，有随意画、情绪画、曼陀罗绘画、风景构成画、多维添加画等。

根据参与绘画疗法的人数不同，绘画疗法又分为个人绘画、团体绘画和家庭参与式绘画。个人绘画是仅一名受治者进行绘画表达。团体绘画是三人以上的团体同时绘画，通过团体内人际互动，促进个体认识、接纳自己，并发展良好人际关系。家庭参与式绘画是指受治者和其重要家庭成员一起进行的绘画疗法。

2. 实施

（1）步骤：综合国内外文献将绘画疗法的实施步骤归纳为评估、准备、绘画、解读与对话、评价五个步骤。治疗师首先通过对受治者的评估进行心理问题的初步判断，并确定绘画疗法的类型；然后准备好场地和用物；接着咨询师向其做必要说明，即开始绘画；绘画完成后，请受治者解读作品的内容，并与之对话；最后做咨询效果的评价。

（2）时间：绘画疗法应合理灵活设置时间，避免受治者不易坚持。通常个人绘画辅导单次时间控制在 $60\sim80$ min。常规性团体心理辅导的小组规模为 $8\sim10$ 人，最多不超过12人。

（3）注意事项：一是绘画主题的选定要灵活。治疗师先根据受治者的具体情况拟定绘画主题。二是注意引导绘画的过程循序渐进、由浅入深。切勿过度关心或漠不关心受治者的绘画过程，避免其产生被拘束或被轻视的感觉。三是绘画结束后的作品解读应适可而止。过度解析或透露作品内涵会让受治者产生心理压力，从而隐藏内心，适得其反。四是注意消除因人际关系带来的内心防御，绘画过程中要重视建立治疗师与受治者间的良好关系。陶琳瑾的研究中，治疗师待受治者画完一张画后，与其会谈一段时间，然后再请他画一张画，这样有助于消除阻抗，使受治者容易进入状态，且综合两幅画分析更准确。

（三）色彩审美疗法

1. 色彩概述

在长期的社会实践中人们与各种色彩建立了各种不同的情感联系，也就是说各种色彩已经积淀着特定的内容和意味，色彩也就具有了符号式的象征性与事物的标记性、指意性。如京剧的脸谱中红脸象征耿直、忠义，黑脸象征刚正、无私等。一些公共设施，像邮筒、邮箱、邮车全是绿色，绿色就是邮政行业的一种特有标记。再如人们服饰的颜色，朝鲜族姑娘服饰素白、淡雅；维吾尔族姑娘服饰则色彩艳丽；哈尼族姑娘喜欢青色，不同民族服饰的色彩都有特定的指意性。

此外，色彩还能显示温度、重量与距离。如以红、黄为主的色调，使人感到温暖、宽松、热烈、活泼、兴奋，称为暖色；青、蓝、紫、绿为主的色调，使人感到寒冷、紧缩、理智、严肃，称为冷色；灰、白、浅绿，给人宁静，冷热适度，称为中间色。一般地，浅色显得轻，深色显得重，明亮色显得近，暗淡色显得远。

正因为色彩具有这种符号的象征性，事物的标记性、指意性，在与人类长期相处上，自然会与人类建立起喜、怒、哀、乐、惊、惧、爱、羞等不同的情感联系。比如，红色是火与血的颜色，象征热烈、奔放、喜庆、胜利、革命、危险等；黄色是太阳光之色，象征光明、希望、明快、温暖；绿色是大自然草木之色，象征生命、健康、新生、希望；蓝色是天空、海洋之色，象征和平、安定、宁静；白色是洁白雪花之色，象征纯洁、素雅、庄重、坦率；黑色是黑夜之色，象征死亡、恐怖、庄重、肃穆；紫色是高贵而庄重之色，象征优雅、虔诚、稳定、忧郁、悲悼等。色彩的表情性往往不是单一的，这是因为每一种色彩所联系的特定事物不只一个而是几个或多个，它所获得象征意义就不只是一个，或者有几个、多个。如红色用于旗帜，象征胜利；用于交通标记，是危险、警惕、禁止的意思，如红灯、消防车。另外，色彩的表情性还会因民族、宗教、地域、文化、社会意识、风俗习惯等方面差异而不同。

由此可见，色彩是一种能表情达意的无声的形象化的特殊语言，是一种"有意味的形式"，是一种无处不在的形式美。它能影响、左右人的情绪，也是一种巨大的心理力量。

2. 实施

色彩疗法的心理治疗功能与绘画治疗相似。它主要是一种情绪疗法，缓解与消除受治者的紧张、恐惧、焦虑、狂躁、悲观、孤独、浮躁，让受治者从各种情绪障碍中解脱出来。

实施好色彩疗法，治疗师要特别做好两个方面的工作。

一是治疗师要仔细摸清、了解受治者的心理状况、病源，到底属于何种情绪，障碍有什么表现。要充分了解受治者的国籍、民族、地域、年龄、宗教信仰、文化程度、生活习惯、兴趣爱好、人际关系、特长以及气质、风度等各种情况。比如说孩子对绘画中色彩的运用，往往正是孩子心灵的某种折射。一般来说孩子多用明快的颜色，如果孩子喜欢使用冷色，可能家教过严；如过度使用黄色可能是孩子缺乏关爱；如喜欢用黑色、紫色画脸，家长应重视孩子生理、心理上可能有某种不适与疾病。这样，治疗师才能有针对性地选择适合的色彩进行有的放矢的治疗。

二是治疗师要充分掌握不同色彩的不同的表情性以及它与人的性格的各种联系。比如喜欢暖色调的人具有行动力，而且比较感性；喜欢冷色调的人性格内向。经过综合分析，精心地选择适合的色彩并制定个性化的治疗方法。

色彩疗法使用的色彩，有的来自大自然，如蓝天、白云、阳光、月光、动植物的颜色等；有的由电光布景获得。色彩疗法一般是与绘画疗法、音乐疗法、搞笑疗法等多种疗法结合在一起进行的，它往往是作为某一疗法的一种背景、氛围被采用的。

三、舞动审美疗法

（一）概况

舞动审美疗法又叫舞动治疗、舞蹈治疗。舞动治疗是通过编排或即兴的逻辑和节奏，将个体情绪、生理和心理整合为一系列肢体语言和动作，以促进其心理、情绪、行为以及人际关系方面的创伤疗愈以及潜能发挥，进而提升个体的知情意以及行为能力。舞动治疗基于经验支持的主张，认为身体和精神是不可分割和相互联系的，身体的变化反映了思想的变化，反之亦然。

（二）实践模式

不同于谈话疗法和其他表达性艺术治疗，舞动治疗强调情绪和身体的连接性，运用舞蹈行为或即兴动作来促进心身健康、增强社会认知。

舞动治疗根据受治者的数量分为三种。一是独舞模式。该模式更具有针对性，往往对受治者产生更为深刻的影响。二是团体舞模式。该模式是目前应用最多、最广泛的一种实践模式。三是社区舞模式。在团体舞模式和社区舞模式中都要特别注意团体成员之间的信任感和活动的节奏性，注重运用节奏的感染力，相比独舞模式，这种集体舞动更能使人感受到强大的力量。

根据舞蹈的治疗结构划分，将舞动治疗分为三种模式。① 编排式，是指社会工作者在服务开展之前事先准备一套舞蹈或肢体动作供受治者学习。② 即兴式，是指在舞动治疗过程中治疗者不提供特定的身体素材，而是按照一定的主题和目标指导受治者进行即兴动作。③ 半开放式，即编排式和即兴式相结合并随机变化的模式。半开放式综合了编排式和即兴式的优点，弥补了两者的缺点，得到较为广泛的运用。但半开放式也有自身的缺点，即社会工作者很难把握编排与即兴的度，把握不好将大大降低舞动治疗的效果。

（三）程序

作为一种表达性艺术治疗方法，舞动治疗必须遵循科学的方法和步骤。可以将舞动治疗分为风格编排、肢体酝酿、动作激发、主题演绎、交流领悟和总结谢幕六个阶段。

1. 风格编排阶段

在对舞蹈或动作进行编排之前首先应该对受治者进行观察和评估，以确定舞动治疗的风格、意图、心境与意象。编排阶段又可以分为以下四个环节。① 收集资料；② 初期评估；③ 制定计划；④ 舞蹈编排。

2. 肢体酝酿阶段

治疗师通过签到、暖身和建立团队等方式，将受治者的身心带入舞动治疗场域并与其建立专业关系。① 签到。作为正式服务的第一步，签到是协助受治者进入舞动场域，并向其解释舞动治疗的含义、目的、要求及相互介绍。② 暖身。治疗师通过圈形群组酝酿和预热、个人空间自由酝酿和预热、自我放松、按摩、打坐、静思等方式进行引导动作的预热，鼓励受治者从躯体的某个部位开始逐渐向各个方向伸展，同时让四肢向身体中心靠拢，唤醒身体的各个部位。③ 建立团体。建立团体主要针对的是团体舞模式和社区舞模式。

3. 动作激发阶段

结束暖身运动后治疗师通过动作激发、节奏熟练以及关系共鸣，协助发现受治者的动作隐喻，并与其强化信任关系，主要内容包括三个方面：① 动作激发。治疗师不仅要协助受治者进行甩、踢、伸、抖、摇、推、拉、击、扭、拍等动作词汇激发，也要协助其做好行走、跑跳、疾驰、跨越等动作中加上上下、左右、远近、交叉等空间伸展意向的空间运动激发。② 发现动作隐喻。治疗师通过仔细观察受治者的动作，可以察觉到受治者的行为模式、情绪、人格特质以及人际交往能力。③ 强化信任关系。如果想要在舞动治疗中取得实质性的进展，受治者之间信任关系的建立是关键。可以运用"镜像反映"、广泛多元的互动、拓展动作库、进行动作启发和对话等方式。

4. 主题演绎阶段

作为舞动治疗的核心，主题演绎是指治疗师针对受治者的背景资料、心理及社会需求以及服务目标而与其一起发现、挖掘、选择、演绎和发展适当的舞动主题。常见的策略包括六个：① 情感表达主题；② 自我尊重主题；③ 平衡放松主题；④ 行为模式主题；⑤ 潜能发展主题；⑥ 社交能力主题。

5. 交流领悟阶段

对主题演绎阶段产生的动作和行为进行意义阐释和隐喻揭示，促进受治者的心理建设与情感升华，具体包括以下两个阶段。一是意义阐释。治疗师一方面全身心地投入，根据以往的经验和直觉敏锐地捕捉到行为动作背后的含义，通过询问开放式的问题以及为即兴创作的舞蹈赋予主题，将受治者的舞蹈动作进行言语化和形象化；另一方面，采取动作对话的方式，将语言方式和非语言方式结合起来，发现并唤醒受治者的身体记忆，以此促进受治者领悟自己身体动作的意义。二是情感升华。在受治者理解了动作隐喻意义并得到启发的基础上，治疗师就可以通过角色扮演、象征性动作、舞动和语言交流将受治者的心声、情绪、意象以及梦想等释放和表达出来。

6. 总结谢幕阶段

治疗师协助受治者结束舞动进程、评估服务成效并总结反思。这一阶段的主要任务及内容包括四个方面：① 举办结束仪式；② 处理离别情绪；③ 舞动成效评估；④ 反思总结。

（四）适应证

舞动治疗在西方被广泛应用于精神障碍患者、老年人、特殊儿童、临床病人等不同群体的服务，并且取得了较为丰富的实证研究成果。我国舞动治疗主要运用于精神障碍患者、老年人和正常人的心理疏导中，形式上主要包括个人辅导和团体辅导。

四、搞笑审美疗法

（一）概况

搞笑审美疗法指运用具有审美价值的小品、相声、滑稽表演、幽默故事等喜剧形式刺激受治者的大脑，使其捧腹大笑而获得审美愉悦、快乐，从而达到治疗目的的一种审美心理疗法。

（二）治疗功能

搞笑疗法呈现于外表的一个最大特点是让受治者开怀大笑，它治疗的最大功能就是引人发笑，从而使人获得快乐。快乐是健康的发酵剂，是养生保健的原动力，快乐与健康同行，拥抱快乐，就是拥抱健康，尤其是心理健康。

美国威斯康星大学心理治疗学教授，被誉为"快乐研究王"的戴维森，在实验中发现，当人快乐的时候，一种叫"皮质醇"的对人有害的化学物质在大脑中的含量就会减少；当人感到压力时，大脑就会诱发肾上腺产生皮质醇。皮质醇会压抑人体的免疫、抗病功能。快乐的人体内不大会产生皮质醇这类化学物质。戴维森的实验还发现，快乐的人接种流感疫苗后，产生的抗体要比平均水平高出 500～700 倍，戴维森在论文中说："快乐并不是一种模糊的、无法形容的感觉，快乐是人类的一种自然状态，你可以随心所欲地为自己制造快乐。"

美国的一项研究中同样证实："笑有助于降低人体的皮质素的含量，而皮质素是制造紧张情绪的毒性荷尔蒙。"（皮质素即皮质醇）日本科学家春山茂雄的研究也发现：当人心理紧张、心态不好时，大脑内就会分泌一种叫"毒性荷尔蒙"的化学物质，长此以往将导致代谢障碍，内分泌失调，免疫功能下降，消化系统紊乱，从而加速各种器官老化、退化，甚至使癌症风险上升。反之，每当人快乐、心态好时，大脑会分泌一种叫"宾多芬"的化学物质，即"快乐荷尔蒙"。它可以增强身体的免疫力，抵制疾病，延缓人的衰老，强健人的体魄。医学家普遍认为当人处在愉悦的心态时，人体内各种有益的激素就能正常分泌。它有利于调节脑细胞的兴奋与抑制以及血液的循环。笑，是一种特殊的运动形式，是人情绪的润滑剂，是人心理、生理有效的调节剂。一场大笑可以让一个人的脉搏跳动从每分钟60次升到120次，一旦笑声停止，肌肉放松，心跳与血压也会低于正常水平，笑能消解人身心的紧张。挪威一医疗小组通过一系列试验证明，3分钟笑相当于15分钟的体操锻炼；笑1分钟，人的身体就会放松47分钟。

（三）注意事项

笑料的选择要精。一般是从比较经典的相声、小品、滑稽表演、幽默故事等艺术作品以及民间传说、故事中精选。不能采用庸俗、低级、下流的笑料。否则就与净化心灵的心理治疗目的背道而驰了。

笑料的运用要有较强的针对性。一定要针对受治者的病情、性格、喜好以及文化水平，否则达不到治疗的良好效果。

要善于引导。搞笑并非为笑而笑，治疗师要善于用生动的语言，用笑料中具体的事例诱导求治者逐步培养自己良好的心态与积极的处事态度。同时明白，快乐实质上是人的心灵的一种自我感受与体验。要积极引导求治者在自己平凡的日常生活中去努力寻觅、感受、体验生活中的快乐、幸福，增强自己的幸福感、快乐感。

五、诗词审美疗法

（一）概述

诗词审美疗法主要以中华诗词为媒介，通过品读过程所产生的共鸣、净化和领悟机制，对受治者进行一系列心理暗示、情绪辅导、潜能激发以及整体复原，最终实现社会功能的提升。

（二）模式探讨

根据治疗的对象人数不同，诗词疗法可以区分为个别赏析模式、小组赏析模式和社区赏析模式。

根据治疗实践中引入诗词的形式不同，诗词疗法可以被分为接受性或指令性模式、静态性或创作性模式和象征性或仪式性模式三种模式。

根据受治者的生理感受、心理体验和社会想象状况，社会工作中的诗词疗法又可以分为独立想象模式、影像辅助模式和亲身体验模式三种。

（三）规范程序

基于工作服务的逻辑框架以及阅读疗法的研究基础，诗词疗法的运用主要包括关系建立、诗词甄选、氛围营造、循环赏析、人格代入、情感升华和现实反思七个阶段。

1. 关系建立

接案评估就是了解受治者的求助原因及其求助过程，初步评估受治者的问题，决定是否纳入服务进程，并订立初步的服务协议。这一阶段主要包括两个方面的任务：一是充分了解受治者的状况，评估其基本状况以及是否适合诗词疗法；二是决定是否接案并鼓励受治者积极参与治疗的进程，建立彼此信任合作的关系。

2. 诗词甄选

诗词甄选是诗词疗法的首要步骤，也是最为关键的一步。基于对受治者生理、心理及社会状态和需求的充分了解，工作者需要与受治者共同讨论治疗的目标，并确定适合治疗的主题和目标诗词。一方面建立治疗性诗词的数据库，并结合作者的经历与创作背景对诗词进行分类（按主题、情感、流派或节奏等）；另一方面分析受治者的心理特征、诗词创作背景及表达的情感，并向其推荐一些能够产生情感共鸣、情绪引领和心理升华的诗词。

3. 氛围营造

诗词疗法作用的发挥取决于包容性、治疗性的服务情境和氛围，以达到宣泄受治者情绪的目的。一方面，氛围酝酿可以帮助受治者渲染情感；另一方面，氛围营造有利于将受治者带入诗词情境中，让其自然而然地受诗词意境的感染，利于迅速引起情感共鸣。

4. 循环赏析

通过对治疗诗词的不断朗诵、递进分析和深入反思，促进受治者的情感代入和身临其境，从而实现情感宣泄、自我探索与发现。基于此目的和宗旨，循环赏析至少包括以下三个核心步骤：①反复朗诵诗词语句；②反复揣摩诗词情感；③反复分析诗词背景。

5. 人格代入

中华诗词所体现的人格魅力、文化基因和民族精神，都是诗词疗法中最重要的治疗要素。因此，需要通过人格代入让受治者融入诗词情境、体验诗词意境、扮演作者角色，最终实现诗词人格的带入、领悟以及实践，从而发现受治者多样性的角色及其扮演能力。首先是角色选择，其次是角色领悟，最后是角色反思。

6. 情感升华

大部分中华诗词有一个共同的特征就是"诗以言志"。当诗词创作者在人生春风得意、遭遇困境或者迷茫无助之时，通过创作的方式将这种内在的心理情感或者人生理想以诗词的方式宣泄和表达出来。从这个意义上讲，诗词本身就是古人情感升华的体现。而在诗词疗法中，工作者也需要协助受治者将生活中的焦虑、抑郁、迷茫、困惑、欣喜、成长以及潜能，通过诗词赏析、角色扮演、角色反思乃至诗词新作表达出来，并上升为符合社会规范并对个体具有建设意义的行动，这就是情感升华的阶段。

7. 现实反思

在经过诗词治疗后，工作者应主动引导和鼓励受治者从诗词所描述的世界中脱离出来，并将其中所体会的积极经验和正向思维运用到现实处境的应对当中。这不仅可以让其直面现实，分析自己的真实处境和心理问题，并和工作者一起想办法去改善；

还可以让其在自我披露过程中增强自我效能，坦然面对未来的挑战。

（四）适应证

诗词疗法适用的领域包括情绪辅导、学习障碍、婚姻关系、自我发展、自杀干预、关系协调、行为教养、药物戒断、残障康复、临终关怀、哀伤辅导以及社会救助等。当然，在运用过程中针对不同群体还要特别注意诗词疗法的适用性。

六、书法审美疗法

（一）概述

汉字书法（以下简称为书法，专指中国的汉字书法系统）艺术自古以来是中国人修身养性的重要手段之一，书法作为中国传统艺术经过几千年的传承和发展，形成了丰富的精神内涵，拥有极高的心理康复价值。书法审美疗法是指书写者或观赏者利用书法的线条、结构、布局、节奏、轻重、提按、徐疾、刚柔、动静等审美形式来陶冶情操、怡情养性、静心凝神，调节身心健康。

书法治疗法，总体来说就是利用书法对精神疾病患者进行康复干预，从而达到预定治疗目的的一种康复方法。主要包括书法介入、书法表达、书法分享分析、书法心理重建。当然这些步骤也不是严格意义上的递进关系，每一步都可作为单独的治疗手段。

（二）书法治疗三部曲

1. 表达与宣泄

对于大多数轻度精神疾病患者来说，表达和宣泄是缓解其精神压力，平衡内心，消除心理障碍的有效方法。在书法治疗的表达和宣泄过程中，治疗师需要创造好治疗的客观条件和治疗氛围，引导患者进入书法治疗，接受患者的认知水平、表达方式和情绪状况，让患者尽可能表达和宣泄，从而实现缓解精神压力，平衡内心情绪。同时表达和宣泄是一种自我认知的过程，也是患者自我发现和自我寻找解决方法，平衡内心世界的一种手段。

2. 作品分享与分析

书法作品的分享和分析是一个沟通的过程。书法作品（或笔迹）是图形化的心理情感，使我们通过对患者作品的分析来了解患者的心理情感变成了可能。这也是语言疗法所不能的。在这个过程中，治疗师通过作品和患者建立联系，患者同样通过作品建立与自己的沟通和与治疗师的沟通。分享主要是患者对自我作品的解读，分享的过程也是患者重新认识自我心理情感的过程，患者在对自我作品分享的过程中，可以完善对自我的认知和自我的肯定。分析主要是治疗师对患者作品的解读，目的是要全面深刻地了解患者的心理情感，作品只是了解患者内心世界的媒介，在作品分析中，笔迹学的研究成果为书法治疗师提供了参考依据。

3. 心理重建

（1）无意识的心理重建。中国书法系统经过千年的传承和沉淀，已经深深地烙上了中国人的意识形态，书法所形成的书写方法、文字规范、审美标准，乃至心态情绪都蕴含着特定精神情感。这种特定的精神情感力量，会反作用于书写者的精神世界，即使通过无意识的观摩和书写，也能给患者带来精神上的影响和改变，这是书法审美疗法的重要依据。

（2）有意识的心理重建。有意识的心理重建是建立在治疗师对患者的心理状况比较了解的基础上，并且针对患者的情况有一个明确的心理重建方案，实现重建则是以传统书法作品为主形成的精神系统，治疗师让患者通过对特定精神内涵的书法作品进行认知和训练，从而实现心理重建。即通过"正书法所以正人心"。不过通过书法进行心理重建是一个长期的过程，要经过认知的改变，行为的改变，再到心理的改变，同时也是一个循环强化的过程，开展治疗过程持续越久其治疗效果越好。

七、自然美疗法

自然美是指自然领域中的美，它不仅是自然现象，还是社会现象。自然美疗法就是利用自然山水景物中美的形态、色彩、线条、声光、运动等诸多因素，来激发审美主体的强烈感应，从而使主体进入一种专注的状态，体验生命活动的力量、意志、价值和智慧，感受到对现实的超越和物质转换，从而使主体的身心达到一种平衡状态。自然美疗法通过患者与自然美的互动，达到一种人与自然的和谐状态，从而构成"患者-环境"的动态平衡。

（一）森林疗法

2006年，日本正式提出"森林疗养"的概念，虽然目前学界对此尚未形成统一的称谓，但含义基本一致，即森林疗法是利用森林的秀美、幽静、奇异、葱郁的审美环境及其他一些有利于健康的特点来调节患者的身心节律、影响患者的身体状态，从心理、生理两个方面起到治疗和保健作用。近年来，"森林疗养"事业亦得到我国政府的大力推行。2019年3月，国家林业和草原局、民政部、国家卫生健康委员会、国家中医药管理局四部门联合印发了《关于促进森林康养产业发展的意见》，提出到2022年建设国家森林康养基地300处，到2035年建设国家森林康养基地1200处，这预示着"森林疗养"的相关研究将成为学界讨论的热点。

古今中外的自然疗愈实践证明，大自然中确实蕴含着完善人性、抚慰人心的伟大力量。这种伟大力量就是宇宙精神，在不同的思想家那里获得了不同的命名。道家称之为"道"，超验主义者称之为"超灵"，有神论者或泛神论者称之为"神"。自然美就是宇宙精神的显现，能够启发人类将功利人生观改造为审美人生观，从而实现对欲望之苦的超越。正如黑格尔所言："审美带有令人解放的性质。"对自然美的感知与体悟就是一场心灵的洗礼。"森林浴"所洗涤的并不只是疲惫的身体，还有被欲望之尘蒙蔽的心灵。自然美有助于唤醒远离初心的人们，启发人们将对世界的功利认知模式调整为审美体验模式，进入到对宇宙精神的领悟中，获得与本真存在的切近，拯救被异化了的自身，做回"是其所应是"的自己。

科学家经分析发现，植物组织在自然状态下释放出来的气态有机物化学成分多达数百种，其主要成分为芳香性碳水化萜烯，其中绝大多数不仅能杀虫、杀菌，还有防病、治病、健身强体的功效。人身处于森林中时，植物散发出的这种气味可以通过呼吸道和人体皮肤表皮进入体内，对人体有适度的刺激作用，可抑制咳嗽中枢，扩张支气管；可促进免疫蛋白增加，有效调节自主神经平衡，从而增强人体的抵抗力，达到抗菌、抗肿瘤、降血压、驱虫、抗炎、止咳、平喘、祛痰与健身强体的生理功效。因此，森林疗法可以治疗多种疾病，对冠心病、心律失常、高血压、咳嗽、慢性气管炎、肺结核、哮喘、神经症等都有一定疗效，尤其是对呼吸道疾病治疗效果最为显著。

森林浴最理想的季节是夏、秋两季（5—10月），每日行浴的最佳时间为10：00—16：00，气温一般在15~25 ℃。行浴时，患者穿宽松衣服在森林中先散步10分钟左右，并做深呼吸，在身体适应后逐步脱去外衣，最后只留短衣、短裤，躺在躺椅上，谓之静式森林浴；也可量力做一些体育活动，如太极，谓之动式森林浴。第一次行森林浴时间不宜过长，以后每次可视身体状况适当增加，每日2次，1个月为1个疗程。

（二）草原疗法

草原疗法是利用大草原清新的空气、辽阔的空间、牧人的歌声、新鲜的马奶和牧民的豪情等审美因素进行的身心治疗。同时，中医学认为"百草皆可入药"，大草原的许多草本植物都具有神奇的药物疗效，如丁香花、天竺草、丝毛草、薰衣草等都具有镇静、催眠的作用；迷迭香有治疗支气管炎症和哮喘的作用等。俄国作家托尔斯泰36岁时曾患肺病，因当时无特效药可以治疗该病，在医师的建议下，他来到了大草原，呼吸着新鲜的空气，听着牧人的欢歌笑语，欣赏着草原的美景，并参加牧民的赛马活动，一段时间后，肺病竟奇迹般地消失了。这就是通过草原疗法改善人的心理环境，调节人的身心状态以致达到平衡的结果。

（三）海滨浴疗法

海滨浴疗法利用大海使人心旷神怡，利用海水的冲洗和阳光的照射能促进新陈代谢、加强呼吸运动、改善血液循环、提高机体免疫力、增进神经系统功能，从而达到治疗的效果。研究发现，在海滨疗养，可改善睡眠、消除疲劳和紧张情绪，因此，具有治疗失眠疲倦和抑郁症的作用。而进行海水浴时，人的皮肤可以从海水中"获得新生"，海水能够让炎性细胞从皮肤中渗透出来，鳞屑自行分解、脱落，是治疗各种难治性皮肤病（如银屑病、神经性皮炎等）的理想疗法。以我国北部沿海为例。海滨浴疗法的理想时间是夏季7—9月的上午9时到下午4时，水温应在20 ℃以上，气温高于水温。应在饭后1~1.5 h进行，体弱者入浴前应体检，详查血压及心率，并进行适当的体操活动和日光浴，之后从浅水到深水，逐渐适应水温，时间不宜过长。

与海滨浴类似的还有温泉浴疗法。温泉中含有非常丰富的矿物质，如碘、硒、锌、溴、钙、镁、硫等，各种矿物质及酸碱离子通过温泉的高温作用很容易从皮肤渗透，从而起到治疗皮肤病、消除疲劳、缓解紧张情绪、减轻疼痛、止咳祛痰、增加食欲、促进肠胃功能、扩张血管、杀菌消炎、增强免疫力等功效，甚至有些矿物质元素（如硒）还有防癌、抗癌的作用。

（四）芳香疗法

芳香疗法指使用天然植物香料或由其提炼的具有挥发成分的芳香精油以防治疾病的一种自然疗法。精油是通过蒸煮或压榨从植物的各个部位获取的、能产生特殊气味的化合物而制成，其散发的特殊气味经嗅觉吸入后，传入并影响大脑活动。产生类似药物的作用，起预防与治疗效应。也可以将精油涂抹于皮肤并通过按摩使其发挥疗效。与矿物油不同，精油的小分子特性使其更容易直接穿透皮肤，进入血液系统，达到治疗的目的。研究表明，不同的精油具有不同的作用，如常见的熏衣草精油可镇静催眠，薄荷精油可抗病毒、抗炎镇痛，生姜精油可缓解呕吐，佛手柑精油可减轻压力、缓解焦虑，天然葵精油可抗菌、抗氧化等。由此可见，精油具有保健和治疗的双重效用，对异常情绪（焦虑、抑郁）、失眠、慢性疾病生活质量的改善、关节炎、头痛、创伤、感冒、过敏、支气管炎、多种皮肤症状和美容等均有效果。

在治疗呼吸道疾病方面，芳香疗法常用于流行性感冒、支气管炎、咽喉炎等呼吸道感染疾病。香佩疗法具有芳香辟秽、扶正祛邪的功效，对细菌及空气中的自然菌有一定的清除作用，具有较好的抗呼吸道合胞病毒能力，是防治传染病的有效疗法。王湘茗等认为，针对呼吸道感染患儿，在佩戴防感香囊后，其外周血淋巴细胞凋亡率明显降低，可起到促进新陈代谢，提高免疫力的作用。

？ 思考题：

1. 什么是审美心理疗法？
2. 简述审美心理过程的几个阶段。
3. 审美心理疗法的生理基础是什么？

本章参考文献

［1］ 耿鹏.审美心理学研究30年［J］.滨州学院学报，2011（1）：55-57.

［2］ 田岛我国四十年来审美心理学研究概观［J］.西北师大学报（社科版），1990（6）：19-25.

［3］ 赵永耀，刘志华.医学美学［M］.南昌：江西高校出版社，1999.

［4］ 彭红霞，肖丰.常用的3种国外自然疗法概述［J］.中国民间疗法，2022，30（6）：118-120.

［5］ 祝定芳，高维杰，张娜，等．绘画疗法在大学生心理健康管理中的应用进展［J］．心理月刊，2022，17（19）：232-234，237.

［6］ 刘斌志．社会工作服务中的舞动疗法：实践模式与程序指引［J］．社会工作与管理，2021，21（5）：51-60.

［7］ 刘斌志，罗秋宇．社会工作实践中的诗词疗法探索及其运用［J］．华东理工大学学报（社会科学版），2018，33（5）：45-52，64.

［8］ 易健，曹建华．审美心理疗法初探［J］．湘南学院学报，2013，34（4）：71-76.

［9］ 孙乐栋，刘君丽，梁文丽．医学美学［M］．北京：科学出版社，2023.

［10］ 周红娟．医学美学［M］．北京：人民卫生出版社，2019.

第十一章　医学执业制度 与执业美的塑造

"健康中国"战略要求，必须坚持提高医疗卫生服务质量和水平。不断健全医学执业制度不仅是提高医疗卫生服务质量和水平的基础，也是塑造医务人员执业美的保障。本章以现行法律、法规为依据，阐述医疗执业主体中的医师、护士的执业准入及执业规则，分析医务人员执业素养的内涵、基本要求、塑造途径及现实意义。

第一节　医学执业制度

医学执业是一项蕴含浓厚人文色彩的专业服务行为，客观上带有高技术性、高风险性、无法充分预测结果的特征，具有救死扶伤与侵袭损害的双重表现。我国医学执业制度是综合性、技术性，并具有国际性的国内法律制度，是符合社会主义市场经济发展规律的法律制度，有助于协调国民经济与社会的发展。

一、医学执业概述

（一）医师执业制度概述

1. 医师的概念

根据《中华人民共和国医师法》（以下简称为《医师法》）的规定，医师，是指依法取得医师资格，经注册在医疗卫生机构中执业的专业医务人员，具体包括执业医师、执业助理医师。

2. 医师的分类

按照不同的分类标准，医师可以分为不同的种类。按照执业资格进行划分，医师可以分为执业医师和执业助理医师。按照执业类别进行划分，可以分为临床医师、口腔医师、中医医师以及公共卫生医师。按照执业机构进行划分，可以分为临床医师、预防医师以及保健医师。还可以按照聘用科目等其他分类标准进行划分。

3. 准入制度

一般情况下，我国实行医师执业注册制度，取得医师资格的主体可以向所在地县级以上人民政府卫生健康主管部门申请注册，符合相关资格的，获得国务院统一印制的医师执业证书，方可依法从事医疗卫生执业行为。此外，为了加强乡村医生从业管理，提升乡村医生的职业道德和执业素质，保护乡村医生的合法权益，我国乡村医生的执业注册制度有所放宽。

（1）医师执业资格考试。

我国国务院卫生健康主管部门主管全国医师工作并统一划定医师资格考试的类别、制定考试办法，其中，国务院中医药主管部门另行制定考试办法并报国务院卫生健康主管部门审核、发布。由省级以上人民政府卫生行政部门组织实施医师资格考试，其中，国家中医药管理局组织实施中医医师资格考试。考试采取笔试、口试、操作、计算机等多种形式，包括医学综合笔试和实践技能考试两方面。经县级以上人民政府卫生健康主管部门委托的中医药专业组织或者医疗卫生机构考核合格并推荐的，以师承方式学习中医满三年，或者经多年实践医术确有专长的，可以参加中医医师资格考试。

按照我国《医师法》的规定，可以申报执业医师资格考试的人包括：第一，具有高等学校相关医学专业本科以上学历，在执业医师指导下，在医疗卫生执业（医疗、预防、保健）机构中参加医学专业工作实践满一年；第二，具有高等学校相关医学专科学历并取得执业助理医师执业证书，在相应执业机构中执业满两年的；第三，具有高等学校相关医学专业专科以上学历，在执业医师指导下，在医疗卫生机构中参加医学专业工作实践满一年的，可以参加执业助理医师资格考试；第四，通过师承方式学习中医，期限满三年或者进行中医实践确有专长的，并经县级以上人民政府卫生健康主管部门委托确认的中医药专业组织或者医疗卫生机构考核合格并推荐，可以参加中医医师资格考试；第五，由两名以上中医医师推荐的以师承方式学习中医或者经多年实践，医术确有专长的人员，可以参加省级人民政府中医药主管部门组织的实践技能和效果考核。

依法参加并通过医师执业资格考试或执业助理医师资格考试，即可取得执业医师资格或执业助理医师资格。执业医师资格及执业助理医师资格一经合法取得，即可申请执业注册，任何组织和个人不得剥夺其合法权益。

（2）医师执业注册。

获得执业医师资格或执业助理医师资格的人员，不能立即从事执业行为，应提交身份证明、注册申请书、健康证明、医师资格证明、所在医疗卫生执业机构的执业许可证明复印件以及道德、技能状况考核证明文件，依照相应法律、法规向所在地县级以上人民政府卫生健康主管部门申请执业注册。医疗卫生执业机构经具备执业资格人员的申请，可以为本机构中相应人员集体办理注册手续。医师在两个以上医疗卫生执业机构从事执业活动的，应以一个医疗卫生执业机构为主，并依法办理相关手续。

县级以上人民政府卫生健康主管部门自受理之日起二十个工作日内，需作出是否准予注册的决定。一经准许，相关部门需将申请人相关信息录入国家信息平台，并向准予注册的相对人发放医师执业证书（国务院卫生行政部门统一印制）。根据相关规定不予注册的，需书面通知申请人并说明理由。值得注意的是，取得执业医师资格的主体申请个体行医的，须于准许注册后在医疗卫生机构中执业满五年，并取得国家审批手续。未经批准，不得行医；但是，以师承方式学习中医三年及以上的，或者经多年实践、医术确有专长的，由两名或两名以上中医医师推荐，并经省级人民政府中医药主管部门组织实践技能和效果考核后，按照考核内容进行执业注册后即可在注册范围内个体行医。

不予注册的情形包括：限制民事行为能力或无民事行为能力；因受刑事处罚且申请之日距执行完毕之日不满两年；依法被禁止从事医师职业的期限未满；因受吊销医师执业证书的行政处罚，且申请之日距处罚之日不满两年；因未通过医师定期考核而被注销注册，且申请之日距注销注册之日不满一年；法律、行政法规规定的不宜从事医疗卫生业务的其他情形。

注册医师需变更注册的情形包括：改变执业地点；改变执业类型；改变执业范围。经卫生行政部门准许，将重新发放国务院行政部门统一印制的医师执业证书。但是，在医疗联合体内的医疗机构从事执业活动、承担国家任务或参加政府组织的重要活动，以及参加规范化培训、会诊、突发事件医疗救援、进修、对口支援、公益性义诊或医疗活动，无需办理。

对相应医师进行注销注册的情形包括：死亡或宣告死亡；受刑事处罚；受吊销医师执业证书行政处罚；依法暂停执业活动且未通过再次考核；终止医师执业活动满两年；国务院卫生行政部门规定不宜从事医疗卫生业务的其他情形。卫生行政部门作出注销决定后，应收回医师执业证书。被注销注册人有异议的，可以自收到注销注册通知后十五日内申请复议或向人民法院提起诉讼。

重新注册的情形包括：不予注册的法定情形终止；中止医师执业活动两年以上的。申请重新注册的当事人需在县级以上人民政府卫生健康主管部门规定的医疗卫生机构或组织进行培训，并通过考核，才能重新获得注册资格。

（3）执业医师的考核与培训。

县级以上人民政府卫生健康主管部门或接受其委托的医疗卫生机构或其他医学专业行业组织应定期按照医师执业标准，对相应执业医师的工作业绩、业务水平及职业道德情况进行考核，并将考核结果报告准予注册的卫生健康主管部门备案。考核不合格的医师将暂停执业三至六个月，接受培训和继续医学教育。培训的内容包括岗位培训、进修教育、全科医师培训、毕业后医学教育、继续医学教育。具体形式有学术讲座和会议、病例讨论会、专题讲习、技术操作示教、手术示范、案例讨论会、学术期刊撰写和发表等。接受培训和继续医学教育期限届满，另行组织考核，未通过第二次考核的医师将被收回医师执业证书；通过第二次考核的医师，方可继续从事医学诊疗执业行为。

给予执业医师表彰或奖励的情形包括：医德高尚，执业事迹突出；遇自然灾害、传染病流行或突发重大伤亡事故等紧急情况时，执业表现突出；对医学专业技术有突出贡献或重大突破；在条件艰苦的边远贫困、少数民族地区基层单位长期努力工作；国务院卫生行政部门规定的其他情形。

4. 执业制度

我国医学诊疗执业相关法律制度充分体现了平衡的法律精神，具有医师的权利与义务的统一，坚持医师权利、义务与患方权利、义务相对应的特点。

（1）执业权利。

医师在医疗诊疗过程中享有的权利包括：第一，在执业注册范围内合理选择预防、保健、医疗方案，进行医学诊查、疾病调查、医学处置、出具相应的医学证明文件的权利，即执业权。第二，按照国务院卫生行政部门规定的标准，获得与自身医疗卫生执业活动相当的医疗设备基本条件的权利，即执业条件的保障权。第三，从事学术交流、医学研究，加入专业学术团体的权利。第四，参与专业培训与接受继续医学教育的权利，即专业研习权。第五，从事执业活动时，人格尊严、人身安全不受侵犯的权利，即获得尊重权。第六，获得工资报酬、津贴，以及国家规定的福利待遇的权利，即获得劳动报酬权。第七，对本人执业的医疗卫生机构提出意见和建议，依法参与民主管理的权利。

（2）执业义务。

医师在医疗诊疗执业活动中应承担的义务包括：第一，遵守法律、法规及技术操作规范的义务，即依法执业义务。第二，爱岗敬业，遵守职业道德，履行医师职责，尽职尽责为患者服务的义务，即恪守职业道德义务。第三，坚持诚实信用原则，关爱、尊重患者，保守患者隐私的义务。第四，钻研业务，更新知识，提高专业技术水平的义务，即勤勉义务。第五，宣传卫生保健知识，对患者进行健康教育的义务，即医疗卫生宣传义务。

（3）执业规则。

医师在执业活动过程中必须遵循一定的规范准则，具体包括：第一，医师必须在亲自诊查、调查的前提下实施医疗、预防、保健措施，及时填写医学文书并签署医学证明文件，不得出具与自己执业范围无关或者与执业类别不相符的医学证明文件，不得隐匿、伪造或者销毁相关材料。第二，不得拒绝急救处置。第三，必须使用经国家有关部门批准使用的药品、医疗器械及消毒药剂。禁止在正当诊断外使用麻醉药品、医疗用毒性药品、精神药品以及放射性药物。第四，准确向患方（患者本人或者家属）介绍病情，充分履行如实告知、说明义务，根据当前医学诊疗发展水平提供一种或多种医学诊疗措施方案，并避免对患者产生不利后果。第五，不得利用执业活动牟取财务等不正当利益。第六，当出现自然灾害、传染病流行、突发重大伤亡事故等严重威胁人民生命健康的紧急情况时，积极服从县级以上人民政府卫生行政部门调遣。第七，依法、及时向所在机构或者卫生行政部门报告医疗事故、传染病疫情、患者涉嫌伤害事件或者非正常死亡的、假药或劣药等情况。第八，一般情况下，执业助理医师需在执业医师的指导下从事符合本人执业类别的执业活动。在乡、民族乡、镇的医疗、预防、保健机构中执业的，可以根据医疗诊治的情况和需要，独立从事一般的执业活动。

医师如违反执业规则，将承担相应的法律后果。在执业活动中出现下列情形，县级以上人民政府卫生行政部门有权予以警告，或责令暂停六个月以上一年以下执业活动；情节严重的，可以吊销执业证书；构成犯罪的，依法追究医疗事故罪等刑事责任：第一，违反卫生行政规章制度或者技术操作规范、由于不负责任延误急危患者的抢救和诊治、或泄露患者隐私，造成严重后果。第二，造成医疗事故。第三，未经亲自诊查、调查，签署诊断、治疗、流行病学等证明文件或者有关出生、死亡等证明文件。第四，隐匿、伪造或者擅自销毁医学文书等资料。第五，执业中选用未经使用批准的消毒药剂、药品或医疗器械。第六，未按照规定使用医疗用毒性药品、精神药品、麻醉药品或放射性药品。第七，在未经患方允许的情况下，对患者进行实验性临床医疗。第八，利用执业活动牟取财务等不正当利益。第九，出现自然灾害、传染病流行、突发重大伤亡事故等严重威胁人民生命健康的紧急情况时，不服从相关部门调遣。第十，未依法报告医疗事故、传染病疫情、患者非正常死亡或涉嫌伤害事件。出现下列情形，医务人员或其所在的医疗执业机构将承担民事赔偿责任：第一，患者因医务人员或其所在的医疗执业机构的过错，在医疗诊疗活动中受到损害。第二，除因抢救生命垂危的患者等紧急情况，未尽到说明义务，或未取得患方明确同意。第三，未尽到与当时医疗水平相应的诊疗义务，造成损害。第四，违反法律、法规、规章及有关诊疗规范的规定，隐匿或拒绝提供与医疗纠纷有关的病历资料，遗失、篡改、伪造、违法销毁病历资料。第五，因药品、医疗器械、消毒产品缺陷，或输入不合格血液造成患者损害。第六，未按照规定填写、妥善保管并及时提供医嘱单、住院志、检验报告、麻醉及手术记录、护理记录等病历资料。第七，泄露患者的隐私或个人信息、未经患者允许的病历资料。第八，违反诊疗规范进行不必要检查。此外，非医师行医或未经批准开办医疗机构行医，县级以上人民政府卫生行政部门有权予以取缔，没收违法所得、器械、药品，并处十万元以下罚款；有权吊销医师的执业证书；给患者造成损害的，依法承担民事赔偿责任；构成犯罪的，依法追究非法行医罪等刑事责任。

（二）护士执业制度概述

1. 护士的概念

根据《护士条例》（2020年3月27日修订）的规定，护士，是指依法取得护士执业证书，依照相关法律、法规从事护理活动，履行保护生命、减轻痛苦、增进健康职责的卫生技术人员，其执业活动受到国务院卫生主管部门的监督管理，其人格尊严、人身安全受到法律的保护。

2. 准入制度

（1）护士资格考试制度。

我国卫生部、人力资源和社会保障部于2010年5月1日发布的《护士执业资格考试办法》（2010年7月1日施行）规定，我国卫生部负责组织实施护士执业资格考试，原则上每年举行一次。考试采取人机对话形式，考试科目包括专业实务和实践能力。

申报护士资格考试的人员，应提交身份证明、毕业证书、报名申请表、三张近六个月二寸免冠正面半身照，以及所需的其他材料。在校应届毕业生须携带学校出具的应届毕业生证明到学校所在地考点报名，或由学校办理集体报名。非应届毕业生，可以携带相关材料到人事档案所在地考点报名。

在护士执业资格考试中，报名考点需承担的工作包括：第一，本考点的考务工作。第二，执行本考点考务管理具体措施。第三，受理考生报名，核实相关材料并进行报名资格初审。第四，为无法自行上网打印准考证的考生打印准考证。第五，处理并上报本考点考试期间情况。第六，在考试结束后四十五个工作日内公布成绩，发放护士执业资格考试成绩合格证明。

（2）护士执业注册制度。

一般情况下，参与护士资格考试并通过的人员，应当自通过护士执业资格考试之日起三年内，向批准设立的拟执业医疗执业机构或为该医疗执业机构备案的卫生主管部门提出执业注册申请并取得护士执业证书，方可依法从事护理工作。护士执业注册的有效期是五年，有效期届满需继续从事护士执业行为的，应当在有效期届满前三十日向批准设立的医疗执业机构或者为该医疗机构备案的卫生主管部门申请注册延续，申请的延续期为五年。

有意愿申请护士执业注册的人员，需具备的条件包括：第一，具有完全民事行为能力。第二，在中等职业学校或高等学校完成国务院教育主管部门和国务院卫生主管部门规定的普通全日制三年以上的护理、助产专业课程学习，在教学、综合医院完成八个月以上护理临床实习，并取得相应学历证书。第三，参与国务院卫生主管部门组织的护士执业资格考试并通过。第四，符合国务院卫生主管部门规定的健康标准。第五，应当自通过护士执业资格考试之日起三年内递交执业注册申请，逾期递交的，应具备上述中的第一、第二、第四项规定的条件，同时在符合国务院卫生主管部门规定条件的医疗卫生机构接受三个月临床护理培训并通过考核。

接收护士执业注册申请的部门应当自收到申请之日起二十个工作日内作出是否准予的决定，并向准予注册的人员发放护士执业证书。若不予注册，需提供书面说明。

护士在完成执业注册的五年内变更执业地点，需向批准设立拟执业的医疗执业机构或为该医疗执业机构备案的卫生主管部门报告。相关部门自收到报告之日起七个工作日内为相关人员办理变更手续，其中，跨省、自治区、直辖市的变更，收到报告的卫生主管部门须向该护士的原注册部门通报相关情况。

3. 执业制度

（1）执业权利。

护士在医疗诊疗过程中享有的权利包括：第一，有权依法获得工资报酬、参加社会保险、享受福利待遇。任何单位和个人不得非法克扣工资，不得降低甚至取消福利待遇。第二，有权获得与其从事的护理工作相适应的卫生防护、医疗保健服务。其中，有感染传染病危险或从事直接接触有毒有害物质危险的人员，有权依法接受职业健康监护；患职业病的，有权依法获得相应赔偿。第三，有权按照国家有关规定获得与本人业务能力、学术水平相应的专业技术职务、职称。有权从事学术研究和交流、参与专业培训、加入行业协会和专业学术团体。第四，有权获得疾病诊疗、护理信息，有权履行护理职责。第五，有权对医疗卫生机构和卫生主管部门的工作提出意见或建议。

（2）执业义务。

护士在医疗诊疗过程中承担的义务包括：第一，有遵循法律、法规、规章、诊疗技术规范中规定的义务。第二，发现患者病情危急，有立即通知医师的义务。必要时，须向该医师所在科室负责人或医疗卫生机构负责医疗服务管理的人员报告。第三，有尊重、关心、爱护患者的义务。有保护患者隐私的义务。第四，有参与公共卫生和疾病预防控制工作的义务。发生公共卫生事件、自然灾害等严重威胁公众生命健康的突发事件，有服从县级以上人民政府卫生主管部门或所在医疗卫生执业机构安排，参与医疗救护的义务。

（3）执业规则。

护士在执业活动过程中，必须遵循一定的规范准则。未取得护士执业证书的人员、未依照执业证书变更要求办理执业地点变更的人员、执业注册有效期限届满或未获得延续许可的人员、未在护士指导下在教学、综合医院进行与之相适应的护理临床实习的人员，禁止在相关医疗执业机构从事护理执业行为。此外，护士或其所在的医疗执业机构可能承担民事赔偿责任的情形与医师执业规则中相关标准一致。

二、医学美容执业制度

（一）执业准入

提供医疗美容诊疗服务的医疗执业机构必须依法合理开展执业活动，执业活动范围包括运用药物、医疗器械、手术以及其他创伤性或者侵入性的医学技术方法对人的容貌和人体各部位形态进行的修复与重塑，其中医疗美容的一级诊疗科目是医疗美容科，二级诊疗科目是美容牙科、美容外科、美容皮肤科以及美容中医科。我国根据医疗美容诊疗执业活动具体项目的技术难度和风险程度对医疗美容执业实行分级准入管理。

在我国境内申请开办医疗美容科室必须具备一定的法律资格：第一，具备民事责任能力；第二，具有明确的医疗美容诊疗服务范围；第三，符合《医疗机构基本标准（试行）》；第四，满足省级以上人民政府卫生行政部门规定的其他条件。除满足以上法律资格，还需办理审批和登记注册手续并取得"医疗机构执业许可证"，方可从事医疗美容执业服务。

在我国境内有资质的医疗美容机构从事医疗美容项目的主诊医师必须具备一定的资质，依法在获准的执业范围内从事医疗美容执业活动：第一，具备执业医师资格并经执业医师注册机关批准。第二，满足临床工作经历的要求。美容牙科主诊医师须有五年以上相关经历，美容外科主诊医师须有六年以上相关经历，美容皮肤科和美容中医科主诊医师须有三年以上相关经历。第三，已经从事美容医疗临床工作一年以上，或经过专业培训并合格，或经过专业进修并合格。第四，满足省级人民政府卫生行政部门规定的其他条件。

（二）执业规则

人类对于美的向往推动了医学美容行业的发展，人类期待运用医学美学技术提高生命和生活的质量。在医学美学行业高速发展的时代，违反法律、法规、执业规范的负面新闻屡见不鲜。为了维护医学美容执业秩序，充分保障最广大人民的生命健康安全，我国相关法律、法规规定，在我国境内从事医学美容的执业机构必须经过卫生行政部门登记注册并获得"医疗卫生执业许可证"，开展医学美容项目的美容医疗机构和医疗美容科室应当由登记机关指定的专业学会核准，并向登记机关备案。

开展医疗美容执业活动，必须遵循以下原则：第一，坚持人道主义原则，具体包括：将"无经济性、精神性、技术性伤害"作为医学美容的伦理底线；采取书面说明和口述相结合的方式，尽到充分的说明义务，并要求患者本人或其监护人签署知情同意书；充分保护患者病情资料、个人信息、过敏史、采取的医疗美容措施等隐私内容。第二，坚持尽善尽美原则，具体包括：实现社会环境（社会对医学美容的包容和尊重）、行业环境（发展医学美容行业时需保持对各方负责的态度）、机构环境的公平与公正（合理运用医学美容的技术资源、医疗资源、监管资源）；保持医学美容执业行为的合理、适度；效果美感（加强执业人员的审美修养教育，提升医学美容临床实践能力）。第三，坚持正确的伦理价值，具体包括：树立正确的审美价值观；利用美学达到愉悦的心理体验；利用科学技术提升生活质量。

从事医学美容行业执业活动，必须遵守相关的法律、法规以及职业规范，具体包括：第一，必须在相应的美容医疗机构或开设医疗美容科室的医疗机构中实施医疗美容执业活动。第二，严格按照卫生行政部门核定的诊疗科目开展医疗美容执业活动，不得实施未向登记机关备案的执业项目。第三，严格执行相关法律、法规，以及技术操作规程。第四，医用材料须依法经过有关部门批准。第五，对于治疗的适应证、禁忌证、风险、注意事项尽到书面告知义务，并取得就医者本人或监护人的书面签字同意。禁止在未经无民事行为能力人或限制民事行为能力人的监护人同意的情况下对其实施医疗美容执业活动。第六，尊重就医者隐私，不得披露未经相关人同意的病情、过敏史、个人信息等病历资料。第七，发生重大医疗过失，须及时向当地人民政府卫生行政部门报告。第八，加强医疗质量管理，提高医疗美容服务水平。

（三）执业纠纷风险防范

医学美容执业活动属于高技术性医疗行为，医学美容执业机构占有相关医疗措施的信息资源，加之求美者的医学、美容知识有限，导致患方处于相对被动和弱势地位。与此同时，在法律制度普及程度较高的当代社会，患方维权意识提升。保障医学美容执业者和医学美容执业机构合法权益的同时，必须提升医学美容职业者的风险防范意识。医学美容执业的风险防范措施包括：第一，提供符合当时医学美容技术发展的多种医学诊疗措施，并对比阐述相应的诊疗效果和可能出现的不利后果；第二，主动、及时向患者本人或其监护人公开诊疗措施、诊疗过程、病例档案资源等事实信息；第三，在一定时期内主动开展沟通回访服务；第四，加强医学美容审美修养教育、医患沟通能力及医事法学制度培训。

三、精神卫生执业制度

我国主管全国精神卫生工作的部门是国务院卫生行政部门，县级以上地方人民政府卫生行政部门负责各自行政区域内的精神卫生执业管理等工作。提供精神卫生诊疗服务的医疗执业机构必须秉承预防为主，坚持预防、治疗、康复结合的原则，依法合理开展精神卫生执业活动。

精神卫生执业活动，指保持、增进公民精神健康，预防和治疗精神疾病、促进精神疾病患者康复的各类医学诊疗执业活动，是美学医疗的主要组成部分，除药物治疗法外还包含审美心理疗法、音乐审美疗法、色彩审美疗法、舞动审美疗法等多种心理治疗方案。

（一）执业准入

1. 心理治疗与心理咨询的执业准入

心理治疗与心理咨询须遵循不同的执业准入规则。心理咨询执业者须根据国务院劳动行政部门制定的具体办法经过精神卫生知识培训，并取得相应资格，方可从事心理咨询执业活动。心理治疗执业者须申请注册并获得心理治疗师执业证书，才能从事心理治疗执业行为。

拟从事心理治疗执业的人员应当向所在地县级以上人民政府卫生行政部门提出注册申请，并具备以下条件：第一，具备心理学相关专业或医学本科以上学历；第二，依法在相关医疗机构从事心理治疗的试用期满一年；第三，参加国务院卫生行政部门组织的心理治疗师执业资格考试并通过；第四，符合国务院卫生行政部门的健康标准要求。受理拟从事心理治疗执业人员注册申请的卫生行政部门，应当自收到申请之日起三十日内作出是否同意注册的决定，并向准予注册的人员发放心理治疗师执业证书，须向不予注册的人员说明具体理由。

2. 精神疾病诊治的执业准入

精神专科执业医师可以依法在相关医疗执业机构内从事精神疾病诊治执业活动。可以从事精神疾病诊治的机构应按照《医疗机构管理条例》办理有关手续，并具备相关条件，具体包括：第一，制定完备的精神疾病诊治管理制度和质量监控制度；第二，配备能够满足精神疾病诊治需求的设备及设施；第三，有从事精神疾病诊治的精神专科执业医师和其他医疗卫生技术人员；第四，有伦理委员会。

（二）执业规则

心理咨询执业者必须按照国务院卫生行政部门制定的心理咨询技术规范开展心理咨询执业活动，充分尊重、接受咨询人员的隐私并保守秘密，不断提高心理咨询业务素质，禁止从事心理治疗或精神疾病的诊断与治疗。在心理咨询执业活动中发现疑似精神疾病的求助者，应当建议相关人员到具备法律资质的医疗机构进行诊断与治疗。

心理治疗执业者须符合国务院卫生行政部门制定的心理治疗师管理办法等法律、法规的规定，应当在医疗执业机构内从事心理治疗执业行为，不得开展精神疾病的诊断、治疗，不得向精神疾病患者提供药物治疗。在心理治疗执业活动中发现疑似精神疾病的求助者，应当建议相关人员到具备法律资质的医疗机构进行诊断与治疗。

精神专科执业医师可以从事精神疾病诊断执业活动，但必须遵循以下的规定：第一，应当告知确诊的精神疾病患者本人，或其监护人（若患者本人是限制行为能力人或无行为能力人）。患者或监护人有异议的，可以在出具书面诊断结论后十日内提出复诊请求，医疗机构应当在接到请求后三日内进行复诊。第二，经精神专科执业医师检查评估后认为临床症状严重，且需要住院治疗的，应由患者或监护人办理住院手续。应告知已经住院、申请出院但不宜出院的患者相关理由，并在病历中详细记录。第三，原则上精神障碍的治疗需要遵循自愿的原则，强制医疗的情形仅可以为发现疑似或已确诊精神疾病的患者发生或将要发生伤害自身、危害他人或公共安全的行为，并经检查评估确认需要住院治疗。接受此类患者的医疗机构应当在三日内组织两名以上相关执业医师进行复诊。第四，精神专科执业医师和医疗机构应当在实施具体治疗执业行为前说明治疗目的、方法、可能产生的后果，并取得书面知情同意签字。第五，尊重患者隐私，不得未经患者或监护人同意公开患者个人信息、病史资料。

（三）执业责任

未取得相关资质进行精神卫生执业活动的，将承担行政责任：第一，未取得心理咨询、心理治疗执业资格者从事心理咨询或治疗的，由县级以上人民政府卫生行政部门责令改正，予以警告，处以5000元以上1万元以下罚款；第二，心理咨询执业者从事心理治疗或精神疾病诊疗执业，以及心理治疗职业者从事精神疾病诊疗执业，由县级以上人民政府卫生行政部门责令改正，予以警告。造成严重后果的，暂停六个月以上一年以下执业活动。后果特别严重的，吊销执业证书。

未取得相关资质进行精神卫生执业活动构成犯罪的，依法追究非法行医等刑事责任。

第二节　医务人员执业素养

人类对于美的向往推动着社会对于美的追求，社会环境又通过价值观、文化、风俗等活动反作用于人类的美学定义和塑造活动。医务人员是从事医疗诊疗执业的专业技术人员，其执业素养通过执业形象、专业技术、语言沟通等展示在社会公众面前。医学美学客观上对医学执业者提出了美学要求：第一，医务人员执业美必须实现共性和个性的对立统一，具体表现为"人的共性美"与"医务人员执业中的美"的对立统一，二者既有区别，又有联系。第二，医务人员执业美的最终目标是实现医学目的和宗旨，并以此作为衡量医务人员执业行为的标准之一。第三，医务人员执业美必须是从事医疗诊疗执业过程中表现出来的美。医务人员不仅要能感受美、欣赏美、追求美，更要塑造美。

一、职业形象

（一）基本要求

医务人员的职业形象是执业素养的重要组成部分。医学诊疗执业的特点、制度、规则赋予医务人员职业形象内在美和外在美的双重内涵。医务人员内在美，指医务人员在医学诊疗执业过程中救死扶伤、防病治病、勇于献身、全心全意为人民健康服务的精神美，具有自觉性、稳定性、实践性三大特征。医务人员的外在美，指医务人员在医学诊疗执业过程中通过仪表与行为等外部表现所体现的美，具有可视性、易变性、多样性三大特征。内在美是医学诊疗职业形象的内容，外在美是医学诊疗职业形象的形式，内在美决定着外在美，外在美促进内在美的塑造。医务人员必须树立正确的审美价值观，坚持创造执业美的信仰，塑造良好的医学职业形象。

（二）内在美

医务人员的内在美是医学诊疗执业性质的客观要求，是个人实现职业责任的力量源泉，是医学美德的传承因素，是提高医疗质量的重要保证，也是医治患者心灵创伤的"良药"。医务人员需要通过不断的理论学习和实践领悟，提升对美的感知能力、鉴赏能力和创造能力。内在美赋予医务人员特殊的要求：第一，科学的人生观。医务人员必须坚持作风正派、克己廉洁、怀瑾握瑜、善于学习、终身学习的人生观。勇于抵御不正之风对医疗服务队伍的腐蚀，敢于纠正弄虚作假、乘人之危等违法乱纪行为。刻苦钻研医学新技术、新方法，精益求精、广学博闻。第二，崇高的职业理想。医务人员必须树立忠于职守、防病治病、全心全意为人类健康服务的职业理想。第三，高尚的道德品质。面对复杂多变的疾病诊疗状况，医务人员必须具备严谨求实、尽职尽责、救死扶伤、甘于牺牲的道德品质。第四，平和稳定的心态。医务人员即使面临疾病和外在压力，仍要保持平和稳定的心态，通过全面检查、慎重判断得出诊疗意见，做到科学治疗、精心护理、平等待人，力求获得最佳诊疗护理效果，用个人的魅力感染求医者。第五，团结协作、尊重他人。医学不仅分科众多，而且发展变化迅速，必须坚持善于观察、尊重同志、互相支持、互相学习的精神，吸取实践中的教训、总结工作中的经验，以社会和集体的利益为重，科学处理团队关系。提升医务人员的内在美，有助于协调医患关系，有助于树立良好的医疗卫生社会形象，有助于医疗卫生事业的前行发展。

（三）外在美

医务人员的外在美是职业风貌的体现，有助于提升自我认同，保持愉悦的心情，提高患方战胜疾病的信念，促进患方配合医学诊疗执业活动。医务人员必须树立正确审美价值观，保持符合职业规范美要求的仪表，实施符合职业形象美要求的行为。

1. 仪表美

医疗执业活动赋予医务人员仪表美特殊的内涵，主要包括：衣着整洁、妆容适宜、态度亲和、从容镇定以及医学职业气质。第一，衣着整洁。通常情况下，医务人员须按照职业规范统一着装，并在不同的执业场景更换不同的执业服装和配饰。医疗执业环境复杂，即使在非手术状态，医务人员的服装也容易沾染血液、药物、唾液等污渍，医务人员面对不同的患者及患者家属时应在条件允许的情况下保持衣着整洁。第二，妆容适宜。医务人员必须保持良好的妆容，勤洗手、勤消毒，切忌邋遢、脏污、浓妆或烫染怪异的发型发色。第三，医学诊疗执业过程中，保持亲切的表情，态度亲和、从容镇定，进而缓解患方的精神压力，提升医患沟通的效率。第四，医务人员应当具备整洁文雅、乐观端庄的气质。这种医学职业气质不是简单的模仿和做作的表演，而是基于医务人员日常执业过程中所形成的稳定的人格特征，是内在美在仪表上的外化表现。

2. 行为美

医务人员的行为美涉及医疗诊疗执业行为以及其他行为的美两方面内涵。医务人员的在执业活动中的行为可能影响患方的情绪，影响患方对医务人员本人及其执业机构的信任程度。因此，医务人员在执业活动中应做到：举止有度，尊重和保护隐私，按照操作规范实施诊疗执业行为，执业环境中的日常行为动作合情合理等。

（1）医疗诊疗执业行为中的美。

医疗诊疗执业行为中的美是医学诊疗执业中必备的品质，主要包括：从容镇定、细致认真的诊疗操作；尊重和保护患者的隐私；提供符合当时医学水平的多种医学诊疗措施建议，充分履行告知说明义务。

（2）其他行为的美。

医务人员其他行为指的是医务人员在执业机构范围内进行的其他日常行动，涉及饮食、步态等。医务人员在执业机构范围内的其他行为是其个人修养和职业责任感的重要体现，医务人员须秉承有利于患者心理需求的态度，选择适当的时机进行不同的日常行动，并注意强度和速度。比如在与高度痛苦的患者讨论病情及诊疗措施时，不宜吃食物或饮水。

二、专业技术

专业技术是医学美德的基础，医学美德是专业技术顺利实施的保障。医务人员不仅要具备良好的职业道德，而且要不断提升医疗执业水平，履行防病治病、救死扶伤、守护人民健康的职业责任，必须通过阅读理论书籍、分析执业实践和加强同行执业经验交流等方式，不断提升自身的执业专业技术。

（一）医疗执业技能

1. 传统医疗执业技能

传统医疗执业技能是医学执业的必备技能，包括医学基础理论学习的技术和临床实践执业技能。医务人员必须坚定终身学习的态度，不断充实新理论、新实践。

2. 移动医疗技术

移动医疗是医疗执业的创新形式与技术，指通过卫星通信、PDA、移动电话等移动通信技术提供医疗服务与信息的新技术，主要包括接受预约挂号、联系医药电商、提供健康管理服务、进行在线问诊与移动护理等方法。

（二）医疗管理新技术

1. 智慧医疗

智慧医疗是通过收集医疗执业中患者数据、医疗技术的知识发现，进而形成感、知、行的无限循环，最终进行远程诊疗的新型医疗执业服务模式。我国已经开展医疗领域的云储存、云计算及医疗信息化中的应用等实践。

2. 医疗设备智能管理

医疗设备是医学诊疗的重要保障。医疗设备的智能管理，指运用软件工程、数字化技术和大数据进行医疗设备的系统化分析维护、全面掌控的智慧管理，主要包括采购管理中的电子签名技术，医疗设备的数字化监控、维修与养护技术，医疗设备后期信息化管理技术等领域的应用。

（三）大数据应用技术

科学运用大数据精准探寻、归纳和分析隐含的医学信息，将数据库、编程语言、人工智能应用于健康风险预测、医学影像实践、健康管理、疾病控制诊疗、跟踪随访等领域，早已成为医务人员执业的必需能力，同时为创新医学技术、促进临床实践提供强大助力。

1. 医学人工智能技术

医学人工智能技术可以通过设计智能机器人完成需要医学智慧的查询、配送、诊断等基础医学诊疗服务活动。通过医学人工智能技术，可以完成药物管理、分发，独立完成血样、尿液等基础检验，完成临床监测数据汇总和智能分析等活动，不仅可以节约医学执业人工成本，还可以提升医学执业效率。

2. 医学预测性分析

医学预测分析是通过电子设备进行数据汇总、医学理论交流、医学数据建模等以预测医学执业技术发展趋势的大数据分析应用之一，可以通过收集人类健康数据、分类整理健康指标等手段，分析最新数据，最终预测特定疾病的产生原因及发展趋势。

3. 规范性医学分析

规范性医学分析侧重于价值预测，而不是数据监控，可以运用大数据向医学执业机构或医学执业者提供诊疗建议和意见，通过分析患方性格特征推荐医患沟通方式，帮助分析医学执业活动中的影响因素，并选择最佳方案、预测最佳效果。

三、沟通技巧

医务人员执业活动中的沟通，包含语言交流和心灵沟通两个方面。语言沟通能力是社会交往的基础能力之一，语言是交流思想和沟通信息的载体；心灵沟通能力是社会交往能力的高层次体现，一般须借助表情、语言、动作等方式而被外界所感知。在医患沟通的过程中，患方会通过内心重塑医务人员的声韵特点感受当前的健康情况和疾病程度，通过医务人员的面部神态理解诊断文字与真实状况的联系，通过分析医务人员的身体语言深入体会医务人员的表达寓意。医务人员进行符合美学要求的沟通能够提升工作效率，使患方产生高度和悦的视听感觉，缓解患方的精神压力，增强患方战胜疾病的信心，建立医疗执业者和医疗执业机构与患方的信任。美学赋予医务人员执业沟通能力特殊的内涵，医务人员可以通过医学美学培训、读书交流会、医学执业及科研讲座、心理健康疏导服务等方式提高符合美学要求的沟通交流能力。

（一）沟通的精确美

医学执业活动中沟通的精确美，是指向患者或其家属阐述医疗诊疗措施、诊断结果、意见等事项时的高度精练、准确的语言表述方式美。医学执业者高度精炼、准确的表述可以通过语音、词汇、语法三个维度表现出来。

1. 语音

不同的长短、强弱、高低以及音色适用于不同的医疗执业环境，直接影响患方的情感。

第一，长短：短促有力的语音适用于解释病情、诊疗结论。平和亲切的语音适用于安抚患方情绪。

第二，强弱：日常护理、术后唤醒等情况，应选择较弱的语音。宣读注意事项等情形时应采取较强的语音。

第三，高低：说明医嘱时不仅要提高语音、着重强调关键事项，还须多次强调。安抚患方情绪时，应当放低语音、态度亲和。

此外，医学诊疗执业过程中，应根据不同的场合、人群适时调整音色。

2. 词汇

第一，方言与普通话：一般情况下，医学诊疗执业过程中规定使用普通话，尤其在阐述医疗诊疗措施、诊断结果、意见等内容时必须使用普通话。但是，为了缓解患方的情绪，增进与患方的信任，在医学诊疗执业中可以选择符合患方认知的方言表达情感或增进感情，比如选择患方熟悉的方言祝福其早日康复，或表述患方熟悉的地名、饮食。

第二，口语与书面语：书写住院志、护理记录、麻醉记录等病历资料时，必须使用书面语。但是，向患者解读住院、护理注意事项等情况下，需要选择口语词汇，以实现通俗易懂、便于记忆的现实效果。

第三，古代词语与现代词语：通常情况下，医学诊疗执业过程中，应当使用现代词语。但是中医诊疗过程中，可能辅以典故等缓解患方压力的古代词语，如与医学诊断措施、结论等关键事项存在联系，需要医学执业者采用现代词语进一步解释说明。

第四，本国语言与外语词汇：医学诊疗执业者在我国境内使用外国语言表述病情等与医学诊疗执业活动密切相关的问题时，必须保证所选用的外语词汇的准确性，如无法准确表述，则不应使用。

第五，褒义词与贬义词：大部分患者及其家属存在精神压力，医学执业者在从事诊疗活动中必须注意沟通中所使用的词语的褒、贬，一方面缓解患方压抑、紧张的情绪，另一方面能够减低纠纷的发生率。

第六，专业术语与普通词汇：专业术语主要用于诊断结论、诊断意见等医学诊疗执业文件的书写或阐述。普通词汇用于对专业术语的解释说明。

3. 语法

大部分患方缺乏医学理论知识，不能完全理解医疗诊断措施等专业性问题。因此，医务人员在诊疗执业过程中，应注意使用正确的语法，尽量避免使用"被"字句和"把"字句以及倒装句，做到深入浅出，必要时配合直观的肢体语言进行演示。

（二）沟通的模糊美

医学执业活动中沟通的模糊美，是指向患者或其家属阐述与医疗诊疗措施、诊断结果、意见无直接利害关系的康复、疗养建议时含蓄委婉、生动形象、幽默风趣的语言表述，比如建议患者通过照射阳光辅助钙等元素的吸收，可以用"晒太阳"进行表达。含蓄委婉的沟通方式有助于缓解患者对疾病的恐惧心理，减轻患方的精神压力；生动形象的沟通方式有助于对专业性医学术语进行高效的解释说明；符合时宜的幽默风趣话术有助于降低患者对疼痛等状态的感知程度。

（三）沟通的时机美

医学执业活动中沟通的时机美，是指向患者或其家属阐述医疗诊疗措施、诊断结果、意见等内容时选择合适的时机的表述方法。医疗诊疗执业活动客观上要求医务人员具备高度的责任感和敏感的应变能力，医务人员需要在合适的时机、采用易于患方认可的表达方式说明医疗诊疗措施、诊断结果、意见，缓解患方不良情绪，提升工作效率，增强医患双方的感情，最终提高患方的信任，实现最佳的医学诊疗效果。

（四）沟通的形象美

医学执业活动中沟通的形象美，是指向患者或其家属阐述医疗诊疗结论、措施等专业性问题时，除使用专业术语解答、保证医学诊疗执业的准确、真实外，应辅助使用拟人、比喻等修辞手法，再现医疗诊疗措施、诊疗意见及可能出现的结果，尽到充分的说明告知义务，达到通俗易懂、缓解患者压抑情绪的目的，比如形容肿瘤外形时，首先用专业术语进行解答，再用生活中常见物体的外形进行表述。

（五）沟通的神态美

医学执业活动中沟通的神态美，是指向患者或其家属阐述医疗诊疗措施、诊断结果、意见等内容时应当注视患方，态度亲和、诚恳、情感丰富，尽可能实现语句文雅，力求达到缓解患者紧张情绪、增进信任的现实效果。医务人员必须重视神态管理，松懈、疲倦的神态会降低患方的信任度；紧张的神态会导致患方过度的精神压力；冷漠、厌烦、傲慢的神态会导致患方的厌恶。优秀的医务人员必须保持亲切、专注、诚恳、关心、同情的神态，才能建立医患之间的信任，降低医患纠纷的发生率，最终实现医疗诊疗服务的最佳效果。

（六）沟通的哲理美

健康状况是患者生活、工作状态的体现之一。疾病的产生除先天因素外，主要源于不合理的日常习惯，医学执业者在救死扶伤的同时，需要为患者提供生活建议和意见。充分尊重医学诊疗技术的现实需要，尽到医疗措施、可能出现的后果的说明告知义务。如有多种医学诊疗手段，应详尽说明可能出现的不同的诊疗效果和不利后果；当遇到患方难以理解或抉择时，可以用比喻、拟人、对比、双关等修辞形象、生动地表述深层哲理，最终实现医学诊疗的最佳效果。

四、医疗纠纷的处理

医疗纠纷的界定有广义和狭义的区分。广义上，医疗纠纷是从一般民事纠纷视角进行分析，可以理解为医方与患方之间发生的任何争议，包括：因语言表述、行为举止、诊疗措施、医疗费用、诊疗效果、医疗事故等引发的争议。狭义上，是医方与患方对医学诊疗护理过程中出现的不良后果及其原因认识不一致而引发的争议。积极预防并妥善解决医疗纠纷，有助于保障医患双方的生命权、身体权、健康权，有助于维护科学有序的医疗执业环境，促进医学执业美的充分发展。

（一）医疗纠纷的预防

1. 国家层面

制度建设是科学预防医疗纠纷的根本保障，我国必须不断健全医疗纠纷预防制度建设。1987年《医疗事故处理办法》的出台填补了我国医疗纠纷预防与处理的法制空白，但该办法未指明医疗事故的鉴定程序和补偿标准等问题，无法充分发挥其在医疗纠纷预防中的预期效果。2001年12月6日通过的《最高人民法院关于民事诉讼证据的若干规定》提出审理医疗纠纷案件时应采取举证责任倒置的基本原则，虽2019年《最高人民法院关于民事诉讼证据的若干规定》中删除了相关规定，但为了平衡患方与医疗行为实施者或机构之间的信息不对称状态，充分保护患方接受医疗诊疗服务过程中的合法权利，仍可根据《中华人民共和国民事诉讼法》（2023年9月1日修正2024年1月1日施行）第六十七条第二款的规定申请人民法院调查收集相关证据。2002年2月20日出台的《医疗事故处理条例》进一步完善了医疗事故鉴定与处理的程序性问题，大幅度提高了医疗事故的损害赔偿标准。此后，卫生部颁布了《医院管理评价指南（2008版）》、《医疗事故分级标准（试行）》（2002年）、《医疗机构病历管理规定（2013年版）》、《电子病历应用管理规范（试行）》（2017年）、《医疗事故技术鉴定暂行办法》（2022年）等规章。2020年5月28日由中华人民共和国第十三届全国人民代表大会第三次会议通过，2021年1月1日施行的《中华人民共和国民法典》第七编第六章在立法层面为医疗纠纷的预防活动提供了指引。

2. 医疗机构层面

（1）强化医疗风险的管理。医疗风险是诱发医疗纠纷的最常见因素，医疗机构必须健全医疗风险管理制度建设，完善医疗执业风险的识别、评估以及防控措施，定期监督检查措施落实等现实情况，及时消除出现医疗风险的隐患。

（2）建立心理健康评估长效机制。医疗卫生行业的专业性、技术性客观上易造成医务执业人员的高压心理。医疗机构必须注重内部文化建设，关注医务执业人员的心理健康，实现心理评估干预的长效管理与人文关怀，定期开展心理健康咨询、心理健康培训教育。一方面健全医疗机构的管理体系，另一方面缓解医务执业人员的心理压力，提升其美学沟通能力，预防医疗纠纷的发生。

（3）开展医学美育、职业道德及相关法律学术交流。社会、行业、执业活动、家庭等多重因素促使医务执业人员处于终身学习的生活状态。医疗机构应当定期开展医学美育学术交流，提升医务执业人员的审美修养与医患沟通能力；开展职业道德理论探讨和教育培训，促使医务执业人员恪守职业道德；开展医务执业人员的法律意识形态教育，提升其维护自身合法权益的意识，提高其解决一般性纠纷的能力。

（4）加强病历档案管理。病例档案是医患双方分析医疗侵权损害的基础文件之一，也是司法鉴定中的重要证据。医疗机构加强病历档案的管理，有助于规范医务执业人员的执业行为，激发医务执业人员提升执业技术的动力，更有助于提升管理效率，维护医务执业人员和医疗机构的合法权益，预防和化解医疗纠纷。

3. 医务执业者层面

（1）树立良好的执业形象。医务执业人员的执业形象是个人形象和医疗卫生行业形象的有机统一，医务执业人员树立良好的个人执业形象有助于提升医疗卫生行业形象。医务执业人员必须通过医学美育教育和执业经验，树立符合医学美学标准的价值观，不断提升审美修养，始终注意执业活动中的仪表、态度、动作形象，从而降低因个人执业形象诱发、激化医患矛盾的可能性。

（2）不断提升专业技能。医疗损害是医疗纠纷发生的最主要因素，包括医疗执业过失引发的损害和医疗执业过错引发的损害。不断提升专业技能、重视医疗执业注意义务，是降低医疗损害发生率的直接方式，不仅有利于预防医疗纠纷、构建和谐的医患关系，而且有利于促进医疗技术的不断发展。

（3）提升沟通能力。沟通技巧是从事医疗卫生执业活动的必备能力，包括沟通的时机、语言的准确、适度的幽默、亲和的语态、适中的语速以及诚恳的神态等。医务执业人员可以通过不断提升沟通能力，加强对患者的人文关怀，缓解患方的心理压力，增强患方对其医疗诊疗执业活动的信任度，有效预防医疗纠纷的发生。

（二）医疗纠纷的处理方式

1. 基本原则

（1）坚持尊重事实、依法处理。任何组织和个人对医疗纠纷产生原因、性质进行认定时，必须尊重医疗措施、医疗方法、医疗水平、医疗诊疗过程、医疗执业行为后果等客观事实，理清事件真相，按照法律、法规、医疗执业规范的明确规定进行责任认定和纠纷处理。

（2）坚持公平诚信。医疗纠纷的处理属于民事活动的范畴，必须坚持公平诚信的一般原则，保护医患双方的合法权利，保证相关主体认真履行陈述事实、证据保全、承担责任的义务，最终实现公平公正处理纠纷的目标。

（3）坚持维护医患双方合法利益。无论采取何种方式处理医疗纠纷事件，必须在充分还原医疗纠纷事实的基础上，秉承救死扶伤、法律至上等价值取向，平衡医疗执业机构、医疗执业人员、患者本人及其家属各方的合法利益。

（4）坚持有利于医疗执业机构健全制度和审慎管理。院内处理、医患协商始终是处理医疗纠纷的首选途径，必须立足医疗执业机构的管理等方面查找问题，坚持预防和处理相结合的态度，做到从现象看本质，通过处理医疗纠纷事件加强医疗执业机构的管理与制度建设。

（5）坚持以医学理论和临床实践为基础。医疗执业行为属于高技术活动，并带有信息不对称的特点。在认定医疗事故时，必须以医疗执业行为发生时医学理论、临床实践技术水平为前提，坚持医学客观认识规律，不得以纠纷发生时的医学新技术、医学新发现去认定医疗执业行为的不利后果。

（6）坚持国家利益、医疗执业机构利益、个人利益相统一。医疗纠纷事件不仅关系到医患双方的利益，也影响医疗诊疗执业秩序和医疗执业安全环境，处理此类事件必须坚持国家利益、医疗执业机构利益、个人利益相统一的原则，切实做到：第一，防止为缓解患方情绪而损害医疗执业机构、保险公司、国家利益的情况；第二，防止医务执业人员、相关科室、医疗执业机构为了自身利益而进行包庇、欺诈的情况。第三，依法履行补偿或赔偿责任后，应保证在法律、法规、医疗执业规则的范围内行使追偿权和惩罚性罚款的权利。

2. 处理方式

（1）非诉讼解决机制。

① 和解。医疗纠纷处理中的和解，指医患双方在公平自愿前提下进行交涉，最终达成一致意见的非诉讼解决机制，也被称为自愿协商。虽然和解过程不强制第三人介入，但必须符合相关规定：第一，在自愿、合法、平等的基础上，尊重客观事实和各

方当事人的合法权利，文明、理性表述意愿和意见。第二，必须以不影响正常医疗秩序为前提，在专门场所进行。若医患双方人数较多，各方应推选不超过五名代表进行发言。第三，赔偿或补偿金额必须尊重客观事实，禁止畸低或畸高。第四，达成一致意见后，双方须共同拟定书面协议并签字。

②调解。医疗纠纷处理中的调解，指医患双方在中立第三人的参与下，依法进行平等交涉的非诉讼解决机制，按照中立第三人的法律地位不同，具体包括医疗纠纷人民调解委员会介入的调解，以及行政调解。无论采取何种调解方式，必须严格依法进行：第一，选择医疗纠纷人民调解委员会调解的规则。医疗执业机构或医疗执业者均可以选择此种方式，一般须向医疗纠纷人民调解委员会递交书面申请。若进行口头申请，医疗纠纷人民调解委员会须当场记录，并经申请人签字。待医疗纠纷人民调解委员会征得另一方同意，方可进行。医疗纠纷人民调解委员会可以主动开展调解活动的情形，仅限于获悉医疗机构内发生重大医疗纠纷。第二，行政调解的规则。选择此种方式的申请程序与选择医疗纠纷人民调解委员会调解基本相同，但对介入行政调解的第三人有明确规定，其为医疗纠纷发生地县级以上人民政府卫生主管部门。对于已经决定受理的医疗纠纷，须在受理之日起30日内完成调解（需要鉴定的，鉴定所需时间不受此限制），逾期视为调解不成。医患双方在法定时期内达成一致意见的，须签署调解协议书。

③仲裁。医疗纠纷处理中的仲裁，指医患双方依法自愿将争议书面文件提交仲裁机构进行裁决，并自觉履行裁决所确定的义务的非诉讼解决机制。一般情况下，须依据医患双方医事仲裁协议的约定，向共同确定的医事仲裁委员会提交申请，递交申请即意味着仲裁程序启动。医患双方须自觉履行经医事仲裁委员会裁判的决定。

（2）医事民事诉讼。

医事民事诉讼，指医疗执业机构与患方递交人民法院处理的医疗执业中权利义务关系的纠纷解决机制。

①起诉条件：第一，原告必须是与医疗纠纷有直接利害关系的医疗执业机构、患者本人等当事人；第二，必须存在明确的被告；第三，必须符合受理诉讼人民法院的管辖和受案范围；第四，必须存在明确的诉讼请求、事实和理由。

②证据与证明责任：医疗纠纷中涉及的证据包括：书证（门诊病历、医嘱单、手术及麻醉记录、检验报告、特殊检查同意书、住院志、护理记录等）；物证（输液器及残余液体、药品及药品包装袋、手术中的切除组织等）；视听资料（录音、录像等）；证人证言；当事人陈述；鉴定结论；勘验笔录。虽2019年《最高人民法院关于民事诉讼证据的若干规定》中删除了举证责任的相关规定，但依据相关法律规定，患方可以在举证期限届满前向人民法院递交因客观原因无法提供的证据范围，人民法院应当按照法定程序全面客观地收集、审查、核实。因此，医疗执业机构和医疗执业者为充分保障自身的合法权益，须妥善保管以上资料。

？思考题：

1. 简述医学执业者在医患沟通中的美学技巧。
2. 简述医疗美容执业活动必须遵循的原则。
3. 简述医学美育对医学执业者的美学要求。
4. 简述医务人员内在美的具体要求。

参考文献

［1］ 最高人民检察院第六监察厅.中华人民共和国民法典学习读本［M］.北京：中国检察出版社，2020.

［2］ 刘鑫.医事法学［M］.北京：中国人民大学出版社，2019.

全书思考题参考答案